EDUCATIONAL TECHNOLOGY 3판

교수-학습과 교육공학

| 박숙희 · 염명숙 공저 |

학지사

3판 머리말

교수와 학습은 '가르치는 일'과 '배우는 일'이라고 단순히 정의할 수도 있겠지만, 실제 교수-학습 과정은 많은 변인이 작용하는 매우 다양하고 복잡한 과정이다. 교육 체제의 많은 변인 가운데 교육 결과에 결정적인 영향을 미치는 중요한 변인 중의 하나는 교사다. 비록 교육 패러다임이 교사 중심의 교육에서 학습자 중심의 교육으로 바뀌었고, e-러닝의 등장으로 더욱 많은 정보와 자원이 교육에 적극 활용되고 있지만, 여전히 교사의 역할은 매우 중요시되고 있다.

21세기에 들어서면서 사회의 변화와 더불어 정보통신공학은 교육 분야에 지대한 영향을 미치고 있다. 학교교육에서 ICT 활용 교육에 이어 e(electronic)-러닝, u(ubiquitous)-러닝, 스마트교육의 등장으로 기존 교실 내의 수업 범위를 확장하여, 진정한 의미의 언제 어디서나 교육과 학습이 가능한 이상적인 교육 환경을 조성하고 있다.

우리나라의 경우 정부 주도의 교육 정보화로 인해 인프라 구축은 어느 나라보다 앞서고 있지만, 학교에서의 교육적 활용에는 여전히 많은 어려움이 있다. 새로운 기술을 기반으로 하는 e-러닝이 교육에 과연 효과가 있는가 하는 문제뿐만 아니라, 학습자의 수준 차이를 고려한 교육, 창의적 사고, 비판적 사고, 협동학습 등을 고려하여 '어떻게' 교육현장에 적용해야 하는가에 보다 초점이 맞추어져야 한다.

교육방법과 교육공학은 교육의 매개적 역할을 하는 실천적인 영역으로 예비교사나 현직교사에게 매우 중요한 부분으로 간주되고 있다. 교직

필수과목인 '교육방법과 교육공학'을 오랫동안 강의해 온 저자들은 보다 쉽고 간결하며 현장 적응적인 내용으로 강의할 필요성을 느꼈다. 이러한 의도를 반영하여 2002년 『교수-학습과 교육공학』이라는 책을 출간하였고, 2007년 2판을 출간하였다. 그로부터 5년 후쯤 다시 3판을 낼 것을 계획하였으나, 저자들의 게으름으로 이제서야 3판을 출간할 수 있게 되었다.

이 책은 초판과 같이 총 11개 장으로 구성되었으며, 1장부터 5장까지는 박숙희가, 6장부터 11장까지는 염명숙이 집필하였다. 박숙희가 집필한 부분에서는 3장에서 교수-학습지도안에 대한 내용을 추가하였으며, 최근 관심이 높아지고 있는 자원기반학습에 대한 내용도 추가하였다. 염명숙이 집필한 부분에서는 9장 '원격교육'이 10장으로 변경되면서 우리나라 원격교육의 발달과정에 대해 추가적으로 다루었고, 10장의 '교육혁신과 교육정보화'가 9장으로 변경되면서 교육정보화 부분을 축소하고 '스마트교육'에 관련된 내용을 추가하였으며, 11장에서 스마트교육 추진 전략을 통해 가시화될 미래학교에 관한 내용을 추가하였다.

마지막으로, 이 책을 읽게 될 선후배 선생님들과 학생들의 관심 어린 조언과 협조를 부탁드리며, 이를 겸허하게 수용하여 차후에 보완할 것을 약속한다. 이 책의 출판을 도와주시고 격려해 주신 학지사의 김진환 사장님과 깔끔한 편집과 디자인으로 책을 다시 꾸며 주신 편집부 관계자 여러분에게도 감사의 마음을 전한다.

2013년 8월

저자 일동

차례

Chapter

01

교수-학습과 교수공학

이 장에서는 교수-학습에 관련된 변인들, 교수-학습과 교수공학, 교수-학습의 변화 등의 내용을 다룸으로써 교수-학습의 기본 개념과 교수방법, 그리고 교수공학에 대한 기본적인 이해를 돕고, 현재 교수-학습 패러다임의 변화에 대해 그 흐름을 파악한다.

학습 목표

1. 교육의 세 가지 구성 요소를 설명할 수 있다.
2. 교수-학습에 관련된 변인을 설명할 수 있다.
3. 교수-학습의 개념을 정의할 수 있다.
4. 학습의 내적 · 외적 조건을 설명할 수 있다.
5. 좋은 교수방법의 기준을 설명할 수 있다.
6. 교수공학의 개념을 설명할 수 있다.
7. 교수-학습 패러다임의 변화를 포괄적으로 설명할 수 있다.

1 교수-학습에 관련된 변인

인간의 가장 흥미롭고 근원적인 특징은 교육이 가능하다는 것이다. 즉, 경험을 통하여 자기 자신을 바꾸어 가는 능력이 있다는 것이다. 흔히 교육을 '바람직한 방향으로 인간 행동의 계획적인 변화' (정범모, 1968)라고 일컫는데, 여기서 변화는 의도적이고 계획적인 방법과 절차에 의하여 체계적으로 수행됨을 뜻한다.

원시사회에서는 별도의 교육기관이 필요하지 않았다. 인간의 생활은 단순하여 교육이 가정을 중심으로 이루어졌고, 생활을 통해 문화를 익혀 나갔다. 그러나 사회가 나날이 발달하고 생활양식이 복잡해짐에 따라 인간은 일상생활을 통해 모든 문화를 접촉할 수 없게 되었고, 이에 계획적이고 조직적으로 문화를 전달하고 사회 변천에 적응된 생활양식을 배워 나가기 위해 학교가 필요하게 되었다.

학교는 교육의 과제를 달성하기 위해 계획적이고 체계적으로 만든 가장 중요한 조직체며, 어떤 조직이나 형태에 의해서 행하게 되는 교육 중에서도 가장 의도적이고 구체적으로 교육이 이루어지는 기관이다. 학교교육은 교육 내용을 가지고 교사와 학습자 간의 상호작용을 통해 교수와 학습활동이 이루어지는데, 이는 학교교육의 가장 기본적인 활동인 것이다.

그러므로 학교교육에서 가장 중요한 세 가지 구성 요소는 교사와 학습자, 그리고 교육 내용이 된다. 교사와 학습자 간에는 일정한 교육 내용을 가지고 상호작용을 하게 되는데, 이를 교수(teaching)와 학습(learning)이라 한다. 교사와 학습자 간의 상호작용은 다양한 방법으로 진행될 수 있다. 교수와 학습이 주로 이루어지는 장(field)인 교실 환경에는 다양한 상호작용이 이루어지며, 그 결과로 '학습'이 이루어진다([그림 1-1] 참조).

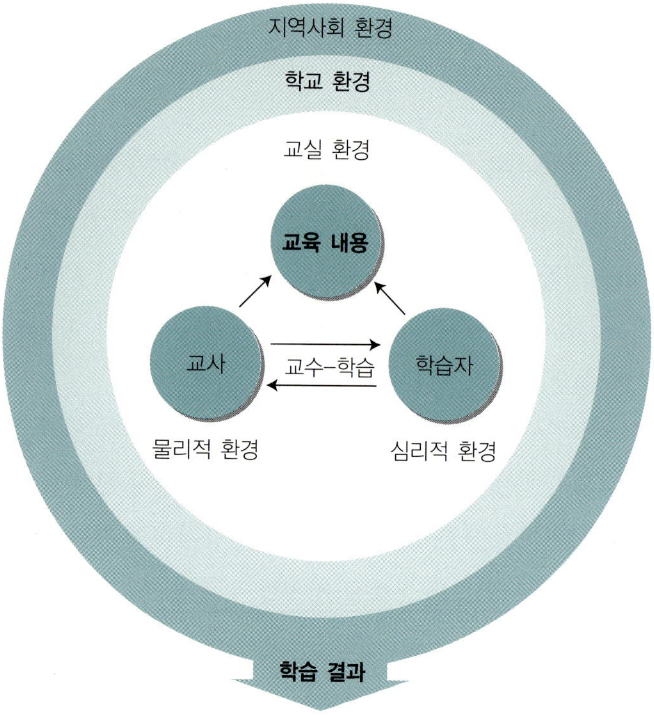

그림 1-1 **학습 과정에 영향을 미치는 다양한 변인**

교수-학습의 과정에는 다양한 변인이 학습에 영향을 미친다. 우선, 교사와 학습자가 가지고 있는 배경 특성, 즉 학습자의 지적인 능력, 선수 학습 정도, 적성, 학습 동기, 학습 유형 등과 교사의 인성적 특성, 경험, 교과 내용에 대한 지식, 다양한 교수방법에 대한 지식, 교수기술(teaching skill) 등의 특성이 학습에 영향을 미친다. 또한 학습 과제의 특성 변인도 작용하며, 교실 내에서 교사와 학생 간의 상호작용, 학생과 학생 간의 상호작용 등의 심리적 환경은 물론 교실 내의 물리적 환경도 중요한 영향을 미친다.

이와 같이 학습자 변인, 교사 변인, 학습 과제 변인, 환경 변인 등은 교

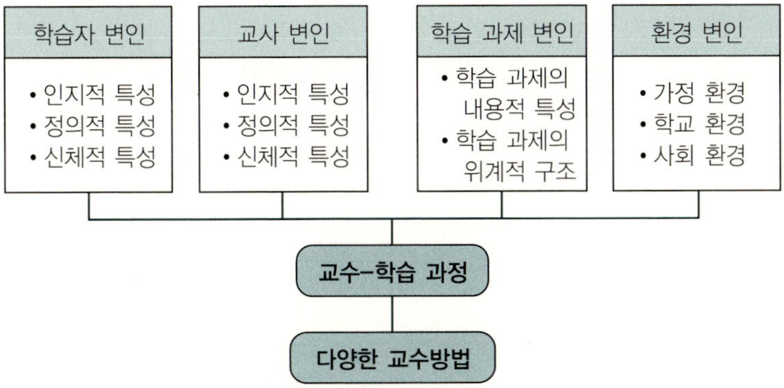

그림 1-2 **교수방법에 영향을 미치는 요인**

수-학습 과정에 상호작용하여 다양한 유형의 교수방법을 실행할 수 있다. 교수-학습 과정에는 학습자와 과제의 특성에 적합한 교수 전략, 학습 환경에 맞는 정보 전달 전략, 학습자의 요구에 부응하는 정보의 선정과 다양한 채널 등 보다 나은 학습 결과를 위해 다양한 상호작용이 이루어지며, 이러한 상호작용에 의해 다양한 형태의 교수방법이 등장한다([그림 1-2] 참조).

2 교수-학습과 교수공학

1) 교수-학습

'무엇을 왜 교육할 것인가?'라는 교육의 목적과 내용의 설정은 교육과정에서 가장 먼저 생각해야 할 과제다. 그 다음은 이러한 목적을 달성하기 위해서 학습자에게 구체적으로 어떤 학습 경험을 어떠한 방법으로 전달해야 학습 목표에 잘 도달할 수 있을 것인가 하는 단계가 있다. 이것이 곧 교수-학습의 과정이다.

'교수'는 '가르쳐 주는 것'으로 교사가 설정된 교육 목표를 달성하기 위해 취하는 행위며, '학습'은 학습자가 '교수의 결과로 얻는 새로운 행동의 변화'라고 할 수 있다. 일반적으로 널리 알려진 교수와 학습의 개념을 살펴보면 다음과 같다.

교수란 개인이 특정한 조건에서 또는 특정한 사태에 대한 반응으로서 특정한 행동을 나타내도록 학습하게 하거나, 또는 그 특정 행동에 참여할 수 있도록 개인을 둘러싼 환경을 계획적으로 조작하는 과정이다(Corey, 1971).

학습이란 주어진 환경 속에서 계속 경험으로 일어나는 행동의 변화를 말한다. 단, 그러한 행동의 변화는 타고난 반응 경향, 성숙, 또는 피로나 약물에 의한 일시적 상태의 변화로는 설명할 수 없는 것이다(Hilgard & Bower, 1981).

즉, 교수는 의도적이고 계획적으로 학습자의 환경을 조작함으로써 학습 목표에 이르도록 하고, 그 결과로 특정한 행동, 즉 학습이 이루어진다는 것이다. 여기서 교수는 독립변인이고, 학습은 그에 따른 종속변인의 관계로 규정하고 있다.

교수와 학습, 즉 '가르치는 것'과 '배우는 것'은 그 현상 자체가 독립적으로 존재할 수는 있지만, 교육 상황에서는 이를 분리하기가 어려울 뿐만 아니라(황정규 외, 1998) 서로 간의 관계를 '작용'과 '결과'의 인과 관계로만 볼 수는 없다. 오늘날의 교육 상황에는 많은 변화가 일어나고 있다. 교사 중심의 교육에서 학습자 중심의 교육으로 바뀌고 있으며, 교육방법에서도 학습자 스스로 또는 학습자 주도의 학습이나 테크놀로지의 발달로 다양한 형태의 교육이 가능하게 되었다. 그러므로 교수와 학습을 분리하여 생각하는 것보다는 교수-학습으로, 즉 상호작용의 과정으로 보는 것이 더 바람직하다.

교수라는 용어는 수업이라는 용어와 혼용해서 사용하기도 한다. 흔히, 교수는 교사가 주체가 되어 학습자에게 지식 또는 기술을 가르치는 과정이나 행위로 인식해 왔다. 그러나 오늘날의 교육은 교사가 주체가 되어 학습자에게 지식을 전달하는 과정이 아니라 학습자가 교사를 포함한 다양한 자원과 상호작용을 통해 지식을 탐구하고 의미를 재구성해 가는 과정이라고 본다(강숙희, 2001). 이러한 관점에서 수업(instruction)이라는 용어를 사용하기도 한다.

인간에게 교수-학습은 한두 가지 원리에 바탕을 둔 단순한 과정이 아니라 그 과정이나 형태에서 다양성을 내포하고 있는 복합적이고 다면적인 과정이라고 볼 수 있다. 가네와 브릭스(Gagné & Briggs, 1979)는 학습의 특성을 다음과 같이 설명하였다.

- 학습이란 개인이 사회의 일원으로 필요한 여러 가지 능력을 기르게 되는 복합적이고 다면적인 과정이다. 즉, 학습은 개인이 능력 있는 사회인으로서 필요한 언어 정보, 지적 기술, 인지 전략, 운동 기술과 태도라는 다양한 학습 능력의 습득을 목적으로 하는 복잡한 과정이다.
- 다양한 능력은 환경의 자극과 동시에 인간의 인지적 정보 처리 과정을 통하여 습득된다.

즉, 학습은 사회에서 필요한 여러 가지 능력을 환경의 자극과 각자의 인지적 정보 처리 과정을 통해 획득해 가는 일련의 인지 과정이다. 여기

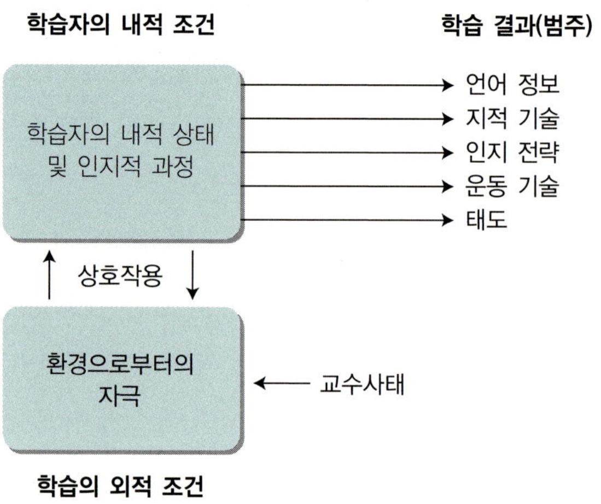

그림 1-3 학습 결과와 내적 · 외적 조건

출처: Gagné & Briggs (1979).

서 행동주의 이론은 환경의 자극에, 인지주의 이론은 인간의 정보 처리 과정에 초점을 맞추어 학습을 설명하고 있다.

교수-학습 과정에서 학습자들이 이미 가지고 있는 서로 다른 선수학습 정도와 각자의 인지적 과정은 학습의 내적 조건이 되며 환경적 자극, 즉 교수사태(events of instruction)는 학습의 외적 조건이 된다. 다시 말하면, 학습의 다양한 결과는 학습자의 내적 상태 및 인지적 과정을 통하여 얻을 수 있으며, 이러한 내적 조건은 학습의 외적 조건과의 상호작용 속에서 성립된다.

2) 교수방법

교수-학습이 이루어지는 과정에서는 교과 내용, 학습자의 특성, 집단의 크기 등에 따라 어떤 방법이 설정된 교육 목표를 달성하는 데 최상의 접근 방법이 될 수 있는지에 대한 전략, 즉 교수방법을 결정해야 한다.

교수방법은 '교육 목표를 달성하기 위해 취하는 수단'으로, 설정된 교수 목표의 달성을 위하여 현재의 상태에 있는 학습자에게 선정된 교수 내용을 효과적으로 전달하기 위한 실행력 있는 과정이다(변영계 외, 1996). 이러한 교수방법은 다양할 수 있다. 과거에는 교사의 주도하에 교수 목표까지 인도하는 방법이 많았으나, 오늘날에는 교사의 도움 없이 학습자 스스로, 또는 다양한 자원을 기반으로 하여 교수-학습이 가능하다. 교수 목표를 향해 목적지에 도달할 수 있는 방법에는 여러 갈래의 길이 있을 수 있다. 즉, 교사에 의해 안내되어 가는 방법, 학습자 스스로 찾아가는 방법, 좀 더 쉽고 편하게 가도록 여러 가지 보조도구를 이용하는 방법, 학습자들이 서로 협동하는 방법, 교육공학적인 교수매체를 통해 가는 방법 등 수많은 방법이 있다. 이러한 여러 가지 방법 중에서 어떤 방법을 택해 가는 것이 가장 좋은 결과를 얻을 수 있는가 하는 데는 수업의 효과성, 효율성, 매력성 측면의 평가가 필요하다.

- 수업의 효과성(instructional effectiveness): 학습 목표에 정확하게 도착할 수 있는가 하는 문제로, 오랫동안 기억되고 잘 전이(transfer)되며, 다른 지식과 기술에도 일반화할 수 있는가가 기준이 된다.
- 수업의 효율성(instructional efficiency): 학습자가 새로운 지식과 기술을 획득하는 데 걸리는 시간과 비용의 문제로 경제성이 기준이 된다.
- 수업의 매력성(appeal): 교사나 학생 모두 그 교수방법에 대해 흥미와 매력을 느끼는가 하는 문제로 학습 동기가 기준이 된다.

3) 교수공학

교수공학(instructional technology)은 1920년대 시청각 교육의 전통에서 비롯되었으나 이후 하나의 학문 개념으로 등장한 시기는 1960년대로 보고 있다. 공학(technology)은 아주 중요한 개념이다. 대부분 공학은 기술이나 기계, 산출물(products)로 생각하는 경향이 있으나, 원래 공학, 즉 테크놀로지는 '과학적 지식 또는 조직화된 지식을 실제적 과제의 해결에 체계적으로 적용하는 과정(process)'을 말한다(Galbraith, 1967). 하인니히(Heinich, 1973)도 '공학은 기계류와 관련된 하드웨어나 소프트웨어를 포함할 수도 있고 안 할 수도 있는 것으로, 어떤 특정한 과제를 수행하는 데 요구되는 실천적 문제해결 기법을 의미한다.' 고 규정하고 있다.

한편, 공학은 과학에서 이루어 놓은 원리와 원칙을 실제에 적용하는 학문을 의미한다. 실제로 우주공학, 기계공학, 의료공학과 같은 분야도 기초적인 과학의 연구가 다리가 되어 실제적인 분야에 적용된 학문 영역이다. 그러므로 교수공학은 [그림 1-4]에서 보는 바와 같이 교육 분야에서 이루어 놓은 기초적인 연구와 이론적인 원칙을 실제적인 교수-학습에, 그리고 학습의 당면 과제 해결에 적용하는 다리의 역할을 한다 (Newby et al., 2000).

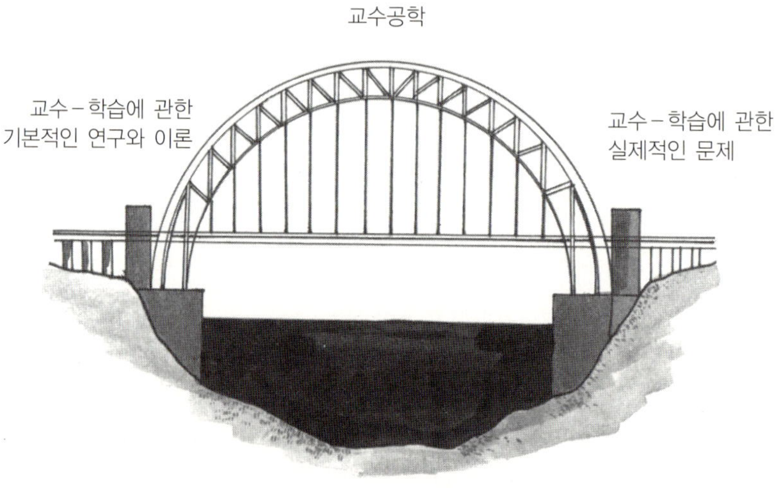

그림 1-4 교수공학의 의미

공학의 의미를 생각할 때 사람들은 흔히 컴퓨터를 중심으로 첨단공학의 산물을 떠올린다. 이러한 것은 물론 공학의 한 유형이지만 교수 목적으로 이러한 공학적 산물을 활용하면 교수공학이 된다. 구체적으로 교육에서의 컴퓨터 활용, 원격교육에서의 원격통신 시스템, 인터넷의 교육적 활용 등이 이에 속한다. 그러나 교수공학 분야에서는 공학이 학습을 촉진하기 위한 과정으로 언급되어 교수 체제(instructional system)의 의미를 갖는다. 교수 체제는 특정한 학습 환경에서 학습자의 행동 변화를 목적으로 상호작용적으로 기능하는(설양환 외, 2005) 수업에 관련된 구성 요소의 총체를 의미한다. 그러므로 교수 체제의 구성 요소에는 메시지, 사람, 하드웨어, 소프트웨어, 교수 절차, 교수방법, 환경 등 학습 목표를 달성하는 데 필요한 다양한 요소가 통합되어 있다.

따라서 교수공학은 교수 목표를 달성하기 위하여 첨단공학의 산물이나 교수매체, 또는 그 외의 다양한 요소를 통합하여 교수 체제를 구성하는 데 가장 효과적이고 효율적이며 매력적인 방법으로 교수 목표에 도달하는 문제를 다루는 것이다.

Technology와 Engineering

오늘날 교육공학(教育工學)은 영어로 'Educational Technology' 라고 쓴다. 그러나 우리는 흔히 'technology' 는 '기술', 'engineering' 은 '공학' 으로 번역하여 기계공학(mechanical engineering), 건축공학(architectural engineering)이라고 쓴다. 그렇다면 Educational Technology는 '교육기술'로 번역하는 것이 옳지 않은가?

1920년대에는 '교육엔지니어링(Educational Engineering)' 이라는 말이 사용되었고, 1960년대에 와서 Finn이 미국교육연합회(NEA)의 Technological Development Project의 보고서에서 처음으로

'Educational Technology' 란 용어를 사용한 것으로 되어 있다(Saettler, 1990; Seels & Richey, 1994).

Technology는 Engineering을 포함하는 보다 포괄적인 개념으로, 정보통신기술(Information and communication technology)의 의미도 포함하고 있다(박성익 외, 2007). 원래 Technology는 기예(技藝, craft) 및 기술(技術, skills)을 뜻하는 희랍어의 *'technē'* 와 학문을 뜻하는 *'logos'* 에서 유래하였다고 한다. 오늘날에 와서는 과학적 기술의 발전으로 이루어진 어떤 장치나 기계를 의미하기도 하나, 갈브레이스(Gallbraith)의 정의에 따르면, Technology는 "과학적 지식 또는 조직화된 지식을 실제적 과제의 해결에 체계적으로 적용하는 과정"이라고 하였는데, 이 정의가 가장 타당성 있는 것으로 받아들여지고 있다.

이러한 맥락에서 본다면 'Educational Technology' 는 '교육공학'이라고 불리는 것보다 '교육기술학(教育技術學)' 으로 번역되어 사용되어야 한다. 그러나 교육학에서 'Educational Technology' 가 국내에 처음으로 소개되는 과정에서 '교육공학'으로 번역되어 사용되었다. 이것은 아마도 교육공학이 보다 학문 유형 분류에 적합하다는 느낌(박성익 외, 2007: 5-6)과 우리나라를 포함한 '한문문화권'의 용어 번역에 관한 학문 경향을 반영한 것으로 생각된다(이성흠, 이준, 2009: 154)

3 교수-학습 패러다임의 변화

교육의 본질은 변화하지 않았어도 교육의 내용과 방법은 사회의 변천과 더불어 변화되었다. 그러므로 교수-학습의 패러다임도 변화되고 있다. 패러다임(paradigm)이란 현상을 바라보는 안목 또는 사고의 틀(frames of reference)을 말한다.

산업사회는 과학기술의 발전과 에너지를 기반으로 한 대량 생산의 사회로 이를 위해 중앙통제방식, 생산성 향상, 표준화, 규격화, 분업화가 강조되었다. 이러한 산업사회에서의 교수-학습 패러다임은 경쟁을 통해 우수한 인재를 선별하고 표준화된 인재 양성을 목적으로 하며, 이를 위해 일제식 수업이나 교사 중심의 교육 환경을 구성하였다.

그러나 오늘날 정보화사회, 지식기반사회로 변화되어 가면서는 지식정보가 산업을 주도하며, 컴퓨터, 인터넷과 같은 정보기술공학의 발전에 의한 정보 교류의 역할이 큰 영향을 미친다. 이와 같은 지식정보사회에서는 개인의 가치를 중요시하고 독창성과 다양성을 강조하므로 주문식 생산과 자율성을 강조하고, 개인 간의 경쟁보다는 다른 사람과의 상호작용을 더욱 강조하는 협동적 사회에 그 가치를 두고 있다. 그러므로 정보화사회, 지식기반사회에서의 교수-학습 패러다임은 학습자 간의 능력 차이에 초점을 두고 다양성과 독창성을 인정하므로, 학습에 초점을 두고 창의적인 인재를 양성하며, 이를 위해 맞춤식 교육과정을 운영하고 다양한 수업을 인정하는 학생 중심의 교육 환경을 구성한다. 즉, 산업사회의 교육에서 강조되어 왔던 지식 위주의 교수-학습관으로부터 현대의 디지털 지식정보사회에서 요구되는 창의적 사고력과 문제해결력을 신장시켜 줄 수 있는 교수-학습관으로 교육 패러다임이 전환되고 있다(Reigeluth & Joseph, 2002).

지식기반사회는 지식이 성공의 핵심 자원이 되고, 지식자원으로부터 지식을 습득하며, 습득한 지식으로 가치 있는 새로운 지식을 창출하고,

표 1-1 산업사회와 정보사회의 교수-학습 패러다임

산업사회의 교수-학습 패러다임	정보사회의 교수-학습 패러다임
선별에 초점을 둔 교육 표준화된 인재 양성 일제식 수업 형태 교사 중심의 교육 환경	학습에 초점을 둔 교육 창의적인 인재 양성 다양한 수업 형태 학생 중심의 교육 환경

1) 학습자 중심으로 변화

전통적인 교육에서는 교육을 훈련이나 정신 도야의 차원으로 보았기 때문에 모든 교수-학습 과정에서 교사가 중심이 되어 학습을 주체적으로 이끌어 나갔다. 그러나 20세기로 넘어오면서 아동 중심의 교육운동, 진보주의 교육철학 등은 교수-학습 과정에서 학습자 개인에 대한 관심을 환기시켰고, 창의적인 인간을 만들기 위해 학습자가 주체가 되어 이끌어 나가는 교수방법이 등장하였다. 특히, 지식기반사회인 21세기가 도래하면서 교수방법에는 새로운 혁신이 일어나고 있다. 즉, 오늘날의 교육은 교사 중심에서 학습자 중심으로 변화되고 있다.

교사 중심의 교수방법은 교사가 중심이 되어 학습자에게 교수 과정과 교수 내용을 전달하는 방법으로, 대부분 학습자와 얼굴을 맞대고 진행하는 강의식 수업이다. 이 경우 수업의 전 과정에서 학습자 개개인의 특수한 여건이나 어려움 또는 개인차에 대한 고려가 거의 없는 상태다.

교사 중심의 교수방법은 전통적인 교육관이 배경이 된다. 즉, 교육은 학습자의 정신을 도야하는 과정이라고 보았던 학습이론이나 헤르바르트(Herbart)와 같이 교육은 교사가 학습자에게 경험을 단계적으로 계획하고 설계해서 제공해 주고 사고권을 넓혀 나가게 해 주어야 한다는 이론으로 뒷받침된다.

교사 중심의 교수 체제에서는 교수 내용을 어떻게 조직하고 가르쳐야 하는가에 대한 결정 권한이 대부분 교육과정을 제공하는 교육기관(교육부 또는 학교)이나 수업을 실제로 가르치는 교사에게 있다. 즉, 교육기관에서는 그 기관에서 제공하는 모든 교육이 원활히 운영될 수 있는 범위 내에서 시간과 기간, 장소 등을 결정하고 교사를 결정한다. 교사는 교육과정이나 교수요목의 내용에 따라 다루어야 할 구체적인 내용과 그 내용을 어떤 수준에서 다루어야 할 것인가를 나름대로 결정한다. 더불어 교사는 학습 내용의 구조 및 계열, 내용 제시, 교수방법, 학습 진도 등에 대해서도 결정한다.

학습자는 일반적으로 이와 같은 결정에 거의 아무런 영향력을 미치지 못하고 학교나 교사의 결정에 자신의 학습 스타일을 맞추어야 한다. 학습자의 수업에 대한 성취도는 외적으로 정해진 시험 성적에 의해 평가되며, 평가방법에 대한 학습자의 의견은 거의 반영되지 않는다.

교사 중심의 수업은 교사가 앞에 서서 학습 내용을 전달하고 학생은 질서정연하게 앞을 향해 앉아서 수업을 받는 광경을 떠올리게 한다. 모든 학생은 거의 비슷한 정보를 접할 수 있고 수업의 창의성, 융통성은 고려하기 어렵다.

이와 같은 교사 중심의 교수방법은 행정적으로 매우 편리하고 시간과 시설을 효율적으로 운영할 수 있다는 장점이 있다. 그러나 개인차를 인정하고 학습자들의 다양한 요구를 수용할 수 없는 수업이 되며 수동적인 학습이 된다. 교사 중심의 교수에서는 '떠서 먹여 주는 식'의 주입식 교육을 할 뿐 아니라 학습자들에게 스스로 탐구하는 기회를 거의 주지 않고 학습자들의 흥미에 관심을 두지 않는다. 그러므로 이러한 교수방법에 익숙해지면 지적 호기심을 자극하거나 학습자 스스로 자신의 학습을 조직하고 계획하는 개인적인 책임감을 길러 주지 못하게 되어 수동적인 학습자로 만들기 쉽다. 또한 교사가 주체가 되어 수업을 진행하는 방식은 교사의 능력과 기술에 지나치게 의존하게 된다는 문제점이 있다.

교사 중심의 교수방법이 교사에 의해 강력히 주도되는 것과 달리, 학습자 중심의 교수방법은 학습자의 생활과 학습자 개인의 학습 스타일에 초점을 둔, 상당히 융통성 있는 교육을 제공하도록 의도되었다.

학습자 중심 교수에서는 학습자가 수업의 주체가 되며, 이를 위해 모든 학습 환경이 학습을 도울 수 있는 체제를 갖추고 있다. 충분한 학습 자료가 갖추어져 있고 행정 조직과 물리적 환경, 다양한 테크놀로지 환경, 그리고 언제나 학습의 방향을 제시해 주고 조언해 줄 수 있는 교사가 옆에 있어서 학습자 스스로 능력에 맞는 수업을 진행할 수 있다.

학습자는 '빈 공간에 누가 채워 주기만을 기대하는 것이 아니라 스스로 의미를 찾는' 학습의 주체자 역할을 기대하고 있다(Driscoll, 1994). 이러한 학습자가 중심이 되는 교수방법이 실행되기 위해서는 무엇보다 학습자의 동기가 높아야만 한다. 학습자가 주체적으로 문제를 탐구하고 해결해야 하므로 학습자 스스로 학습하고자 하는 욕구가 강해야만 효과적인 교육이 될 수 있다.

학습자 중심의 교수방법에서는 교사에게 의존하기보다 다양한 학습 자료를 많이 활용하게 된다. 학습자가 잘 준비되고 검증된 학습 자료를

표 1-3 교사 중심과 학습자 중심 교수 비교

	교사 중심 교수	학습자 중심 교수
구조	• 교육의 결정 권한이 교육기관이나 교사에게 있음	• 학습자의 요구에 따라 융통성 있게 변경
수업 방식	• 강의식 · 교과서 중심의 수업 • 획일적인 지도 • 암기 위주의 주입식 교육 • 수동적인 수업 참여 • 교사의 수업 능력, 지도성에 의존	• 탐구식 · 발견 중심의 수업 • 개인차를 고려한 개별 중심 지도 • 사고력 · 문제해결력 증진을 위한 수업 • 능동적인 수업 참여 • 다양한 학습 자료에 의존
수업 평가	• 규준지향평가	• 목표지향평가
장점	• 짧은 시간에 많은 내용을 체계적으로 가르침 • 학교교육의 전형적인 수업방식으로 교사나 학생 모두에게 익숙함 • 시간, 경비, 시설의 효율적인 운영이 가능한 경제적인 교수법	• 흥미 있는 수업 • 창의력 향상 • 학습자의 성취 욕구 충족 • 개인차를 인정하는 교육
교사의 역할	• 유일한 정보 제공자	• 수업의 안내자 • 학습 촉진자

대하고 학습의 진도도 스스로 맞춰 나갈 수 있으므로 이 교수방법은 서로 다른 능력과 배경을 가진 집단의 경우 매우 효과적이다. 또한 개인 교수나 상담, 학습 안내 등 다양한 교수방법을 손쉽게 제공할 수 있다.

학습자 중심의 교수에는 학습자의 다양한 요구와 개인차를 인정하는 여러 가지 형태의 교수방법을 적용할 수 있다. 이와 같은 다양한 형태의 수업이 진행되기 위해서는 교실의 환경이나 시설 또한 매우 융통성 있게 변경되고 조직될 수 있어야 한다.

학습자 중심의 교수방법이 가지고 있는 가장 큰 장점은 학습자 스스로 효과적으로 학습할 수 있는 능력을 키울 수 있다는 것이다. 교사에게 의존하지 않고 학습자 스스로 학습해야 하므로 능동적인 학습이 될 수 있으며, 스스로 성취하였을 때 성취감을 맛볼 수 있게 되므로 학습자에게는 학습 동기를 높이는 결과를 가져온다.

학습자 중심 교수(learner-centered instruction)에 참여하는 학생들은 어떤 문제나 그 문제에 대한 가능한 해결책에 관한 통찰력을 얻기 위하여 다양한 잠재적인 정보원(예; 교사, 테크놀로지, 부모, 교수매체)을 적극적으로 활용한다. 이 경우, 교사의 역할은 학생들이 학습 목표를 달성할 수 있도록 도와주는 안내자 혹은 촉진자의 역할로 전환된다(노석준 외 역, 2008: 33).

이와 같이 교사 중심의 교수방법에서 학습자 중심의 교수방법으로의 변화는 지금까지의 교사와 학습자의 역할에 변화를 가져오는데, 이를 정리하면 〈표 1-4〉와 같다. 과거에 교사는 지식의 전달자나 학습 목표에 도달하기 위해 학습자를 훈련시키는 훈육자의 역할을 하였으나, 현재는 학습자가 필요한 정보를 스스로 수집하는 데 지원하고 격려해 주는 협력자의 역할을 한다. 이에 따라 학습자의 역할도 변화하게 된다. 학습자는 과거에는 수동적인 입장에서 교사의 지시에 따라 절차대로 학습을 하는 역할을 해 왔으나, 현재에는 능동적인 자세로 스스로 탐구하고 해결해

표 1-4 교사와 학습자의 역할 변화

	과거	현재
교사 역할	• 교사는 학습자의 의문 사항에 대해 항상 전문가로 보여야 한다. • 교사는 학습자에게 끊임없이 정보를 주고 지시한다. • 교사는 항상 학습자의 학습에 초점을 맞추어 질문하고 통제한다. • 교사는 학습자를 학습 목표에 도달시키기 위해 단계적으로 훈련하고 지도한다.	• 교사는 학습자가 배우고자 하는 것을 다 알지는 못해도 적시에 참여한다. • 교사는 학습자가 필요한 정보를 스스로 수집하고 평가할 수 있도록 지원하고 협력하고 지도한다. • 교사는 학습자 스스로 탐구하고 대안적인 방법을 찾도록 능동적으로 지도한다. • 교사는 학습자 각자가 문제를 창의적으로 해결하는 데 그들의 지식과 기술을 사용하도록 격려한다.
학습자 역할	• 학습자는 교사가 지식과 지도 방향을 지시하기까지 수동적으로 기다린다. • 학습자는 항상 배우는 자의 역할을 충실히 한다. • 학습자는 항상 주어진 절차에 따른다. • 학습자는 교사를 모든 문제를 해결해 줄 수 있는 사람으로 본다.	• 학습자는 그들이 필요로 하는 지식과 학습 경험을 능동적으로 찾고, 그들이 필요한 것이 무엇인지를 결정하고 그것을 얻기 위해 추구한다. • 학습자는 지식을 준비하는 자, 또는 전문가로서 참여한다. • 학습자는 문제를 창의적으로 해결하기 위해 탐구하고 탐색한다. • 학습자는 교사를 문제해결을 위한 탐색을 격려해 주는 조력자나 모델 또는 지원자로 본다.

출처: Newby et al. (2000).

나가는 교육의 주체 역할을 한다.

2) 기술과 방법의 변화

20세기부터는 기술을 활용한 교수방법이 등장하였다. 처음에는 언어

보다는 그림이나 사진 또는 실물 등의 간단한 교수매체를 이용하는 것이 학습자에게 구체적인 경험을 제공해 줄 수 있다는 생각에서 시작되었으나 녹음기, 영화, 비디오 등 많은 전자매체의 등장과 컴퓨터를 중심으로 하는 뉴미디어의 발전으로 이러한 테크놀로지가 교육에 적극 활용되고 있다. 그러므로 이제 교사에 의해 전달되던 방식에 다양한 교수매체를 적용하여, 교사와 서로 얼굴을 마주 보고 하던 수업방식에서 벗어나 원격교육(distance learning)이나 사이버 공간에서 가상학습(virtual learning)이 가능하게 되었다.

테크놀로지가 발달하고 브라우저를 이용한 월드와이드웹이 1990년대 중반부터 급속히 보급되면서 웹기반 수업(web-based instruction)이 교육현장에 적용되고, 정보통신공학의 기술을 적극 활용한 ICT 교육, 인터넷을 이용한 첨단 테크놀로지 교육 등이 전자학습(electronic learning)이라는 의미의 e-러닝을 일반화시켰다.

e-러닝은 '인터넷을 통한 학습' '컴퓨터를 기반으로 하는 학습(computer-based learning)' '웹기반 학습(wed-based learning)' 등 여러 정의가 뒤따르는데, 이는 컴퓨터를 중심으로 한 다양한 첨단 테크놀로지를 적용한 학습이라는 의미를 모두 포함한다.

최근에는 모바일과 유비쿼터스 학습, 소셜 네트워크 서비스를 통한 학습 등 다양한 형태의 e-러닝이 활용되고 있다. 모바일 학습은 휴대폰이나 PDA와 같은 휴대성이 가능한 장비를 활용하는 학습 유형을 말한다. 유비쿼터스 러닝(ubiquitous learning)에서 '유비쿼터스'란 라틴어로 '어디에나 존재한다' 는 의미인데, 학습자가 언제, 어디서나 학습 정보를 접하고 다양한 공간에서 다양한 방식으로 학습할 수 있는 학습 환경을 말한다. 유비쿼터스는 인간을 중심으로 구체화하는 컴퓨팅 환경이라고 할 수 있다. 인간이 자연스럽게 컴퓨터에 접근하게 되고 컴퓨터는 그에 맞게 환경을 제공한다. 즉, 유비쿼터스는 인간이 있는 곳이면 어디서나 원하는 서비스를 받을 수 있는 것을 말한다(백영균 외, 2006). 이는 새로운 학습 환경과 도구로 활용될 수 있을 것이다. 한편, 소셜 네트워크 서비스(social network service: SNS)를 활용하여 온라인상에서 타인과 의사소통하거나 정보를 교류함으로써 협력적 학습활동도 가능하게 되었다.

이와 같이 스마트 미디어가 확산되면서 학습자의 역량을 위한 맞춤학습 서비스가 가능한 스마트러닝이라는 새로운 학습 패러다임이 등장하였다. 이러한 변화는 지식기반사회에서 필요로 하는 교육적 요구를 충족시켜 줄 뿐만 아니라 학습의 질도 향상 시킬 수 있으며, 학습자의 자기주도적인 학습 환경을 구축하는 데에도 큰 역할을 할 것이다.

Chapter

02

교수-학습 이론의 적용

이 장에서는 교수-학습 이론의 전반적인 흐름과 경향을 살펴본다. 특히 행동주의 이론, 인지주의 이론, 구성주의 이론의 원리와 개념을 설명하고, 이들 이론이 실제적으로 교수-학습 과정에 어떻게 적용되는지를 살펴본다.

학습 목표

1. 교수-학습 이론의 흐름과 경향을 크게 세 단계로 나누어 설명할 수 있다.
2. 행동주의 이론의 철학적 배경을 설명할 수 있다.
3. 행동주의에 관한 파블로프, 손다이크, 스키너의 학습이론을 이해하고 교실에의 적용에 대해 설명할 수 있다.
4. 프로그램 학습과 교수기계의 기본 원리를 설명할 수 있다.
5. 인지주의 이론의 철학적 배경을 설명할 수 있다.
6. 초기 인지이론과 정보처리이론을 설명할 수 있다.
7. 인지이론의 교실 적용에 대해 설명할 수 있다.
8. 구성주의 이론의 기본 원리를 설명할 수 있다.
9. 인지적 구성주의와 사회적 구성주의를 비교하여 설명할 수 있다.
10. 상황학습과 앵커드 수업, 인지적 도제 모형, 인지적 유연성 모형에 대해 설명할 수 있다.
11. 세 이론의 차이를 비교하고, 어떤 학습 상황에서 이론의 적용이 적절한지 판단할 수 있다.

과학은 경험적인 관찰을 통해 확인 가능한 명제를 생성하게 되는데, 이러한 명제를 이론(theory)이라 부른다. 그러므로 이론은 환경 속에서 일어나는 사건을 설명하기 위한 원칙을 조직화한 것(Gredler, 1997)이라 할 수 있다. 이론은 경험적인 관찰을 통해 축적된 것이므로 다른 모든 관찰된 사실을 설명할 수 있고, 예측과 가설을 도출할 수 있어야 한다. 이론에서 생성된 가설은 확인되어야 이론으로서 힘을 얻을 수 있다. 만약, 이론에서 생성된 가설이 부정된다면 그 이론은 수정되거나 파기되어야 한다. 그러므로 이론은 현장의 검증이 필요하며, 검증된 이론만이 실제적인 가치를 얻게 되어 유용한 도구의 역할을 하게 된다.

때로 이론은 너무 추상적일 때도 있고 너무 인위적일 때도 있다. 그러나 교수-학습에 관한 이론은 교사에게 실제적인 가치가 있어야 하며, 교실 안에서 일어나는 여러 가지 사건을 설명할 수 있어야 한다. 이러한 이론과 원칙은 학생들을 실제로 지도하고 안내하는 데 적용되어야 가치가 있는 것이다.

인간에 대한 과학적인 연구를 목적으로 하는 심리학은 사변적이고 철학적인 연구에 집중하고 있었다. 그러나 자연과학의 발달, 다윈(Darwin)의 연구, 진보주의 교육 경향 등의 영향을 받아 20세기 이후부터는 인간에 대한 연구가 과학적, 체계적으로 이루어지게 되며, 특히 '학습'이라는 '인간 행동의 변화' 과정에 대한 연구가 활발히 전개되면서 학습이론이 등장하게 되었다.

학습이론은 개인이 어떻게 학습을 하는지를 설명하기 위한 원칙을 조직화한 것으로, 그들이 어떻게 새로운 능력과 지식을 획득하고, 그로써 어떻게 행동의 변화가 이루어지는지를 설명하고 예측한다.

그동안 교수와 학습에 관한 많은 이론이 교수-학습 현장을 설명하고 안내하며, 개념화하는 데 공헌해 왔다. 그 이론 중에서 특히 교육공학 발전에 기초가 된 이론은 행동주의 이론과 인지주의 이론, 그리고 구성주의 이론이다. 이러한 이론은 교수설계의 원리를 제공하는 이론적인 틀이 되기도 하며, 교수-학습 현장에서 지도의 방향을 제시하기도 한다.

이 장에서는 교수-학습 이론의 전반적인 흐름과 경향, 특히 행동주의 이론, 인지주의 이론, 구성주의 이론의 원리와 개념을 설명하고, 이들 이론이 교수-학습 과정에 실제로 어떻게 적용되는지를 살펴본다.

1 교수-학습 이론의 흐름과 경향

인간에 관한 과학적인 연구는 동물을 대상으로 하는 실험실 연구에서 비롯된다. 20세기 초반에 손다이크(Thorndike), 파블로프(Pavlov), 스키너(Skinner) 등과 같은 행동주의 이론가나 형태주의 심리학을 배경으로 하는 베르트하이머(Wertheimer), 쾰러(köhler), 레빈(Lewin) 등과 같은 초기 인지심리학자들은 실험실에서 주로 동물을 대상으로 한 학습이론을 통해 인간의 학습 행위를 설명하려고 하였다. 그러나 이러한 학습이론은 실험실 상황에서 나온 이론에 불과하였을 뿐, 교실 현장에 본격적으로 적용되기 시작한 것은 1950년대부터다.

1950년대 이후부터 현재까지의 교수-학습 이론은 크게 세 단계의 흐름으로 그 경향을 분류할 수 있다(Gredler, 2005).

- 실험실에서 교실로 전환(1950~1975): 첫 번째 단계는 1950년부터 1975년까지로 그동안의 학습이론이 실험실에서 교육 현장으로 옮겨지는 시기다. 제2차 세계대전이 끝나자 이전의 학습이론은 실험실 상황을 벗어나 교실 상황으로 전환되며, 교실에서 효과적인 교수를 위한 설계의 원칙을 제공해 줄 필요성을 느끼게 되었다.

1950년대 이전의 학습이론과 비교해 그 이후 교육 현장에 적용된 학습이론을 교수이론이라고 부른다. 학습이론이 기술적(descriptive)인 이론인 데 반해 교수이론은 처방적(prescriptive)인 이론이다. 학습이론은 최상의 상황을 기술한 것이며, 교수이론은 실제로 가르치는 상황 속의 방법을 처방하는 것이다. 그러므로 교수-학습이 이루어지는 상황에서의 처방적인 접근이 필요하게 되었다. 이러한 분야가 교수심리학(instructional psychology)이다. 이렇게 탄생한 교수심리학 분야는 스키너의 행동주의 이론을 교실에 적용하는 데 관심을 가지고 피아제(Piaget)의 인지발달이론, 가네(Gagné)의 학습조건이론, 그리고 브루너(Bruner)의 인지적 접근이론에 관심을 가지게 되었다.

- 인지심리학의 등장(1975～1990): 두 번째 단계는 1975년부터 1990년까지로 인지심리학이 전성기를 맞는 시기다. 행동주의 이론이 인기를 높이고 있는 동안 연구자들은 관찰할 수 있는 반응과 그와 관련된 환경적 조건에 초점을 맞추었다. 한편, 인간의 인지 기능에 관해 연구하던 인지이론가들은 인간의 세계와 인간 자신에 의해 만들어지고 구성되는 인간의 상징적인 행동에 관심을 보이며, 당시 발달된 커뮤니케이션 학문의 영향으로 정보를 주제로 학습자의 복합적인 정보처리 과정에 대한 연구를 이끌었다. 나아가 빠른 속도로 발전하는 컴퓨터 과학의 영향을 입어 인지심리학 분야는 학습에서의 인지적 처리 과정, 메타인지(metacognition), 기억 등의 방향으로 발전하여 교수-학습 과정에 중요한 영역을 제시하였다.
- 학습의 사회적, 문화적, 개인적 요소의 등장(1980～현재): 세 번째 단계는 두 번째 인지심리학의 발전 단계와 겹치는 1980년대부터 현재까지로 학습의 사회적, 문화적, 개인적 요소가 등장하는 시기다. 이는 1990년대에 와서 두 가지 교육 정책으로 발전하는데, 그것은 구성

주의(constructivism)와 신경과학(neuroscience)의 연구를 교실로 끌어들이는 경향이다.

1980년대에 들어서면서, 반두라(Bandura)의 사회인지이론, 와이너(Weiner)의 귀인이론, 비고츠키(Vygotsky)의 문화역사적 이론 등의 등장은 학습에 관한 인지적 관점에서 새로운 흐름인 구성주의를 출현시킨다. 구성주의는 학습자를 스스로 지식을 구성하는 능동적인 존재로 인식하며, 지식은 객관적인 것이 아니라 학습자에 의해 구성된다는 기본적인 인식을 갖는다.

한편, 1995년 이후부터는 신경과학에 관한 관심이 고조되면서 뇌의 활동에 관한 정보를 마련해 주어, 정신적 과정이 세분화되어 있는 특별한 행위와 같이 연합되어 있다는 것을 밝혀내고 있다. 이러한 분야의 연구는 인간 행동에 관한 신경학적인 연결을 가능하게 한다.

2 교수-학습 이론

1) 행동주의 학습이론

학습에 관한 행동주의적 접근(bebavioral approach)은 학습의 결과로 나타나는 외현적인 행동 변화에 관심을 가지며, 학습이 이루어지는 상황이나 행동 수정 등 인간의 학습에 관한 포괄적인 내용을 연구한다. 이러한 행동주의 이론은 인간의 행동을 설명하는 가장 중요한 학습이론으로 오늘날까지 교육에 큰 영향을 미쳤다. 특히, 교육공학의 성립과 발전에 지대한 영향을 미쳤다.

행동주의 이론은 과학적 실재론(scientific realism)과 논리적 경험주의

(logical empiricism)를 철학적 배경으로 하고 있다(Bigge, 1999). 과학적 실재론은 인간이 경험하는 물리적 세계는 실재하고 본질적으로 감각을 통해서 그대로 관찰되며 자연법칙의 지배를 받는다는 관점이다. 이에 비해 논리적 경험주의는 경험적인 사실이나 공적으로 증명이 가능한 자료만을 이용하고 관찰을 통해서 객관적으로 연구함을 주장한다.

이러한 배경에서 나온 행동주의 이론은 학습을 '경험의 결과로 나타나는, 관찰할 수 있는 행동의 변화'라고 정의하고 인간 내부의 변화가 일어나고 있는 과정보다는 관찰 가능한 결과로서 행동에 초점을 맞추고 있다.

행동주의 이론에서는 학습이 자극(stimulus)과 반응(response)의 연합에 의해 이루어진다고 본다. 여기서 자극은 학습자가 오감을 통해 환경에서 얻는 모든 것을 의미하며, 반응은 자극에 의해 얻는 행동을 의미한다. 행동주의는 인간을 환경에 의해 수동적으로 결정되고 반응하는 피조물로 보는 기계적인 인간관(mechanism)을 가지고 있다.

이러한 행동주의 이론은 미국의 학습이론을 발달시키는 데 커다란 공헌을 하였다. 대표적인 학자로는 파블로프, 손다이크, 스키너 등을 들을 수 있다.

(1) 파블로프의 고전적 조건형성이론

파블로프(Ivan Petrovich Pavlov, 1849~1936)는 러시아에서 생리학을 연구하는 학자였는데, 소화액 분비에 관한 연구 도중 원래는 반응을 일으킬 수 없는 자극이 반응을 일으키는 것을 관찰하였다. 파블로프는 개가 고기를 입에 넣어 주었을 때만 침을 흘리는 것으로 알았다. 그런데 시간이 경과함에 따라 개가 고기를 주기 전에 고기를 보는 것만으로도, 심지어 실험자의 발소리만 듣고도 침을 흘리는 것을 관찰하게 되면서 체계적인 실험을 진행하였다.

파블로프는 침의 분비를 관찰하기 위해서 우선 개의 입 안에서 침선을 분리하여 볼을 통해 침이 밖으로 나오도록 유리관을 매달았다. 즉, 침이 개의 입 안으로 흘러 들어가지 않고 밖에 부착된 유리관으로 흘러나오게끔 장치하였다. 처음에 개는 고기를 보면 자동적으로 침을 흘렸다. 이 실험에서 고기를 무조건자극(unconditioned stimulus: CUS)이라 불렀고, 그것이 유발한 타액분비반응을 무조건반응(unconditioned response: UCR)이라 불렀다.

다음에는 고기를 주기 전에 먼저 종소리를 들려주고 먹이를 주는 것을 여러 번 시도하였다. 결과적으로 종소리와 고기를 계속 짝지어 제시함으로써 타액반응을 일으킬 수 없었던 종소리가 조건자극(conditioned stimulus: CS)이 되어 타액반응이라는 조건반사(conditioned response: CR)를 일으키게 되었다. 이러한 일련의 과정을 조건형성(conditioning)이라 부른다.

파블로프의 실험은 학습은 자극과 반응을 연결함으로써 일어나는데, 이때 학습이 일어나는 환경의 속성을 변화시키면서 유도하여도 학습이

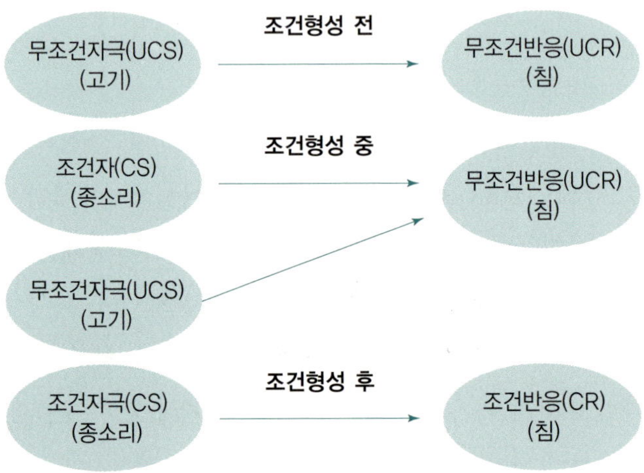

그림 2-1 조건반응 과정

이루어진다는 것을 제시하는 매우 체계적이고 과학적인 이론이다.

이와 같은 조건형성 현상은 정서적 반응에서 흔히 나타날 수 있다. 시험에 대한 두려움을 경험하여 시험과 불안이 연결되면 시험을 볼 때마다 불안스러운 반응을 나타내게 되는 시험 불안(test anxiety) 증상이나 학습된 무력감(learned helplessness) 또한 그 예가 된다. '자라 보고 놀란 가슴 솥뚜껑 보고 놀란다.' 는 속담이 이를 단적으로 표현한 예라 할 수 있다.

그러나 파블로프의 조건형성이론을 응용하여, 즉 새로운 조건형성을 습득시켜 바람직한 방향으로 학습시킬 수 있다. 예를 들면, 수업이 끝난 후 청소 시간이 돌아오면 학생들은 선생님의 지시에 따라 각자 청소할 위치로 갔고, 학생들은 선생님의 이러한 명령을 듣기 싫어했다. 그러나 선생님의 명령 대신 아이들이 좋아하는 음악을 틀어 줌으로써 즐거운 청소 시간이 되었고, 음악과 함께 학생들은 각자의 위치에서 청소를 시작하였다. 이것은 선생님의 지시 대신 음악 소리가 조건형성된 것이다. 또한 무력감을 학습한 학생에게도 아주 쉬운 과제나 그 학생만이 할 수 있는 과제를 주어 성취할 수 있는 단계를 미리 구성해 준다면 무력감이 아닌 성취감과 자신감으로 새로운 학습이 이루어지도록 조건형성을 시킬 수 있다.

파블로프의 조건형성에 관한 원리를 응용하면 부적응 행동이나 정신병리를 이해하고 치료하는 데도 적용할 수 있다. 또 다른 예로는 울프(Joseph Wolpe)에 의해 개발된 체계적 둔감법(systematic desensitization)이 있다. 이 기법은 공포증 환자가 이완과 함께 한 번에 조금씩 단계적으로 무서워하는 경험에 접근해 가도록 함으로써 공포증을 소거, 즉 소멸시키는 방법이다.

학습된 무력감

셀리그먼과 마이어(Seligman & Maier, 1967)의 실험에서 동물들은 고전적 조건화 장면에서 정말 어쩔 수 없이 스스로 무력하다는 것을 학습한다.

실험 1

- 집단 1: 개들을 그물 속에 가두고 전기 쇼크를 준다. (도피 가능한 쇼크)
  개가 주둥이로 패널을 누르면 전기 쇼크가 중단된다.
- 집단 2: 개들을 그물 속에 가두고 전기 쇼크를 준다. (도피 불가능한 쇼크)
  개가 어떠한 행동을 해도 전기 쇼크를 중단시킬 수 없다.
- 집단 3: 개들을 그물 속에 가두기는 하나 전기 쇼크를 주지 않는다. (쇼크 없음)

실험 2

상자 속에서는 전기 쇼크가 오지만 장애물을 뛰어넘으면 쇼크가 중단되도록 장치한다.

- 집단 1, 집단 3: 장애물을 뛰어넘어 쇼크를 회피한다.
- 집단 2: 전기 쇼크가 오면 그냥 그것을 받아들이며 끙끙거린다.

장애물을 넘으면 쇼크가 중단될 수 있었지만 집단 2는 혐오적 장면을 종결시키거나 회피하기 위하여 할 수 있는 것이 아무것도 없다는 신념이 다른 장면으로 일반화되었다. 이러한 현상을 학습된 무력감 또는 지각된 무능력이라 부른다.

(2) 손다이크의 도구적 조건형성이론

파블로프의 고전적 조건형성은 학습을 설명하는 데는 유용하기는 해도 모든 인간의 행동을 설명하는 데는 한계가 있었다. 손다이크(Edward Lee Thorndike, 1874~1949)는 어떤 행동이 문제를 해결하는 것인지에 대해 학습자에게 다양한 반응을 보이면서 그중에서 학습자들이 성공적으로 문제를 해결한 반응을 학습한다는 것을 증명하였다. 그러면서 그는 성공하기까지 다양한 반응을 해 보고 그러한 시행착오 결과 성공적인 결과를 가져다준 반응이 도구가 되기 때문에 이를 도구적 조건형성(instrumental condition)이라 불렀다.

손다이크는 막대기를 밀면 문이 열릴 수 있게 장치된 문제상자 속에 굶주린 고양이를 집어넣고 상자 밖에 먹이를 두었다. 상자 속의 고양이는 먹이를 먹기 위해 밖으로 나오려고 이리저리 뒹굴고 몸부림을 치다가 우연히 상자 속의 막대기를 밀고 밖으로 나와 먹이를 먹을 수가 있었다. 손다이크는 그 고양이를 다시 상자 속에 넣고 처음과 같은 상황을 만들었는데, 이를 여러 번 시행한 결과 고양이가 막대기를 밀고 나오는 시간은 점차 줄어들었다. 고양이는 시행착오 과정을 거쳐 만족스러운 결과, 즉 먹이를 얻게 되는 결과를 갖게 된다. 자극과 반응은 연합이 되고, 이러한 만족스러운 사태가 따라오면 그 결합의 강도는 증가하여 시행착오를 줄이게 된다.

이 이론은 어떤 행동의 변화가 이루어지기를 바랄 경우 그 행동이 일어날 때까지 기다렸다가 그 행동이 나타날 때, 즉 자극과 반응이 연합될 때 만족할 만한 보상을 제공하면 자극과 반응을 같이 묶어 주는 신경 매듭(neural bond) 간의 결합이 더욱 강화되고, 반대로 혐오적인 상태가 따라오면 결합의 강도는 감소한다는 것이다.

그러나 손다이크는 1930년대 이후에 와서 그의 이론을 수정하였다. 수정된 효과의 법칙은 결국 보상은 연합의 강도를 증가시키지만 체벌이라는 혐오적인 결과는 연합의 강도와는 아무런 관계가 없다는 것이다. 오늘날 이 발견은 깊은 함의를 갖는다. 즉, 체벌은 효과적이지 못하며 만족스러운 결과를 얻게 되는 자극과 반응의 연합은 행동 변화에 중요하므로 긍정적인 피드백이 학습에 효과적임을 시사한다.

손다이크는 학습자의 행동은 주로 외적 보상에 의하여 결정된다고 보며, 어떤 자극에 대하여 정확한 반응을 일으키는 것을 강조한다. 부정확한 반응은 빨리 수정되어 그것들이 훈련되고 강화되는 일이 없도록 해야 한다. 이렇게 볼 때 시험은 중요하다. 시험은 학습자와 교사에게 학습 과정에 대한 피드백을 제공한다. 그리고 학습자가 자신의 과업을 잘 배웠다면 그에게 곧장 보상해 주어야 한다. 반대로 학습자가 어떤 것을 부정확하게 배웠다면 그의 오류를 빨리 고쳐 주어야 한다. 그렇기 때문에 시험은 규칙적으로 치러야 한다(김영채 역, 1991).

또한 손다이크는 학습의 전이에 대하여 동일요소설을 주장하기 때문에 학습 장면은 가능한 '실제 세계'와 닮아야 한다고 주장한다. 학습은 교실과 바깥 세계의 두 장면이 비슷할 때에 한하여 교실에서 바깥 세계로 전이된다고 보았다.

(3) 스키너의 조작적 조건형성이론

스키너(Burrhus Frederic Skinner, 1904~1990)는 손다이크의 도구적 조건형성이론을 보다 체계적으로 연구하였다. 스키너는 지렛대를 누르면 배식기계가 작동하여 먹이가 나오도록 만든 문제상자 속에 굶주린 쥐를 넣고 실험하였다. 쥐는 우연히 지렛대를 눌러 먹이가 나오는 것을 경험한 후 계속해서 지렛대를 누르는 행동을 보였다. 즉, 지렛대를 누르는 행동은 먹이라는 강화물을 얻게 됨으로써 학습되며, 먹이라는 긍정적인 결과가 뒤따르는 행동은 그 행동의 발생 가능성과 빈도를 높여 주어 그것이 다시 학습되고 반복된다. 이는 손다이크의 효과의 법칙을 확장한 것이지만 조금 다른 점은 손다이크는 어떤 반응을 하는 데, 즉 시행착오 결과 자극과 반응의 연합이 이루어지는 데 얼마만큼의 시간이 걸리느냐에 관심을 가진 데에 비해 스키너는 어떠한 변인이 반응의 비율을 높여 주는가에 관심을 가졌다.

스키너는 문제상자에 불이 켜져 있을 때만 먹이가 나오고 켜져 있지 않을 때는 나오지 않도록 장면을 배열하였다. 이러한 조건에서 불빛은 변별자극(discriminative stimulus)이 된다. 이런 배열을 하였을 때 동물은 불이 켜져 있을 때는 지렛대를 누르고 꺼져 있을 때는 지렛대를 누르지 않는 것을 학습한다. 그러므로 불빛은 지렛대를 누르는 반응의 신호가 된다. 이렇게 하여 변별적 조작(discriminative operant)을 발달시키게 되면, 어떤 상황에서는 조작적 반응이 일어나게 되고 다른 상황에서는 학습이 일어나지 않게 된다.

스키너는 보상이 따라오는 반응은 어떤 것이든 반복되는 경향이 있고, 조작적 반응이 일어나는 비율을 증가시켜 주는 것은 모두 강화적 자극(보상)이라고 보았다. 만약 어떠한 반응이 보상되면 다시 일어날 확률이 높아지고 보상되지 않으면 확률은 낮아지는데, 여기서 보상(강화)이 행동 변화의 핵심적인 변인이 되는 것이다. 스키너는 쥐가 스스로 조작하여 환경에 어떤 결과를 생성해 낸다고 해서 조작(operant)이라고 하였고, 이러한 절차로 학습되는 과정을 조작적 조건형성 학습(operant condition learning)이라고 하였다.

대부분 인간의 복잡한 행동은 조작적 조건형성에 의해서 학습된다. 학

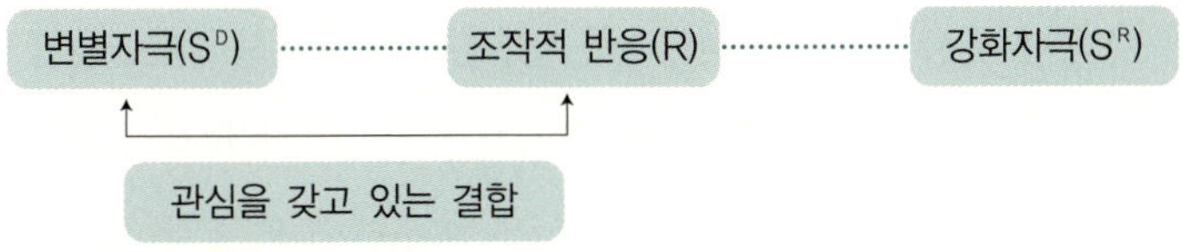

그림 2-2 조작적 조건형성

습자가 다양한 자극이 있는 복잡한 상황에 있을 때 그중의 어떤 특수한 자극이 반응을 일으키게 하는 것이 아니라, 학습자가 반응을 스스로 방출하게 될 때 그 반응이 보상받으면 다시 일어날 확률이 높아지고, 보상받지 못하면 확률은 낮아지는 것이다. 여기서 보상이 행동 변화의 핵심적인 변인이 된다.

조작적 조건화의 원리는 여러 가지 장면에 적용될 수 있다. 행동을 수정하기 위해서는 행동을 수정시켜 줄 유기체에서 강화적인 것이 무엇인지를 찾아내야 하며, 바라는 행동이 나타날 때까지 기다려야 한다. 그리고 그 행동이 일어날 때 유기체에게 즉각적인 보상을 주어야 한다. 이렇게 할 때 바라는 반응이 일어나는 비율은 증가한다. 그 행동이 다음에 일어날 때 다시 보상을 받으면 그 반응의 비율은 더욱더 증가한다. 유기체가 수행할 수 있는 모든 행동은 이러한 방법으로 조정할 수 있다.

스키너는 실제 교실 수업에서 행동주의 원칙을 어떻게 반영해야 하며, 교실을 어떻게 운영하고 교수기술을 어떻게 사용해야 하는지에 대해 자세히 안내해 주고 있다. 그의 주장에 의하면 교수는 강화유관 계획을 잘 세워 실행하는 과정이며, 창의성이나 비판적 사고와 같은 높은 수준의 능력도 이와 같은 강화의 원리에 따른 행동의 연쇄적인 반응 계획에 따라 교육이 가능하다.

스키너는 그의 이론을 교육의 실제에 적용하려고 노력하였다. 그는 하버드 대학교의 스키너 연구소에서 실제로 많은 동물을 대상으로 실험하였고, 제2차 세계대전 중에는 자신의 이론을 국방에 적용하려고 하였다. 또한 그의 이론은 심리치료에도 적극 이용되었다. 그것은 행동수정요법으로서 자폐증 아동이나 지진아, 정신병 행동을 다루는 데도 성공적으로 적용되었다. 그러나 스키너의 조작적 조건형성이론이 교육에 가장 큰 영향을 미친 것은 프로그램 학습(programmed learning)과 교수기계(teaching machine)의 개발이다. 나아가 이는 최근의 컴퓨터 보조 수업 설계에까지 영향을 미치고 있다. 이러한 관점에서 스키너는 교육공학의 정립과 발전에 가장 큰 기여를 한 심리학자라고 해도 과언이 아니다(Seattler, 1990).

또한 심리학계에서도 스키너를 '20세기의 심리학자 중에서 가장 큰 영향력을 미친 학자'로 칭하고 있다(Eggen & Kauchak, 2001).

(4) 교수-학습의 적용: 프로그램 학습과 교수기계

프로그램 학습은 1926년 프레시(Pressy)에 의해 개발되었으나 이를 재발견하고 인기를 끌게 만든 것은 스키너였다. 프로그램 학습은 교과 내용에 대한 체계적이며 경험적인 접근을 통해 학습 목표에 도달하도록 하는 완전학습의 한 방법으로, 명확한 학습 목표의 제시, 상세한 행동 분석, 자극의 제시, 그리고 학습자의 반응을 통제하며 특정 행위를 점진적으로 이끌어 내도록 조직된 교수의 한 형태다. 스키너는 또한 프로그램 자료를 제시하기 위하여 교수기계를 만들었다.

프로그램 학습은 주어진 학습 목표에 도달하게 하기 위하여 자극-반응 관계에서 학습자의 경험을 계획적으로 계열화하는 방법으로 이를 통해 학습 목표에 도달하는 데는 다음과 같은 몇 가지 기본 원리가 적용된다.

- 작은 단계의 원리: 학습 목표에 도달하기까지의 과정이 점차적으로 진행될 수 있도록 작은 단계(small step)로 나누어 있고 문항의 난이도를 고려하여 논리적으로 배열되어 있다. 즉, 쉽고 단순한 문항부터 시작되기 때문에 누구나 쉽게 작은 단계를 올라갈 수 있도록 해야 하며, 가능한 한 오류를 범하지 않고 정답을 찾을 수 있게 프로그램화되어 한 단계 한 단계 올라가면서 목표에 도달할 수 있도록 설계해야 한다.

- 적극적 반응의 원리: 좋은 학습이 되기 위해서는 학습자가 적극적으로 활동해야 한다. 학습자가 적극적이고 능동적으로 프로그램에 반응할 수 있도록 유도하기 위해 해결의 실마리를 주는 단서를 제공하고, 학생들의 반응 오류를 가능한 적게 하며, 정답을 유도하게끔 밑줄 긋기, 활자 크기의 변화, 도형이나 사진의 삽입 등을 사용한다.
- 즉시 확인의 원리: 학습자가 정반응을 하였을 경우 즉각적인 피드백을 주어 확인하도록 해야 한다. 이는 강화의 역할도 한다.
- 학습자 검증의 원리: 학습자가 오답을 하였을 때는 곧바로 수정할 수 있는 기회를 주어 검증할 수 있도록 해야 한다. 이로써 완전학습이 되도록 유도한다.
- 자기 진도의 원리: 학습에서는 개인차에 따라 진행 속도가 다르므로 자기 진도대로 학습을 진행할 수 있다.

이러한 프로그램 학습은 다음과 같은 직선형과 분지형의 두 가지 유형으로 나누어 볼 수 있다.

- 직선형 프로그램: 스키너의 연구를 교실수업 현장에 적용한 최초의 시도가 바로 직선형 프로그램(linear program)이다. 이 프로그램은 단지 하나의 경로를 통해 목표에 도달할 수 있도록 설계되어 있으며, 전 단계를 성공적으로 거치지 않고서는 다음 단계로의 진행이 불가능하다. 직선형 프로그램 학습의 중심 개념은 짧은 프레임으로 구성된 프로그램, 학생과의 잦은 상호작용의 정도, 그리고 계열의 직선성이다. 그러나 학습 내용을 잘게 나누어 프레임을 짧게 제시하면 학생들에게 지루함을 줄 수 있기 때문에 최근에는 좀 더 큰 프레임으로 구성하기도 한다.

• 분지형 프로그램: 1960년대에 와서 크라우더(Crowder)는 스키너의 직선형 프로그램의 단점을 보완하여 분지형 프로그램(branching program)을 개발하였다. 이 프로그램에서는 목표에 도달하는 경로가 여러 개 있을 수 있는데, 정답에 반응해야만 주 계열의 프레임으로 진행할 수 있다. 오답에 반응하면 그에 대한 설명과 더불어 적절한 보충학습 경로를 통해 목표에 도달하도록 안내한다. 그러나 우수한 경우에는 주 계열을 건너뛰어 빨리 진행할 수 있는 방법도 있다. 분지형 프로그램은 1970년대에 이르러 컴퓨터를 중심으로 한 자기학습 프로그램의 기초가 되었다. 컴퓨터의 도입은 학생들이 분지형 학습 프로그램 계열을 빠르고 손쉽게 활용할 수 있도록 하였으며, CAI의 활용이 가능하게 만들었다.

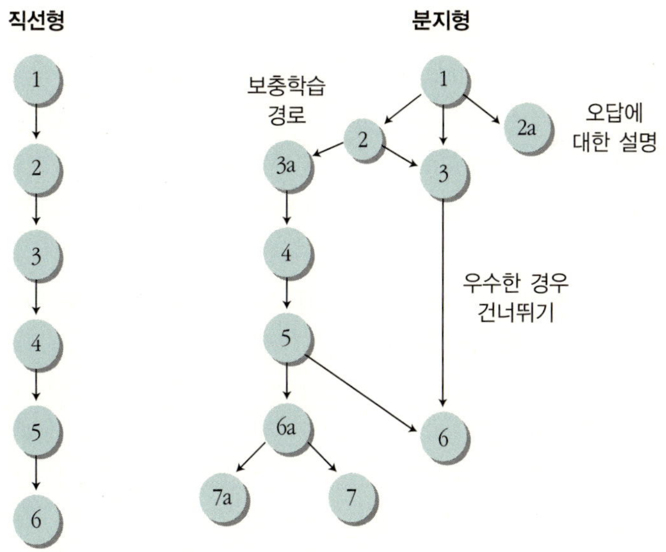

그림 2-3 직선형과 분지형 프로그램 학습의 기본적인 구조

행동수정

행동수정(behavior modification)은 학생들의 특정행동을 변화시키기 위해서 선택적 강화를 사용하여 체계적으로 행동을 통제하고 조형하는 조작적 조건형성의 원리를 적용한 방법이다. 목표로 하는 행동으로 행동수정 하기 위해서는 다음과 같은 단계를 거친다(Eggen & Kauchak, 2004).

첫째, 변화하기 원하는 목표행동을 먼저 결정한다.

둘째, 목표행동에 대한 발생빈도를 측정한다. 이는 교사, 학생, 부모 모두에게 행동변화의 과정을 알 수 있게 하고, 앞으로 어떠한 변화가 일어날 것인지를 예측할 수 있게 한다.

셋째, 행동의 변화에 영향을 주는 강화인과 처벌인을 선택한다. 행동의 변화를 시도하기 전에 교사는 학생에게 영향을 줄 수 있는 특별한 강화인과 처벌인이 무엇인지를 찾아야 한다. 이때 교사는 학생이 선호하는 행동을 정확하게 파악하여 유관계약(contingency contract)을 통해 학생이 바람직한 행동을 하면 강화를 해 주며 경우에 따라서는 처벌을 사용하기도 한다. 그러나 처벌보다는 강화에 중점을 두는 것이 더 효과적이다.

넷째, 강화와 벌을 통해 일정 기간 동안에 일어난 행동의 변화를 측정한다.

다섯째, 행동의 변화가 일어나면 점점 강화인의 빈도를 감소시킨다. 교사는 처음에는 완전히 연속적이거나 또는 거의 연속적인 강화 계획을 사용하다가 나중에는 점차 간헐적인 강화 계획을 사용하는 것이 좋다. 강화인의 빈도를 줄이는 것은 기대행동이 유지하는 것을 도와주고 다른 수업에서 또는 학교 밖에서 그 행동을 일반화할 가능성을 증가시킨다.

이와 같은 과정을 통해서 행동수정이 일어나지만 보다 적극적으로 목표로 하는 행동을 조형(shaping)시키기 위해서는 암시(prompting)와 연쇄(chaining)의 과정을 거치면 더욱 효과적이다.

암시는 단순히 바람직한 행동이 일어날 때까지 기다리는 것이 아니라 목표행동이 일어날 수 있도록 단서를 제공하고 격려하는 것을 말한다. 목표로 하는 행동들이 단서를 통해서 연쇄적으로 일어날 수 있도록 유도하며 결국에는 목표행동이 조형되는 것이다.

2) 인지주의 학습이론

경험의 결과로 일어나는 행동의 변화를 다루는 행동주의 이론과는 달리, 인지주의 학습이론은 정신적 과정에 초점을 맞추어 학습을 설명하는 이론으로 행동의 변화를 보여 줄 수 있는 가능성을 준비하는 개인의 정신적인 구조의 변화를 다룬다. 그러므로 학습에 관한 인지적 접근(cognitive approach)은 인간의 기억, 지각, 언어, 추리, 지식, 개념 형성, 문제해결, 또는 인간의 내재적인 심리 과정과 정신적 구조를 설명하기 위한 접근이다. 이는 형태주의 이론이나 통찰에 관한 연구에서 비롯되었으나, 현대 인지심리학에서는 주로 인간의 정보처리 과정을 연구한다.

미국을 중심으로 왓슨(Watson)이나 손다이크 등과 같은 행동주의 심리학자가 분트(Wundt)의 구성심리학(structuralism)과 내성법의 비과학성을 비판하고 있을 즈음, 독일의 심리학자들 사이에서는 형태주의 심리학(gestalt psychology)이 등장하게 된다. 형태주의 운동은 1912년 가현운동(apparent movement)에 관한 베르트하이머(Max Wertheimer, 1880~1943)의 논문에서 시작되었다고 볼 수 있으나, 이 운동의 공동 창시자로는 쾰러(Wolfgang Köhler, 1887~1967)와 코프카(Kurt Koffka, 1886~1941)를 들 수 있다.

형태주의 심리학자들은 구성심리학은 사고를 기본적인 요소로 환원하고 행동주의는 행동을 자극-반응의 조합으로 환원시킨 기본적인 과오를 범하고 있다고 비판하면서, 형태는 어떤 식으로든 분할되면 그 의미가 상실되어 버리며, 또 전체는 부분의 합이 아니라고 주장하였다.

이러한 형태주의 심리학과 인지적 장이론이 근간이 되어 초기 인지심리학이 발전되며, 그 후 많은 교수이론가가 인지이론의 발전에 기여하였다. 그중 피아제는 인간의 발달에 따른 인지발달 과정과 통합된 인지 구조를 강조하며, 인지적 평형상태(cognitive equilibrium)에서의 교육을 주장하였으며, 브루너는 인지적 과정을 중요시하며, 발견학습의 방법을 제시하였다. 또한 오수벨(Ausubel)은 언어학습에 중점을 두며, 유의미 학습의 필요성을 지적하였다. 이렇듯 초기의 인지이론가들이 통합된 인지 구조를 강조하는 데 비해, 1960년대 이후의 인지이론가들은 정신 구조와 더불어 인간이 어떻게 사고하는가(process thinking)의 인지 과정, 즉 정보처리이론에 더 비중을 두었다.

인지이론의 철학적 배경은 실증주의적 상대주의(positive relativism)라 할 수 있는데, 이는 절대주의적 사고방식에 대한 반동이자 논리적 경험론과는 대조를 이룬다. 상대주의의 중심적인 아이디어는 하나의 사물은 다른 사물과의 관계 속에서 사물의 성질을 추론한다는 것이다. 우리가 어떤 대상이나 사태를 지각하는 방식은 전체적인 상황에 영향을 받는다. 그러므로 사물은 그 자체보다는 오히려 상대적으로 다루어야 한다는 것이다(Bigge, 1999).

상대주의는 인간을 목적적이고 생기 있는 인간(vitalism)으로 보았고, 학습에서는 결과보다 인간 내부에서 일어나는 인지 구조의 변화 및 과정에 관심을 가졌다. 또한 학습자가 스스로 문제해결에 이르는 통찰학습(insight learning)의 인지 현상을 중요시하였다.

(1) 초기 인지학습이론

형태주의 심리학자는 인간의 지각에 관한 연구를 통해 학습자는 학습 상황에서 부분을 보는 것이 아니라 각 부분의 상호 관계의 맥락에서 전체를 지각한다고 본다. 이에 대한 연구가 곧 인지이론의 시초가 된다. 지각의 조직 및 연결에 나타나는 경향성 등은 인간의 모든 형태에 적용되는데, 문제 상황에서 개인이 이해하고 경험하는 장(field) 속에서 부분 간의 관계에 작용하는 것이 통찰(insight)이며, 학습은 통찰에 의해 이루어진다고 보았다.

이러한 통찰이론은 쾰러가 주장한 학습이론으로 일반적으로 형태주의 심리학을 대표하는 이론으로 손꼽힌다. 쾰러는 아프리카의 유인원 연구소의 원장이 되어, 그곳에서 원숭이를 대상으로 동물실험을 하였으며, 그 결과를 1917년에 발표하였다. 이것이 유명한 유인원의 지각실험이다. 이 실험을 흔히 쾰러의 통찰실험이라고 부르는 것으로 원숭이의 문제해결 과정을 설명하는 실험이다. 그는 문제해결은 시행착오 과정을 거쳐 점진적으로 이루어지는 것이 아니라 통찰, 즉 문제해결의 열쇠가 되는 어떤 관계를 지각하면서 비롯된다고 보았다.

그는 굶주린 원숭이를 우리에 집어넣었다. 우리 속에는 높은 천장에 바나나가 매달려 있고 두 개의 상자와 막대기가 있었다. 원숭이는 우리 안에서 웅크리고 앉아 바나나와 나무상자, 막대기 등을 한참 동안 우두커니 바라보고 있었다(이때 긴 휴식이 있었는데, 이는 전체의 지각 장면을 분석하는 과정임). 그러더니 원숭이는 갑자기 상자를 쌓아 올리고 막대기를 들고 올라가 바나나를 탁 쳐서 떨어뜨렸다. 이는 문제를 해결하는 과정으로 전체 장면에 대한 통찰이 생겼기 때문에 가능하였고, 이 순간 원숭이는 시행착오가 아니라 '아하' 하는 경험(aha! experience)을 통해 인지 구조의 변화가 이루어졌다. 쾰러는 이것이 바로 학습이라고 보았다. 요컨대, 학습은 시행착오를 통한 행동의 변화가 아니라 능동적이고 의도적인 정신의 활동과 전체적 구조 파악에서 비롯된 인지 구조상의 변화라고 파악하려는 것이 인지학습이론의 특징이다.

(2) 정보처리이론

인간의 학습을 내적 과정과 관련시켜 인지적 처리 과정에 관심을 가지고 있던 인지이론가들은 인지 과정의 구조를 컴퓨터의 정보처리 과정에 비유해서 설명하여 정보처리이론으로 발전시켰다. 정보처리이론(information process-ing theory)이란 인간이 정보를 어떻게 받아들이고 저장하고 인출해 내는가 하는 인간의 정보처리 과정을 컴퓨터에 비유하여 객관적이고 과학적으로 연구하려는 이론이다. 이러한 정보처리이론은 [그림 2-4]와 같은 이중장치모형(multistore model, Akinson & Shiffrin, 1968)에서 발전하였다.

정보처리모형은 크게 다음과 같은 세 가지 중요한 구성 요소를 가지고 있다(Eggen & Kauchak, 2001).

- 정보 저장: 정보를 저장하는 곳으로 감각기억, 작업기억, 장기기억을 말한다.
- 인지적 과정: 정보를 전환하고 한 저장소에서 다른 저장소로 옮기는

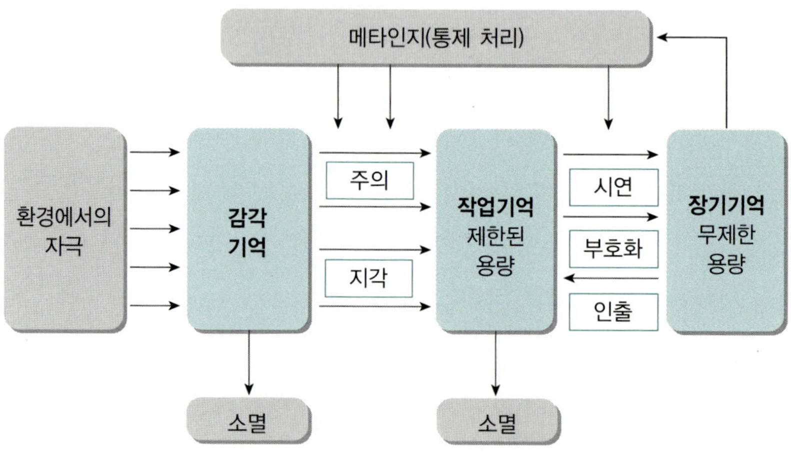

그림 2-4 인간의 정보처리 과정

지적 행동을 말하는 것으로 주의 집중, 지각, 시연, 부호화, 인출 등이 있다.

- 메타인지: 인지적 처리 과정에서 스스로 통제하고 조정하는, 즉 자기 조절(self-regulation) 체제에 대해 자기가 아는 것을 말하는 것으로, 정보처리 과정 전체에 영향을 미친다.

환경의 외적인 자극은 수용기(receptors)에 의해 신경 자극으로 중추신경 조직에 있는 감각 등록기(sensory registor)에 전달된다. 아주 짧은 시간 동안 감각적 형태로 저장된 감각기억(sensory memory)은 전혀 조직화되지 않은 것으로 처리가 곧바로 시작되지 않으면 기억의 흔적은 사라진다. 감각기억은 시각의 경우 약 1초 동안, 청각의 경우는 약 2초에서 4초 동안 정보를 유지한다.

감각기억은 정보처리에서 중요한 시작점이 되는데 주의 집중(attention)이나 선택적 지각을 통해 일부분만이 작업기억(working memory) 혹은 단기기억(sort-term memory)으로 간다. 작업기억은 개인이 정보를 처리하는 동안 정보를 유지하는 정보 저장소로 의식적인 처리 과정이 진행된다. 작업기억은 제한된 용량 체계로 한 번에 약 7(±2)개의 항목을 저장할 수 있고 반복 연습되지 않으면 약 10~20초 이내에 소멸되어 버린다. 그러나 이러한 제한된 용량의 한계는 정보의 결집(chunking), 기능의 자동화(automaticity), 이원적인 처리(dual processing)로 극복할 수도 있다(Eggen & Kauchak, 2004). 결집이란 다수의 관련 정보가 더 큰 분류 항목이나 의미 있는 하나의 덩어리로 묶이는 것이고, 기능의 자동화란 어떤 기능이 작업기억에 전혀 아무런 부담을 주지 않는 상태에서 수행되는 것을 말한다. 또한 이원적 처리란 작업기억에서의 정보가 시각적이고 청각적인 이원적인 차원으로 구성되어 있는 것을 말한다.

이 작업기억의 기능적 측면이 교육에 있어서 아주 중요하다. 작업기억에 있는 정보 중에서 시연(rehearsal)이 이루어지는 정보나 의미 있는 정보로 부호화된(meaningful encoding) 정보는 장기기억장치(long-term memory)로 넘어가 지속적인 형태로 저장된다. 부호화는 [그림 2-5]와 같이 새로운 정보가 기존의 정보에 다양하게 통합되는 변환 과정을 말하는 것으로, 조직화, 정교화, 활성화로 나눌 수 있다. 정보가 조직화(organization), 정교화(elaboration), 활성화(activation)되면 기억의 가능성은 증진된다. 조직화는 지식을 하위 집합으로 나누고 그들 사이의 관계를 시사하는 과정이며, 정교화는 새로운 지식에 관련된 지식을 덧붙이는 과정으로 인출에 대한 대안적 통로와 지식 구성을 위한 부가적인 정보를 제공하는 것이다. 또한 활성화는 실제적인 일과 연결시켜 능동적으로 참여하는 것이다. 장기기억장치는 용량이 무제한이며, 장기간 또는 영구히 정보를 파지할 수 있다.

인지적 처리 과정은 단순한 메커니즘으로, 그것이 유용하기 위해서는 서로 통합되고 전략적으로 사용되어야 한다. 이러한 기능을 돕는 것이 메타인지다. 메타인지는 지각하는 데 영향을 미치며, 작업기억을 통한 정보의 흐름과 조정을 도와주며, 기억 전략에 대한 지식과 통제를 제공한다.

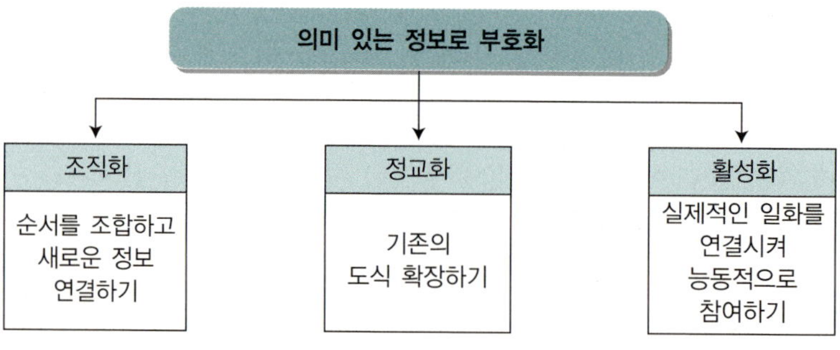

그림 2-5 의미 있는 정보로 만들기

정보처리이론은 교수-학습의 장면에서 여러 가지 중요한 정보를 제공해 주고 있다. 수업에서 교사는 흥미 있는 질문을 많이 하고, 또 학생들의 관심을 집중시키기 위해 새로운 주제를 제공하며, 시선을 끌기 위해 다양한 교수 자료를 활용하면 기억에 오래 남는 학습이 될 수 있다. 한편, 새로운 정보를 제공할 때는 중요한 요점을 제공해 주고, 이미 알고 있는 내용과 연결시켜 주고, 작업기억의 정보를 확실히 전이될 수 있도록 돕기 위해 연습 문제를 풀게 하는 방법이 좋다.

가네는 교수설계를 할 때 쉬운 것부터 차례로 올라가면서(bottom-up-approach) 제시하는 학습 내용의 위계를 강조하였고, 오수벨은 선행 조직자(advanced organizer)를 통해 먼저 정보의 개요를 설명하도록 하여(top-down approach) 기존의 인지 구조에 정착되도록 하는 방법을 제시하고 있다.

정보처리이론은 인공지능(artificial intelligence: AI)의 발전에 기여하였다. 컴퓨터 소프트웨어의 개발로 학습하고 사고하는 것을 모의 경험이 가능하게 되었고, 이러한 것을 통해 훈련과 연습을 하면 새로운 정보가 장기기억으로 넘어가는 데 기호화되고 저장될 수 있다(Roblyer & Edwards, 2000).

메타인지: 인지 과정에 대한 지식과 조절

"졸지 않게 교실의 앞좌석에 앉아야겠어." 또는 "오늘은 아주 피곤해. 수업에 들어가기 전에 커피를 한 잔 마시는 게 낫겠어."와 같은 말을 사용한 적이 있다면 이는 메타인지를 사용한 것이다. 즉, 자신의 주의력에 대한 자각을 보여 준 것이다. 교실 앞좌석에 앉거나 커피를 마시는 것을 선택하였다면 잠들어 버릴 수 있는 가능성에서 자신의 주의력을 조절한 것이다. 이 경우 메타인지의 하나인 메타주의(meta-attentive)를 사용하였다고 할 수 있다.

자신이 공부하고 학습하는 방식을 잘 자각하고 있는 학생들은 그렇지 않은 학생들보다 더 높은 성취 결과를 보인다(Bruning et al., 1999). 바꾸어 말하면, 메타인지적인 특성을 많이 보이는 학생은 그렇지 않은 학생보다 더 많이 학습한다.

그 이유는 첫째, 주의의 중요성에 대해 자각하고 있는 학생들은 스스로 효과적인 학습 환경을 창조하는 경향이 높다. 교실 앞좌석으로 옮겨서 중요한 정보를 놓치지 않는 것, 또는 공부할 때 주의를 산만하게 하는 라디오를 끄는 것과 같은 방법이다.

둘째, 메타인지는 정확한 지각을 증가시킨다. 무엇인가를 잘못 지각할 수도 있다는 것을 아는 학습자는 확실한 정보를 찾으려고 노력한다. 그렇게 함으로써 지각에 대한 자각과 조절을 보여 준다.

셋째, 메타인지는 작업기억을 통해서 정보의 흐름을 조절하는 것을 돕는다. 예를 들어, 우리 모두는 전화번호를 기억해야 할 상황에 직면한다. 전화를 바로 걸어야 하는 경우라면, 마음속으로 반복해서 번호를 시연만 하면 된다. 그러나 나중에 전화를 걸기 위해서 아마도 전화번호를 적어 둘 것이다. 각각의 결정은 전략적이며, 우리의 기억을 자각하고 조절하는 것에 의해 영향을 받았다. 이것이 기억 전략에 대한 지식과 조절인 메타기억(metamemory)의 예다(Schraw & Moshman, 1995).

마지막으로, 메타인지는 유의미한 부호화에 영향을 미친다. 예를 들어, 정보를 다른 항목과 관련지어 저장하는 것이 별개로 저장하는 것보다 효과적으로 부호화될 수 있다는 것을 아는 학생은 공부할 때 아마도 주제들 간의 관계를 의식적으로 살펴볼 것이다. 이것은 학생들의 학습 전략과 학습량에 영향을 준다(신종호 외 역, 2006).

(3) 교수-학습에의 적용

발견 · 탐구학습 인지주의 학습이론은 학습자의 내부에서 일어나는 인지적인 과정에 중점을 두었다. 이는 교사에 의해 제공되는 것이 아니라 학습자가 스스로 문제를 해결하고 탐구하여 목표에 도달할 수 있도록 함으로써 내적인 동기를 유발하게 하는 데 초점을 둔다. 이러한 이론적 배경에는 듀이(John Dewey)의 반성적 사고나 브루너의 발견학습 등이 큰 영향을 미친다.

발견학습(discovery learning)과 탐구학습(inquiry learning)은 학습자들이 여러 가지 학습 자료를 통해 스스로 문제를 발견하고 문제를 해결하면서 탐구적인 사고방식을 배워 나가며, 지식 획득의 과정에 주체적으로 참가함으로써 학습자 스스로 탐구 능력을 키워 나간다는 데에서는 비슷한 개념이다. 그러나 탐구적이라는 말에는 객관적인 근거를 바탕으로 하여 논리적으로 문제를 해결한다는 의미가 내포되어 있으므로 증거를 제시할 수 없거나 문제해결 과정에 논리성이 결여되어 있을 때에는 그 용어를 쓰는 것이 적절하지 않다. 그러므로 초등학교 저학년과 중학년에서는 주로 발견학습을 적용할 수 있으며, 고학년부터는 탐구학습을 적용할 수 있다(변영계 외, 1996).

브루너는 발견학습이 처음에는 교사에게 의존하지만 점점 교사의 사고는 감소되고 학습자 스스로 사고해 나가면서 지식의 구조를 이해하고 스스로 내적 문화를 창조하고 발견하는 과정을 통해 내적 동기를 유발할 수 있다고 강조한다.

발견학습의 내용은 기본 교재를 바탕으로 다음과 같은 절차에 따라 학습자가 스스로 학습하는 것이다.

- 문제의 추출: 문제가 무엇인지를 인식하는 단계다. 발견할 과제에 대해 학습자가 명확히 파악하게 된다.
- 문제해결을 위한 가설 설정: 여러 가지 자료를 수집하여 문제해결을 위한 가설을 세우는 단계다.
- 가설의 검증: 증명(수학), 실험(과학), 자료(사회) 등에 의해 가설을 검

증하는 단계다. 이 단계에서는 논리적인 사고 활동이 중요하며 교사의 계통적인 지도가 필요하다.

- 결론: 검증된 내용을 일반화하며 추상적인 개념을 현실 상황에 밀착하게 산 능력으로 전환하는 지식 전이의 단계다.

브루너는 '지식의 구조화'를 강조하면서 학습자들이 지식의 구조를 이해하게 되면 스스로 사고를 진행할 수 있다고 보았다. 그는 스스로 탐구하고 발견하는 사고 과정이 중요하다고 하였다. 또한 발견학습에서는 학습의 결과보다는 과정과 방법을 중요시하며 학습자의 능동적인 학습을 강조한다. 교수자는 학습자가 적극적인 학습 의욕을 가지고 능동적인 학습을 할 수 있도록 학습 과제를 적절히 구성하고 학습자의 내적 보상에 의한 강력한 학습동기를 유발시킬 수 있어야 한다.

인지 전략 인간의 정보처리 과정에 관한 과학적인 학문인 인지심리학은 인간 학습의 기본적인 과정인 정신 및 사고 과정과 외부에서 들어오는 정보의 처리 기제에 대한 원리와 법칙을 밝히는 데 초점을 두고 있다. 이는 학습자의 지적인 활동, 능력의 변화, 개념 습득과 문제해결 능력의 변화, 그리고 기존 인지 구조의 체계적인 변화를 계획적으로 시도하여 교수-학습 과정을 효율적으로 전개하는 데 필요한 인지 전략을 제공하고 있다.

인지 전략(cognitive strategy)이란 과제 수행이나 문제해결 장면에서 어떻게 생각할지, 또는 어떻게 처리할지를 결정하는 넓은 의미의 지적 능력을 말한다. 과제가 새로운 것이어서 새로운 것을 학습하는 방법을 찾아야 할 때, 개인은 학습행동에 기초가 되는 이미 획득한 태도나 아이디어 및 기술을 활용하면서 학습 전략을 구성해 나간다. 따라서 학습 전략(learning strategy)이란 인지 전략 영역의 구체적 개념 중 하나로 특정

학습 장면에서 지식과 기술의 획득을 촉진할 수 있는 정신적 기술의 총체라고 할 수 있다.

인지 전략과 학습 전략을 세울 때는 기억을 도울 수 있는 기억지향책략(memory-directed tactics)과 이해를 도울 수 있는 이해지향책략(comprehension-directed tactics)이 있다. 기억지향책략에는 아이디어의 저장 및 인출에 강조점을 두는 밑줄긋기, 요약하기, 기억조성법(mnemonic) 등이 있고, 이해지향책략에는 질문하기, 노트 작성, 교재 분석, 개념도 작성하기(mapping), PQ4R법 등이 있다.

PQ4R법: 어떻게 하면 잘 이해하고 기억할 수 있을까

학생들이 학습한 내용을 이해하고 기억하는 데 도움을 주는 가장 잘 알려진 방법 중의 하나로, F. P. Robinson이 개발한 SQ3R을 기초로 한 PQ4R법이 있다. 이것은 미리보기(Preview), 질문하기(Question), 읽기(Read), 숙고하기(Reflect), 암송하기(Recite), 복습하기(Review)의 머리글자를 딴 것이다.

① 미리보기(Preview)
우선 큰 제목을 살펴보고 전체 내용의 구성, 목차, 하위주제 등을 훑어보면서 전체 구조에 대한 큰 그림을 그려 본다.

② 질문하기(Question)
전체적인 학습 구조의 틀 속에서 자신의 질문을 만들어 본다. 이것은 이후 학습에서 질문에 대한 답을 찾아보려고 노력하게 하고, 능동적인 정보의 탐색을 유도한다.

③ 읽기(Read)
기억할 자료를 읽는 과정이다. 꼼꼼히 내용을 읽으면서 앞 단계에서 가

졌던 의문에 대한 답을 찾는다. 이는 앞의 두 단계에서 전체적인 윤곽과 의문점이 생긴 후, 단순히 수동적으로 정보를 수용하는 것이 아니라 능동적으로 정보를 탐색하고 체제화시키는 단계다.

④ 숙고하기(Reflect)
내용을 머릿속으로 정리해 보면서 숙고해 보는 담금질의 과정이다. 전체 구조를 머릿속에 떠올려 보고, 하위주제와 주된 개념 및 원리들을 관련 지어 생각해 보면서 지식들을 연결시켜 보며, 현실의 예를 찾아보기도 한다. 만약 주어진 사실들이 잘 연결되지 않을 때는 자료를 찾아보고 확인해 보며 정리한다.

⑤ 암송하기(Recite)
소리 내어 읽어 보고 스스로 질문하고 대답하면서 기억하는 연습을 한다. 이는 기억된 내용을 인출하는 것을 연습하는 것으로 미래의 인출을 쉽게 하는 단서를 형성하는 데 도움이 된다.

⑥ 복습하기(Review)
마지막 단계로 스스로에게 한 질문에 답하도록 노력하면서 자료를 능동적으로 복습한다. 복습의 가장 좋은 방법은 시험이다. 자기 스스로 시험문제를 내고 답을 하면서 아는 내용을 정리해 본다. 때론 알고 있는 내용을 주변사람들에게 가르쳐 보는 것도 좋은 방법이다. 엉성하게 형성된 지식구조는 이러한 과정을 통해 재정리되고 체제화된다.

3) 구성주의 학습이론

행동주의나 인지주의 학습이론과 달리 구성주의는 철학적인 배경에서 나온 인식론적 입장을 지닌 이론이다. 그러므로 구성주의는 교육 문제 전반에 대한 완전히 다른 시각적 접근을 가능하게 하는 비판적인 성찰 도구로 작용할 수 있다.

구성주의가 우리 사회에 새로운 패러다임으로 등장하게 된 것은 사회적 · 역사적 변화를 배경으로 한다. 현대사회는 산업사회를 지나 이제 정보화사회라고 일컫는다. 그동안 산업사회에서는 집단화, 표준화, 보편화, 확실성의 개념과 더불어 순종형의 인간을 요구하였으나, 정보화사회에서는 개인화, 다양화, 창의성, 불확실성으로 대체되었고, 주체적인 인간을 필요로 하고 있다. 정보화의 진행에 따라 주체와 객체의 대상이 허물어지면서 개인 간의 관계는 수평적이고 다원적인 관계로 전환되어 '탈중심성(decentralization)'으로 변화되었다. 이러한 시대적 전환이 교육의 현장에 적용되기 시작하였다.

구성주의에서 보는 '지식'의 개념은 그동안 객관주의 관점에서 가정하는 '지식'의 개념과는 많이 다르다. 구성주의는 '실재' 혹은 '현실'을 '인식주의자(the knower, the cognitive subject) 또는 관찰자(the observer)가 자신의 현실에서의 경험적-인지적 활동을 통하여 구성하는 것'으로 보았다. 그들은 지식을 인식의 주체자인 개인이 자신의 경험 세계에서 인지적 활동을 하면서 자기 나름의 현실을 구성하는 것이라고 보았다. 그러므로 지식은 주관적이고 각자가 구성해 나가는 것이다. 이와 같이 지식은 인간의 개별적인 인지 작용의 결과이기 때문에 학습자에게 매우 '개별적이며, 지속적으로' 구성과 재구성을 반복하면서 변화한다는 전제에서 출발한다. 따라서 구성주의에서의 학습은 자기 규율적(self-regulated)이고 자기 조직적(self-organized)이며, 자율적(autonomous)인 학습 환경에서 학습자 스스로 지식을 형성해 나가는 것이다.

구성주의에서는 진리 대신 적합성, 유용성, 조화, 적응 등의 용어를 즐겨 사용한다. 인지 주체의 경험적 세계에서의 활동은 개인적인 인지적 활동만을 의미하는 것이 아니라, 사회 공동체 속에서 인지 주체가 현실을 구성해 나가면서 서로 상호작용하며, 또 그가 속한 사회에서 문화적 영향을 많이 받는 것이다. 그러므로 구성주의에서 주장하는 기본 가정은 다음과 같이 요약할 수 있다.

- 지식은 인식의 주체에 의해 구성된다. 세상에 대한 객관적인 지식은 없으며, 모든 지식은 인식의 주체자인 개인에 의해 주관적으로 구성된다.
- 지식은 구체적인 상황을 중심으로 한 맥락적인 것이다. 지식은 항상 구체적인 상황 속에서 실제적 성격의 과제(authentic task)를 다루어야 하며, 그러한 지식이 제공되는 맥락이 중요하다.
- 지식은 협동적인 과정을 통해 형성된다. 지식의 습득과 형성은 개인적인 인지적 작용만으로 이루어지는 것이 아니고, 반드시 개인이 속한 사회문화적 배경과의 상호작용을 전제로 한다.

구성주의는 새로운 이론이 아니라 철학, 인지이론, 생물학, 인공두뇌학(cybernetics), 기호학, 심리학 등 여러 다른 학문의 이론을 서로 통합하여 통칭한 것이라 볼 수 있다. 그중에서도 특히 초기 인지심리학자라 할 수 있는 듀이, 피아제, 비고츠키, 브루너 등의 영향을 많이 받았다.

미국 교육 체제의 기틀을 잡는 데 커다란 공헌을 한 듀이는 그의 진보주의 철학을 통해 구성주의자들에게 많은 아이디어를 주었다. 피아제의 인지발달 이론은 구성주의적 사고의 논리적 원칙을 제공해 주었으며, 비고츠키의 근접발달영역(zone of proximal development: ZPD) 이론과 발판화(scaffolding) 개념은 사회적인 관계의 중요성을 강조하였다. 브루너 또한 발견학습을 통해 학습자가 인식의 주체가 된다고 보았으며 직접 참여하기를 격려하였다.

구성주의는 1970년대 '지식 획득에 대한 급진적 구성주의의 접근'이라는 연구에서 시작되었는데, 이후에는 지식 구성 과정에 미치는 요소의 관점에 따라 다양한 접근이 이루어지고 있다. 즉, 인간과 환경의 상호작용 관계에서 볼 때 학습자를 내인적(또는 마음 중심적, endogenous) 존재로 인식하는 급진적 구성주의(radical constructivism)와 학습자를 외인적(또는 세계 중심적, exogenous) 존재로 인식하는 사회적 구성주의(social constructivism)로 나뉜다.

(1) 인지적 구성주의와 사회적 구성주의

구성주의 인식론을 성립시키는 데는 피아제와 비고츠키가 특히 많은 영향을 미쳤다. 인지적 구성주의(cognitive constructivism)는 피아제의 이론에서 발전된 것으로 개인의 내부에 있는 인지적 처리 과정에 초점을 맞춘다. 피아제의 인지이론에 의하면 인지 구조가 발달하는 데는 생득적 요인인 성숙과 더불어 환경적 요인이 크게 작용한다. 이러한 요인은 적합한 방식으로 통합하는 조정, 즉 동화(assimilation)와 조절(accomodation)을 통해 평형화(equilibration)를 이루는데, 이는 자신의 인지 구조를 형성하고 재구성하는 인지 발달의 핵심 기능이다. 다시 말해, 최적화되어 가는 평형상태(optimizing equilibrium)로의 진행이 발달이라고 보는 피아제의 발생적 인식론은 구성주의 이론의 성립에 매우 중요한 기초를 제공한다.

한편, 사회적 구성주의(social constructivism)는 비고츠키의 이론을 배경으로 하고 지식 구성의 사회적 요인에 초점을 맞춘다. 사회적 구성주의에서는 인간의 인지적 발달과 기능은 사회적 상호작용이 내면화되어 이루어지는 것이라고 본다.

비고츠키는 지적 능력을 ZPD 이론으로 설명한다. 근접발달영역은 아동이 현재 스스로 과제를 해결할 수 있는 실제적 발달 수준(level of actual development)과 자신보다 인지적으로 유능한 성인이나 또래의 도움을 받아 과제를 해결할 수 있을 것으로 기대되는 잠재적 발달 수준(level of potential development) 간의 격차를 의미한다.

비고츠키는 개인의 지적 발달이 사회문화적인 영향을 크게 받는다고 생각한다. 그는 모든 지식은 한 공동체로서 사회 집단의 긴 역사를 통해 누적된 문화적 형태로 존재하며, 아동은 성인의 도움을 받아 문화적 산물로서 지식을 내면화함으로써 개인적인 인지 발달이 가능하게 된다. 따라서 아동의 지적 발달은 내면화를 가능하게 하는 성인과의 사회적 상호작용을 통해 촉진된다. 이렇게 아동이 지적으로 성장하는 데 도움을 주는 것을 발판화(scaffolding)라 하는데, 이는 아동이 스스로 문제를 해결할 수 있도록 도움을 주는 체제를 말한다.

이러한 비고츠키의 ZPD 이론에 바탕을 둔 사회적 구성주의는 지식을

표 2-1 인지적 구성주의와 사회적 구성주의의 비교

	인지적 구성주의	사회적 구성주의
대표 학자	• Piaget, Von Glasersfeld, Cobb	• Vygotsky, Rorty, Rogoff
특징	• 지식의 형성 과정에서 인간의 개별적인 인지적 작용을 중요한 요인으로 본다. • 현존하는 지식의 도식과 조작은 서로 관련된 지식의 동화와 조절에 의해 이루어진다. • 개인의 다양성(heterogeneity)을 강조한다.	• 지식을 구성하는 데 개인의 인지적 발달뿐만 아니라 사회적 상호 관계를 중요한 요인으로 본다. • 지식과 기술은 현재 도식과 관련된 다른 사람의 안내를 받아 획득되는데, 이는 점점 내면화되며, 학습자는 자기 조절력과 독립심이 증가된다. • 사회공동체의 동일성(homogeneity)을 강조한다.
학습	• 인지적 재구성의 과정	• 실천 공동체로의 문화적 동화
교육에의 적용	• 학습자는 새롭고 더욱 효과적인 도식을 함께 구성하기도 하며, 개별적으로 학습하기도 한다. • 발전된 새로운 도식에 의해 개별적으로 의미를 구성하는 것을 강조한다.	• 교사의 안내하에 학습자는 새로운 개념을 구성하기 위해 협동적으로 일한다. • 의미를 서로 나누면서 내면화하고 지식을 구성하는 것을 강조한다.

구성하는 데는 사회적 상호작용이 중요함을 강조한다. 더불어 이것은 개별적인 인지 주체가 구성한 지식이 결국은 자신이 속한 사회 속에서 잘 적용되고 유용한 지식이어야 함을 의미한다.

인지적 구성주의와 사회적 구성주의는 〈표 2-1〉에서 보는 바와 같이 각각 다른 입장을 가지기는 하지만, 인지적 구성주의라고 해서 사회적 요소를 무시하는 것은 아니며 사회적 구성주의라고 해서 인지적 요소를 무시하는 것은 아니다. 따라서 인지적 구성주의와 사회적 구성주의 간에는 적절한 조화와 균형으로 '관점의 조화(coordinating perspectives)'를 이루는 것이 필요하다.

(2) 교수-학습의 원리

구성주의 이론은 교육적 패러다임에 많은 영향을 미쳤고 교수-학습 과정에 중요한 원칙을 제공하고 있다. 구성주의 이론에서 주장하는 학습에 관한 중요한 원칙을 살펴보면 다음과 같다.

학습자 중심의 학습(인식 주체로서의 학습자) 구성주의의 기본 가정은 '학습은 학습자의 경험에 기초하여 학습자의 머릿속에서 구성된다.'는 것이다. 따라서 인간을 떠난 객관적인 실제는 존재하지 않는다. 다만, 인간의 마음속에 주관적으로 존재하는 것이라고 정의한다. 이러한 구성주의의 입장에서 학습자는 학습에 대한 주인 의식을 가지고 인식의 주체로서 능동적이며 적극적으로 학습 과정에 참여하여야 한다.

구체적 과제와 맥락 강조 학습 과제는 구체적인 상황을 전제로 실제적인 맥락 속에서 이루어져야 한다. 그동안 학교에서는 지식이 사용되는 맥락이나 상황과는 분리된 추상적이고 순수한 지식 자체를 가르쳐 왔다. 그렇기 때문에 맥락과 독립된 지식은 그 자체의 의미를 잃어버려 이해하기 어렵고, 또 배우고 난 후에도 언제, 어떻게 적용되는지 알기 어려웠다. 한마디로 '전이'가 어려웠다. 따라서 학습은 과제를 수행하는 데 필요한 실제적인 맥락 안에서 이루어져야 한다. 이러한 학습 환경은 최근 첨단매체가 지원하는 다양한 체제로 가능성이 현실화되고 있다.

협동학습 강조 협동학습은 실제 상황에서 혼자 문제를 해결하기보다는 여러 사람의 공동 참여와 작업을 통해 문제를 해결함으로써 개인에게 주어진 인지적 부담을 줄인다는 의미뿐만 아니라, 사람마다 얼마나 다양한 생각과 견해를 지니고 있는지를 배우고 다차원적인 사고력을 길러 줄 수 있는 기회가 되기도 한다. 사회적 구성주의를 주장하는 학자들에 의하면 사회적인 상호작용을 통해 인지의 발달이 이루어진다. 학습자들은 다른 동료나 교사 또는 부모와의 상호작용을 발판화하여 근접 발달 영역을 넓혀 나가며, 학습 환경과 서로 간의 수평적인 의사소통이 이루어져 다양한 시각이 인정되는 분위기를 만들어 나간다.

교사 역할의 변화 인식의 주체로서 학습자를 대하는 교사는 학습자들이 능동적이고 창의적으로 문제를 해결하고 지식을 구성해 나가기 위해 주어진 학습 환경에 최대한 적극적으로 참여하여 스스로 의미를 만들어 나갈 수 있도록 인내를 가지고 도와주어야 한다. 그러므로 구성주의적 사고를 가진 교사는 학습자에게 항상 귀를 기울이고 듣기를 즐겨하는 듣는 자(listener), 지지자(supporter)의 역할을 하여야 한다. 또 교사 자신이 계획한 학습 경험의 세계로 안내하되, 학습자 스스로 탐구할 수 있도록 옆에서 도와주는 안내자(guide), 조력자(helper)의 역할도 하여야 한다. 더불어 학습자 스스로의 힘으로 해결할 수 있도록 하는 데 촉매 역할을 하고, 학습자의 작은 성취에 대해서도 칭찬과 격려를 아끼지 않는 촉진자(facilitator)와 격려자(encourager)의 역할도 해야 한다. 결과적으로 구성주의 학습 환경에서 교사는 학습자의 학습을 돕는 발판의 역할(scaffolder)을 하며, 한편으로는 배움을 같이하는 동료학습자(co-learner)가 되기도 한다.

(3) 교수-학습의 적용

상황학습과 앵커드 수업 1990년대부터 교육 현장에 크게 확산되기 시작한 구성주의는 이제 객관주의의 대안으로 정착되고 있다. 구성주의의 관점은 상황학습(situated learning), 문제중심학습(problem based learning: PBL), 앵커드 수업(anchored instruction)으로 발전되어 교수-학습 상황에 폭넓게 적용되고 있다.

상황학습은 구성주의를 실현시킬 뿐만 아니라 전통적인 학교교육의 문제점을 해결할 수 있는 잠재력을 가지고 있다는 점에서 더욱 부각되고 있다. 상황학습이란 실제의 상황에서 실제적인 문제를 학습자에게 제공하는 환경에서 학습이 이루어지는 문화 적응의 과정이다(Brown et al., 1989). 즉, 실제 문제 상황에서 학습자가 능동적으로 실제적인 문제를 해결하는 과정에서 자신의 기존 지식과 새로운 지식을 연결하며 문제해결력을 증진시켜 나가는 것이다.

상황학습에서는 지식이나 기능이 고립된 것이 아니므로 그것이 사용되는 상황이나 맥락과 함께 제시하여야 하며, 현실 세계에서 사용되는 실제적인 과제를 사실성에 기초를 두고 다루어야 한다. 그리고 구체적이고 다양한 사례를 사용할 것을 강조한다.

이러한 상황학습을 어떻게 구현할 것인가에 대한 연구를 꾸준히 진행하고 있는 곳이 미국의 밴더빌트 인지공학 연구그룹(Cognition and Technology Group at Vanderbilt: CTGV)이다. CTGV에서는 상황학습의 원리, 브라운(Brown)과 그의 동료에 의해 소개된 협동학습(collaborative learning)의 개념을 기초로 앵커드 수업을 제시하였다.

앵커드 수업은 상황학습을 구현하는 구체적인 방법으로, 그 목적은 학습자들이 문제 상황의 중요 요소를 찾아내고 새로운 견지에서 상황을 바라봄으로써 그들의 인식 변화와 앵커를 이해하도록 하는 것이다(Bransford et al., 1988). 특히, 테크놀로지를 이용하여 실제 상황과 유사한 환경을 제공해 주고, 이를 통해 문제를 해결하게 하여 실제 맥락 속에서 다양한 문제 발견과 해결에 활용할 수 있는 유용한 지식을 학습하도록 하는 것이다.

밴더빌트 대학의 재스퍼 프로그램

밴더빌트 대학의 인지공학 연구그룹(CTGV)에서는 앵커드 수업 이론을 적용한 교수 프로그램인 재스퍼 프로그램(Jasper Woodbury Problem Solving Series)을 개발하고 그 효과성을 검증하는 연구를 계속해 오고 있다.

이 시리즈는 테크놀로지를 인지 활동의 적극적인 자료로 활용하여 학습자에게 다양한 학습 환경을 제공해 주며, 학습자들은 효과적인 의사소통을 통한 협동학습으로 스스로 문제를 해결해 나아갈 수 있게 만든 비디오디스크다. 이는 초등학교 5~6학년을 대상으로 수학과 과학 영역을 주로 다루었는데, 약 15~20분 정도 실제 상황에서 벌어지는 재스퍼와 그의 동료의 모험과 문제를 화면을 통해 제시하며 문제해결을 위한 여러 가지 단서를 제공한다. 이러한 단서와 다양한 지식을 통해 학습자들이 서로 협동하여 문제를 해결해 나가도록 구성되어 있다. 이 프로그램에 응용된 제작 원리는 다음과 같다(CTGV, 1992).

제작 원리

- 비디오 매체 활용: 동기 부여를 촉진하고 풍부한 배경 정보를 제시하여 문제 상황에 관한 인지적 이해를 돕는다.

- 이야기식 전개 형태: 수학적 개념이 사용되는 실제적 과제를 친근한 이야기식 전개 형태로 제시하여 문제해결을 위한 의미 있는 상황을 창조한다.
- 학습자 주도적 형태: 문제를 해결하는 데 학습자들의 적극적인 참여를 권장한다.
- 자료 제시: 문제해결을 위한 여러 사실적 자료를 이야기 속에 함축하여 제시한다.
- 복잡한 문제 활용: 복잡하기는 해도 학습자들에 의해 충분히 해결될 수 있는 문제를 제시하여 풀어 볼 수 있는 기회를 제공한다.
- 다양한 응용: 가르치고자 하는 수학적 개념이 어떻게 활용될 수 있는지를 다양한 상황에서 풀어 보게 하여 궁극적으로 지식의 전이도를 높인다.
- 커리큘럼과의 연계성: 다른 여러 과목과 연결된 복잡한 문제를 제시한다.

이 프로그램으로 학습한 집단을 분석해 본 결과, 기본적인 수학 개념에 대한 이해가 높아졌고 학생들도 수학을 좋아하게 되었다는 긍정적인 평가를 받고 있다.

인지적 도제 모형 구성주의 학습이론을 교수-학습에 적용한 학습모형으로는 인지적 도제 모형(cognitive apprenticeship model)이 있다. '도제' 라는 용어는 중세 때부터 유래되어 온 학습의 형태다. 예전의 도제교육은 공예품을 만들거나 특수한 분야의 기술을 습득할 때 전문가들이 하는 것을 보고 도우면서 배우는 것이었다. 즉, 그림, 공예, 의학, 법률 등의 분야에서 전문가가 되기 위해 필요한 지식을 전문가에게 직접 전수받는 방법이다. 그러나 오늘날 이와 같은 역할은 학교교육에서 맡고 있으며, 교사를 통해 교실 수업에서 교과 지식을 통해 전달받게 되었다.

구성주의 입장을 반영할 수 있는 대안으로 브라운에 의해 제시된 방법이 인지적 도제 모형이다. 이는 전문가가 학습자에게 현실과 유사한 상황에서 실제적 과제를 경험하게 해 준다. 도제에 의한 지식 전수가 아니라 해당 분야의 전문가인 인지적 도제 모델이 전문 분야에 대한 사고력, 문제해결력과 같은 고차적 인지 기능의 신장을 도와주며, 특정한 관계 속에서 실제적 과제를 해결해 나가는 과정을 통해 새로운 지식을 구성하는 것이다.

인지적 도제 모형은 실제 과제의 문제해결 과정을 전문가가 시범 보이는 '모델링 단계(modeling)', 문제해결을 위한 인지적 틀을 제시하는 '교수적 도움 단계(scaffolding)', 그리고 학습자가 스스로 문제를 해결할 수 있는 '교수적 도움의 중지 단계(fading)'의 순서로 진행된다.

인지적 도제 모형에서 인지적이라는 의미는 고전적 의미의 도제교육의 형태와는 다르다. 고전적 의미에서 도제 모형은 어떤 물리적 기술과 지식의 습득을 목표로 하는 반면, 인지적 도제는 특정 사회집단 전문가들이 지닌 지식과 사고 과정을 학습하는 것이다.

인지적 유연성 모형 인지적 유연성 모형(cognitive flexibility model)의 기본 전제는 지식은 단순한 일차원적인 개념으로 표현될 수 있는 것이 아니고 다차원적이고 매우 복잡한 개념으로 형성되어 있다는 것이다. 전통적 교육에서 지식은 객관화되어 지나치게 단순화, 세분화, 일반화되어 있다. 그러나 구성주의 개념에서 볼 때 학습자의 요구는 다양하고 지식도 다원화되어 있으므로, 고급 지식이나 인문사회 계통 지식의 특성을 전달하기 위해서는 복잡하고 비규칙적인 고급 지식까지도 임의적 접근(random access instruction)이 가능해야 하며, 다양한 소규모의 예를 제시하여 유연성 있게 다원화할 수 있어야 한다. 즉, 지식의 복합성 및 불규칙성과 관련된 학습의 실패를 개선하기 위해서는 인지적 유연성(cognitive flexibility)이 가능한 학습 과정이 필요하다. 인지적 유연성은 여러 가지 다른 개념 및 사례에 기초한 관점에서 지식을 표상하는 능력을 말하며, 지식이 나중에 사용될 때 바로 그 관점에서 이해나 문제해결을 위해 필요한 종합적 지식을 새롭게 구성하는 능력을 말한다(이명근 역, 2005).

그러므로 인지적 유연성이란 여러 지식의 범주를 넘나들고 연결하면서 상황적 요구에 탄력성 있게 대처하는 능력을 말한다(변영계, 2005). 스피로(Spiro)는 이와 같이 인지적 유연성을 실현할 수 있는 환경을 조성하고 인지적 융통성이 있는 환경을 구성하기 위해 컴퓨터를 통한 하이퍼미디어 시스템을 응용할 것을 권장한다. 이는 하이퍼미디어라는 시스템 자체가 다차원적이고 비순차적인 그물망 같은 구조적 특성을 지니고 있기 때문이다.

3 교수-학습 이론의 비교 및 선택

20세기 이후에 등장한 세 가지 이론, 즉 행동주의 이론, 인지주의 이론, 구성주의 이론들은 인간이 새로운 지식과 기능을 어떻게 습득하는지를 과학적으로 설명한 이론들이다. 이 이론들의 특징을 비교해 보면 〈표 2-2〉와 같다.

이러한 이론들은 어느 이론이 가장 좋은 이론인가보다는 학습자에 따라, 학습 상황에 따라 어느 이론을 적용해야 할 것인가를 생각해 보아야 한다. 이는 "어느 음식이 가장 좋은가?"라고 묻는 것과 비슷하다. 논리적으로 보아 필연적인 대답은 어떠한 음식도 최상은 아니라는 것이다. 각각의 음식들은 영양에 기여하는 좋은 어떤 것을 가지고 있기 때문에 교사들은 다양한 이론적 관점을 이해해야 한다.

다른 이론에서 도출된 원리는 대부분의 학습 상황에도 적용될 수 있

표 2-2 세 가지 교수-학습 이론의 비교

	행동주의	인지주의	구성주의
학습	• 일어나는 행동의 확률을 높여 행동 변화	• 인지구조의 변화 • 정보처리를 통해 저장된 지식 활용	• 경험, 협동을 통해 각자에게 필요한 지식을 구성
학습 과정에서 교사의 역할	• 학습을 촉진하는 특별한 외적 유관성(contingency) 조성 • 교수목표 진술 • 단서 제공 • 강화 배열	• 인지적 과정을 지원하기 위한 인위적인 노력 • 새로운 정보의 조직 • 새로운 정보를 기존의 정보에 연계 • 다양한 주의집중, 부호화, 인출단서 사용 • 다양한 기억 전략, 이해 전략 사용	• 현실적이고 유의미한 문제를 해결할 수 있도록 제공 • 다른 사람들과의 상호작용을 통해 학습 • 공동의 문제해결 맥락에서 지식을 구안해 가는 과정을 모델링하고 지도
학생의 주요 임무	• 단서에 대한 반응	• 정보를 능동적으로 통합	• 다양한 정보를 활용하여 스스로 탐색, 지식 구성 • 협동 작업

다. 예를 들어, 강화(행동주의 관점에서 도출), 조직화된 정보(정보처리 관점에서 도출), 그리고 상호 간 학습(구성주의 관점에서 도출)은 거의 모든 교수 상황에서 유용한 원리다. 그러나 동시에 몇몇 이론은 다른 학습 상황에서보다 특정 학습 상황에 더 적절하다.

어트머와 뉴비(Ertmer & Newby, 1993)는 이러한 적합성은 두 가지의 중요한 요소, 즉 학생의 지식 수준과 학습 과제에 요구되는 사고와 성찰의 양에 의해 좌우된다고 주장한다.

[그림 2-6]에 나타난 것처럼 내용 지식을 거의 가지고 있지 않은 학생은 행동주의 관점에 기초한 학습 전략을 통해 상당한 이점을 얻을 수 있

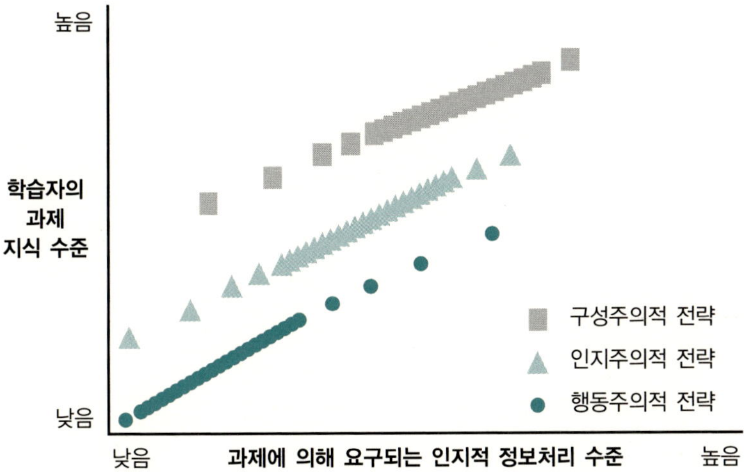

그림 2-6 세 가지 이론의 선택을 위한 지침

출처: 노석준 외 역(2008), p. 66에서 재인용.

다. 학생들의 지식이 성장해 감에 따라 그 강조점은 인지적인 관점으로, 그 후 구성주의 관점으로 전환된다.

동일한 방식으로, 사고와 성찰을 거의 요구하지 않는 학습 과제들(예: 사실을 기억하는 것, 기계적인 절차를 따르는 것)은 행동주의 학습 전략으로부터 상당한 이점을 얻을 수 있다. 학습 과제에 의해 요구되는 사고의 양이 많아질수록(예: 관계 구조의 이해, 귀납적 사유, 창의적 사고) 강조점은 인지주의적 관점을 요구하고, 그다음 고차적으로 실제 상황 맥락 속에서 문제해결을 요하는 과제는 구성주의 관점으로 전환된다(노석준 외 역, 2008).

Chapter

03

교수-학습의 과정

교수-학습의 과정은 크게 세 단계로 나눌 수 있다. 학습자의 요구분석에 따른 교육 목적 및 교수 목표 설정, 교수 내용의 분석, 학습자의 특성 진단, 교수방법 결정, 평가 계획 수립의 계획 단계와 세워진 계획대로 수업을 진행하는 실행 단계, 그리고 목표에 대한 성취도를 측정하고 평가하는 평가 단계다.

이 장에서는 교수-학습의 과정인 계획 단계, 실행 단계, 평가 단계에서 갖추어야 할 조건과 관련 요인에 대해 설명한다.

학습 목표

1. 교수 계획을 세우기에 앞서 교사가 갖추어야 할 조건에 대해 열거할 수 있다.
2. 교육 목적과 교수 목표의 설정에서 그 필요성과 구체적 목표 진술에 관한 논의를 설명할 수 있다.
3. 교수 내용의 분석을 설명하고 분류방법에 대해 설명할 수 있다.
4. 학습자의 특성 진단의 필요성과 개인차에 대해 설명할 수 있다.
5. 교수방법 결정 및 평가 계획 수립의 필요성을 설명할 수 있다.
6. 교수-학습지도안의 형식을 이해하고 작성할 수 있다.
7. 실행 단계의 절차를 설명할 수 있다.
8. 교수-학습의 과정에서 교수사태의 외적 조건과 내재적 과정을 설명할 수 있다.
9. 실행 단계에서 필요한 교수기술에 대해 설명할 수 있다.
10. 자기진단평가와 강사로서의 자기 점검을 통해 교수기술을 스스로 평가할 수 있다.
11. 전통적인 평가방법과 수행평가의 차이점을 비교 · 설명할 수 있다.

교육이 목표로 하는 학습자의 바람직한 행동 변화는 주로 학교에서의 교수-학습 과정을 통하여 일어나기 때문에 교수와 학습은 학교교육에서 가장 핵심적인 일이 된다. 교수는 바람직한 행동 목표를 달성하기 위해서 교수활동을 통해 학습자의 학습활동을 돕고, 학습은 교수 과정을 통해 새로운 지식과 기술을 획득하게 된다. 학교는 이러한 교수-학습의 과정이 성공적으로 이루어지도록 계획적이고 의도적으로 교육 환경을 조성하여야 한다.

교수-학습 과정에 대한 교수 계획은 이론적인 원칙을 실제에 적용하여 교수설계를 하는 과정이다. 교수설계는 교수 전 과정에 대한 체제적인 접근(system approach)에 의해 결정되어야 한다. 체제적인 접근이란 문제해결을 위해 전체를 분석하고, 전체 속에서 각 부분의 기능이 어떻게 역동적이고 상호 보완적인 관계에 있는지를 파악하는 접근방법이다. 즉, 교수 체제를 구성하고 있는 모든 구성 요소가 교육 목적을 달성하기 위해 서로 유기적인 관계를 맺으면서 총체적인 접근이 이루어져야 함을 말한다.

교수설계의 모형은 다양하게 설정될 수 있으나 일반적인 교수설계 모형은 분석, 설계, 개발, 실행, 평가의 과정을 포함한다. 이에 대한 자세한 언급은 제6장 '교수설계'에서 다루려 한다. 다만, 이 장에서는 교수-학습의 과정을 계획, 실행, 평가 단계의 절차로 설명하고자 한다.

교수-학습의 과정은 크게 세 단계로 나눌 수 있다. 학습자의 요구분석에 따라 교육 목적 및 교수 목표 설정, 교수 내용의 분석, 학습자의 특성 진단, 교수방법 결정, 평가 계획 수립의 계획 단계(planning), 세워진 계획대로 수업을 진행하는 실행 단계(implementation), 그리고 목표에 대한 성취도를 측정하고 평가하는 평가 단계(evaluation)다.

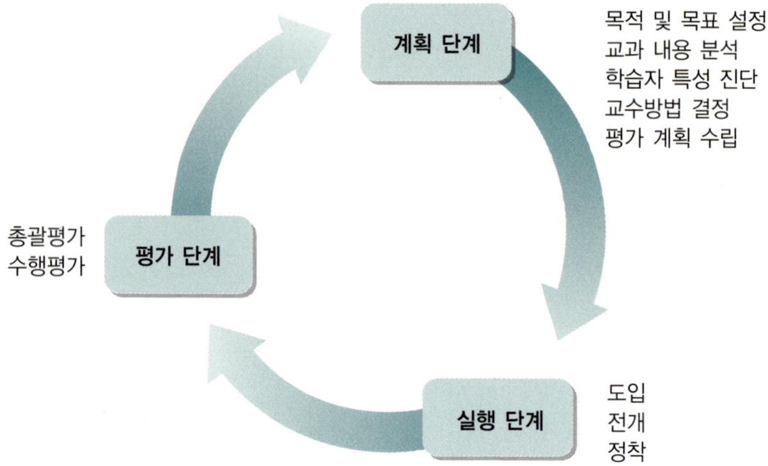

그림 3-1 교수-학습의 계획, 실행, 평가 단계

1 계획 단계

1) 수업을 위한 준비

교수 계획을 하기에 앞서 교사는 다음과 같은 기본 지식을 갖추어야 한다.

- 교수설계에 대한 지식: 학습자의 요구를 분석하고 그에 따른 교수 목적과 목표를 설정하고 학습 과제를 분석할 수 있는 지식을 갖추어야 한다.
- 학습자에 대한 지식: 학습자의 능력과 선수학습 정도, 그리고 인성적인 특성을 미리 알고 있어야 한다.
- 학습 내용에 대한 지식: 교육과정, 학습 내용의 조직, 구성 등에 관한

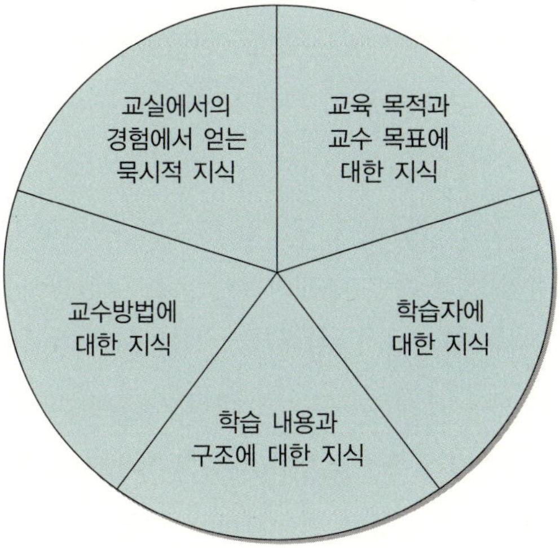

그림 3-2 교수 계획 과정에 투입되는 요소

지식이 필요하다.

- 교수방법에 대한 지식: 다양한 교수방법을 알고 있어서 학습 내용에 가장 적절한 교수방법을 선택할 수 있어야 하며, 교수매체에 대한 지식도 갖추고 있어야 한다.
- 학습자를 오래 가르쳐 온 경험에서 나오는 묵시적 지식: 묵시적 지식(tacit knowledge)은 학습자를 관찰하고 수업을 지도하는 과정을 통해 터득된 지식으로서, 수업을 좀 더 융통성 있고 다양하게 함으로써 교사의 의사 결정과 수업 계획에 영향을 준다(Borich, 2000).

(1) 교육 목적 및 교수 목표 설정

교수-학습 과정에 대한 계획에서 가장 먼저 세워야 할 것은 요구분석(need analysis)을 통해 교육 목적과 교수 목표를 설정하는 것이다. 교육 목적은 교육 체제가 포용하는 보다 광의의 목표와 가치를 뜻하며, 교수 목표는 특정한 교수 절차를 통해서 학습자가 달성하는 성취행동(performance)을 말한다. 그러므로 교수 목표는 교수 장면에서 그 목표에 도달시키기 위해 보다 구체적이고 세분화된 '구체적인 행동 목표'로 진술할 필요가 있다.

행동적 교수 목표는 학습자가 수업을 마친 후에 수행할 수 있기를 기대하는 학습자의 외현적 혹은 명세적 행동으로 행위동사를 사용하여 진술하는 것을 말한다. 여기서 '감상한다' '이해한다' '안다'와 같은 관찰 불가능한 동사는 사용하지 않는다. 그 대신 '진술하다' '계산한다' '만든다'와 같은 외현적인 행동으로 나타나는 동사를 사용한다.

메이거(Mager)는 교수 목표를 진술할 때는 학습자가 수행하게 될 행동(behavior), 학습 행위가 일어나게 되는 조건(condition), 학습의 성취 수준을 판정할 수 있는 준거(criterion)를 포함해서 구체적으로 진술해야 한다고 하였다.

구체적인 교수 목표의 필요성을 변영계(1984)는 다음과 같이 정리하고 있다.

- 교수자나 교수 설계자가 교수 목표를 분명히 알게 되면 주어진 시간에 무엇을 가르쳐야 하는지가 분명해져 시간을 낭비하지 않고 수업 태도를 바르게 할 수 있다.
- 학습자가 교수 목표를 알게 되면 학습자 스스로 자기의 수업 계획을 세우게 되어 학습의 효과를 높일 수 있다.
- 구체적이고 세분화된 교수 목표는 학습 평가의 타당도와 신뢰도를 높일 수 있다. 따라서 수업의 질을 높일 수 있도록 평가의 결과를 재투입한다는 면에서 효과를 낳을 수 있다. 예를 들어, 교수 목표가 세분화되어 있지 않으면 가르칠 때는 '이해'에 중점을 두고 평가할 때는 '적용'을 강조해서 평가의 타당도를 낮게 만들 수 있는 것이다.

- 교수 목표가 세분화되면 길러야 할 행동이 무엇인지 분명해져서 어떤 교수매체를 선정해야 하는지가 명확해진다. 교수 목표가 이해를 요구하는지, 분석을 요구하는지, 혹은 적용을 요구하는지에 따라 제공되어야 할 교수사태나 교수매체가 달라진다.

이러한 구체적인 교수 목표 진술은 전개될 교수 내용을 미리 알고 위계적인 구조를 파악하고 사고하는 데 도움이 된다. 그러나 개별 교수 목표를 중심으로 수업이 진행될 가능성이 높으므로 총체적인 지식의 체계를 파악하기 어려울 수 있으며, 교실 상황에서 학습자들의 상호작용이나 상황적인 맥락을 고려하지 않고 목표를 향한 수업 성취에만 집중할 수 있다. 또한 모든 교과목에 이러한 목표 설정이 가능한 것은 아니다. 그러므로 최근에는 포괄적인 교수 목표 진술이 더 바람직하다고 주장하는 학자들도 있다.

(2) 교수 내용의 분석

교수 내용에 관한 분석은 흔히 과제분석(task analysis)이라 부른다. 과제분석이란 가르쳐야 할 모든 종류의 지식이나 기능을 분석하는 과정이다(Reigeluth, 1983). 그러므로 과제분석의 목적은 교수 내용에 관한 정보를 제공하려는 데 있다. 만약 적절한 과제분석이 이루어지지 않았다면 교사는 학습자에게 무엇을 가르쳐야 할지를 정확하게 파악할 수 없을 뿐만 아니라 최적의 교수 전략도 세울 수 없게 된다.

과제분석은 학습을 한 후 학습자가 습득하게 되는 수행 능력이 어느 유형에 해당되는지를 분류하고, 이를 달성하기 위해 구조화된 학습 내용의 요소나 단위를 계열화하여 절차를 정하는 것을 말한다.

블룸(Bloom)은 교수-학습의 영역을 인지적 영역, 정의적 영역, 심동적 영역으로 구분하였고, 가네(Gagné)는 언어 정보, 지적 기능, 인지 전략, 태도, 운동 기능으로 구분하였다.

량(social competence)이라고 불렀다. 사회적 역량은 학습에 75%의 영향을 미치는데, 효과적인 수업을 하기 위해서 교사는 학습자의 이러한 특성을 이해하고 있어야 한다(Borich, 2000).

강이철(2001)은 학습자 간의 개인차를 인지 유형, 학습 유형, 성격 유형, 성취동기 등으로 나누었다.

인지 유형에서 가장 광범위하게 논의되고 있는 부분은 장 의존성과 장 독립성이다. 장 의존성은 전체 지각 장에 의해 많은 영향을 받는 총체적 인지 유형이며, 장 독립성은 내적으로 판단하고 외적인 단서를 무시하는 분절적 인지 유형이다. 또 다른 인지 유형으로는 시각적 정보와 언어적 정보를 접하고 처리하는 개인적 선호 경향에 따라 시각자와 언어자의 유형으로 분류하는 것이다. 시각자는 그래프, 도표, 삽화를 이용해 시각적 정보를 봄으로써 정보를 처리하기를 더 좋아하는 반면, 언어자는 듣기와 읽기를 통해 단어의 정보를 처리하기를 더 좋아한다.

콜브(Kolb)는 학습자가 정보를 지각하고 처리하는 선호 방식에 따라 확산자, 수렴자, 동화자, 조절자의 네 가지 학습 유형으로 분류하였다. 수렴자는 교사 또는 전문가의 견해나 독서를 좋아하지만 또래 간의 공개 토론이나 집단 자율학습을 싫어하며, 조절자나 확산자는 노트 필기를 중시하지 않으며, 동화자와 수렴자는 교사의 강의 내용을 그대로 옮겨 적는 경향이 강한 특성이 있다(강이철, 2001에서 재인용).

또한 개인차 변인을 외향성과 내향성으로 분류할 수 있다. 외향적 학습자는 빠른 정보 처리를 요하는 과제나 사회적 판단이나 행동 판단 등의 상호작용 과제에 효과적이며, 내향적 학습자는 시각적, 영상적, 공간적 조작 과제의 처리와 문제해결을 위한 분석과제에 효과적이다. 이외에도 학습자의 불안 수준, 성취 동기 수준 등의 차이에 따라 적절한 교수전략을 세워야 한다.

그러므로 교사는 학습자의 이러한 특성을 미리 파악할 필요가 있으며,

교사 자신의 선호 학습 유형을 파악해 자신의 수업을 설계할 때 이를 적절하게 반영해야 한다. 개인차에 따른 적응적인 교수 전략을 사용하게 되면 학습자의 학습 수행은 의미 있는 발전을 이룰 수 있다(Corno & Snow, 1986; Cronbach & Snow, 1977). 예를 들면, 학습자 중심적인 비형식적 토론학습은 불안 수준이 높은 학습자의 성취를 의미 있게 높여 주며, 빠른 속도로 효율적인 수업을 진행하는 교사 중심적인 강의는 불안 수준이 낮은 학습자에게 더욱 유리하다.

적응적인 수업을 위한 대안적인 교수전략

- 협동적인 집단학습 대 전체 학급 수업
- 추론적인 제시방법 대 설명적인 제시방법
- 규칙–예제의 방법 대 예제–규칙의 방법
- 귀납적 방법 대 연역적 방법
- 교사 중심적 방법 대 학습자 중심적 방법
- 지시적 방법 대 비지시적 방법
- 경험에서 예를 제시하는 방법 대 교재에서 예를 제시하는 방법
- 집단에 의한 어학 교수법 대 개별화한 어학 교수법
- 개별적 반응 대 전체적 반응
- 비언어적 반응 대 언어적 반응
- 자율적 학습방법 대 전체 집단의 학습방법
- 프로그램 학습 대 관습적 학습방법

출처: Borich (2000).

(4) 교수방법 결정

교수-학습 목표를 효과적으로 달성하기 위해서는 가장 좋은 방법을

선택하여 계획을 세워야 한다. 교사 중심의 설명식 수업을 할 것인가 학습자 중심의 수업을 할 것인가, 개별학습을 할 것인가 집단학습을 할 것인가, 교수매체를 활용할 것인가, 어떠한 전달 체제를 이용할 것인가 하는 구체적인 교수 전략(instructional strategy)을 세워야 한다. 이러한 전략을 세우는 데는 교수 환경도 중요한 배경이 된다. 즉, 교실의 크기, 위치, 좌석 배치, 암막시설, 조명, 그리고 컴퓨터실, 과학 실험실, 어학 실습실, 멀티미디어실 등의 환경 파악이 필요하다.

(5) 평가 계획 수립

교수 평가의 목적이 교수 목표에 대한 성취도를 확인하려는 것이므로 교수-학습의 계획 단계부터 평가방법, 평가문항 등에 대한 계획이 수립되어야 한다. 이와 같이 미리 평가 계획을 세워야 하는 이유는 다음과 같다(최동근 외, 1997).

- 수업 전에 평가문항을 작성함으로써 수업의 내용과 평가문항에 일관성을 유지할 수 있으며, 수업 목표의 도달 정도를 정확하게 평가할 수 있게 된다. 이러한 평가를 목표지향평가(objective-referenced evaluation) 또는 준거지향평가(criterion-referenced evaluation)라고 한다. 여기서 목표는 평가의 준거가 된다.
- 수업을 하기 전에 평가문항을 작성하면 수업 계획이나 전략을 수립하는 데 유리하다. 수업은 목표를 달성하기 위한 수단이다. 그러므로 수업 목표에 제시된 조건이나 상황에 따라 수업 조건이나 환경을 마련하여야 하고, 수업을 하기 전에 학습자가 목표를 성취한 정도를 확인하기 위한 평가문항을 개발해야 한다.
- 수업을 실시하기 전에 평가문항을 작성해야 평가의 타당도가 높아진다. 그러므로 수업 목표를 진술한 직후에 평가문항을 작성하여 수

업 목표와 평가문항의 일치도를 높이는 것이 바람직하다.

2) 교수-학습지도안 작성

교수-학습지도안은 구체적으로 학습 계획을 세울 때 어떤 내용, 어떤 방법, 어떤 과정으로 효과적인 수업을 진행할까 하는 교사의 수업 사전 계획서다. 즉, 학습지도안이란 학습지도를 효과적으로 이끌기 위한 실제 수업의 시안이라고 할 수 있다. 이것은 마치 건축가의 설계도와도 같은 것이라고 할 수 있다.

(1) 학습지도안의 서식

학습지도안의 서식은 꼭 일정한 것은 아니지만, 일반적으로 단원명, 단원 설정의 이유, 단원의 구성, 단원의 학습 목표, 지도 방침, 대단원의 지도 계획, 본시 학습지도 등이 포함되어 있어야 한다.

학습지도안

1. 단원명: 대단원, 중단원, 소단원
2. 단원 설정의 이유
3. 단원의 구성
4. 단원의 학습 목표: 이해 면, 기능 면, 태도 면
5. 지도상의 지도 방침
6. 대단원의 지도 계획(단원의 구조)

차시	소단원	학습 내용	자료 및 준비물
1/4 차시(본시)			
2/4 차시			
3/4 차시			
4/4 차시			

7. 본시의 학습지도 계획

1) 학습 목표

2) 지도상의 유의점

3) 본시의 학습지도안

<table>
<tr><td colspan="2">주제</td><td colspan="2"></td><td>일시</td><td></td><td>성명</td><td></td></tr>
<tr><td colspan="2">학습 목표</td><td colspan="6"></td></tr>
<tr><td colspan="2">지도상의
유의점</td><td colspan="6"></td></tr>
<tr><td colspan="2" rowspan="2">단계</td><td rowspan="2">주요 내용</td><td colspan="2">교수-학습 활동</td><td rowspan="2" colspan="2">지도상의 유의점</td><td rowspan="2">시간</td></tr>
<tr><td>교사</td><td>학생</td></tr>
<tr><td>도입</td><td>동기 유발
목표 제시
선행학습
상기</td><td></td><td></td><td></td><td colspan="2">주의 집중
흥미 유발</td><td>5분</td></tr>
<tr><td>전개</td><td>내용 제시
학습 안내
연습
피드백
제공</td><td></td><td></td><td></td><td colspan="2">학생참여 유도
교수매체 활용</td><td>30분</td></tr>
<tr><td>정리</td><td>형성평가
파지 및
전이
과제
차시예고</td><td></td><td></td><td></td><td colspan="2">요약 및 강조
질의응답</td><td>5분</td></tr>
</table>

교수-학습지도안 예시

1. 단원명

가. 대단원: IV. 정보사회와 정보기술

나. 중단원: 2. 정보 수집과 전달

다. 소단원: 02. 정보의 전달

2. 단원의 성격

정보사회와 정보기술 영역의 내용은 정보사회의 일원으로서 갖춰야 할 정보 윤리, 정보 보호, 지적 재산권 등에 관한 이해를 통하여 급속하게 변화하는 정보사회에 건전하고 능동적으로 대처할 수 있는 능력과 올바른 태도를 갖추기 위한 내용이다. 또한 효과적인 정보의 수집과 전달, 웹 문서 작성, 멀티미디어 정보의 가공 방법에 대한 기본 지식을 습득하여 정보사회에서 자신의 생각을 다양하게 표현하고 활용할 수 있는 능력을 기르기 위한 내용으로 구성된다.

3. 단원의 목표

1) 정보사회와 윤리

> 정보 윤리의 중요성과 정보 보호 기술을 이해하고 개인 정보를 보호할 수 있는 태도를 기른다.

정보사회의 역기능과 대책 영역에서는 정보사회의 역기능으로 인하여 사회적으로 여러 가지 문제를 유발시키고 있음을 올바르게 인식하고, 그에 대한 올바른 대처 방안을 이해하여 정보사회 역기능의 폐해를 예방할 수 있는 자질과 태도를 갖춘다.

개인정보 보호 영역에서는 인터넷을 통한 경제생활과 사회활동이 많아짐에 따라 개인정보 보호의 중요성이 높아지고 있음을 알게 하고, 개인정보 보호 기술을 이해하여 개인정보를 보호할 수 있는 능력과 태도를 기른다.

2) 정보의 수집과 전달

> 필요한 자료를 검색하여 수집하고 유용한 형태로 구성하여 정보 수요층에게 전달한다.

정보의 수집과 가공 영역에서는 정보를 효과적으로 수집하고, 수집한 정보를 일반 문서, 발표형 자료 등 다양한 형태로 구성해 본다.

정보의 전달 영역에서는 저장 매체를 이용한 전달 방법, 인터넷상에 정보를 공개하는 방법, 메세징 기능을 이용하는 방법 등 전달하고자 하는 정보에 적합한 방법을 선택하여 효과적으로 전달할 수 있는 능력을 기른다.

4. 교재 연구

가. 단원 학습 지도를 위한 교재 연구

1) 교과 내용 연구

가) 우리는 인터넷을 통해 정보를 검색하고 여러 가지 응용 프로그램을 통해 정보를 가공한 다음 우리가 필요한 형태의 정보를 재구성한다. 그리고 정보를 필요로 하는 사람들에게 정보를 전달하기도 한다. 정보의 특성과 내용에 따른 적절한 정보 전달 방법을 익혀 실생활에 응용할 수 있도록 한다.

2) 수업과정 모형

가) 글레이저(R. Glaser, 1962)의 수업과정 모형

- 교수 과정은 교수 목표, 투입 행동, 교수 절차, 학습 평가의 단계로 구성
- 각 단계들이 상호의존적 · 보완적 관계를 갖도록 피드백선 포함

나) 글레이저 수업과정 절차

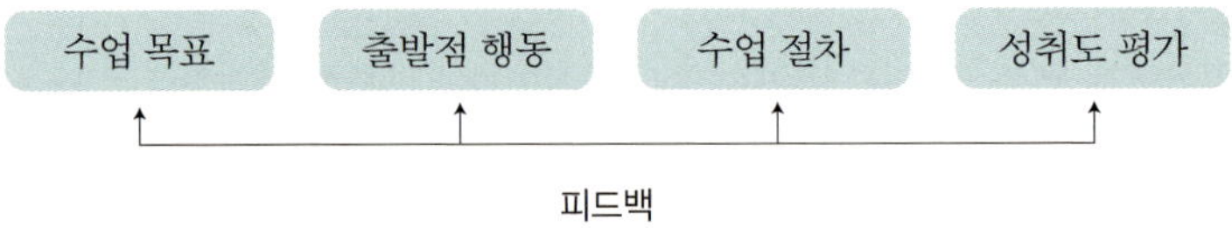

나. 본 차시 학습지도를 위한 교재 연구

1) 적용한 교수-학습지도(수업)의 원리

가) 자발성의 원리: 정보의 전달은 장래의 생활에 중요하다는 사실을 인식시켜 자율적으로 학습하도록 함

나) 개별화의 원리: 개인차에 맞는 학습 과제와 학습 방법 등을 제시

다) 사회화의 원리: 동료학습

라) 통합성의 원리: 인지적 · 정의적 · 기능적 영역의 발달을 동시에 도모

마) 직관의 원리: 빔프로젝트를 이용하여 그림 보여 주기 및 시연

바) 목적(목표)의 원리: 학습 목표의 명확한 제시 및 학생에게 확인

사) 호기심의 원리: 보상 강화로 다음 학습 과제에 대한 호기심 유발

2) 교수-학습 방법

가) 강의법: 수업실행 초기 단원 소개, 교과서 내용 소개

나) 개별학습: 자신의 능력에 맞는 학습지 완성, 자신의 적성에 맞는 직업 보고서 작성

다) 동료학습: 학습지와 실습 시

라) 문답법: 학습의 내용에 대하여 교사의 발문을 통해 자신의 생각을 학습지에 기록

마) 실습: 정보 검색을 통한 직업 보고서 제작 후 홈페이지에 등록

3) 창의 · 인성 교육 전개

가) 창의성 교육: 예측하기 방법, 아이디어 칭찬

나) 인성 교육: 학생 격려, 발표 학생 칭찬, 동료학습을 통한 봉사

5. 단원의 지도 계획

가. 2010학년도 정보과 1학년 교수-학습 내용

시기		내용		비고
		교과서 과정	자격증 과정	
1학기	3월	정보사회와 윤리		
	4~7월		문서 작성	방과후학교와 연계
2학기	8~10월		〃	〃
	11월	정보 수집과 전달		
	12~2월		문서 작성	방과후학교와 연계

나. 단원의 지도 계획

<table>
<tr><th colspan="3">단원</th><th rowspan="2">학습 내용 및 활동</th><th rowspan="2">교과서 쪽수</th><th rowspan="2">차시</th></tr>
<tr><th>대단원</th><th>중단원</th><th>소단원</th></tr>
<tr><td rowspan="6">정보 사회와 정보 기술</td><td rowspan="3">1. 정보 사회와 윤리 (1학기)</td><td>01. 정보사회의 역기능과 대책</td><td>• 정보 윤리의 중요성
• 정보사회의 역기능과 대처법</td><td>108~112</td><td>1/3</td></tr>
<tr><td>02. 정보의 수집과 전달</td><td>• 개인정보
• 개인정보 보호 방법</td><td>113~115</td><td>2/3</td></tr>
<tr><td>실습 노트</td><td>• 정보사회와 윤리</td><td>116~117</td><td>3/3</td></tr>
<tr><td rowspan="3">2. 정보 수집과 전달 (2학기)</td><td>01. 정보의 수집과 가공</td><td>• 정보 수집
• 효율적인 정보 검색
• 유용한 형태로의 정보 가공</td><td>118~122</td><td>1/3</td></tr>
<tr><td>02. 정보의 전달</td><td>• 인터넷을 이용한 정보 전달</td><td>123~124</td><td>2/3 (본시)</td></tr>
<tr><td>실습 노트</td><td>• 정보의 수집과 전달</td><td>125</td><td>3/3</td></tr>
</table>

6. 지도상의 유의점

게임 및 인터넷 중독, 컴퓨터 바이러스, 악성 프로그램, 각종 불법 복제 소프트웨어 및 콘텐츠, 사이버 공간에서의 비방, 개인 정보 유출 및 도용은 사회와 개인에게 심각한 피해를 끼칠 수 있는 불법적이고 비윤리적인 것임을 깨닫게 하는 것이 중요하다. 따라서 정보사회의 역기능을 조사하거나 발표하게 함으로써 그 심각성을 깨닫도록 한다. 정보 보호 기술은 개인정보 관리를 위한 기본 기술을 익힐 수 있도록 한다.

많은 정보보다는 원하는 정보를 효과적으로 찾는 것이 중요하며, 검색 방법에 따라서 정보 수집 효율이 달라짐을 깨닫게 하는 것이 필요하다. 수집한 정보를 보고서, 발표형 문서 등 용도에 적합한 형태로 재구성해 보고, 정보에 적합한 전달 방법을 선택하여 정보를 전달하는 경험을 해 본다.

〈본시 지도 계획〉

1. 본시 교수-학습 과정안

지도일시	2010. 11. 09. (수). 3교시	대상 및 장소	1-1(컴퓨터실)	지도교사	김영진

단 원 명	Ⅳ. 정보사회와 정보기술	차 시	2/3
학습 주제	인터넷을 이용한 정보 전달	교수-학습 모형	문답, 실습, 동료학습
학습 목표	• 인터넷 정보 전달 방법의 특징을 2개 이상 말할 수 있다. • 직업 보고서를 학교 홈페이지에 등록할 수 있다.		

단계 (시간)	학습 과정 (학습 내용)	교수-학습 활동		창의 · 인성 교육 영역	유의점 및 학습자료
		교사 활동	학생 활동		
도입 (6′)	ㅇ 수업준비 확인	• 출석 확인, 학습지 배부	• 교과서 및 학습지 준비		학습지
	ㅇ 전시 학습 상기	• 새벽운동 격려	• 서로에게 격려의 박수	격려	
		• 전시 학습의 핵심 내용 3가지를 발문을 통해 확인	• 발문에 답하면서 전시 학습 내용을 상기		
	ㅇ 동기 유발	• 우수 과제 제출자 포상	• 선물 받기, 포상 학생에게 박수	칭찬	
		• 준비 활동 그림을 스크린으로 보여 주면서 무슨 의미가 있는지 발문	• 그림을 보면서 의미를 생각하고 발표		PPT (정보 전달 방법)
		• 발표 학생 칭찬	• 칭찬 학생에게 박수	칭찬	
	ㅇ 학습 목표 제시	• 학습 목표를 판서하면서 강조하여 설명	• 학습 목표를 인지하면서 학습지의 공간에 필기		학생 스스로 인지하도록 유도

	ㅇ 인터넷 정보 전달의 특징	• 인터넷을 통한 정보 전달 그림을 스크린으로 보여 주면서 무슨 특징이 있는지 발문	• PPT 자료를 보면서 인터넷을 통한 정보 전달의 특징을 생각	예측	PPT (인터넷 정보 전달 방법)
	-생각하기	• 자신이 생각하는 인터넷을 통한 정보 전달의 특징을 학습지에 적고, 발표하도록 요구	• 생각한 내용을 학습지에 적고, 발표		학습지
	-비교 · 정리	• 발표 학생 칭찬, 포상	• 선물 받기, 포상 학생에게 박수	칭찬	
전개 (32′)		• 발표된 내용을 정리하면서 판서	• 판서 내용을 숙지하면서 학습지에 적고, 자신의 생각과 비교		학습지
	ㅇ 정보의 공유 -목적	• 정보 공유의 목적에 대한 발문 (발문 후 순회)	• 정보 공유의 목적에 대해 생각해보기	예측	
		• 학습지에 적고, 발표하도록 요구	• 생각한 내용을 학습지에 적고, 발표		학습지
		• 발표 학생 칭찬, 포상	• 선물 받기, 포상 학생에게 박수	칭찬	
		• 발표된 내용을 정리하면서 판서	• 판서 내용을 숙지하면서 학습지에 적고, 자신의 생각과 비교		학습지
	-주의할 점	• 정보 공개 시 주의할 점에 대한 발문(발문 후 순회)	• 정보 공개 시 주의할 점에 대해 생각해 보기	예측	

-비교 · 정리	• 학습지에 적고, 발표하도록 요구	• 생각한 내용을 학습지에 적고, 발표		학습지
	• 발표 학생 칭찬, 포상	• 선물 받기, 포상 학생에게 박수	칭찬	
	• 발표된 내용을 정리하면서 판서	• 판서 내용을 숙지하면서 학습지에 적고, 자신의 생각과 비교		학습지
○ 메시지 전달 -전자우편	• 전자 우편의 특징에 대한 발문 (발문 후 순회)	• 전자 우편의 특징에 대해 생각해 보기	예측	PPT 자료 (메시지 전달 그림)
	• 학습지에 적고, 발표하도록 요구	• 생각한 내용을 학습지에 적고, 발표		학습지
	• 발표 학생 칭찬, 포상	• 선물 받기, 포상 학생에게 박수	칭찬	
	• 학생에게 일괄 메일 전송			
	• 발표된 내용을 정리하면서 판서	• 판서 내용을 숙지하면서 학습지에 적고, 자신의 생각과 비교		학습지
-메신저	• 메신저의 특징에 대한 발문 (발문 후 순회)	• 메신저의 특징에 대해 생각해 보기	예측	
	• 학습지에 적고, 발표하도록 요구	• 생각한 내용을 학습지에 적고, 발표		학습지
	• 메신저의 일괄 쪽지 발송으로 발표 학생 칭찬, 포상	• 선물 받기, 포상 학생에게 박수	칭찬	

-비교 · 정리	• 발표된 내용을 정리하면서 판서	• 판서 내용을 숙지하면서 학습지에 적고, 자신의 생각과 비교		학습지
ㅇ 학습 확인 ㅇ 동료 학습	순회하면서 학습지 기록 상태 확인	학습지 완성하기 미완성 동료 도와주기	봉사	학습지
ㅇ 직업보고서	• 자신이 희망하는 직업을 발표하도록 요구	• 자신의 희망 직업을 발표		
-정보 검색	• 희망 직업에 대한 정보 검색 지시	• 희망 직업 정보 검색		
-보고서 작성	• 보고서 작성 지시 (형식은 각자의 아이디어 이용)	• 한글 문서로 보고서 작성 (그림, 글, 출처 복사, 저장)	아이디어	한글2005
-정보 공개 -동료 학습	• 실습 장면 빔프로젝터로 보여주기	• 기능 미숙 학생은 화면을 보고 따라하거나, 동료에게 도움 요청. 동료에게 도움 주기	봉사	빔프로젝터
	• 작성 중 클래식 음악 틀어 주기		감성	클래식음악
-과제 부여	• 학교 홈페이지에 등록 지시	• 학교 홈페이지에 등록		학교 홈페이지
	• 등록 상태 확인, 동료학습 유도	• 등록에 어려움을 겪는 동료 도와주기	봉사	
	• 내용 · 아이디어 우수 학생 포상	• 선물받기, 포상 학생에게 박수	아이디어, 칭찬	

		과제 안내	과제 내용 숙지 (부모님(가족)께 직업보고서 이메일로 보내고 답장 받기)	가정 연계	학습지
정리 및 평가 (7')	○ 요약 정리 ○ 형성평가 ○ 차시 학습 예고	• 인터넷을 이용한 전달에 대해 문답으로 정리 - 인터넷 정보 전달의 특징은? - 정보 공유의 목적은? - 인터넷 정보 공유 시 주의할 점은? - 전자우편의 특징은? - 메신저의 특징은? • 학습지의 3문항(객관식 1, 서술형1, 실습형 1)을 풀도록 지시한 후 정답 확인, 추가 설명 • 형성평가 우수 학생 포상 • 차시 예고(실습 노트)	• 교사의 질문에 답하면서 학습한 내용을 정리하고 숙지 • 형성평가 문제를 풀고, 정답 확인, 중요사항 재확인 • 선물 받기, 포상 학생에게 박수 • 차시 학습 인지	칭찬	학습지, 학교 홈페이지

2. 지도상 유의점

가. 보상(선물)을 통하여 성취 욕구를 높이며 유지시킨다.

나. 칭찬과 격려를 자주 하여 인성 교육 효과를 높인다.

다. 교사의 정리에 앞서 스스로 생각하는 단계(예측)를 갖도록 하여 창의성을 신장시킨다.

라. 부모님(가족)께 자신의 진로에 대한 내용을 이메일로 보내는 과제를 부여하여, 부모와 떨어져 지내는 외로움을 잠시라도 잊게 하고, 자신의 진로에 대하여 부모와 대화하는 시간이 되도록 한다.

마. 학습지는 B5 크기로 양면 복사하여 앞면의 왼쪽에 양면 테이프를 이용하여 교과서의 학습 페이지 안쪽에 붙여 분실되지 않도록 관리시킨다.

바. 학생 수에 비해 컴퓨터가 부족하므로 노트북을 사용하여 실습이 원활하도록 한다.

사. 컴퓨터 기능에 대한 개인차가 심하므로 우수학생을 활용한 동료학습을 유도한다.

3. 판서 계획

학습 목표 • 인터넷 정보 전달 방법의 특징을 2개 이상 말할 수 있다. • 직업 보고서를 학교 홈페이지에 등록할 수 있다.	2. 인터넷을 이용한 정보 전달 ㅇ 특징: 자유, 편리, 신속, 정보 유출 1. 정보의 공유: 많이 공유 → 가치 커짐 ※주의: 개인 정보, 바이러스, 지적 재산권 2. 메시지 전 : 전자우편, 메신저 3. 인터넷 보고서: 그림, 텍스트, 출처	* 실습용 게시판 [학교 홈페이지] ↓ [학생생활] ↓ [수행평가]

출처: http://www.edunet4u.net/ 2013. 5월 9일.

2 실행 단계

1) 수업의 실행

학습자가 교수 목표를 성취하도록 하는 데 가장 적합한 교수 방법 및 절차를 선정하고 이를 활동으로 전개하며 학습 단원에 대한 본격적인 지도 활동이 이루어지는 것이 실행 단계다. 학습자의 특성과 학습 단원의 특성을 고려해 어떤 교수 전략이 가장 효과적인지 구체적인 방법을 결정하고 그에 따라 교수매체도 활용한다.

일반적으로 수업의 실행은 도입, 전개, 정착의 단계로 진행된다.

- 도입: 본 수업이 시작되는 단계로 5~10분 내의 짧은 시간 안에 이루어진다. 학습자의 주의를 집중시키고, 교수 목표를 제시하고, 미리 배운 학습 내용을 회상시켜 본 수업과 관련을 맺어 주는 단계다. 그러므로 학습자의 학습 경험을 회상시키고 학습에 대한 동기를 유발시킨다.
- 전개: 수업의 중심 활동으로 학습 내용을 제시하고 다양한 교수방법을 사용하여 교수 목표에 도달할 수 있도록 교수-학습이 진행되는 단계다. 가장 적절한 교수방법과 교수 자료를 활용하여 수업을 전개하며, 교사는 학습자들이 수업에 적극적으로 참여할 수 있도록 유도해야 한다.
- 정착: 학습한 내용을 정리하고 종결하는 단계로 요약, 정리, 연습, 통합 및 일반화를 통해 학습한 내용이 실제에 적용될 수 있도록 한다. 이 과정에서 그 성과를 중간 점검하기 위해 형성평가를 실시하게 되는데, 그 결과에 따라 학습 완성 여부가 판정된다. 불충분한 부분이 있었다면 재학습할 수 있는 보충학습의 기회를 가져야 하며, 이미 만족할 만한 학습 진전을 보인 학생에 대해서도 학습을 심화시키거나 더욱 촉진시킬 수 있는 기회를 주는 것이 좋다.

교수-학습이 이루어지는 각각의 교수 단계에는 학습 성취에 영향을 주는 여러 가지 조건이 구비되어야 보다 효과적인 성과를 얻을 수 있다.

가네와 브릭스(Gagné & Briggs, 1979)는 이를 학습을 위한 외적 조건이라고 부르며, 교수사태의 단계에서 필요한 조건들을 다음과 같이 9단계로 정리하였다.

(1) 주의 집중(gaining attention)

학습을 시작하기 위해서는 자극이 수용되어야 하는데 학습자들의 주의가 집중되지 않는다면 학습이 일어날 수 없다. 그러므로 교사는 여러 가지 자극을 제시하여 주의를 집중시키며 적절한 학습 자세를 갖출 수 있도록 주의 태세(attention sets)를 수립해야 한다. 교사는 학습자들이 흥미나 호기심을 자극하고 주의를 집중시킬 수 있는 다양한 기술을 갖추고 있어야 한다.

흔히 주의를 집중시키기 위해서 흥미로운 질문을 던져 학습 내용을 전개해 나아갈 수도 있고, 그림이나 사진 또는 다이어그램, 도표 등을 먼저 제시하여 관심을 끌고 학습 내용을 전개해 나아갈 수도 있다.

(2) 수업 목표 제시(informing the learner of the objective)

학습자에게 수업 목표를 명시하고 알려 주는 단계다. 여기에서 목표란 학습자에게 기대하는 학습 성과로 수업이 끝났을 때 학습자에게서 나타나기를 기대하는 성취행동을 말한다. 목표는 여행하는 사람에게 행선지와 같은 것이므로 교사는 목표를 명확히 제시해 주어 학습자들이 스스로 행선지를 향해 바르게 가고 있는지, 언제 도착할 것인지를 판단·평가할 수 있도록 해 주어야 한다.

(3) 선수학습의 재생 자극(stimulating recall of prerequisite learned capabilities)

이미 학습한 내용을 재생·상기할 수 있도록 자극하는 단계다. 새로운 학습은 대부분 아이디어의 결합으로 일어나는데, 그 구성 요소가 되는 아이디어는 이미 앞에서 학습되어 있어야만 새로운 학습이 발생 · 성립할 수 있기 때문이다.

(4) 자극 자료의 제시(presenting the stimulus material)

학습 자료 또는 교재를 학습자에게 제시하는 단계다. 이때 자극을 주는 자료는 언어적이든, 시범적이든, 혹은 매체를 사용하든 적절히 제시할 수 있도록 준비해야 한다. 자극 제시는 선별적 인지를 결정하는 데 중요한 영향을 미치게 되므로 그림이나 도표를 사용하고, 개념이나 원리 학습 때에는 다양한 예를 들고, 어린이의 경우에는 여러 가지 색깔을 사용하는 것이 바람직하다.

(5) 학습 안내의 제공(providing learning guidance)

수업에서 사고와 탐구를 자극하기 위해 보통 행하는 질문과 단서, 암시(prompting), 제시 등의 학습 안내를 제공하는 단계다. 교사는 즉시 해답을 알려 주는 것보다는 스스로 사고하고 탐구할 수 있도록 단서나 힌트를 제공해 주는 것이 바람직하다. 또한 학습자의 개인차에 따라 단서나 힌트를 다르게 제시하는 것도 효과적인 방법이다.

(6) 성취행동 유발(eliciting the performance)

학습 지도를 잘 받아 충분히 성취행동이 이루어졌으면 학습자가 배운 것, 아는 것을 통합된 지식으로 확인하고 증명하는 기회가 필요하다. 그러기 위해서는 연습문제를 풀어 보거나, 수업 내용에 대한 질문에 대답하거나, 그들이 배운 것을 실습함으로써 성취행동을 확인한다.

(7) 피드백 주기(providing feedback)

학습자의 성취행동이 목표대로 달성되었는지 피드백을 주는 단계다. 교사는 학습자의 성취행동에 대해 정확성 여부와 정도에 따라 피드백을 주어야 하는데 실제 학습에서는 많은 부분에서 즉각적인 피드백이 주어지지 못하는 경우가 많다. 학생의 성취 행동에 대하여 고개 끄덕임, 미소, 언어적인 칭찬 등 여러 가지 방식으로 피드백을 제공한다.

(8) 성취행동 평가(assessing the performance)

성취 행동이 적절하게 유발되면 바라고 예상해 온 학습이 잘 이루어졌다는 표시가 된다. 이것이 곧 학습 성과의 평가다. 교사는 학습 성취에 대한 평가를 미리 계획을 세워 체계적으로 해야 한다. 이를 평가하는 데 시험과 퀴즈, 발표, 숙제, 조사보고서, 수행평가, 포트폴리오 등 여러 가지 방법이 있을 수 있다.

(9) 파지와 전이 높이기(enhancing retention and transfer)

성취된 학습이 새로운 학습이나 다른 상황으로 일반화되거나 적용될 수 있도록 경험을 제공하는 단계다. 정보나 지식을 재생해야 할 경우에는 원래 과제 자료에 유의미한 맥락을 제시한다든지 의미를 부여하는 것이 파지를 높일 수 있는 좋은 방법이 된다. 전이는 학습자에게 새로운 학습 과제를 부과할 때 일어나는데, 과제를 학습할 때 상이한 여러 상황에 적용하여 일반화하게 되면 전이가 쉽게 이루어진다. 그러므로 교사는 학습 전이를 확보하기 위해 여러 응용된 학습 상황에 적용시키는 다양한 전개와 창의성이 요구된다.

이와 같이 학습의 외적 조건으로서 교수사태는 학습의 내적 조건인 내재적 과정과 상호 긴밀한 관계를 맺게 되며, 이는 수업의 절차인 도입, 전개, 정착의 과정이 된다.

표 3-1 교수-학습의 과정에서 일어나는 내 · 외적 조건

단 계	교수사태	학습의 내재적 과정
도 입 (학습을 위한 준비)	• 주의 집중 • 수업 목표 제시 • 선수학습의 재생 자극	• 주의 • 기대 • 작동기억에 재생
전 개 (지식 획득과 실행)	• 자극 자료의 제시 • 학습 안내의 제공 • 성취 행동 유발 • 피드백 주기	• 선택적 지각 • 의미의 부호화 • 재생과 반응 • 강화
정 착 (재생과 전이)	• 성취 행동 평가 • 파지와 전이 높이기	• 재생 단서 • 일반화

2) 교수기술

수업의 실행 단계에서 효과적인 수업이 이루어지도록 하는 데는 교사의 성격이 중요한 영향을 미친다는 주장이 많았다. 이를 대변하는 말로 '교사는 태어나는 것이지 만들어지는 것이 아니다(born, not made).' 라는 함축적인 표현이 있다. 즉, 교사의 천성적인 따뜻함, 유머, 자상함, 열성 등의 성품이 수업을 효과적으로 이끄는 데 중요한 역할을 한다고 여겼다.

한편, 1960년대에는 수업 성취의 효율성은 교사의 성격이나 학교 시설보다 부모의 수입과 교육 배경이 가장 큰 영향을 미친다는 콜먼 보고서(Coleman et al., 1966)가 발표되어 교육 연구자나 교사들은 많은 실망을 보였고, 그 후 국가적인 차원의 적극적인 후원에 대해 관심이 집중된 적도 있다.

그러나 오늘날에 와서는 수업의 효율성은 교사의 가르치는 교수기술(teaching skill)과 교수전략(teaching strategy)이 중요한 변인이 된다는 연구 결과가 많이 제시되고 있다(Good & Brophy, 1986).

교사의 성격이나 교육 경험, 또는 학습 주제, 학년 수준과는 상관없이 모든 수업을 효과적으로 이끌기 위해 교사가 갖추어야 할 일반적인 교수기술은 다음과 같이 몇 가지로 나누어 볼 수 있다(Eggen & Kauchak, 2001).

(1) 의사소통 능력

교사는 정확한 의사소통 능력을 갖추고 있어야 한다. 정확한 발음, 적절한 용어의 사용, 주제와 연결된 적절한 예문의 제시 등이 필요하며, 중요한 부분에 대해서는 반복이나 강조로 중요성을 인식시켜 주어야 한다.

의사소통에서 교사는 언어적인 표현법과 비언어적인 표현법을 사용하게 된다. 언어적인 것은 교사의 음성을 통해 전달되는 것으로 많은 부분이 언어적인 것이라고 생각할 수 있지만 비언어적인 표현도 학습자에게 많은 영향을 미친다. 〈표 3-2〉는 이러한 비언어적인 표현과 언어적인 표현을 비교한 것이다.

메라비언(Albert Mehrabian)은 그의 저서 『침묵의 메시지(*Silent Message*)』에서 면대면 커뮤니케이션을 할 때 영향을 주는 것은 말의 내용이 7%, 목소리가 38%, 그리고 몸동작, 즉 비언어적인 모습이 55%라고 하였다.

표 3-2 표현법의 요소

비언어적인 표현법의 요소	언어적인 표현법의 요소
• 복장 • 표정, 태도, 자세 • 눈맞춤(eye contact) • 몸동작(body language), 동선	• 명확한 발음 • 음성의 고저 • 음성의 강약 • 음성의 속도 • 전달되는 내용

출처: 정혜선(2005).

교사는 강의하기 전에 미리 자기진단을 통해 스스로 평가해 보아야 하며, 수업에서도 강사로서의 언어적 표현, 얼굴 표정, 몸동작 등에 대한 자기점검이 필요하다.

(2) 수업의 조직화

수업은 조직적으로 잘 정리되어 있을 때 효율성이 높아진다. 수업에 필요한 자료나 교수매체는 미리 계획을 세워 잘 정돈해 두어야 하며 시간 계획도 미리 세워야 한다.

또한 수업 내용은 수업 목표와 일치하여야 하며 수업 내용 중 중요한 부분에 집중시켜 관심을 고조시켜야 한다. 수업의 도입 부분에서는 선행 조직자를 제시하여 포괄적인 관심을 불러일으켜야 하며, 수업의 전개 단계에서는 다양한 교수매체를 사용하여 감각적인 관심(sensory focus)도 야기해야 한다.

(3) 설명하기

훌륭한 교사는 학습 내용에 대한 충분한 지식을 갖추고 있을 뿐만 아니라, 학습 내용을 전달할 때 학습자들이 충분히 이해하고 습득할 수 있도록 학습 내용을 잘 설명해야 한다. 즉, 설명할 때는 먼저 학습자들의 이해 수준을 고려하여야 하며, 학습 내용을 명확하게, 적절한 예를 사용하여 쉽고 구체적으로 설명할 수 있어야 한다.

스말디노 등(Smaldino et al., 2005)은 수업에서 효과적인 설명을 하기 위한 전략을 〈표 3-3〉과 같이 제시하고 있다.

표 3-3 효과적인 설명 전략

단계		핵심 전략
사전 준비	계획하기 (planning)	• 학습자의 요구, 가치, 배경, 지식, 수준, 오(誤)개념 등을 분석한다. • 수업시간을 고려하고 학생들이 해야 할 일을 명확히 한다. • 학습자에게 전달할 내용이 왜 중요한가와 그 근거를 구체화한다. • 가르칠 핵심 포인트를 정리한다. • 설명할 전체 내용을 논리적, 계열적 순서로 조직한다.
	연습하기 (rehearsing)	• 키워드를 중심으로 설명하는 연습을 하고 문장을 읽듯이 하지 않는다. • 머릿속으로 설명할 전체 내용을 순서적으로 그려 본다. • 실제 수업할 장소와 같거나 비슷한 곳에서 연습해 본다. • 예상되는 질문에 대한 대답을 준비하여 연습한다.
	수업매체/환경 준비하기 (setting up)	• 수업에 활용할 각종 수업매체를 준비한다. • 설명할 때, 사용하기 좋은 위치에 필요한 매체를 배치한다.
설명하기	전달 (delivery)	• 학습자와 대면해서 눈이 마주치고 당신 얼굴 표정을 보게 한다. • 칠판에 판서하면서 등을 보인 채 설명하지 않는다. • 한 곳에 계속 서 있기 보다는 위치를 바꾸어 준다. 단, 지나치게 움직이는 것은 피한다.
	목소리 (voice)	• 자연스러운 대화체로 설명한다. • 준비한 자료를 그대로 읽는 것은 절대 피해야 한다. • 목소리에 변화를 주고 편안한 속도로 말한다. • 핵심을 제시한 후 잠시 멈추는 것은 강조하는 좋은 방법이다.
	시선 처리 (eye contact)	• 학생들과 시선을 완전히 마주친 후에 말한다. • 학생들과 골고루 눈을 마주칠 수 있도록 노력한다. • 수업시간 동안 계속적으로 학습자와의 시선 접촉을 유지하도록 노력한다.
	몸동작 (gestures)	• 친구와 활기찬 대화를 나누는 것과 같이 자연스런 몸동작이 바람직하다. • 호주머니에 손을 넣거나 손으로 깍지를 끼는 것은 피한다.
	시각자료 (visuals)	• 대부분의 사람들은 문자나 숫자보다 시각자료 내용을 더 오래 기억한다. • 시각자료로 언어 개념을 강조하고 명료화하며, 학습자들이 요점을 기억할 수 있도록 활용한다. • 시각자료를 과도하게 사용하는 것은 학습 효과를 감소시킨다.

수업을 명료하게 하는 방법(Rosenshine & Furst)

- 짧고 잘 알려진 단어가 길고 불명료한 단어보다 낫다.
- 추상적인 것보다 구체적인 명사를 자주 사용한다.
- 명사보다는 동사를 사용한다.
- 일상생활의 사례를 통해 설명을 제공한다.
- 문어체가 아니라 일상적인 대화를 사용한다.
- 비인격적인 방식이 아니라 인간적인 방식으로 얘기한다.
- 주제가 아무리 이론적인 것일지라도 항상 그것을 실제적인 문제와 결부시키도록 한다.
- 때때로 멈추어서 당신이 말하고자 하는 것을 말하는데 가장 적절한 방법을 찾을 시간을 갖는다.
- 세부적인 노트 기록을 최대한 적게 하고 주요 제목만을 노트(headline notes)로 활용한다.
- 한번에 6분 이상을 말하지 않는다.
- 학습자들의 참여를 (단지 격려가 아닌) 가능하게 한다.

(4) 질문하기

학습 내용에 대한 이해를 돕고 확산적인 사고를 유도하며 학습자들을 수업에 적극 참여시키기 위해서 교사와 학습자 간의 상호작용적인 질문은 수업에서 아주 필요하다. 이때 질문의 수, 공평한 분배, 기다리는 시간, 단서주기 등은 중요한 교수기술이 된다.

수업에서 교사와 학습자 간에 상호작용적인 질문과 응답이 많을수록 수업은 높은 성취를 얻게 된다(Lambert & McCombs, 1998). 또한 질문은 모든 학습자에게 골고루 공평하게 분배되도록 하여야 하며, 질문을 한 후 학습자의 반응이 있기까지 차분히 기다려 주어야 한다. 대부분의 교사는 학습자들이 대답할 수 있는 시간의 여유를 1초도 주지 않는다. 대답을 기다리는 시간은 '생각하는 시간'이 되므로 충분히 생각할 수 있도록 기다려 주어야 한다. 교사의 질문에 대해 잘못된 대답하였을 때 교사가 '틀렸어' 또는 '아는 사람' 하며 다른 사람에게 기회를 주어 실패의 경험을 주는 것보다, 올바른 대답이 나올 수 있도록 단서를 제공해 주어 스스로 정답을 맞힐 수 있도록 유도하는 것이 바람직하다.

가르칠 때 효과적인 수업이 되기 위해 교사는 명쾌하게 잘 가르쳐야 하며, 다양한 교수 자극을 사용해야 한다. 또한 교사는 수업에 충실해야 하며, 학습 과정에서 학습자들이 적극적으로 수업에 참여하도록 하여야 하며, 수업의 성공률을 높일 수 있어야 한다. 이는 교사에게 꼭 필요한 교수기술이다(Borich, 2000).

교수에서 5W 1H의 구성 요소

효과적인 교수가 되기 위해서는 일반적으로 다음과 같은 교수의 구성 요소를 먼저 검토해야 한다.

- why: 왜 가르치는지, 학습의 목적과 목표를 명확히 인식한다.
- what: 무엇을 가르치고자 하는지, 학습의 주제를 명확히 파악한다.
- who: 누구를 가르치고자 하는지, 학습 대상자의 특성과 요구를 명확히 한다.
- when: 언제 가르치는지, 학습의 시간과 기간을 충분히 고려한다.
- where: 어디서 가르치는지, 최적의 학습 장소를 준비한다.
- how: 어떻게 가르치는지, 교수 전략, 전달방법, 교수매체 등을 선정한다.

자기진단평가표

진단 항목	아니다		보통	언제나 그렇다	
	1	2	3	4	5
1. 강의하기 전에 미리 학습자에 대해 조사한다.					
2. 강의를 위해 교안을 작성한다.					
3. 강의 시 사용하기 편리하게 교안을 작성할 수 있다.					
4. 미리 강의 연습을 한다.					
5. 강의 연습을 할 때 녹음을 하거나 비디오 촬영을 한다.					
6. 학습자의 질문을 예상하고 그에 대한 답변을 준비한다.					
7. 학습자의 주의를 집중시키면서 강의를 시작할 수 있다.					
8. 강의 시 몸이 굳어 있거나 강단에 기대지 않는다.					
9. 강의를 하면서 자연스러운 제스처를 쓴다.					
10. 학습자와 시선을 맞추려고 노력한다.					
11. 학습자들 앞에서 편안하게 말할 수 있다.					
12. 강의 시 목소리는 떨리거나 더듬지 않고 안정적이다.					
13. 상황에 따라 음성을 다양하게 구사할 수 있다.					
14. 강의를 하는 동안 학습자의 행동을 잘 조절할 수 있다.					
15. 학습자와의 상호작용을 쉽게 이끌어 낼 수 있다.					
16. 학습 내용을 체계적으로 전달할 수 있다.					
17. 학습 내용의 전달과 전이를 위해 시각 자료를 이용한다.					
18. 시각 자료는 단순하고 읽기 쉬우며 효과적이다.					
19. 강의의 속도와 흐름을 조절할 수 있다.					
20. 정해진 강의 시간을 지킨다.					

채점
- 아니다: 1점
- 보통: 3점
- 언제나 그렇다: 5점

- 85점 이상: 매우 훌륭함
- 70점 이상: 훌륭함
- 50점 이상: 보통임
- 30점 이상: 약함
- 30점 미만: 아주 약함

출처: 정혜선(2005).

강사로서의 자기점검

<table>
<tr><th rowspan="2" colspan="2">진단 항목</th><th colspan="2">아니다</th><th>보통</th><th colspan="2">언제나 그렇다</th></tr>
<tr><th>1</th><th>2</th><th>3</th><th>4</th><th>5</th></tr>
<tr><td>언어적 표현</td><td>1. 발음이 정확한가?
2. 말하는 속도는 적절한가?
3. 목소리 크기가 적절한가?
4. 내용에 따라 목소리의 높낮이를 잘 구사하는가?</td><td></td><td></td><td></td><td></td><td></td></tr>
<tr><td>얼굴 표정</td><td>5. 얼굴 표정은 부드러운가?
6. 미소를 띠고 있는가?
7. 모든 학습자를 골고루 둘러보는가?
8. 시선은 자료와 학습자에게만 주고 있는가?</td><td></td><td></td><td></td><td></td><td></td></tr>
<tr><td>몸동작</td><td>9. 자세는 바른가?
10. 몸동작이 자연스럽고 적절한가?
11. 긴장하지 않고 적절하게 움직이고 있는가?
12. 긍정적인 느낌을 줄 수 있는 태도를 취하는가?</td><td></td><td></td><td></td><td></td><td></td></tr>
<tr><td>강의 진행</td><td>13. 강의에 열의가 느껴지는가?
14. 강의 속도와 흐름은 적절한가?
15. 강의시간 조절은 잘하고 있는가?</td><td></td><td></td><td></td><td></td><td></td></tr>
<tr><td>강의 구성</td><td>16. 강의에 시작이 있는가?
17. 강의에 끝맺음이 있는가?
18. 강의에 숨 돌릴 여유가 있는가?
19. 강의가 호기심을 유발하는가?
20. 가장 중요한 내용이 부각되는가?</td><td></td><td></td><td></td><td></td><td></td></tr>
<tr><td>소감</td><td></td><td></td><td></td><td></td><td></td><td></td></tr>
</table>

채점
- 아니다: 1점
- 보통: 3점
- 언제나 그렇다: 5점

• 85점 이상: 매우 훌륭함
• 70점 이상: 훌륭함
• 50점 이상: 보통임
• 30점 이상: 약함
• 30점 미만: 아주 약함

출처: 정혜선(2005).

3 평가 단계

마지막 단계는 학습자가 교수 목표를 달성하였는지 학습의 성과를 평가하는 단계다. 평가에는 형성평가(formative evaluation)와 총괄평가(summative evaluation)가 있다. 형성평가는 수업이 진행되는 과정에 학습자가 학습의 내용을 얼마나 잘 이해하고 있는지를 평가하는 것으로 학습 속도 조절이나 학습의 과정 진단, 교수방법 개선 등에 유용하다. 그동안의 학습 성과를 총괄적으로 평가하는 총괄평가가 이루어져 학생들에게는 최종적인 성적을 내 주고, 교사들은 스스로의 수업의 효율성을 최종적으로 확인하는 단계다. 이러한 학습 성과의 평가는 피드백 되어 각 단계의 적정성 여부에 대한 정보를 제공하며, 한편으로 다음 단계의 교수-학습 과정 설계에 대한 중요한 자료를 제공한다. 총괄평가는 교수-학습이 끝난 후 성취 결과를 총괄적으로 평가하는 것으로 학습자의 성적을 결정하고 교수 목표의 달성 여부를 확인하게 한다. 이러한 평가에는 주로 지필검사가 사용되어 왔다.

그러나 이와 같은 학습 성과의 결과 평가에 대한 기존의 평가방법에 대해 문제점과 부작용이 지적되면서 제시된 평가방법이 수행평가(performance assessment)다. 미래 정보화사회에서는 단편적이고 사실적인 지식의 암기, 이해 능력보다는 정보의 탐색과 수집, 분석, 비판, 종합, 그리고 자기 주도적인 학습 능력과 창의력을 요구하고 있다. 그동안 우리나라의 교육에서도 고등정신 능력과 바람직한 품성의 함양을 교육의 목표로 제시해 왔으나, 교육방법과 평가는 이러한 능력이나 품성의 함양과는 반대되는 방향으로 진행되어 왔다. 그러나 세계 여러 나라는 교육 개혁을 주장하며 그에 따른 평가방법으로 수행평가 방식을 제기하였다.

수행평가란 교사가 학습자들의 과제를 수행하는 과정이나 결과를 다양한 방법으로 직접 관찰하고 그 결과를 통해 학습자의 능력을 전문적으로 판단하는 평가방식이다.

수행평가는 교육 개혁의 중요한 방법 중 하나로 시행되고 있는데, 이것은 그동안 학습 결과만을 평가하는 전통적인 평가방법인 총괄평가와는 다르게 서술형(주관식) 검사, 논술형 검사, 실기시험, 실험 · 실습법, 관찰법, 토론법, 구술시험, 면접법, 자기평가 보고서법, 동료평가 보고서법, 포트폴리오법 등 다양한 평가방법이 있다. 우리나라에서도 1990년부터 이러한 개념이 도입되기 시작하였으며, 열린교육의 확산과 더불어 새로운 교육평가 방법으로 자리 잡기 시작하였다.

기존의 전통적인 평가방식과 수행평가 방식을 비교해 보면 〈표 3-4〉와 같다.

표 3-4 전통적인 평가와 수행평가의 비교

비 교	전통적인 평가	수행평가
평가 대상	학습을 통해 배운 내용의 이해력과 암기력	학습 내용을 더욱 발전시켜 비판적인 능력과 창의적인 사고력의 고등정신 능력
지식의 종류	결과로서의 지식	과정으로서의 지식과 결과로서의 지식
평가방법	지필검사에 의존하며 학습에 대한 정서적 반응을 평가하는 항목은 거의 포함되지 못함	다양한 방법의 평가가 가능하므로 학습에 대한 감정을 반성할 수 있는 기회를 제공함
평가 상황	인위적인 시험 상황	실제 상황이나 모의 상황
평가의 성격	교수, 학습, 평가의 분리	교수, 학습, 평가의 통합

포트폴리오 평가

수행평가의 한 방법으로 자신이 쓰거나 만든 작품을 지속적이면서도 체계적으로 모아 둔 개인별 작품집 혹은 서류철을 이용한 평가방법이다. 이 모음집에는 학생의 목표, 반성적 진술, 교사와 학생 간의 의견 교류 등이 포함된다. 그동안의 평가는 결과만을 중요시하였으나 최종적인 결과도 중요하지만 그러한 결과를 낳게 된 과정도 중요하며, 일회적이고 단절적인 평가보다 지속적이면서도 통합적인 평가를 중시하는 데 배경이 있다.

포트폴리오(portfolio)는 교과과정 전반에 걸쳐 학생의 학습 진행 상황을 확인하고 평가할 수 있는 정보원이 될 수 있을 뿐만 아니라 학생에게는 자신이 주도자임을 인식시켜 준다. 더불어 이는 학부모와의 협의 도구로, 역동적인 교수 전략의 도구로 사용된다.

Chapter

04

교수방법

제2장에서는 교수이론을 중심으로 설명하면서 이러한 이론이 적용된 대표적인 교수방법을 몇 가지 다루었다. 이 장에서는 교수이론에 구애받기보다는 수업 장면에서 널리 이용되고 있는 교수방법 중에서 전통적인 교수방법이라고 할 수 있는 강의법, 토의법, 그리고 20세기 이후의 현대적인 교수방법이라고 할 수 있는 개별학습, 협동학습, 자기주도학습, 문제중심학습, 자원기반학습에 대해 설명한다.

각각의 교수방법은 어떠한 역사적 배경 속에서 출현하게 되었는지, 특징과 장단점은 무엇인지, 그리고 그 교수방법이 실제로 수업에 어떻게 적용되었고 절차는 어떠한지에 대해 자세히 살펴본다.

| 학습 목표 |

1. 강의법의 역사적 배경과 장단점에 대해 설명할 수 있다.
2. 헤르바르트의 교수 5단계설을 이해하고, 강의법과의 관계를 설명할 수 있다.
3. 토의법의 특징을 이해하고 절차 및 다양한 유형을 비교 · 설명할 수 있다.
4. 개별학습의 역사적 배경 및 다양한 유형을 비교 · 설명할 수 있다.
5. 협동학습의 역사적 배경과 특징, 절차를 설명할 수 있다.
6. 협동학습의 다양한 유형을 비교 · 설명할 수 있다.
7. 자기주도학습의 역사적 배경과 특징, 절차를 설명할 수 있다.
8. 문제중심학습의 역사적 배경과 특징, 절차를 설명할 수 있다.
9. 자원기반학습의 역사적 배경과 특징, 절차를 설명할 수 있다.

형식적인 학교교육이 시작된 이래 수많은 교수방법이 교수-학습 현장에서 실시되었다. 오래 전부터 교사가 중심이 되어 실시되었던 방법으로는 강의법, 문답법, 토의법 등이 있다. 이는 오늘날까지도 학교 현장에서 가장 많이 이용되는 전통적인 교수방법이다.

그러나 20세기 이후가 되면서 새로운 현대적인 교수방법이 등장하였다. 진보주의 교육의 영향으로 개인차를 인정할 수 있는 달톤 플랜(Dalton Plan), 위네트카 플랜(Winnetka Plan)과 같은 실험적인 개별교수 방법이 등장하지만 곧 쇠퇴한다. 이후, 개별교수 방법이 다시 등장한 것은 1960년대에 와서다. 행동주의 학습이론의 대표적인 역할을 한 스키너(Skinner)는 그의 이론을 학습에 적용시켜 프로그램 학습과 교수기계(teaching machine)를 개발하고, 이를 기초로 학교 현장에서는 완전학습을 추구하는 개별교수 방법이 활발하게 전개되었다. 한편, 인지주의 학습이론의 배경에서 발견 · 탐구학습 방법이 등장하여 학습자의 인지적인 활동에 초점을 맞추었다.

20세기 후반으로 오면서는 개별교수 방법보다는 집단 내의 상호작용을 중요시하고, 개인 간의 경쟁보다는 집단 간의 경쟁을 유도하는 소집단 교수방법이 등장하였다. 이는 시뮬레이션, 게임이나 협동학습 방법들이다. 20세기 말이 되면서 행동주의, 인지주의에 이어 새로운 패러다임으로 등장한 구성주의는 학습자에 의한 지식 구성을 강조하며, 자발적이고 능동적인 자기주도학습의 학습 환경을 선호하였다.

이 장에서는 다른 장에서 소개된 교수방법을 제외하고 학교 현장에서 비교적 많이 활용되는 교수방법으로 강의법, 토의법, 개별화 학습, 협동학습, 자기주도학습, 문제중심학습 등을 소개한다.

1 강의법

강의법(lecture method)은 가장 오래전부터 실시되어 왔고, 또 오늘날까지도 널리 이용되는 보편화된 방법으로, 교사 중심 체제에서 시행되는 대표적인 방법이다. 강의법은 지식이나 기능을 교사가 중심이 되어 학습자에게 설명을 통해 제시한다.

1) 강의법의 역사적 배경

역사적으로 보면 강의법은 고대 그리스 시대의 철학자들이 웅변을 통해 서로의 지식을 나누어 갖기 위해 사용되었고, 중세 때에는 대학에서 주로 사용된 교수방법이었다. 그러나 17세기에 이르러 경험주의 교육철학이 등장하고 언어주의 교육을 비판하게 되면서부터는 암기 위주의 교육을 배제하고 경험을 통한 교육, 실물을 통한 교육, 노작교육 등이 강조된다. 특히, 진보주의 교육관이 확산되었을 때 강의법은 전통적인 교수방법이라고 비판받기도 한다. 그러나 그 후 현대적인 교수방법이 많이 등장한 오늘날까지도 강의법은 여전히 확고한 위치를 차지하고 널리 활용되고 있다.

19세기에 와서 헤르바르트(J. F. Herbart)는 교수의 체계적이고 과학적인 방법인 교수 5단계설을 제시해 강의법의 과학화에 힘썼다. 헤르바르트는 로크(J. Lock)의 백지설과 아리스토텔레스(Aristotle)의 연합주의이론을 배경으로 유화이론(apperception theory)을 주장하였다. 즉, 태어날 때의 인간은 백지(tabula rasa)에 불과하므로 학습이란 후천적인 경험을 통한 역동적인 관념연합에 의해서 이루어진다는 것이다. 그러므로 교사는 학생들에게 가르칠 관념의 계열을 올바르게 조직하여 제시해야 한다는 형식단계설을 주장하였다.

강의법은 언제나 모든 상황에서 효과적인 교수방법은 아니다. 교수-학습의 목적, 내용, 학습자의 특성에 따라 적절하다고 생각될 때 강의법은 효과적일 수 있다.

헤르바르트의 교수 5단계설

헤르바르트는 주지주의적인 입장에서 교수의 과정은 일정한 형식에 따라 준비-제시-비교 및 추상-일반화-적용의 단계를 거쳐 이루어져야 한다는 형식단계설(formal steps)을 주장하였다.

- 준비(preparation): 지난 시간에 배운 것, 또는 학습자가 이미 경험한 내용을 이끌어 내어 새로운 관념과 연합할 준비를 갖추는 단계다. 기존의 인지 구조를 정리하여 새로운 개념을 받아들일 준비 태세를 갖춘다.
- 제시(presentation): 새로운 관념을 제시하는 단계다. 이때 교사는 다른 개념과의 특성적 차이를 분명히 구분하고 더 잘 인식할 수 있도록 효과적인 제시방법을 사용한다.
- 비교 및 추상(comparison and abstraction): 학생들의 의식 속에서 신구 관념의 연합이 이루어지는 단계다. 신구 관념은 서로 간에 자연적인 친화력 때문에 함께 융합되며, 이들 속에서 공통된 요소의 성질을 알게 된다. 이러한 공통된 요소를 가려내는 것을 추상이라 부른다.
- 일반화(generalization): 지금까지 배운 것을 하나의 체계로 일반화하는 단계다.
- 적용(application): 일반화된 원리를 이용하여 각자가 새로운 문제나 실제에 적용하여 문제를 해결하며 원리를 익히는 단계다.

2) 강의법의 장단점

강의법은 강의라는 언어적인 방법으로 지식을 체계적으로 전달하기 때문에 일방적인 의사소통 방법이 되며, 학생은 수동적으로 강의 내용을 듣고 기록하고 이해한다. 이러한 강의법은 새로운 교수방법이 등장하면서 전통적인 교수방법이라고 문제점도 많이 지적되었지만 여전히 학교 현장에서는 지배적인 교수방법이 되고 있다.

강의법의 장점과 단점을 살펴보면 다음과 같다.

• 장 점 •

- 정해진 시간에 다양한 지식을 많은 학습자를 대상으로 동시에 전달하기에 가장 좋은 방법이다. 논쟁의 여지가 없는 사실적 정보나 개념을 논리적이고 객관적으로 분명하게 효과적으로 전달할 수 있다.
- 전체 내용을 개괄하거나 요약하고자 할 때 교사의 언어적 표현 능력에 따라 학습자를 용이하게 이해시킬 수 있다.
- 수업시간, 학습량 등을 교사가 자유롭게 조절할 수 있고 학습 경제성 면에서 매우 유리하다.
- 학생 수가 많은 경우에도 별 어려움이 없이 실행할 수 있다.
- 심리적으로 경직되어 있거나 융통성이 없는 순응형의 학습자에게는 심리적으로 편안함을 느낄 수 있는 교수방법이므로 효과적이다.

• 단 점 •

- 학습자가 능동적으로 수업에 참여할 수가 없어 학습에 대한 동기 유발이 힘들고 학습자의 수업 태도가 수동적이 되기 쉽다.
- 고차적인 인지 학습 목표나 정의적인 학습 목표를 달성하는 데는 좋은 방법이 아니며 주의력이 떨어지기 쉽다. 특히, 저학년인 경우 주

의력을 집중할 수 있는 시간이 매우 짧으므로 적절하지 못하다.

- 교사의 능력에 전적으로 의존하게 되므로 사전에 충분한 수업 계획이 없거나 설명력이 부족한 경우에는 그 영향이 직접적으로 학습자에게 미치게 된다.
- 학습자들의 개별화나 사회화를 기대하기 어렵다.

3) 강의법의 실제

강의를 시작할 때에는 먼저 학습자의 주의를 집중시키고 동기화하기 위해 학습자의 관심사나 시사적인 내용을 간단히 다루어 친화적인 관계를 갖는 것이 필요하다. 강의 과정에서 교수와 학습자 간의 친화적인 관계는 근본적으로 서로 신뢰하고 존중하고 수용하는 심리사회적 분위기를 형성하는 데서 기인한다.

강의를 할 수 있는 분위기가 형성되면 전 시간에 배운 내용에 대해 간단히 요약하여 기억을 일깨워 준다. 이는 반드시 교사가 하지 않아도 좋다. 질문을 통해 학습자에게서 답이 나오게 해도 좋고, 학습자에게 미리 준비시켜 발표하게 해도 좋다.

그다음 강의 목표와 강의 내용을 구조화하여 먼저 소개한다. 오수벨(D. Ausubel)은 유의미한 학습이 되기 위해서는 학습할 새로운 지식이나 과제가 학습자의 인지 구조와 관련을 맺어 정착하고 그것이 학습자에게 새로운 심리적 의미를 부여하여야 한다고 보고 선행 조직자의 활용을 제시하였다. 선행 조직자(advanced organizer)란 새로운 학습 과제를 제시하기에 앞서서 추상성, 일반성, 포괄성의 정도가 높은 자료를 먼저 제시하는 것을 말한다. 그러므로 강의식 수업에서도 먼저 수업의 목표를 제시한 후 선행 조직자를 제시하는 것이 좋다. 수업 초기에 제시되는 선행 조직자는 학습자가 이전에 배운 학습 내용을 기억하고 회상하는 데 도움을 준다.

강의식 수업은 정보나 학습 내용을 설명이나 해설에 의해 학습자에게 전달하는 교수방법이다. 설명할 때는 주로 교사의 언어를 중심으로 진행되기 때문에 다양한 예시와 풍부한 표현을 통해 설명하고, 학습자들이 수업에 적극 참여할 수 있도록 기회를 주어야 한다.

강의를 진행할 때 학습 내용을 논리적으로 체계화하여 분명히 전달되도록 해야 한다. 이때 학습자들의 주의를 집중시키기 위해서 교사는 목소리의 높낮이나 크기, 적절한 신체적 활동, 제스처, 표정 등 다양한 자극을 보일 필요가 있다. 또한 강의가 끝나갈 때에는 내용을 요약해서 정리해 주어야 한다.

수많은 교수방법이 있지만 교육 수준이 높고 낮음을 막론하고 얼굴을 서로 마주 대하고 하는 이야기, 즉 '강의'가 교수방법 중에서 아직도 중심을 이루고 있으며 앞으로도 이 현상은 계속될 것이다. 그러므로 강의법이 전근대적인 교수방법이라고 외면하기보다는 강의법에 여러 가지 방법을 병행함으로써 단점을 보완하고 장점을 살려 나가면 수업 효과를 더 올릴 수 있을 것이다.

대집단을 대상으로 강의할 때는 학습자의 주의 집중도가 떨어질 수 있으며, 학습자가 능동적으로 수업에 참여할 수 없기 때문에 수업의 효과가 낮아질 수 있다. 이와 같은 문제를 보충하기 위해 여러 가지 매체를 활용하면 보다 효과적인 교수가 될 수 있다.

교수매체를 사용하면 짧은 시간 내에 많은 간접 경험을 제공할 수 있고, 또 흥미로운 수업이 될 수 있다. 그러나 교실 분위기를 가라앉히거나 어려운 강의를 대치하기 위한 방편으로 이용되어서는 안 된다.

강의에서 이용할 수 있는 교수매체로는 컴퓨터를 중심으로 다양한 프레젠테이션 자료를 활용할 수 있다.

2 토의법

여러 교과 영역에서 가장 자주 사용되는 학습활동 중의 하나인 토의법(discussion)은 학습자의 역할과 활동을 중요시하며 교사와 학습자, 학습자 간의 언어적인 상호작용에 의해 의견을 교환하고 집단 내에서 문제를 해결할 수 있도록 하는 교수방법이다.

토의는 일종의 민주적 원리를 바탕으로 한 민주적인 방법이며, 민주시민으로서 필요한 사회적 태도와 기능을 키울 수 있는 학습 형태로서 가치를 지니고 있다. 브라운필드(Brownfield, 1973)는 토의법을 인본주의적 교육철학을 교육 현장에서 구체화하는 최선의 방법이라고 극찬하고 있다(이성호, 1999에서 재인용).

1) 토의법의 장단점

• 장점 •

- 토의는 개방적인 의사소통과 협조적인 분위기 속에서 학습자가 적극 참여하게 되므로 학습 동기와 흥미를 유발할 수 있다.
- 토의를 통해 학습자는 집단 활동의 기술을 개발하고 민주적인 태도를 배울 수 있다.
- 토의는 학생 자신의 생각을 일관성 있게 나타내고 의미 있게 표현할 수 있는 의사소통 기술을 연습할 기회를 제공한다.
- 토의는 대화를 통해 상호 의견을 교환하고 집단적으로 문제를 해결하는 협력의 과정을 전제로 하기 때문에 사회적 기능 및 태도를 형성할 수 있다.

• 단 점 •

- 집단의 크기가 크면 원활한 토론이 이루어질 수 없으므로 집단 구성원의 수에 한계가 있다.
- 토의의 리더가 미숙하면 효과적인 토론이 이루어질 수 없으므로 리더의 영향력이 크다.
- 소수의 토론자에 의해 토의가 주도될 우려가 있다.
- 토의 참여자 전체의 자발적이고 적극적인 참여가 필요한데, 평가 불안(evaluation comprehension)이나 사회적 태만(social loafing)을 보일 수 있다. 평가 불안은 자신의 생각에 대해 다른 사람이 부정적인 반응을 보이면 어떻게 하나 하는 두려움을 말하며, 사회적 태만은 '내가 아니어도 남들이 하겠지.' 하는 방관적인 태도로 개입하지 않으려는 태도를 말한다.
- 토의는 준비와 계획 단계뿐만 아니라 진행 과정에서도 많은 시간이 소요된다.
- 학습자들이 토의 주제에 관해 충분히 이야기할 수 있을 만큼의 수준에 도달해 있어야 하고 주제에 대해서도 잘 파악하고 있어야 하는데, 그렇지 못할 경우 토의에서 기대하는 만큼의 효과를 거두기 어렵다.

2) 토의법의 절차

(1) 사전 준비

효과적인 토의가 이루어지기 위해서는 주의 깊게 계획하고 준비해야 한다. 사전 준비로는 토의의 목적을 분명히 설정하고 토의 방식 선택, 시간 계획, 토의에 필요한 자료 준비, 집단의 크기를 결정해야 한다. 토의의 주제는 토의식 수업 목표에 적절해야 하겠지만 학습자의 능력, 흥미나 관심, 전체 교과 내용 맥락과의 부합 등을 고려하여야 한다.

(2) 토의 장소 환경 정비

토의 유형에 따라 토의 장소, 좌석의 배치, 시설물 등에 대한 세심한 배려가 필요하다. 토의할 때는 각각의 얼굴을 마주 대하고 보면서 토론할 수 있도록 좌석을 배치해야 하며, 토의실 내의 공간도 미리 조정해 좋은 분위기 속에서 토의가 진행되도록 한다.

(3) 토의 진행

토의가 시작될 때 교사는 토의의 목적과 주제를 명확하게 제시해 주고, 토의의 규칙이나 방법도 미리 알려 주며, 사회자와 기록자를 결정하고 자유로운 분위기 속에서 전체가 참여하는 토의가 되도록 유도한다. 교사는 분위기가 침체되거나, 소수의 참여자에 의해 토의가 주도되거나, 감정 대립이 일어나 분위기가 격해지는 경우 등에는 직접 개입해서 토의가 원만히 진행되도록 하여야 한다.

(4) 토의 결과 종합

주어진 시간이 끝나갈 때가 되면 토의 결과를 종합하고 정리하여 마무리를 짓도록 한다. 이때 기록자는 정리된 토의 결과를 발표하고 처음 제시한 토의 목적도 검토하며, 토의 진행 과정에 대해서도 평가한다.

3) 토의법의 실제

토의를 진행할 때 교사의 역할과 교사가 제공하는 정보의 양에 따라 교사 중심 토의와 학습자 중심 토의로 크게 나눌 수 있다.

교사 중심 토의에서는 교사와 학습자 사이에 계속적인 토의가 이루어지는 형태다. 이것은 개별 교수 유형의 집단학습 환경에서 일어날 수 있는 의사소통의 형태로, 교사가 토의에서 주도권을 가지고 학습자와 상호

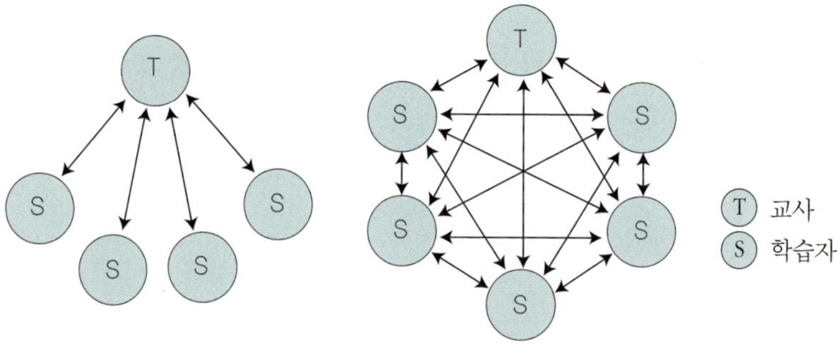

그림 4-1 교사 중심 토의와 학습자 중심 토의에서 의사소통 형태

작용하는 관계다. 반면, 학습자 중심 토의는 학습자들끼리 자유롭게 상호작용하면서 토의가 이루어지는 형태로, 교사는 다른 학습자와 마찬가지로 하나의 구성원으로 참여하게 된다.

토의식 수업에서는 교사가 중심이 되어 토의를 진행하는 것보다 학습자가 중심이 되어 토의를 주도하고 교사는 다만 토의의 구성원으로 참여하는 경우가 바람직하다고 할 수 있으나 교사 주도의 토의법이 필요한 경우도 있다([그림 4-1] 참조).

토의는 목표, 집단의 크기, 참여자들의 능력에 따라 다음과 같은 유형으로 나눌 수 있다.

- **학급토의**(class discussion): 한 학급 단위의 집단이 모여 토의를 진행하는 방식으로 우리나라 초·중등학교에서 현재 행하고 있는 학급회의가 대부분 이에 속한다. 토의의 주제는 교사나 학생들에게서 나올 수도 있으나, 어떤 주제를 처음부터 정해 놓고 토의를 시작하는 것이 아니라 개방적인 분위기 속에서 여러 가지 주제를 가지고 자유토의를 할 수도 있다. 이때 교사가 리더가 될 수도 있고, 학급에서 선정된 학습자가 리더가 될 수도 있다([그림 4-2] 참조).

- **그룹토의**(group discussion): 훈련된 지도자의 지도하에 전체 집단을 5~10명 정도의 작은 집단으로 나누어 공동의 관심사에 대하여 유목적적인 대화를 나누는 방법이다. 각 그룹에는 리더와 서기를 결정하고 일정한 시간을 정해 토의를 진행하며, 토의 후에는 각 그룹의 서기가 그룹토의의 결과를 발표하고 종합한다.
- **배심토의**(panel discussion): 소수의 선정된 배심원과 다수의 일반 청중으로 구성되어 있는 형태로, 패널 주자는 주제에 대해 서로 상반되는 견해를 대표하는 사람으로 구성되며 사회자의 진행에 따라 토의한다.
- **심포지엄**(symposium): 주제에 대해 권위 있는 2~5명 정도의 전문가가 각기 다른 의견을 공식 발표한 후 사회자에 의하여 청중과 발표자 간에 질의 및 토론을 전개하는 방식이다. 이러한 심포지엄의 구성원은 발표자, 사회자, 청중 모두 주제에 대해 전문적인 지식이나 경험을 가지고 있는 전문가들로 구성된다.
- **버즈토의**(buzz discussion): 대규모 토의집단을 소집단(6명 정도)으로 나눈 다음 소집단끼리 토의를 한다. 한 장소에서 여러 개의 소집단이 각각 토의하므로 마치 벌집을 쑤셔 놓은 것처럼 윙윙거린다는 뜻에서 버즈라는 이름이 붙었다. 사회자는 토의가 끝난 후 전체의 토의 결론을 보고받고 다시 비슷한 집단끼리 묶어 토의를 유도하며, 최종적으로는 전체 집단이 다함께 토의 결과를 모아 결론을 맺게 하는 방법이다.
- **브레인스토밍**(brainstorming): 오스본(Osborn)에 의해 창안된 소집단 토의방법으로, 창의적인 아이디어를 얻기 위해 한 주제에 대해 다양한 아이디어를 공동으로 내놓는 방식으로 집단 사고를 통해 사고의 확산을 추구하는 방법이다. 두뇌(brain)에 폭풍(storm)을 일으킨다는 뜻으로 '두뇌습격법' 이라고도 부른다. 이 토의에서는 창의적인

문제해결 과정에서 아이디어의 발상 및 전개 과정을 무엇보다 중요시하므로 '판단의 유보'와 '양의 추구'를 통한 토의, 즉 '질보다는 양'이 우선시된다.

3. 개별학습

개별학습(individualized learning)은 학습자의 특성을 고려하여 각각의 학습자에게 최적의 학습 환경을 조성해 주며 수업의 모든 요소를 학습자의 특성에 알맞게 조정하는 변별적인 교수방법이다.

1) 개별학습의 역사적 배경

개인차에 따른 개별학습의 중요성은 이미 오래 전부터 강조되어 왔지만, 개별학습 방법이 등장한 것은 20세기 초다. 진보주의 경향이 확산되었던 미국에서 샌프란시스코 주립 인문고등학교에 근무하던 버크(F. Burk)에 의해 처음으로 시도되었다. 버크는 학습자의 능력에 따라 교과별로 서로 다르게 진급하는 교과별 진급법을 실시하였고, 그의 제자였던 워시번(C. Washburne)은 1919년 시카고 교외의 위네트카에서 개별화된 학습방법을 실시하였다. 위네트카 플랜(Winnetka Plan)이라고 부르는 이 방법은 오전에는 각자의 능력에 따라 특별히 고안된 교과서를 가지고 개별학습을 하고, 오후에는 협동적인 학습을 해서 교육의 개별화와 사회화를 동시에 실시하였다.

한편, 달톤 시에서는 파크허스트(H. Parkhurst)에 의해 달톤 플랜(Dalton Plan)이 시행되었다. 이는 몬테소리(Montessori)의 영향을 받아 일제교수를 지양하고 자유와 협동의 원리에 입각한 자주적인 개별학습 방법이다.

이 방법은 학생 각자에게 그들의 능력에 맞는 과제를 계약하고 종래의 교실과는 다른 실험실에서 과제를 수행한다. 여기서 필요한 교재와 자료를 중심으로 자기 과업을 자유롭게 학습하며, 진행 과정을 진도표에 적고 목표가 달성되면 새로운 계약을 다시 실시하는 방법으로 진행되었다.

개별학습에 대한 이러한 관심은 1930년대부터 1950년대까지는 더 이상 논의되지 않고 사라졌다. 그러나 1960년대에 와서 스키너의 프로그램 학습이 발표된 이후 개별학습 방법에 대한 관심은 다시 확대되었다. 스키너는 프로그램 학습을 자동화할 수 있게 교수기계를 개발하였고, 이는 컴퓨터 보조 수업(CAI)의 시초가 된다. 그 후 개별학습 방법의 원리를 적용한 다양한 학습방법이 학교 현장에서 많이 등장하였다. 그러나 이러한 개별학습 방법도 1970년대 후반부터는 연구와 관심이 다시 쇠퇴하기 시작한다.

2) 개별학습의 특징

개별학습 방법은 학습자의 개인 차이에 따라 적절한 교수-학습 활동을 전개해 나가는 것이다. 그러므로 학습자의 특성이 어떠한 측면에서 차이가 있는지 고려해 보아야 한다. 김호권(1970)은 학습자의 개인차는 다음과 같은 영역에서 비교할 수 있다고 하였다.

- 학습자 개인은 서로 다른 학습 진도를 보인다.
- 학습자 개인은 공부하는 기술에서 서로 다르다.
- 학습자 개인은 서로 똑같은 방법으로 문제를 해결하지 않는다.
- 학습자 개인은 서로 다른 흥미 경향을 가지고 있다.
- 학습자 개인은 서로 다른 학습 경향을 가지고 있다.
- 학습자 개인은 특정 시점에서 똑같은 학습 준비도를 가지고 있지

않다.

- 학습자 개인은 특정 시점에서 똑같은 학습 능력을 가지고 있지 않다.

전통적인 수업에서는 이러한 개인 차이에 따른 적절한 학습 조건을 만들어 줄 수 없었다. 그러나 개별학습 방법에서는 학습자들이 항상 나타내는 일반 능력, 학습 양식, 학습 동기, 학습 속도 등의 제반 심리적 특성면의 차이(박성익, 1997)에 적합한 학습방법을 생각할 수 있다.

학습자의 일반 능력에서 개인차를 인정할 수 있는 방법으로는 수준별 교육과정이나 능력별 학습집단의 편성방법이 있다. 이러한 방법에 대해서 긍정적으로 보는 견해도 있으나, 개별화 교수 전략은 학습력 신장에 크게 도움이 못될 뿐만 아니라 도리어 정의적인 측면에서 역효과라고 보는 견해도 많다.

학습자의 개인차에서 각자의 학업 적성에 맞는 학습 환경을 구성해 주는 방법이 있다. 이를 위해서는 학습자의 학업 적성을 정확하게 파악하고 그에 적합한 교수방법을 제공해 주는 것이다. 이와 같은 방법이 성공적이었다는 연구 결과도 있었으나 적성에 맞는 교수 자료나 교수방법을 단순히 제공만 하는 경우에는 최소한의 학습 향상을 가져온다는 실증적인 연구 결과도 찾아보기 어렵다(박성익, 1997).

학습자의 학습 속도 면에서 개인차를 인정한 개별화 교수방법은 가장 많이 볼 수 있는 방법인데 개별 처방 교수방법(IPI)이 대표적인 예가 된다. 그러나 학습자의 능력에 따라 속도만을 조절하는 개별화 학습방법이 학업 성취 수준을 크게 향상시킬 수 있는지에 대해서는 의문을 제기하고 있다.

그 외에 학습자의 학습 동기나 흥미 면에서 개인차를 적용하는 개별학습 방법도 있다.

3) 개별학습의 장단점

• 장 점 •

- 학습자의 특성과 능력 수준에 맞는 개별 교수가 가능하다. 학습자의 능력이나 서로 다른 심리적 특성을 고려하여 학습 속도의 조정과 개인차에 적응할 수 있는 지도를 가능하게 하므로 개인에게는 최적의 교수방법이 된다.
- 교사와 학습자 간의 끊임없는 상호작용을 통하여 완전학습을 추구할 수 있다.
- 인지적 · 정의적 · 신체 기능적 영역의 모든 학습 목표를 효과적으로 달성할 수 있다.
- 개별학습 방법은 독립심을 신장시킬 수 있다. 교육의 개별화를 통해 학습의 주도권을 학습자가 갖게 된다. 따라서 학습자는 스스로 자신의 학습을 이끌어 가고 그에 대해 책임감을 갖게 된다. 또한 학습자는 스스로 학습하는 방법을 학습하게 되어 다른 일도 해결해 나갈 수 있는 능력이 생기게 된다.

• 단 점 •

- 개별적인 학습방법이므로 시간과 노력이 많이 든다. 그러므로 이와 같은 방법이 학교 현장에서 현실적으로 실현되기에는 어려운 점이 많다.
- 교사와 학습자 간의 관계가 긴밀하다는 긍정적인 면이 있는 반면에 동료 학습자와의 사회적 관계는 부족하기 쉽다.
- 학습의 효과성에서 성공적이라는 실증적인 자료가 부족하다. 그러므로 비용 효과성에서 긍정적인 결과만 있는 것은 아니다.

4) 개별학습의 실제

개별학습 방법으로는 개별화 교수 체제(personalized system of instruction: PSI), 개별 처방 교수방법(individually prescribed instruction: IPI), 개별 지도 교수법(individually guided education: IGE), 완전학습법(mastery learning), 학습자 요구 부응 학습 프로그램(program learning in accordance with needs: PLAN) 등 다양한 방법이 있다.

여기서는 개별화 교수 체제와 개별 처방 교수방법에 대해 자세히 살펴본다.

(1) 개별화 교수 체제

1968년 미국 컬럼비아 대학교 심리학 교수인 켈러(F. S. Keller)에 의해 개발된 개별화 교수 체제(PSI)는 대학에서 활용할 수 있는 학습자 중심의 교수방법으로, 흔히 켈러 플랜(Keller Plan)이라고도 부른다. PSI에서는 한 과목이 대체로 15~30개의 단원으로 나뉘고, 각 단원에는 구체적 학습 목표가 제시되어 있으며, 학습자가 그 목표를 성취할 수 있는 여러 가지 수단에 대한 지침이 제공된다. 학습자는 이러한 정보를 접한 후 다양한 종류의 자기 학습 자료를 활용하여 스스로 학습한다. 학습자 지침서에는 교재나 보충 자료, 유인물, 연습문제가 있고 슬라이드나 비디오 등 특별히 제작된 자료가 포함되어 있다. 전형적으로 한 단원은 보통 학습자들이 일주일 동안 할 수 있는 분량이지만 학습자의 진도에 따라 달라질 수 있다. 학습자들은 자신의 속도대로 학습하므로 모든 학습자의 속도가 일정하지는 않다. 학습자들은 단원과 관련된 문제에 대해 지도교수와 토의할 수 있는데, 지도교수는 대학의 교수들로 구성되지만 특수한 경우에는 먼저 그 단원을 성공적으로 완수한 학습자(proctor)가 보조 관리자의 역할을 한다.

학습자들이 일단 주어진 단원의 목표를 완전히 습득하였다고 스스로 판단하였을 때 시험을 요구할 수 있으며, 이 시험의 기준에 합격해야만 다음 단원으로 넘어갈 수 있다. PSI는 상당히 높은 기준을 요구하고 있어 80~90% 이상의 성취도를 책정하는 경우가 대부분이다. PSI에서는 강의가 주 교수법은 아니지만 코스의 개관과 주어진 주제의 특정 측면을 보여 주기 위해 가끔 강의를 활용하기도 한다. 또한 외부 초청강사에 의한 심화학습 프로그램도 있어 학생이 자발적으로 참여할 수 있도록 하고 있다(Keller, 1968).

PSI의 특징을 살펴보면 다음과 같다.

- 자기 진도대로 학습할 수 있다. 학습자들은 개인마다 능력이 다를 수 있기 때문에 개인의 학습 속도를 최대한 존중한다. 따라서 누구든지 자신의 속도에 맞춰 나가서 최종적으로 목표에 도달할 수 있게 되어 있다.
- 완전학습(mastery) 지향적이다. 달성할 목표를 제시하고 누구든지 목표를 향해 자신의 능력과 노력에 따라 목표 달성이 가능하도록 한다.
- 보조 관리자를 활용한다. 보조 관리자는 동료 학습자 중에서 우수한 학습자나 지원자를 이용한다. 그들은 다른 학습자의 학습을 돕고 강화해 주며, 결과를 평가하고 오답을 교정해 주는 역할을 한다.

PSI는 1970년대 중반에는 미국 전역의 약 2,000여 개 대학으로 확산되어 활용되기도 하였다(Kulik, 1985). 그러나 기본 구조가 그동안 여러 번 수정되었고, 다양한 요구에 맞도록 조절되었다. 즉, 동료 지도가 항상 활용되는 것은 아니고, 여러 단원을 묶어 시험이 실시되고, 높은 수준의 숙련이 항상 요구되지는 않았으며, 최종 평점을 다른 여러 방법으로 결정할 수도 있다. 그러나 어떤 변화가 있더라도 PSI의 본질적 요소는 개별

학습, 자율학습, 그리고 스스로 진도를 맞추는 것이다.

(2) 개별 처방 교수방법

개별 처방 교수방법(IPI)은 1964년 미국 피츠버그 대학교의 학습연구개발센터(learning research and development Center)에서 글레이저(R. Glaser)와 그의 동료에 의해 개발되었다. 이 방법은 프로그램 학습의 기본적인 개념에서 나온 것이다(Saettler, 1990). 보통의 교수 형태와 IPI가 다른 점은 각 과목의 전 교육과정이 비교적 작은 수업 단원으로 잘게 나뉘어 있다는 것이다. 이 단원들은 각각 구체적 목표와 그 목표의 성취 여부를 측정하는 절대기준평가를 포함하고 있어서 학생들은 미리 정해진 순서에 따라서 이를 수행한다. IPI 프로그램은 학생들의 배경, 진도 등의 자료를 수집하고 과제의 처방 · 평가 등을 내리기 위해 컴퓨터로 운영(CMI)되고 있다.

IPI의 수업 절차는 다음과 같다([그림 4-2] 참조).

- 학기 초에 모든 학습자가 배치검사(placement test)를 받게 되며, 이 결과는 학습자의 능력 수준을 밝혀 주고 필요한 교과와 학습할 내용(학습 단원)을 지적해 준다.
- 학습 단원이 결정된 후 사전검사(pretest)를 통해 각각의 목표에 대한 필요 여부가 결정된다.
- 각 단원에 대한 처방이 내려지고 이에 따라 다양한 교수-학습 자료를 이용해 개별학습을 진행한다.
- 학습이 끝나면 진도확인검사(curriculum embedded test: CET)를 받는다. 여기서 통과하면 다음 목표를 수행하게 되지만, 실패하면 다시 학습을 해야 하며, 이때는 또 다른 처방을 받게 된다.
- 단원이 끝날 때마다 사후검사(posttest)를 받게 되고 새로운 단원의

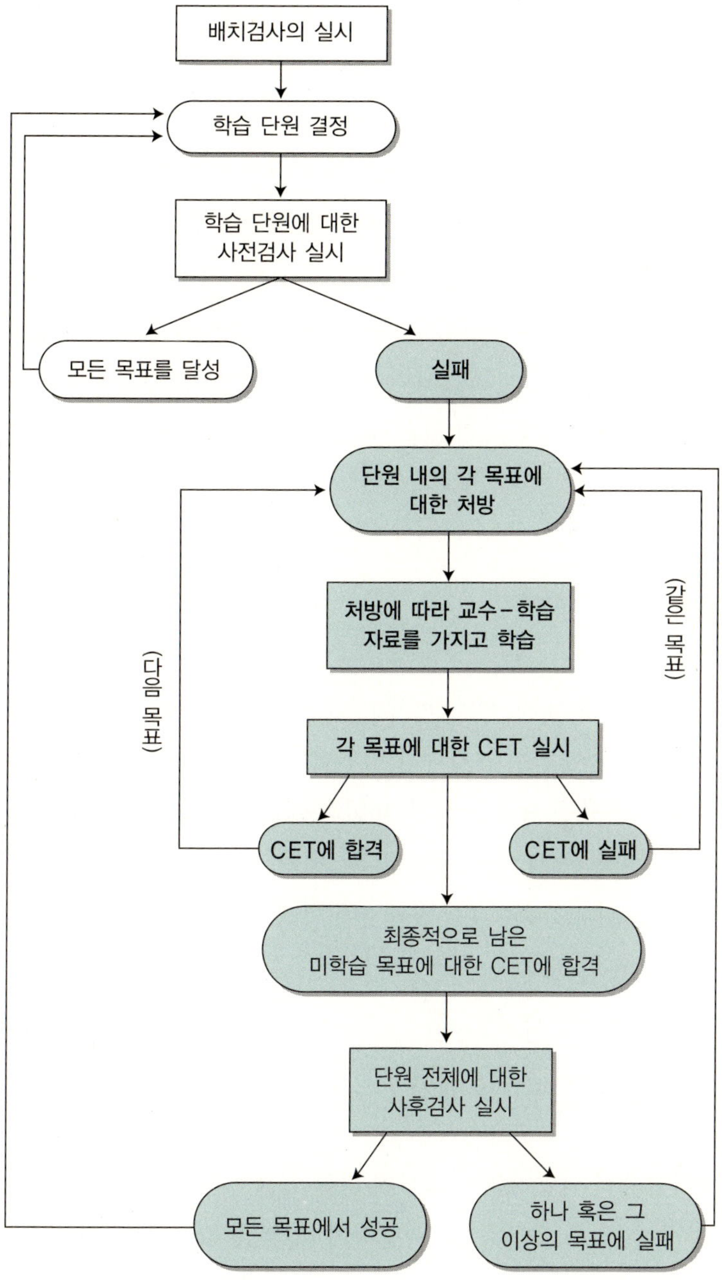

그림 4-2 IPI 교수 모형

시작에는 사전검사를 받게 되어 '검사 → 과제 → 학습 → 완료 → 검사'의 과정이 반복된다.

IPI에서는 교사의 역할이 전통적인 교사와는 아주 다르다. 전통적인 교실 수업에서 교사는 주로 정보 전달자의 역할을 하지만, IPI에서는 교사가 강의를 한다든지 설명식 수업을 하는 예는 많지 않고 수시로 진단과 처방을 내리는 의사 결정자의 역할을 한다. 교사는 도움이 필요한 개인이나 집단을 지도하고 나머지는 대부분 학생의 자율성, 컴퓨터, 보조교사에게 맡김으로써 교사의 전문성을 더욱 높일 수 있다.

4 협동학습

협동학습(cooperative learning)은 고도의 경쟁심을 유발하는 전통적 학급에서 학생들이 느끼는 소외감이나 적대감을 해소하고, 전체 학급 학생이 공동의 목표를 향하여 함께 상호작용하고 협력하는 태도와 능력을 향상시키는 방법이다(Slavin, 1995). 즉, 성취 수준에서 차이가 나는 학습자를 모아 소집단을 구성하고 집단 구성원이 서로 협력하여 공동의 목표를 달성하는 방법이다.

1) 협동학습의 역사적 배경

개별학습에서 학습자들은 교사에 의해 설정된 학습 목표를 자신의 속도와 방법에 의해 개별적으로 학습하며, 교사는 각 학습자에 대해 목표 달성 정도를 확인하고 평가한다. 이와 같은 방법의 개별학습이나 완전학습방법은 개인이 가지고 있는 능력이나 적성을 충분히 살리고 개인 차이를 인정할 수 있는 교수방법이었다. 그러나 이러한 방법은 학습자를 너무 대립적으로 활동하도록 조장하여 지나친 경쟁심을 유도하고, 오직 각자의 목표만을 향해 스스로 학습하는 형태이므로 학습자 간의 상호작용은 기대할 수 없었다. 개인 간의 경쟁에서 만성적으로 실패를 거듭하는 학습자는 소극적이고 무기력해지며, 지나친 경쟁심은 학습자를 불안하게 만들 수 있다. 또한 개별학습을 학교 현장에서 실시하는 데는 현실적인 어려움이 많이 있었다.

그동안 활발히 전개되었던 개별교수 방법에 대해 부정적인 측면이 지적되면서 교육 현장에서는 교사의 교수 행동보다 학습자의 학습 행위에 더욱 관심을 갖게 되었다. 특히, 인지심리학의 대두로 학습자를 능동적이고 자기 규제를 할 수 있는 존재로 인식하면서, 학습자는 교사가 제시하는 자극의 수용자가 아닌 보다 적극적인 해석자이고 정보 처리자임을 강조한다. 그러므로 학습자들을 서로 대립적으로 활동하도록 조장하며 집단의 소수만이 목표에 도달할 수 있는 경쟁학습보다는 학습자 간의 협력적인 상호작용을 촉진하기 위한 집단 보상과 협동 기술을 강조한 협동학습 방법이 바람직한 방법으로 대두되었다.

한편, 듀이는 일찍이 시카고 대학에 실험학교를 세우고, 학교를 하나의 삶의 터전으로 만들려고 노력하였다. 그는 '인간이 협동적으로 사는 것을 학교를 통하여 배우지 않으면 안 된다.' 고 하며 학교생활을 통해 서로 협동하고 조력하는 풍토를 만들려고 노력하였다. 협동학습은 듀이의 이러한 주장에서 비롯되었다고 할 수 있지만, 1970년대에 들어서 미국의 존스홉킨스 대학의 사회교육조직센터가 출발점이었다고 볼 수 있다(Slavin, 1980). 당시 그들은 여러 인종이 모여 있는 학교 교실에서 서로 팀을 구성해 서로 가르치고 배우며 협력해서 공부하는 프로그램을 만들었는데, 이 방법이 매우 효과적이라는 것을 알게 되었다.

1970년대 후반부터 1980년대로 오면서 협동학습은 실제 수업 현장에 적용되기 시작하며 그 효과에 대해서도 체계적으로 연구되기 시작하였다. 한편, 우리나라에서는 1980년대 후반에 시작된 열린교육과 더불어 협동학습이 소개되었다.

2) 협동학습의 특징

협동학습은 학습 능력이 각기 다른 학습자가 동일한 학습 목표를 향하여 소집단 내에서 함께 활동하는 학습방법이다. 여기서 '전체는 개인을 위하여(all-for-one), 개인은 전체를 위하여(one-for-all)' 라는 태도를 갖게 되고, 집단구성원의 성공적 학습을 위하여 서로 격려하고 도움으로써 학습 부진을 개선할 수 있다고 생각하였다. 협동학습에서 소집단은 보통 2~6명 정도로 팀을 구성하게 되는데, 소집단 구성원은 개인의 학습뿐만 아니라 서로 격려하며 협동해서 팀 형성을 강화한다. 슬라빈(Slavin, 1990)은 팀을 구성해 서로 협동하여 과제를 수행하는 것은 동료에게서 배우는 학습의 효과가 매우 크다고 하였고, 존슨과 존슨(Johnson & Johnson, 1991)은 협동학습을 통해서 사회 응집성과 협동 기술을 촉진할 수 있다고 하였다. 그러므로 협동학습에서는 상호작용, 협동심, 책무성 등이 기본적으로 전제된다.

존슨과 존슨(Johnson & Johnson, 1987)은 협동학습을 성공적으로 달성하기 위하여 갖추어야 할 다섯 가지 기본 요소를 긍정적인 상호 의존성, 면대면을 통한 상호작용, 개별적인 책무감, 사회적 기술, 집단의 과정화로 제시하고 있다.

- 긍정적인 상호 의존성(positive interdependence): 집단의 구성원은 상호 의존감을 가지고 과제를 수행한다. 학습자들은 그들의 수행이 다른 구성원에게 도움이 되며, 또 다른 구성원의 수행이 그들 자신의

수행에 도움이 된다는 것을 인식해야 한다. 그러므로 집단 구성원 모두가 서로 협력하여 같은 목표를 향해 나아간다는 긍정적인 상호 의존성이 필요하다.

- 면대면을 통한 상호작용(face-to-face promotive interaction): 집단 구성원이 서로 얼굴을 마주 대하며 관심을 가지고, 서로 개방적이며 허용적인 태도를 보여 주어 심리적으로도 일체감을 가지는 것이 필요하다. 이와 같은 상호작용을 통해 학습자는 서로 효율적으로 도움을 나눌 수 있으며 학습 과제를 신속하고 정확하게 완성할 수 있다. 또한 서로 믿고 격려하는 가운데 학습 동기도 높아지고 불안감도 해소된다.
- 개별적인 책무감(individual accountability): 집단 구성원 각자의 수행이 집단 전체의 수행 결과에 영향을 주며, 또 집단 전체의 수행은 구성원 각자의 수행에 다시 영향을 준다는 서로 간의 책무성이 필요하다. 이는 집단 점수와 개인 점수를 병행하는 방법을 통해 책무성을 확인한다.
- 사회적 기술(social skills): 집단 구성원 간에 원만한 인간관계를 가지므로 지적인 측면뿐만 아니라 정의적인 측면에서도 긍정적이다. 집단 내의 상호작용은 문제를 해결하는 과정에서 서로를 신뢰하고 의지하게 하며, 이러한 과정 속에서 의사소통 기술도 발달시킨다. 이와 같은 사회적 인간관계를 통한 협동학습은 개별학습이나 강의식 수업에서는 얻을 수 없는 훌륭한 장점이기도 하다.
- 집단의 과정화(group processing): 집단 구성원 모두가 적극적으로 학습활동에 참여하는 과정을 통해 협동학습에서 요구되는 원칙과 기술을 익혀야 한다. 또한 모든 구성원에게 진행되고 있는 활동에 대한 피드백을 제공해야 하고, 효과적인 문제해결 방법에 관한 메타인지 전략을 사용하도록 안내하며, 학습자들의 수행이 성공적이라고

판단되는 경우 성공을 격려해 줄 만한 보상 체제를 사용하여야 한다. 이러한 집단의 상호작용 과정은 긍정적인 수행 결과를 얻는 데 기본적인 조건이 된다.

3) 협동학습의 절차

협동학습은 다음과 같은 여덟 가지 단계를 거쳐 실행된다.

- 수업 목표의 명세화: 학습 과제를 분석하여 수업 목표를 명세화한다. 이는 협동학습의 결과로 기대할 수 있는 행동 결과인데, 선행 연구를 보면 인지적 영역, 정의적 영역에 효과적이다(Johnson & Johnson, 1991; Slavin, 1990).
- 협동학습 모형의 선택: 협동학습에는 다양한 모형이 있을 수 있다. 교사는 학습자의 특성과 수업 목표를 고려하여 최적의 협동학습 모형을 선택해야 한다.
- 소집단의 구성: 협동학습의 소집단 크기는 학습 과제에 따라 다양할 수 있으나 보통 2~6명이 가장 적당하다. 한 집단의 구성원이 너무 많으면 한두 명이 학습을 주도하고, 나머지 학습자는 소외되거나 수동적일 우려가 있다.

  소집단 구성원은 평소에 친한 친구들, 흥미나 취미가 같은 사람들, 동성, 능력이 비슷한 사람들과 같이 동질적인 구성원으로 집단을 구성할 수 있으나, 협동학습의 원래 취지를 살리기 위해서는 이질적인 구성원으로 집단을 구성하는 것이 바람직하다. 협동학습을 통해서 이성 간의 관계도 개선할 수 있고, 또래끼리의 가르치기와 지원의 기회를 제공할 수도 있다. 또한 다양한 흥미와 취미의 소집단원으로 구성되면 다각적인 측면에서 접근이 가능하므로 바람직하다. 그러나 집단 간에는 전체 능력 면에서 동질적이어야 하는데, 이는 집단 간의 경쟁 유도에서 필수적이다. 그러므로 협동학습의 소집단 구성은 이질적인 구성원으로 동질적인 소집단을 구성하는 것이 좋다.

협동학습에서 제기되는 부정적인 효과로 집단 간의 편파(intergroup bias)를 들을 수 있다. 집단 간의 편파는 다른 집단에 대해 적대감을 가지며 자기가 속한 집단에 대해서만 편애하는 경향을 말한다. 이와 같은 집단 간의 편파를 감소시키기 위해서는 주기적(한 학기에 2~3번 정도)으로 소집단을 재편성하거나 과목별로 소집단을 다르게 편성할 수 있다.

- 협동학습의 방법 및 절차에 대한 지도: 적합한 협동학습의 모형이 결정되면 교사는 이를 실행에 옮길 수 있도록 학습지도안을 작성하고, 협동학습의 절차와 방법에 대해 학습자에게 충분히 주지시킨다. 협동학습은 기존의 학습방법과는 다른 학습자가 중심이 되어 진행하는 능동적인 학습의 형태다. 특히, 평가방법도 다르기 때문에 이에 대한 충분한 설명이 필요하다.
- 협동기술 지도: 협동학습의 효과를 극대화하기 위해서는 협동 의지와 협동 기술을 높여 주기 위한 전략이 필요하다. 협동학습은 소집단 공동체의식을 토대로 학습의 시너지 효과를 중요하게 생각한다. 소집단 구성원에게는 소속감이 필요하며, 상호 의존성이 필수적이다. 그러므로 구성원끼리의 결속력을 다지기 위해 팀 이름, 팀 주제가, 팀 마스코트를 설정한다든지 해서 공동체 의식을 가질 수 있는 기회를 마련한다.

협동학습에서는 협동기술이 필요하다. 이는 학습을 하는 동안 저절로 습득되는 것이 아니기 때문에 직접적인 교수가 필요하다. 협동기술 전략으로는 대인관계 기술, 사회적 기술, 의사소통 기술 등의 다양한 접근이 가능하다. 구체적으로 청취 기술을 높이기 위한 방법으로는 말 바꾸어 진술하기, 라운드로빈(roundrobin), 번갈아하기 (turn taking), 도움주기, 칭찬하기 등이 있다(변영계, 1999).

- 협동학습 실시: 협동학습이 진행되는 동안 교사는 학습의 전반적인 운영을 도와주며 안내자의 역할을 한다. 교사는 진행 과정을 확인하고 조절하며, 집단 내의 협동과 집단 간의 경쟁이 바람직한 방향에서 유지되도록 지도한다.
- 협동학습의 결과 평가: 협동학습의 결과에 대해서는 평가가 이루어져야 하는데, 전통적인 평가방법이나 수행평가를 실시할 수 있다. 협동학습은 모형에 따라 다양한 채점방법을 실시하며, 집단 간의 진보 상황표를 만들어 서로 비교할 수 있다.

  협동학습에서는 채점 기준을 정해 개인 점수, 집단 점수, 향상 점수를 주어 집단 내의 응집력과 집단 간의 경쟁력을 유도하는 평가방법을 사용한다. 평가를 집단 보상만 하는 경우 무임승객 효과(free-rider effect)와 봉효과(sucker effect) 때문에 별로 효과적이지 못하다는 평가도 받고 있어서 집단 보상과 개인 보상을 병행하여 실시하는 방법이 효과적이라 할 수 있다.
- 협동학습의 전체 프로그램 평가 및 수정: 협동학습의 전체 프로그램, 즉 협동학습을 위한 계획 단계, 실행 단계, 평가 단계에 관한 평가를 실시하고 필요한 경우 수정한다.

4) 협동학습의 실제

협동학습은 다양한 형태로 학교 현장에 적용되는데, 슬라빈에 의해 고안된 성취과제 분담학습(student team achievement divisions: STAD), 텍사스 대학의 아론슨(E. Aronson)에 의해 제안된 지그소(jigsaw) 학습, 함께 학습하기 모형(learning together model: LT), 집단조사학습(group investigation: GI), 팀 보조 개별학습(team assisted individualization: TAI), 그리고 팀 토너먼트식 게임법(team games tournaments: TGT) 등 다양한 형태가 있다.

(1) 성취과제 분담학습

성취과제 분담학습(STAD)은 슬라빈에 의해 고안된 협동학습 모형으로, 모든 과목에 효과적이다. 특히, 초 · 중 · 고등학교 모두 가능하고 수학 과목에 주로 이용된다. 학습자들은 4~5명으로 소집단을 구성하는데 성별, 능력별로 이질적인 구성원으로 조직한다.

교사는 매주 학습지를 나누어 주고 강의나 토론을 통해 학습 단원을 먼저 소개한다. 그 후 구성원은 각 팀을 중심으로 학습지의 내용을 검토하고 서로 퀴즈도 내고 토론도 하며, 서로 협동하여 단원 내용에 대해 학습한다. 이때 팀의 구성원 중에 한 명이 그 단원의 리더가 되어 협동학습을 이끌어 나간다. 팀 리더는 바꾸어 가면서 하는 것이 바람직하다. 팀의 구성원 모두가 학습 내용을 완전히 이해할 때까지 팀 학습이 계속되고, 그 후 개별적으로 시험을 본다.

각자 자신의 시험 점수를 확인한 후 개인별로 과거와 비교하여 향상 점수를 기록한다. 이때 개인별 향상 점수만이 팀 점수에 반영되는데, 향상 점수의 범위는 0~10점을 기준으로 한다. 이렇게 해서 각 팀의 점수가 나오면 팀 점수를 비교하여 알리며, 이에 대해 보상을 주기도 한다.

STAD는 협동학습을 처음 시도할 때 많이 사용될 수 있다. 즉, 교사나 학습자가 STAD를 통해 익숙해진 다음 보다 복잡한 협동학습 모형을 사용하는 것이 바람직하기 때문이다.

또한 이 모형은 집단 구성원의 역할이 분담되지 않는 공동학습 구조이면서 동시에 개인의 성취에 대해 개별적으로 보상되는 개별 보상 구조를 가지고 있다. 즉, 개인의 성취에 대해 팀 점수가 가산되고, 팀에게는 집단 보상이 추가되는 구조다. 이때 집단 점수는 개인별 향상 점수만 계산되기 때문에 학습 능력이 낮은 학습자도 최고 점수를 얻을 수 있으므로 학습 능력이 낮은 학습자의 학습 동기를 높일 수 있다.

(2) 지그소 학습(I, II, III, IV)

지그소 학습 모형은 1978년에 텍사스 대학의 아론슨과 그의 동료에 의해 개발되었다. 아론슨은 다민족으로 구성된 미국 학교에서 민족 간의 갈등과 학교교육의 문제를 해결하기 위한 방안으로 지그소 학습을 시행하였다. 이것은 경쟁적 학습 분위기를 협동적으로 전환시킬 수 있었고, 인종 문제해결에도 도움을 준 것으로 평가되고 있다.

지그소 학습에서는 한 학급을 보통 5~6명의 이질적인 구성원으로 팀을 나누어 구성한다. 모든 집단에게 하나의 동일한 주제를 주는데, 주제 내용을 팀 구성원의 수대로 나누어 한 부분씩 할당한다. 한 학급은 여러 팀의 지그소 집단으로 나뉘는데, 각 집단에서 같은 부분을 담당한 학생들은 따로 모여 하나의 전문가 집단(expert group)을 구성한다. 이 전문가 집단에서는 동일한 내용의 주제에 대해 정보를 교환하고 충분히 학습한 후 각 집단으로 돌아가 학습한 내용을 집단 구성원에게 가르친다. 소집단의 집단 점수나 향상 점수 등은 사용하지 않고 학생들은 단지 개별 점수만으로 평가받는다.

이러한 지그소 I 모형은 개인의 과제 해결에 도움을 주는 성취과제 분담학습의 효과는 있으나 집단으로서 보상을 받지 못하므로 형식적인 집단의 목표가 없다. 즉, 학습 과제를 분담해서 처리할 수 있는 작업 분담 구조는 갖추었으나 구성원 간의 보상 의존성은 없다.

이후 슬라빈은 지그소 I 모형을 수정하여 지그소 II 모형을 제시하였다. 지그소 II 모형은 STAD와 비슷하게 각 학생의 개인 점수뿐만 아니라 향상 점수와 집단 점수가 산출된다. 지그소 III, IV 모형도 개발되었는데

(전성연 외, 2007), 지그소 III 모형은 전문가 집단에서 학습을 한 후 돌아와 각 집단의 구성원을 가르치며 협동학습을 하고, 그 결과를 평가하기 전에 일정 기간 평가 유예기를 두어 학습한 것을 정리할 기회를 주는 과정을 추가하였다.

지그소 IV모형은 홀리데이(Holliday, 2002)에 의해 개발되었다. 그는 전체 수업 내용에 대한 교사의 안내, 학생들이 수집한 정보의 정확성에 대한 점검을 위해 퀴즈 실시, 평가 후 부족한 부분이라고 생각되는 학습 내용에 대한 재교육 등을 추가하였다.

지그소 학습 모형은 주로 중 · 고등학교 사회 과목에 적용할 수 있다.

(3) 함께 학습하기 모형

함께 학습하기 모형(LT)은 미국 미네소타 대학의 존슨과 존슨(David Johnson & Roger Johnson)에 의해 1975년에 개발된 모형으로, 5~6명의 이질적인 구성원이 모여 주어진 과제를 협동적으로 수행한다.

과제는 집단별로 부여하고, 보상도 집단별로 하며, 평가도 집단별로 받는다. 시험은 개별적으로 시행하나 성적은 소속된 집단의 평균 점수를 받게 되므로 자기 집단 내의 다른 학생의 점수가 개인의 성적에 영향을 준다. 집단의 평균 점수가 수준 이상에 도달하였을 때 보너스 점수를 주기도 한다.

(4) 집단조사학습

집단조사 모형(GI)은 1976년 이스라엘 텔아비브 대학에서 샤란(Sharan)에 의해 개발되었다. 2~6명 정도의 학생을 소집단으로 하고 전체에게 학습해야 할 과제를 집단 수에 맞추어 작은 단원으로 나누어 제시한다. 각 집단은 단원의 집단 보고를 위하여 개인적인 작업이나 토의를 실시하며 다양한 정보를 수집한다. 집단별 조사학습 이후 전체 학급을 대상으로 보고하는데, 교사와 학생은 각 집단의 전체 학습에 대한 기여도를 평가하여 개별적인 평가와 집단 평가를 실시한다. 이때 학습자들이 주어진 주제에 대해 얼마나 열심히, 그리고 구체적으로 준비하였는지를 평가한다.

이 방법은 이미 결정된 사실이나 기술을 학습자에게 습득시킬 목적으로 개발된 STAD나 지그소 모형과는 달리, 학습자에게 학습 주제에 대해 다양한 학습 경험을 주고 응용력과 종합력 같이 높은 수준의 인지적 기능을 요구한다. 또한 이 모형은 학습자 스스로 자발적인 협동으로 이루어지는 개방적인 협동학습 모형으로 주로 초등학교 사회과에 이용할 수 있다.

(5) 팀 보조 개별학습

새로운 협동학습 체제라 할 수 있는 팀 보조 개별학습(TAI)는 존스홉킨스 대학의 연구팀에 의해 개발된 것으로, 개별화 학습과 협동학습이 결합된 형태다. 원래 TAI는 초·중등학교 수학을 위해 개발되었지만, 다른 과목이나 다른 학년 수준에도 폭넓게 이용할 수 있다.

TAI에서도 다른 협동학습처럼 이질적인 학생 4~6명으로 소집단을 구성한다. 학생들은 프로그램화된 학습 자료를 이용하여 개별적인 진단검사를 받은 후, 각자의 수준에 맞는 단원을 스스로 개별화된 프로그램에 의해 독자적으로 학습한다. 학습 과정이 끝나면 단원의 학습 정도를 평가하기 위한 문제지를 풀며, 팀 구성원이 서로 짝을 지어 답지를 교환하고 서로 다른 것을 점검하고 서로 도와 문제를 교정하여 교사에게 제출한다. 여기서 80% 이상의 점수를 받은 학생은 그 단원의 최종적인 개별 시험을 본다. 이 개별 시험점수를 모두 합해서 평균을 내어 팀의 점수로 정한다.

협동학습의 효과 논쟁

협동학습의 효과에 대해 메타분석을 한 결과를 보면, 협동학습은 전통적인 학습보다 학습 과제가 언어적 · 수학적 · 신체운동적 영역에서 모두 학업 성취에 긍정적인 효과가 있는 것으로 나타났다(Johnson & Johnson, 1991). 또한 국내의 연구에서도 협동학습 결과를 메타분석 한 연구에서 보면(강홍숙, 2005), 협동학습은 인지적 · 정의적 영역에서 모두 효과가 있었다. 그러므로 협동학습은 학업 성취와 향상에 긍정적인 효과가 있을 뿐만 아니라 정의적인 측면에서도, 즉 자아존중감, 학습동기, 긍정적인 학습 태도 등에서 긍정적인 효과가 있는 것으로 보고되고 있다.

협동학습이 전통적인 학습보다 학업 성취에 있어서 긍정적인 효과가 있다는 것에 대해서는 학자들 간에 의견의 일치를 보이기는 하지만, 협동학습의 효과가 나타날 수 있는 조건에 대해서는 상당 부분 합의를 보지 못하는 것도 있다(전성연 외, 2007).

슬라빈(1983)의 연구에서는 46개의 연구 중에서 29개 연구에서만 학업 성취에 긍정적인 효과가 있었는데, 집단에 대한 보상, 개별책무성의 요구 여하에 따라 차이가 있는 것으로 보았다. 슬라빈은 집단목표와 개별책무성의 중요성을 강조하며, 이는 협동학습의 효과를 이끌어 내는 데 필요한 요소라고 주장했다. 국내의 연구에서 보면(강홍숙, 2005), 초등학교 저학년이 가장 효과가 높았고, 국어과를 적용한 경우의 학업 성취의 효과 크기가 가장 컸다.

슬라빈 등 많은 학자들은 협동학습의 집단을 구성하는 데 있어서 이질적인 구성원으로 소집단을 구성할 것을 강조하고 있다. 그러나 상위능력 학습자들이 자신이 속한 집단의 하위능력 학습자들에게 자료를 설명해야 하기 때문에 자신의 학습에 방해될 수 있으며(Cohen, 1994), 하위능력 학습자들도 상위능력 학습자들에 비해 상대적으로 상호작용할 수 있는 기회를 상실하게 되어 학업 성취가 저하될 수 있다고 주장한다. 그러므로 이질적인 소집단보다는 동질적인 소집단일 때 더 효과적이라는 연구 결과도 있다.

또한 교과 내용의 특성과 관련지어 루(1996) 등이 메타분석 한 결과에서 보면, 수학과 과학 교과에서는 동질적 소집단과 이질적 소집단 간에 유의한 차이가 없었고, 읽기 교과에서는 동질적 소집단이 보다 효과적인 것으로 나타났다.

그러므로 협동학습의 효과는 학습 과제의 특성이나 학습자의 특성에 따라 다양하게 나타날 수 있으므로 다양한 모형을 적용해 볼 필요가 있다고 하겠다.

5 자기주도학습

자기주도학습(self-directed learning: SDL)이란 학습자가 스스로 자신의 학습 요구를 진단하고, 학습 목표를 설정하며, 학습에 필요한 인적·물적 자원을 파악하고, 적절한 학습 전략을 선택·실행하고, 학습 결과를 평가하는 과정을 말한다(Knowles, 1975). 즉, 학습 경험을 계획하고 실행하고 학습 결과를 평가하는 일차적인 책임을 학습자가 지닌다는 의미로, 학습자를 무한한 가능성을 가진 존재로 인식하는 인간주의적인 교육철학에 기본을 두고 있다.

1) 자기주도학습의 역사적 배경

교육학 분야의 변천을 살펴보면 1950년대는 학습자의 정신 능력이 학업 성취에 결정적이라 보고 이에 대한 개념과 측정에 집중하였고, 1960년대는 학습의 사회적 환경에 주목하였다. 그리고 1970년대에 와서는 개별학습, 완전학습 등 교육 프로그램 개발에 역점을 두었다. 이 시기까지의 특징은 주로 학업 성취에 영향을 주는 요인에 관심을 두고, 학습자를 수동적인 존재로 가정하고 있다는 점에서 공통적이라 볼 수 있다(양명희, 2000).

그러나 한편에서는 수동적인 존재로서의 학습자가 아니라 능동적이고 주도적인 입장에서 학습자가 스스로 학습 목표를 세우고 실행하는 학습방법에 대한 새로운 접근이 일어나고 있었다.

1960년대부터 성인교육에 대한 논의가 진행되어 오다가 1967년 한 학회에서 성인교육의 실천방법으로 '자기주도학습'이 제기되었다. 성인 학습자는 교육에서 '의존의 상황보다는 비의존의 상황으로 확대해 가는 개인'이므로, 그동안 아동교육이론인 페다고지(pedagogy)가 성인교육 이론인 앤드라고지(andragogy)에 그대로 적용될 수 없다고 주장한다(Knowles, 1980). 성인은 자기 지시적이고 자율적인 인간으로 인식되고 인격적으로 취급받기를 바라며 풍부한 경험이 훌륭한 학습 자원이 될 수 있기 때문에 성인교육은 문제를 해결하기 위한 문제 중심적인 교육이 바람직하다. 이러한 특징에 적절한 교육방법이 곧 자기주도학습이라는 생각을 갖게 된 것이다.

한편, 1960년대 말 캐나다에서 성인교육을 강의하던 토그(Tough)는 성인이 그들의 학습 과제(adult's learning project)를 할 때 스스로 학습 과제에 대한 계획을 세우고, 자기 계획에 의해 학습을 수행하는 '자기계획학습'을 제시하였다(정지웅, 김지자, 1995). 전통적이고 형식적인 교수방법은 대부분 성인의 생활환경에 맞지 않으며, 그들의 요구를 충족시키지도 못하기 때문에 자기계획학습(자기주도학습)의 효율성을 지지하게 된 것이다. 그러므로 자기주도학습은 성인 학습자의 주관적인 학습 노력, 일방적이 아닌 자연스러운 학습 과정의 역동성, 교사와 학습자 간의 관계에 중점을 두고 있다. 즉, 각 학습자가 처한 다양한 현실을 인정하고 총체적으로 접근하는 것이 바로 자기주도학습이다.

이와 같이 주로 성인교육에 적용되었던 자기주도학습은 1980년대에 와서는 교육 전반에 걸쳐 성인교육뿐만 아니라 모든 영역에서 관심을 모으기 시작하였다. 이는 1960년대, 1970년대의 학습이론으로 크게 영향을 미쳤던 행동주의 이론과 인지주의 이론에 대한 새로운 도전으로, 1980년대 후반부터 등장한 구성주의 이론과 맥을 같이한다. 구성주의는 지식의 구성에서 학습자가 자기 주도성을 가지고 책임지고 자신의 학습 과정을 주관하여야만 자신에게 유의미한 지식을 구성할 수 있다고 보는 관점으로 구성적인 학습은 자기주도학습을 전제로 한다.

시몽(Simmons)은 구성적인 학습에서 자기 조성 혹은 자율성의 중요성을 다음과 같이 강조하고 있다(박명자, 1998에서 재인용).

> 오직 학습자만이 학습 과정에서 적극적인 참여자가 될 수 있다. 학습자만이 계속해서 사용되어야만 하는 선수 지식을 안다. 학습자 자신만이 구성적이 될 수 있으며, 자신의 학습을 진단할 수 있다. 교사와 같은 외부인은 결코 학습자의 내부를 접할 수 없다. 오직 학습자 스스로 추구할 목표만이 있을 뿐이다. 사람들은 원하지 않는 목표를 다른 사람에게 결코 강요할 수 없다. 반성 또한 학습자의 적극적인 역할을 요구한다. 구성적인 학습은 자기주도적 학습을 전제로 한다.

자기주도학습은 진보주의(progressivism), 인본주의(humanism), 행동주의(behaviorism), 비판주의(criticism)의 철학적 관점에서 정의된 것이다(정지웅, 김지자, 1995). 즉, 개인적 경험과 자기 주도에 중점을 두었던 듀이의 진보주의 경향, 자아실현이나 개인의 성장과 자주성을 강조한 매슬로(Maslow)와 로저스(Rogers)의 인본주의적 배경, 그리고 사회적 학습 이론으로 자기주도적으로 학습자가 성공적으로 학습할 수 있도록 하고 자기 관리를 돕는 데 영향을 준 신행동주의자 반두라(Bandura)의 이론이 배경이 된다. 사회적 지적 시스템의 가치와 구조를 적대적인 눈으로 비판하고 개인에게 강압적인 구조나 역할이 강요되는 것에 대해 이의를 제기하였던 일리치(Illich), 막스(Marks), 프레이리(Freire)와 같은 비판주의자들의 입장도 포함하고 있다.

자기주도학습은 다양한 학습 및 교수 전략과 방법을 포함하고 있다. 학습자에 의해서 주도된 학습의 형태는 그동안 독립학습(independent study), 자기계획학습(self-planned learning), 자기교수(self-instruction), 자기주도학습(self-directed learning) 등으로 다양하게 소개되었고, 토그에 의해 소개된 자기계획학습도 킬패트릭(Kilpatrick)의 프로젝트법(project method)이 배경이 된다. 오늘날에 소개되고 있는 상호 교수법(reciprocal teaching) 또한 자기주도학습이 교실에서 주로 대화와 토론을 통해 학습해 나가는 방법이며, 자기주도적인 탐구학습을 통한 방법인 프로젝트 중심학습(project-based learning) 등도 자기주도학습의 한 형태다(Borich, 2000). 또한 문제 상황을 중심으로 자기주도적으로 문제를 해결해 나가는 문제중심학습(problem based learning)도 자기주도학습의 한 형태라 할 수 있다.

프로젝트 학습법

프로젝트 학습의 기원은 듀이(Dewey)의 실험학교와 스팀슨(Stimson)의 홈프로젝트(home project)에서 비롯되었다. 듀이는 시카고 대학 내에 자신이 세운 실험학교에서 교육과정을 전통적인 과목이 아닌 프로젝트 형식으로 구성하였다. 그는 아동이 문제를 스스로 탐구하는 과정, 즉 프로젝트를 수행하는 과정에서 사고하는 방법을 배울 수 있다고 믿었다. 또한 스팀슨은 고등학교 농업 과목의 수업을 학습자들이 이론적 지식을 배운 다음에 가정에 딸린 농장에서 농업 기술을 실험 실습하도록 하는 홈프로젝트를 실시하였다.

그러나 프로젝트 학습법이 본격적으로 실시되고 소개된 것은 1918년 킬패트릭(Kilpatrick)에 의해서다. 그는 실업학교에서 농업에 관한 홈프로젝트를 실시하였다. '프로젝트'란 원래 '던지다, 생각하다, 계획하다'라는 의미로 학습자가 마음속에 가지고 있는 생각을 외부로 내던져 구체적으로 실현하고 형상화하기 위해 학습자 스스로 계획을 세우고 스스로 그 계획에 따라 시행하도록 하는 자발적이고 창의적인 학습방법이다. 프로젝트 학습법은 학습자가 스스로 가치 있다고 생각되는 문제를 설정, 계획하고 문제를 해결해 나가는 방법으로, 학습자 중심의 교육 활동이 보장되고, 이상과 현실을 연결해 주며, 융통성 있는 학습 지도를 장려한다는 점에서 가치가 있다.

그러나 이 학습법은 진보주의 교육 시대가 끝나면서 잠시 자취를 감추었다가 1960년대 영국에서 아동 중심 교육운동이 활성화되면서 유아교육과 초등학교에서 토픽학습(topic work)이라는 이름으로 운영되었다. 이후 1990년대에 와서는 프로젝트 접근법이라고 불리며 유아교육이나 초등 교육과정에 활발히 전개되고 있다. 이는 최근의 교육과정의 통합 경향, 레지오 에밀리아(Reggio Emilia) 교육과 무관하지 않다(김대현 외, 1999).

프로젝트 학습은 학습자가 학습의 전 과정에 주도적으로 참여하여 주제, 문제, 쟁점 등에 관한 탐구 활동과 그 결과에 대한 표현 활동을 하게 된다. 프로젝트 학습법에서는 학습자와 교사가 함께 계획하고 운영하므로 만들어 가는 교육과정(emerging curriculum)이라 볼 수 있다. 우리나라에도 열린교육의 실시로 적극 이용되고 있다.

2) 자기주도학습의 특징

자기주도학습은 학습자가 자신의 능력, 학습 상태, 관심 등을 파악하고 그에 맞게 스스로 학습 과제와 목표를 설정하고 학습 계획을 세우며,

이를 진행하는 동안 스스로 자기 점검, 자기 모니터링, 자기 평가 등을 실시하여 목표에 도달하는 자율적인 자기 조절을 통한 교육방법이다.

자기주도학습의 핵심은 학습의 자기 주도성(self-directness)과 학습자의 자기관리(self-direction)에 있다. 이는 자기 학습에 대한 독립성과 학습 과정 전체에서 주도성 및 자율성을 내포한다. 즉, 학습의 전 과정에서 학습자의 자유 의지와 자율적인 통제가 중요한 요인이 된다.

자기주도학습의 특성을 살펴보면 보면 다음과 같다(백영균, 1999).

- 학습자가 수업의 주도권을 가지고 있다.
- 자기주도학습은 학습 목표, 학습 수준, 학습 내용, 학습방법, 학습 평가 기준 등이 처음부터 학습자에 의해서 결정되고, 결정의 기초는 학습자 개인의 가치, 욕구, 선호 등에 둔다.
- 학습자의 개인차를 중시한다. 학습자는 자신의 능력에 따라 학습 속도를 조절할 수 있다.
- 학습자의 선행 경험이 중요한 학습 자원이 된다.
- 학습 결과에 대한 책임이 학습자에게 있다. 따라서 학습자의 자기 평가가 중시된다.

학습자가 자기 조절을 하면서 진행해 가는 자기주도학습에는 다양한 심리적 변인이 작용되는데, 이는 인지변인, 동기변인, 행동변인으로 나누어 볼 수 있다(양명희, 2000).

인지변인은 학습자가 가지고 있는 인지 전략(cognitive strategy)과 메타인지 전략(metacognitive strategy)이다. 인지 전략은 학습자가 자료를 기억하고 이해하는 데 사용하는 실제적인 전략으로 시연(rehearsal), 정교화(elaboration), 조직화(organization) 전략이다. 메타인지 전략은 학습자가 학습하면서 자신의 인지 과정에 대한 개념을 형성하는 것으로 이를 통해 효과적인 인지 전략을 선택하고 통제한다. 학습 내용을 재인하고 분류하는 데 기억술(mnemonic)이 적용되는 것과 같이, 메타인지 속에는 자기 의문(self-interro gation), 자기 점검(self-checking), 자기 모니터링(self-monitoring), 그리고 분석하는 사고 기술이 포함된다(Borich, 2000). 인지 전략은 학습 내용을 이해하고 기억하는 데, 메타인지 전략은 자신의 인지 과정을 조절하고 통제하는 데 적용된다. 학습자가 메타인지적 활동을 많이 수행하면 학습에 능동적으로 참여하게 되며, 학습 효과도 커지게 된다(Gagné, 1977).

동기변인은 자기주도학습을 진행하는 과정에서의 학습 목적에 대한 동기 유발로 숙달 목적 지향성, 자기 효능감, 과제 가치 등이다. 학습은 기본적으로 목표 지향적인 활동인데, 숙달 목적 지향은 학습의 결과보다는 새로운 지식과 기능을 습득한다는 것에 대한 내재적 가치를 우선으로 한다는 것이다. 숙달 목적을 지향하는 학습자는 학습활동에 보다 흥미를 가지며, 과제에 대해 도전적이며, 학업에 대해 만족감을 가지고 긍정적인 태도를 가지게 되므로 자기 조절적인 활동에 더욱 몰두하게 된다(Nolen, 1988). 자기주도학습에서 학습자가 가지는 자기 효능감(self-efficacy)은 중요한 변인이 된다. 자기 효능감은 반두라에 의해서 제시된 개념으로, 자기 능력에 대한 스스로의 평가다. 반두라는 인간의 행동은 주로 자기 조절(self-regulated)이 된다고 보았는데, 여기에는 자기 효능감이 크게 작용된다. 또한 학습자가 자기주도학습에서 자신의 학습 과제가 가치 있다고 생각할 때 그 학습은 효율적이 된다.

활동변인은 자기주도학습의 효율적이고 자발적인 학습활동을 의미하는 것으로, 학습자의 행동 통제(action control), 도움 구하기(help seeking), 학업 시간의 관리(academic time management) 등이다. 행동 통제는 자기주도학습을 하면서 어떤 어려움에 부딪혀도 포기하지 않고 계속해 나아가는 능력을 말한다. 도움 구하기는 자기주도학습을 진행하는 중에 어려운 문제에 부딪혔을 때 자신보다 더 잘 알고 있는 사람들, 즉 선생님이나 동료에게 도움을 구하는 것이다. 비고츠키가 제시한 발판화(scaffolding)처럼 상호작용적인 대화를 통해 이루어지는 교사의 중재(teacher mediation)는 과제 내용을 자신의 유의미한 학습으로 구성하는 데 큰 역할을 한다. 또한 학업 시간을 잘 관리하고 조절하는 것도 자기주도학습에서 중요한 변인이 된다.

3) 자기주도학습의 절차

자기주도학습은 학습자가 학습 과제 선정, 학습 계획, 실행, 평가 등 모든 과정을 스스로 담당해야 한다. 그러므로 자기주도학습은 자기만의 고립된 학습으로 생각하기 쉬우나, 실제로 자기주도학습에는 교사의 적극적인 협조와 더불어 자원인사, 동료들의 협력, 그리고 풍부한 학습 자원이 절대적으로 필요하다. 교사는 정보 전달자나 가르치는 사람의 개념이 아니라 탐구의 촉진자의 역할을 하게 된다.

자기주도학습은 다음과 같은 절차로 진행된다. 이러한 절차가 진행되는 동안 학습자와 더불어 교사가 해야 할 내용도 같이 제시한다(백영균, 1999; Borich, 2000).

- 학습 욕구 진단 및 학습 과제 선정: 학습자는 다양한 이유를 가지고 학습활동에 참여한다. 따라서 교사는 우선 학습자의 욕구에 따라 학습자가 원하는 학습 과제를 찾고 접근해 가는 과정을 관찰하는 것이 필요하다. 교사는 학습자가 과제를 선정하는 데 도움을 주고 촉진자의 역할도 수행한다. 이전의 유사한 학습 과정에서의 평가는 교육적 요구와 새로운 학습 과제에 대한 아이디어를 얻는 데 유용할 수 있다. 교사는 출발점 행동, 자기주도학습에 대한 일반적 능력 수준, 학

습자의 사전 경험, 기대 등을 파악하기 위하여 대상 학습자를 관찰하고 직접 만나서 그들과 면담해 보는 것이 중요하다.

- 학습 목표 설정: 학습자의 요구분석을 통해 학습 과제에 다른 학습 목표가 설정되어야 한다. 학습 목표는 학습의 실행 결과 학습자가 보여 줄 수 있는 행동을 구체적으로 기술한 것이다.
- 학습을 위한 인적 · 물적 자원 파악: 학습 과제를 계획하고 수행하는 데 도움이 되는 유용한 자원을 찾아내는 일은 스스로 학습하는 데 매우 중요하다. 자기주도학습에서는 학습자의 선행 경험을 중요한 학습 자원으로 여긴다. 학습자는 자신에게 친숙한 경험일수록 더 잘 이해하며, 이를 바탕으로 한 학습 과제는 효율성을 높일 수 있기 때문이다. 자기주도학습을 수행하는 데 도움을 줄 수 있는 학습 자원으로는 교사, 동료, 자원인사 등의 인적 자원과 더불어 교재, 참고서적, 멀티미디어 자료 등 다양한 물적 자원이 있다. 특히, 오늘날 인터넷은 가장 중요한 자원이 된다.
- 적절한 학습 전략 선정 및 실행: 스스로 결정한 학습 과제는 다양한 학습 전략에 의해 성취될 수 있다. 학습자는 스스로 구체적인 학습 전략을 세우며 그에 따라 자신의 학습을 실행한다. 이러한 과정에서 교사는 학습자가 세운 학습 전략을 스스로 기술해 보게 하며, 계획된 전략을 연습할 수 있는 비슷한 다른 과제를 준비해 주며, 학습 내용을 조직화하기 위한 효과적인 절차를 알려 주어 도움을 준다. 또한 학습의 실행 과정에서 학습자가 세운 학습 전략이 바르게 잘 실행되고 있는지 자기 질문을 통해 스스로 평가할 수 있는 기회를 갖는다.
- 학습 결과 평가: 자기주도학습에서는 학습자 자신이 스스로 학습 전체의 기획, 실행 및 평가 등의 일차적인 책임을 지는 것이 그 특징이다. 따라서 학습 결과에 대한 학습자의 자기 평가가 중시된다. 학습

결과의 평가에서 양적인 방법뿐만 아니라 질적인 평가도 동시에 이루어져야 하며, 자기주도학습의 성공, 질 및 효율성에 대한 자기 보고적 평가뿐만 아니라 객관적인 평가가 있어야 더욱 타당성 있는 평가가 될 수 있다.

6 문제중심학습

문제중심학습(problem based learning: PBL)은 종전의 강의법을 지양하고 제기된 문제를 중심으로 해결해 나가는 과정을 통해 학습이 이루어지는 방법이다. 즉, 학습자가 현실에서 당면하고 있거나 당면하게 될 수 있는 맥락적인 문제나 사례를 개인적인 학습활동보다는 다른 학습자와 소집단 협동학습을 통해 해결해 나아가는 과정으로, 지식의 습득과 형성이 개인의 사회적 배경에 따른 인지적 활동의 결과라는 구성주의 이론을 바탕으로 하는 교수-학습 환경에서의 실천적인 학습방법이다.

1) 문제중심학습의 역사적 배경

문제중심학습은 1960년대 캐나다의 한 의과대학에서 개발된 모형이다. 이 방법의 창시자라고 할 수 있는 바로우즈(Barrows, 1994)는 의과대학 교수로 활동하면서 기존의 강의식, 암기식 수업이 의과대학 수업에는 적절하지 못한 비현실적인 교육 환경이라는 판단하고 그 대안으로 문제중심의 학습방법을 제시하였다.

실제적인 문제와 상황을 중심으로 접근하는 문제중심학습은 의과대학뿐만 아니라 경영학, 교육학, 건축학, 법학, 공학, 사회학 등 다양한 분야에서 적용되고 있다. 더욱이 오늘날에 와서는 구성주의적 목표와 방향이 일치하므로 구성주의의 지지를 받고 있으며, 웹기반 문제중심학습의 전개도 활발히 논의되고 있다.

웹이 지니는 기능적인 특성, 즉 하이퍼링크, 멀티미디어, 전 세계와의 연결 가능 등으로 학습자가 손쉽게 관련된 정보를 찾을 수 있고 그들의 인지 구조에 따라 보다 능동적으로 학습에 참여할 수 있으므로 학습자 스스로 학습의 주체가 되어 정보를 구성해 나아갈 수 있다. 그러므로 학습자 중심으로 문제를 해결해 가는 데 웹은 아주 좋은 학습 자원이 될 수 있으며, 구성주의의 학습 원리를 실천할 수 있는 좋은 학습 환경을 제공해 주고 있다.

2) 문제중심학습의 특징

문제중심학습은 실천적인 문제를 중심으로 상황적 맥락을 고려하며 학습자가 스스로 문제를 해결해 나아가야 하므로 자기 주도적인 학습방법이다. 또한 이러한 문제를 해결하는 과정에서는 학습자가 가지고 있는 사전지식을 활성화시켜야 하므로 서로 협동해서 문제를 해결해 나아가는 협동학습의 방법이 바람직하다.

문제중심학습의 특징을 살펴보면 다음과 같다.

- 자기주도적인 학습: 문제중심학습은 자기주도적인 학습방법이다. 학습자는 교사에 의해 주도되고 지시받는 학습 환경에서 벗어나 스스로 주어진 문제를 명료화하고 자신의 인지적 작용에 의해 문제를 해결해 나아가며 스스로 결과에 대해 책임을 진다. 교사의 권위는 학습자에게 위임되고 문제의 규명에서 전 과정과 결과에 대한 책임은 전적으로 학습자에게 있으므로 학습 결과에 대해서도 논리적으로 설득력 있게 주장할 수 있어야 한다. 그러므로 문제중심학습에서의

평가는 자기 자신에 대한 평가, 학습 과정에 대한 평가, 반추 노트(reflective journal)와 같은 종합적인 평가방법을 주로 실시한다.

- 협동학습: 문제중심학습은 협동학습의 환경을 강조한다. 여러 사람이 협동해서 문제를 해결해 나가면 다양한 사회적 견해의 접근을 통해 사고 영역을 확장시키며, 다른 사람의 견해를 자신과 비교하고 평가하므로 자신의 결론과 견해에 대해 객관적인 평가를 받을 수 있다. 그러므로 문제중심학습에서는 사회적 협동과 상호작용에 의한 지식의 구성, 즉 협동학습의 학습 환경을 강조한다. 이는 타인의 감정을 이해할 수 있고 의사소통 기술과 발표 기술도 확장시킬 수 있는 그룹 시너지 효과도 기대할 수 있다.
- 실제적인 문제: 문제중심학습에서는 실제로 생성된 문제를 기반으로 한다. 학습자가 당면하고 있는 실제적인 성격을 갖는 과제로, 학습자의 일상생활 속에서 접할 수 있는 비구조화된(ill-structured) 문제를 대상으로 한다. 정형화된 정답이 존재하는 구조화된 문제와 달리, 비구조화된 문제는 해결안이나 결과가 접근하는 방식에 따라 여러 가지 결론이 나올 수 있다. 학습자는 지식을 구성해 나가며 그 과정 속에서 최선의 해결책을 찾고, 그러한 접근이 다른 대안보다 효율적이라는 것을 증명하고 설득할 수 있어야 한다.

3) 문제중심학습의 절차

문제중심학습에서는 교사에 의해 제시된 문제를 협동적으로 해결하기 위해 소그룹을 편성하고 그룹 활동을 통해 문제를 해결해 간다. 문제중심학습을 계획할 때 가장 먼저 생각해야 할 것은 '어떠한 문제를 제기할 것인가', 즉 문제 개발이다. 문제 개발은 수업 이전에 이루어져야 하며 교과과정을 고려하고 학습자의 특성을 파악한 후에 도출되어야 한다.

학습자는 자신이 기존에 배운 내용이나 지식을 사용하여 주어진 문제를 파악하고 분석하며, 문제의 해결 계획을 세우고 탐색하며, 협동학습을 통해 해결책을 고안하고, 그 방법을 발표하고 평가하는 과정을 거친다. 문제중심학습의 과정은 크게 5단계로 나눌 수 있다(조연순, 2006).

- 문제 만나기: 문제는 학습의 동기이자 출발점이며 계속해서 학습을 이끌어 갈 만한 충분한 동인이 되는 것이다. 문제를 통해 학습의 필요성을 느끼게 하고, 그러한 필요성을 문제의 맥락 속에서 지속시키고자 하는 것이 문제중심학습의 특징이다.
  학습자들이 문제에 대해 흥미를 가지고 문제 인식과 발견, 그리고 문제의 의미를 충분히 파악하게 하기 위해서는 동기 유발, 문제 제시, 문제 파악과 같은 하위 단계가 필요하다. 이 과정을 통해 학습자는 문제 발견 능력을 기를 수 있다.
- 문제해결 계획 세우기: 문제중심학습에서는 배운 지식만을 활용하는 것이 아니라 정보와 지식을 더 알아야 해결할 수 있는 문제를 제공하기 때문에 문제해결 계획을 세우는 과정이 필요하다. 그러므로 '알고 있는 것' '알아야 할 것' '알아내는 방법'으로 세분화하여 체계적으로 계획해야 한다. 이러한 과정을 통해 창의적 사고력과 비판적 사고력이 형성된다.
- 탐색 및 재탐색하기: 문제해결을 위해서는 필요한 지식이나 정보를 탐색해야 한다. 이러한 탐색 과정을 통해 학습자가 학교 교육과정에서 의도하고 있는 전문적 지식을 배우고, 적절한 정보를 찾아내면서 비판적 사고력을 기르게 된다.
- 해결책 고안하기: 긴 탐색 과정을 거치고 난 후에는 찾아낸 지식과 정보를 이용하여 문제를 어떻게 해결할지 직접적인 해결책을 만드는 과정이 필요하다. 이 과정에서는 체계적이고 치밀한 비판적 사고력

과 새롭고 다양한 해결책을 고안하는 창의적 사고력이 꽃을 피우게 되어 창의적인 문제해결력이 길러진다. 또한 이러한 과정의 소집단 활동을 통해 학습자 상호 간에 원활한 의사소통과 협동 능력이 길러진다.

- 발표 및 평가하기: 학생들이 고안한 해결책을 여러 가지 방법으로 발표하고 평가하는 과정은 다양한 해결책을 공유하고 평가하기 위한 마무리 단계로 반드시 필요하다. 문제중심학습은 실제 주변에서 발생하는 문제를 대상으로 하기 때문에 해결책도 실제로 이루어질 수 있는 것이 바람직하다. 이러한 과정은 실세계에서 일어나는 의사 결정 과정과 유사하다.

이상의 문제중심학습의 과정을 도식화하면 [그림 4-3]과 같다.

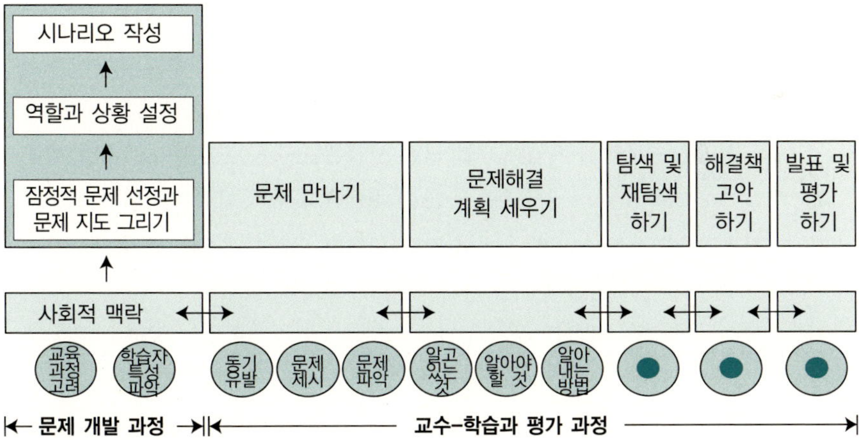

그림 4-3 **문제중심학습의 과정**

출처: 조연순(2006).

문제중심학습(PBL)의 효과

일반적으로 PBL은 전통적인 수업방법에 비해 효과적일 것으로 기대되고 있다. 그러나 PBL이 모든 수업에 효과적인 것은 아니며, 전통적인 수업에서 달성하기 어려운 수업 목표를 달성하는 데 효과적이다.

PBL을 통해 수업을 받는 학습자는 전통적인 수업을 받는 학습자에 비해 보다 높은 동기를 갖게 되고, 정보를 더 잘 학습하고 기억하며, 학습한 지식을 실제 문제에 더 잘 적용할 것으로 기대된다(Hung, Bailey, & Jonassen, 2003).

일반적으로 PBL이 학습에 긍정적인 영향을 주고, 학습 효과를 높이는 데 효과적이며, 학습한 지식을 실제 문제 상황에 더 잘 활용할 수 있게 해 주는 경향이 있는 것으로 본다. PBL을 통해 학습자들은 학습의 필요성을 스스로 결정하고 학습 내용을 더욱 깊이 있게 이해하며, 더 재미있고 즐겁게 느끼고, 자신의 문제해결에 자신감을 느끼며, 수업에 더 만족하는 경향이 있다.

그러나 자기주도적으로 문제를 해결할 수 있는 능력이 낮은 학습자의 경우는 PBL의 수업 과정에 더 어려움을 느끼게 되므로 교수자의 도움과 안내가 요구된다.

PBL은 전통적인 수업에 비해 많은 시간을 요구하므로 한정된 수업 시간이나 교육과정 내에서 충분한 학습 내용을 다루기 어렵다는 비판이 제기되고 있다. 또한 PBL은 학습자나 교수자 모두에게 업무를 증가시키기 때문에 큰 부담을 주기도 한다(최정임, 장경원, 2010)

7 자원기반학습

1) 자원기반학습의 역사적 배경

자원기반학습(Resource-Based Learning)은 20세기 후반부터 정보통신공학의 분야가 급속히 발전되고 구성주의적 교수방법들이 등장하면서 제시된 학습방법으로, 자원의 형태가 디지털화되면서 다양하게 제공되고 또 학습자가 스스로 조작할 수 있도록 되면서 중요성이 새롭게 강조되고 있는 방법이다(Hill & Hannafin, 2001).

정보통신공학의 분야가 발달되면서 정보자원도 아날로그에서 디지털 형태로 바뀌고, 양방향의 상호작용이 가능한 인터넷이 상용화되면서 교육현장에서는 이러한 다양한 형태의 수많은 정보를 학습자가 능동적으로 정보를 탐색하고 스스로 내용을 새롭게 조직하는 것이 가능해지면서 이루어지는 학습 형태를 말한다.

자원기반학습에서는 학습자가 스스로 정보를 탐색하고, 조직하고, 개발하고, 공유하는 활동을 포함한다(Hill & Hannafin, 2001).

한편 교사는 아날로그와 디지털 형태의 학습매체, 그리고 인적 자원을 포함한 광범위한 학습자원을 통합하여 풍부한 학습 환경을 제공하고, 학습자가 이들 자원에 주도적으로 상호작용하면서 학습 문제를 해결하고 학습 과제를 수행하는 학습방법을 습득할 수 있도록 정보제공자의 역할에 추가하여 학습의 조언자, 코치, 학습 촉진자의 역할을 담당한다(이성흠, 이준, 2009: 119).

그러므로 자원기반학습은 특정한 학습의 형태나 학습 과정을 지칭하는 것이 아니며, 교육학적으로는 다소 자유롭고 중립적인 교수-학습의 설계방법론(박성익 외, 2007: 254)이라 할 수 있다.

2) 자원기반학습의 특징

자원기반학습은 학습자의 다양한 정보자원의 활용을 통하여 문제해결력, 비판적 사고력, 정보활용 능력을 향상시키는 것이 목적이다(한국교육공학회, 2005).

자원기반학습에서 자원은 인쇄매체(교과서, 잡지, 신문 등)로 대표되는 정적 자원과 다양한 웹기반의 동적 자원, 그리고 인적 자원까지 모든 형태를 포함한다.

자원기반학습은 학습자가 독립적으로 학습하는 데 요구되는 기능을 함양할 수 있도록 기회를 제공하는 데 목표가 있다. 이러한 기능을 종합하면 다음과 같다(한국교육공학회, 2005: 275).

- 위치 확인 기능: 학습에 필요한 자원을 찾아내고 자원에 포함된 정보를 발견하는 기능이다.
- 분석 기능: 학습해야 할 학습 주제를 분석하고 연구 계획을 수립하며, 적합한 자원을 분석하며, 해결하고자 하는 학습 주제와 목적에 관련된 정보의 가치를 분석하는 기능이다.
- 이해 기능: 정보를 이해하고, 이 정보를 주제와 관련시켜 생각하며, 관련된 정보를 이끌어 내고, 조직하여 관련성을 파악하여 추론과 결론을 도출하는 기능이다.
- 보고 및 제시 기능: 다른 동료 학습자와 정보를 공유하는 것과 관련된 기능이다. 이러한 기능은 학습자에게 특정한 학습 주제를 다양한 시각에서 살펴볼 수 있는 기회를 제공할 수 있다.

3) 자원기반학습의 실제

자원기반학습의 모형에는 '정보탐색과정 모형' 'The Big 6 모형' '탐구학습 모형' '정보리터러시 통합수업 모형' 등이 있다(박성익 외, 2007).

이러한 모형들이 제시하는 절차에는 다소 차이는 있지만 〈표 4-1〉과 같이 대체로 정보 확인, 정보 탐색, 정보 사용 및 조직, 결과 발표, 평가의 과정을 포함한다.

표 4-1 자원기반학습의 모형

<table>
<tr><th>절차/유형</th><th>Big 6 Skills</th><th>Pathways to Knowledge</th><th>Research Process Model (초등 중심)</th><th>정보리터러시 통합수업 모형</th></tr>
<tr><td rowspan="2">주제에 필요한 정보 확인</td><td rowspan="2">문제/과제 정의</td><td>정보 감상 (보고 듣고 읽고 즐기기)</td><td rowspan="2">주제 선정</td><td rowspan="2">주제에 필요한 정보 확인</td></tr>
<tr><td>사전 탐색</td></tr>
<tr><td rowspan="2">정보 탐색 및 수집</td><td>정보 탐색 전략 확인</td><td rowspan="2">정보 탐색</td><td rowspan="2">탐색전략 개발 정보 수집</td><td rowspan="2">정보 자원 탐색</td></tr>
<tr><td>정보의 위치 파악 및 확보</td></tr>
<tr><td>정보 분석</td><td rowspan="2">정보 사용</td><td>정보 해석</td><td rowspan="3">최종결과물 작성</td><td>관련 정보 선별 및 기록</td></tr>
<tr><td>정보 사용 및 조직</td><td rowspan="2">의사소통 (결과물 작성 및 발표)</td><td>정보의 조직</td></tr>
<tr><td>결과 발표</td><td>종합(정보 조직 직 및 발표)</td><td>결과 발표</td></tr>
<tr><td>평가</td><td>평가</td><td>평가</td><td>평가</td><td>평가</td></tr>
</table>

출처: 손미(2002).

Chapter

05

교육공학의 발전 과정과 교육공학의 정의

교육공학의 개념과 학문적 성격을 이해하기 위해 교육공학의 역사적 발전 과정을 살펴보는 것은 중요한 일이다. 시대적 변화와 더불어 교육공학의 목적, 영역, 방법 등 수업 현장에서의 적용은 많은 차이가 있었다.
이 장에서는 교육공학의 역사적 발전 과정을 시대순으로 나누어 그 발자취를 살펴보며, 교육공학의 정의와 영역을 통해 교육공학의 학문적 성격을 이해한다.

| 학습 목표 |

1. 교육공학의 학문적 발전 과정을 크게 6단계로 나누어 개괄적인 설명을 할 수 있다.
2. 교육공학 초창기의 교육공학적 접근에 대해 설명할 수 있다.
3. 코메니우스의 교수이론에 대해 설명할 수 있다.
4. 시각 교육과 시청각 교육의 특징과 한계점을 제시할 수 있다.
5. 시청각 교육통신이론의 성립 과정과 모형을 설명할 수 있다.
6. 초기 교수공학에서 행동주의 심리학의 영향에 대해 설명할 수 있다.
7. 체제 접근과 교수 개발의 성립 과정 및 개념을 설명할 수 있다.
8. 1994년에 AECT에서 내린 교수공학의 개념과 정의를 설명할 수 있다.
9. 교수공학의 다섯 가지 영역을 열거하고 설명할 수 있다.

1 교육공학의 역사적 발전 과정

교육공학의 개념과 학문적 성격을 이해하기 위해 교육공학의 역사적 발전 과정을 살펴보는 것은 중요하다. 시대적 변화와 더불어 교육공학의 목적, 영역, 방법 등 수업 현장에서의 적용은 많은 차이가 있었다.

교육공학의 시초를 어디로 볼 것인지에 대해서는 여러 가지 주장이 있다. 세틀러(Seattler, 1990)는 고대 크로마뇽 동굴벽화가 시초라고 생각하고 있다. 동굴벽화는 당시 고대인들이 그들의 사상을 그림으로 표현한 것이며 커뮤니케이션의 수단이라고 생각하기 때문이다. 그러나 대부분의 학자는 교육공학이 학문으로서 체계가 잡히기 시작하고 교수매체의 개념이 도입된 1920년대를 교육공학의 시작으로 보고 있다. 그렇지만 필자는 교육공학이 학문으로 발전하는 데 배경이 되었고 교육방법에 관한 새로운 시각이 싹텄던 17세기를 교육공학의 초창기라 부르고자 한다.

1) 초창기

17세기는 중세의 봉건주의가 무너지고 자연과학이 발달하기 시작하며 사회, 정치, 문화 등 모든 측면에서 많은 변화가 일어나는 시기다. 이 시기를 이른바 실학주의(realism) 시대라고 일컫는데, 특히 교육의 분야에서는 언어편중주의(verbalism)를 지양하고 감각을 통해 있는 그대로 자연현상을 직접 경험하자는 감각적 실학주의가 등장하였다.

당시 유럽에서 교육학자로 명성을 떨쳤던 모라비아 출신의 코메니우스(J. A. Comenious, 1592~1670)는 당시로는 획기적인 교수 원리를 주장하였다. 그는 교육의 목적은 지식, 도덕 및 순종을 교수하는 데 있다고

코메니우스가 주장한 교수 원리

① 교육은 단순한 것에서 복잡한 것으로, 구체적인 것에서 추상적인 것으로 전개되어야 한다.
② 법칙 이전에 사물이 먼저 제시되어야 한다.
③ 만들거나 구성하는 일보다 분석하는 방법을 가르쳐야 한다.
④ 권위를 받아들이거나 그것에 의존하기보다 학습자 스스로가 조사·연구하도록 가르쳐야 한다.
⑤ 분명히 이해하고 나서 기억하도록 가르치되, 기억할 실제적 가치가 있는 것에 한해서 기억하게 해야 한다.
⑥ 억압 대신 교과에 대한 흥미를 가지고 학습하도록 가르쳐야 한다.
⑦ 모든 교수활동은 모국어로 해야 한다.
⑧ 사물에 관한 언어적 학습에 앞서서 실제 사물을 먼저 학습하게 해야 한다.
⑨ 자연의 법칙과 질서를 발견하고 그것에 입각한 교수방법을 구안해야 한다.
⑩ 체육은 보건을 첫째 목적으로 하여야 하며, 단순히 몇몇 종류의 스포츠를 위한 것이어서는 안 된다.
⑪ 모든 사람에게 교육받을 기회를 제공해야 한다.
⑫ 라틴어와 희랍어는 끝까지 교육을 마친 사람에게 한하여 교수해야 한다.
⑬ 교육을 하나의 과학으로 만들고, 모든 교사에게 지침이 될 수 있는 하나의 과학적 일반 교육방법을 구상할 수 있어야 한다.

보고, 교육을 사람답게 살기 위해서 필요한 것을 준비하게 하는 수단으로 삼았다. 그는 『대교수학(*Didactica Magna*)』을 저술하여 교육제도와 교육과정의 개혁을 시도하였는데, 이는 근대 교육의 기초가 되었다. 교수방법은 구체적인 직관을 통한, 즉 언어 이전에 실물을 통한(things before words) 교육을 주장하며 감각적 경험을 통해 가르치는 것이 더욱 효과적임을 주장하였다.

코메니우스는 최초로 그림이 들어가 있는 책 『세계도회(*Orbus Pictus*)』(1658)를 출판하였다([그림 5-1] 참조). 이 책에는 150장의 삽화가 들어가 있을 뿐만 아니라, 일반인이 보기에 흥미 있는 내용이 담겨 있다. 또 책의 반은 라틴어로, 반은 실용어로 써서 누구나 읽을 수 있도록 만들었다. 코메니우스는 언어가 아니라 실물을 통한 교육, 감각적 경험을 통한 교육을 주장하여 시청각 교육의 기초를 제시하였으며, 오늘날의 교육공학으로 발전하는 데 중요한 배경이 되었다. 따라서 코메니우스에게 '시청각 교육의 창시자' 또는 '근대 교육의 아버지'라는 칭호를 붙인다.

(77)

The Taylor. LXII. Sartor.

The *Taylor*, 1. cutteth *Cloth*, 2. with *Shears*, 3. and seweth it together with a *Needle* and *double thread*, 4.	*Sartor*, 1. discindit *Pannum*, 2. *Forfice*, 3. consuitque *Acu* & *Filo duplicato*, 4.
Then he presseth the *Seams* with a *Pressing-iron*, 5. And thus he maketh	Posteâ complanat *Suturas Ferramento*, 5. Sicque conficit
Coats, 6.	*Tunicas*, 6.
with *Plaits*, 7.	*Plicatas*, 7.
in which the *Border*, 8. is below with *Laces*, 9.	in quibus infra est *Fimbria*, 8. cum *Instititis*, 9.
Cloaks, 10.	*Pallia*, 10.
with a *Cape*, 11.	cum *Patagio*, 11.
and *Sleeve Coats*, 12.	& *Togas Manicatas*, 12.
Doublets, 13.	*Thoraces*, 13.
with *Buttons*, 14.	cum *Globulis*, 14.
and *Cuffs*, 15.	& *Manicis*, 15.
Breeches, 16.	*Caligas*, 16. ali-
sometimes with *Ribbons*, 17.	quando cum *Lemniscis*, 17.
Stockins, 18.	*Tibialia*, 18.
Gloves, 19.	*Chirothecas*, 19.

그림 5-1 코메니우스의 『세계도회』

그 후 18, 19세기에 와서는 루소(Jean-Jacques Rousseau, 1712~1778)의 자연주의 교육사상과 더불어 페스탈로치(Johann Heinrich Pestalozzi, 1746~1827), 프뢰벨(Friedrich Froebel, 1782~1852), 몬테소리(Maria Montessori, 1870~1952)와 같은 교육사상가들이 나타나 20세기 진보주의 교육철학을 탄생시켰다. 스위스의 교육학자인 페스탈로치는 인위적인 교수방법을 배격하고 직관과 자발성의 활동 중심 교수방법을 중요시하였다. 독일의 프뢰벨은 자주적인 활동과 창의력, 신체활동을 통한 표현을 중요시해 획일화된 교과서를 통한 교육보다는 유희, 공작, 그림 등 활동과 교수 자료를 통한 교육을 강조하였다. 그리고 몬테소리는 여러 가지 교구를 통한 감각 교육을 시도하였다.

이러한 유럽의 교육사상가들의 활동은 20세기 미국으로 건너오면서 실용주의 교육철학과 합쳐져 진보주의(progressivism) 교육사상을 출현시킨다. 당시 진보주의를 대표하는 교육자로는 듀이(Dewey)와 킬패트릭(Kilpatrick)을 들을 수 있다. 듀이는 외적으로는 사회 개조와 발전에 기여하면서 내적으로는 자기 성장을 도모할 수 있는 인간을 형성하고자 구상하였다. 그는 이러한 개인과 사회의 조화는 현실 속에서 나타나는 문제를 중심으로 반성적인 사고(reflective thinking)를 함으로써 문제해결학습(problem solving method)이 이루어져야 한다고 보았다. 킬패트릭은 구안법(project method)을 창안하여 진보주의 교육 이념을 실현하기 위한 기초를 제공하였다.

2) 시각 교육

시각 교육(visual education) 운동은 1918년부터 공식적으로 시작되었다고 볼 수 있다(권성호, 1998). 미국 내의 각 대학에서는 교사를 위한 수업으로 시각 교육에 관한 코스가 개설되고, 사진, 영화 등이 개발되어 이를 매체로 수업에 활용하는 데 관심을 기울였다. 당시 미국 내에는 진보주의를 추종하는 많은 교사가 주축이 되어 시각 교육에 관한 연구 활동을 활발히 전개하고 있었다. 1932년에 와서 여러 연구 단체가 미국 전국교육연합회(National Education Association: NEA) 산하의 시각교육부(Department of Visual Instruction: DVI)로 통합되는데, 이는 교육공학 분야의 첫 번째 공식기구가 된다. 이 연구 단체는 기존의 언어 중심 교육을 지양하고, 그림, 모형, 고안물 등과 같은 시각 자료를 수업에 활용해 학습의 구체성을 제공하여 효과적인 수업을 하자는 시각 교육운동에 그 목적이 있다. 즉, 시·공간을 초월해서 구체적인 경험을 제공하는 사진이나 영화매체와 같은 시각 자료를 활용하면 추상적인 학습 내용을 보다 구체화할 수 있다는 점에서 시각 자료나 시각 보조물을 수업에 활용해야 한다는 것이다. 그러므로 시각 교육 운동은 추상적 개념을 구체화하고 학습자의 흥미 유발 및 바람직한 학습 태도의 개발을 위해서 그림, 모형, 사물, 장치 등의 시각 자료를 교과과정에서 활용하고, 그 활용을 촉진하고자 한 운동이었다.

당시 DVI의 초대 회장이었던 호반(Hoban)은 교육의 목적은 지적 경험을 일반화하는 데 있으며, 이를 실현시키기 위해서는 교재의 시각화가 필요하다고 주장하였다. 그는 『교육과정의 시각화(*Visualizing Curriculum*)』(1937)라는 책을 통해 시각적 교재를 구체성과 추상성의 정도에 따라 분류하고 시각 자료와 교과과정의 통합을 시도하였다([그림 5-2] 참조).

1920, 1930년대의 이러한 시각 교육 운동이 내용의 구체성 정도에 따라 시각 자료를 분류하고 '경험의 일반화'를 주장하며, 시각 자료를 독립적으로 사용하는 것보다 교과과정에 통합하여야 할 필요성 등을 제시한 것은 커다란 소득이었다. 그러나 시각 자료 자체를 단지 교수 보조물 정도로만 생각하였다는 한계점이 있다.

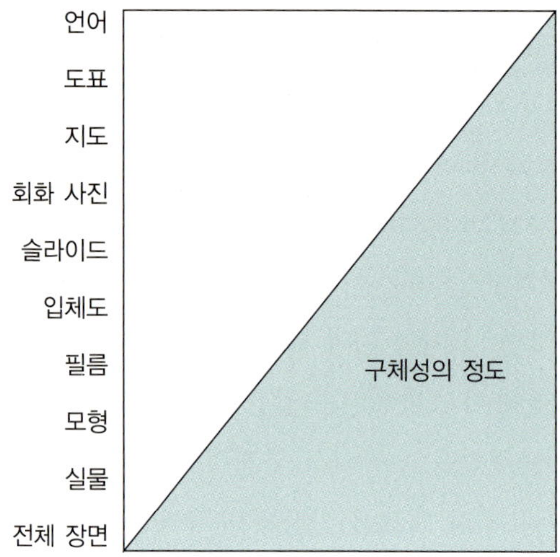

그림 5-2 호반의 시각 교재 자료

3) 시청각 교육

녹음기와 축음기의 보급, 유성영화의 출현, 제2차 세계대전 중 군사 훈련을 위한 다양한 시청각 매체의 활용 등이 이어지면서, 1940년대 교육 현장에는 이러한 시청각 매체를 이용하여 학습자의 시각과 청각을 통한 구체적인 경험과 비언어적인 경험의 가치를 도모하고자 하는 시청각 교육(audiovisual education) 운동이 일어난다.

시각교육부(DVI)는 1947년 시청각교육국(Department of Audio-Visual Instruction: DAVI)으로 개칭되었으며, 올센(Olsen), 데일(Dale), 킨더(Kinder) 등에 의해 시청각 교육 이론이 발전하게 되었다. 이들은 모두 효율적인 교수매체의 활용과 비언어적인 경험을 중시한다. 특히, 데일(Edgar Dale)은 『교수에서 시청각적인 방법(*Audiovisual Method in Teaching*)』(1946)이라는 책을 통해, 학습자에게 제공되는 학습 경험을 구체성과 추상성의 기준에 따라 시청각 교구 및 교재를 분류한 '경험의 원추(cone of experience)' 모형을 개발하였다([그림 5-3] 참조).

이 모형에서 데일은 학습 경험을 구체적인 경험부터 추상적인 경험까지 11단계로 나누고, 학습자는 직접적인 행위를 통한 경험에서 시작하여 실제까지 사건이나 매개된 사건의 관찰을 통한 경험, 상징을 통한 경험으로 나아가는 것이 개념 획득에 좋다고 하였다. 따라서 개념 형성 과정에서 '직접 경험'과 '언어적 경험'을 연결해 줄 수 있는 '시청각적 경험'의 중요성을 강조한다.

데일의 '경험의 원추' 모형은 브루너(Bruner)에 의해 주장된 지식의 세 가지 표상 양식(mode of representation)으로 설명된다. 이는 데일의 원추 개념을 보완한 것이다. 브루너는 지식의 구조화(structure of knowledge)를 주장하며, 지식의 표상 양식을 행동적(enactive), 영상적(iconic), 상징적(symbolic) 표상의 형태로 구별하면서 학습자의 인지 구조나 사고 과정

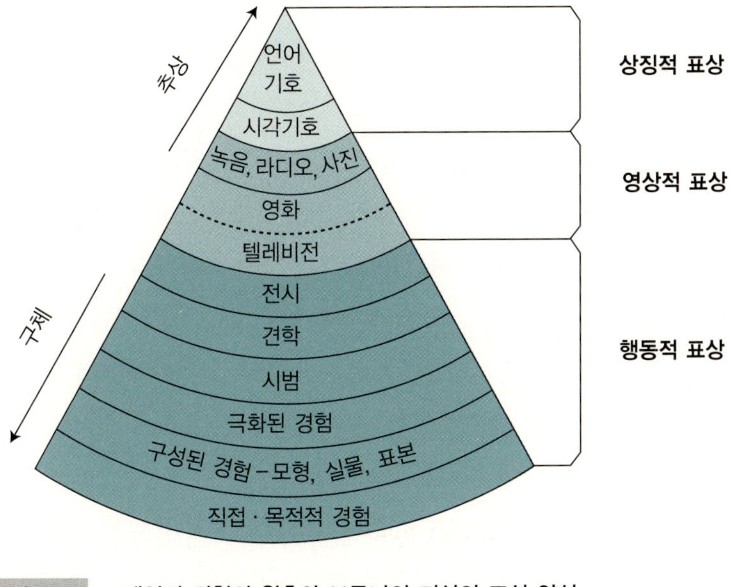

그림 5-3 데일의 경험의 원추와 브루너의 지식의 표상 양식

수준에 적합한 표상 양식의 필요성을 강조한다.

이러한 시청각 교육자들의 이론적 가정은, 첫째, 풍부하고 다양한 자극은 주의력과 동기를 유발할 수 있으며, 둘째, 추상성의 정도는 학습에서 중요한 변수이기 때문에 시청각 자료가 많이 사용될수록 학습자는 '실제 세계'에 접촉하게 되고, 셋째, 이에 매개체를 통해서 실제 세계를 나타내도록 해야 한다는 것이었다.

시각 및 시청각 자료를 통한 교육은 학습자에게 경험을 일반화하며 교수매체를 통한 효과적인 학습 경험을 제공해 준다는 점에서 높은 평가를 받았다. 그러나 시청각 교재 및 교구의 활용도 교사의 보조물 수준에 머물렀고, 시청각적 학습 경험 역시 구체성-추상성 관계로만 파악하였다는 한계를 지닌다.

4) 시청각 교육통신

(1) 통신이론

교육공학이 오늘날과 같은 학문으로 발전한 데는 다른 학문 영역과의 접근(inter-disciplinery approach)이 커다란 역할을 하게 된다. 지금까지 교수-학습 과정에서 교사에 의한 시청각적인 교수매체를 통한 교수방법에만 관심을 가졌던 시청각 교육은 1950년대로 오면서 교수-학습 과정을 통신의 과정으로 보는 새로운 시각을 가지게 되었다.

교사와 학습자 간의 교수-학습 행위는 학습 내용을 가지고 이루어지는 통신 행위의 과정이다. 그러므로 통신의 요소와 과정을 분석해 보는 것은 효과적인 학습을 위한 필수요건이 된다. 통신이론(communication theory) 분야의 대표적인 모형인 벌로(Berlo, 1960)의 SMCR 모형([그림 5-4] 참조)과 섀넌과 슈람(Schannon & Schramm, 1964)의 통신과정 모형([그림 5-5] 참조)은 교수-학습의 통신 과정에 대한 분석을 시도하는 새로운 접근이다.

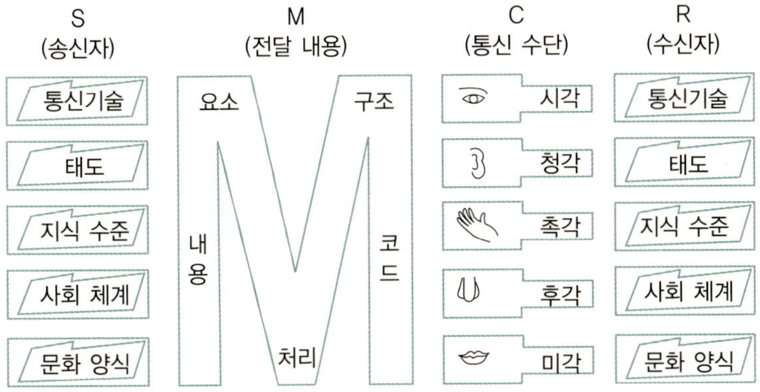

그림 5-4 **벌로의 SMCR 모형**

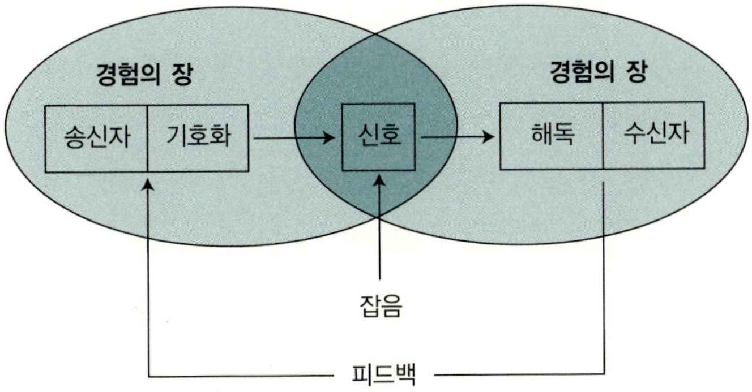

그림 5-5 **섀넌과 슈람의 통신과정 모형**

커뮤니케이션은 통신의 수단인 채널을 통하여 정보원(source)에서 수신자(receiver)에게 메시지를 전달하는 과정을 말한다. 이들 간에는 일방적인 형태가 아닌 쌍방적인 상호작용과 피드백이 작용한다. 교육 커뮤니케이션 과정에서 중요한 개념은 피드백이다. 피드백은 일반적으로 교수-학습 과정에서 나타나는 학습자의 반응이나 학습 결과에 대해 교사가 제공하는 코멘트를 일컫는다(Heinich et al., 1993).

또한 통신과정 모형에 따르면 송신자와 수신자 간의 경험의 장이 서로 많이 중복되어 있을 때 효과적인 통신이 일어나며, 교수-학습 장면에서 발생하는 잡음은 효과적인 통신을 방해하는 요소다.

통신이론에 관한 모형은 결과적으로 교수-학습의 장에 커뮤니케이션의 개념을 도입할 수 있도록 하여 교수-학습 과정을 역동적인 관계로 인식시켰으며, 이제까지 결과 중심적이고 산물 지향적으로 보았던 시청각 교육에 과정과 피드백 개념이 첨가된 이론적 체계를 발달시켰다.

(2) 초기의 체제 개념

1950년대와 1960년대 초에 조직이론가들이 받아들인 체제 개념은 현존하는 체제를 분석하고 조직체와 환경의 상호작용, 그것의 다양한 하위 체제 간의 상호작용과 통합에 주의를 기울이는 것이었다(Griffiths, 1964). 이러한 체제 개념이 교육공학에도 도입되었다.

체제(system)란 '공통의 목적을 위해서 구성된 제 요소가 체계적으로 형성된 조직체'다. 초기의 체제 개념은 어떤 과정(process)보다는 산물(products)로 보았으며, 그 체제 안의 요소 간에 상호 연관성을 유지함으로써 요소 간의 유기적인 통합을 이루어 체제의 효율성을 높이는 데 목적을 두었다. 초기 체제 개념은 완전한 수업을 제공할 수 있도록 조직되고 통합된 산물의 개념이다. 이는 핀(Finn)의 교수 체제—검은 상자(black box) 개념—로 설명할 수 있다(Finn, 1960).

핀은 교수 체제의 요소를 집단적 제시 기술, 개인별 · 소집단 자동학습, 상호작용학습, 개별학습, 창조적 학습 등으로 세분하여 이들을 교수 체제 속의 검은 상자 개념으로 보았다. 이를 그림으로 나타내면 [그림 5-6]과 같다. 검은 상자 개념은 내부 구조는 알 수 없어도 입력과 출력을 조정함으로써 어떤 반응을 얻을 수 있는 심리학적인 개념이다.

산물 중심의 초기 체제 개념에서 두드러진 특징은 집단학습과 개별학

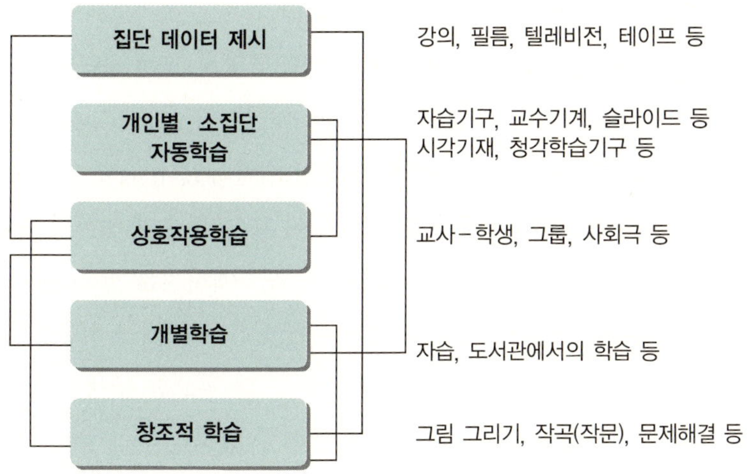

그림 5-6 **핀의 교수 체제: 검은 상자 개념**

습을 수업 체제 속에 편입시킨 것이다. 이는 핀이 그의 논문 「공학과 교수과정(Technology and Instructional Process)」(1960)에서 논의하였던 대량 교수공학으로의 경향과 프로그램 학습에서 보여 주는 개별화로의 경향을 반영한 것이라고 볼 수 있다. 여기에서 체제 개념에 '초기' 라는 명칭을 붙인 이유는 과정을 중요시하는 1970년대 이후의 체제 개념과 구분하기 위해서다.

초기 체제 개념은 교육공학 내의 기본 단위는 개별적인 교수 자료가 아니라 통합된 완전한 교수 체제다. 개별적 교수 자료는 교사의 보조물로서가 아닌 교수 체제의 구성 요소로 간주하게 되었고, 교수 체제의 구성 요소는 통합되어야 한다는 등 이론적인 발전을 이루어 교육공학 발전에 기여하였다.

(3) 시청각 교육통신

통신의 과정에 관한 모형과 초기 체제 개념의 통합으로 새로운 개념,

즉 '시청각 교육통신'의 모형이 제공되었다.

엘리(Ely, 1963)는 통신과 학습이론을 산물로서의 체제 개념과 결합하여 시청각과 교육통신 과정의 관계(AV relationships to educational communication process)를 나타내는 모형을 개발하였다([그림 5-7] 참조).

엘리의 모형을 보면 '시청각 통신 계획'이 교수-학습의 과정에 포함되었다. 여기서 메시지는 학습 내용, 매체-도구는 메시지를 전달하는 수단으로서의 교재나 교구, 요원은 메시지를 구성하거나 매체 활용을 돕는 전문요원, 방법은 효과적인 수업이 실시되는 데 필요한 구체적인 절차, 그리고 환경은 수업이 효율적으로 이루어질 수 있도록 하는 물리적인 상황을 말한다.

시청각 교육통신이론은 통신 과정에 '학습자'를 필수적인 요소로 포함시켰고, '피드백 분석'이라는 통신의 상호작용적인 특성과 시청각 통신의 역동적이고 상호작용적인 관계를 제시하였다. 또한 시청각 통신 계획에서 포함된 다섯 가지 요소, 즉 메시지, 매체기기, 요원, 방법, 환경을 명시하는 성과를 거두었다. 그러나 시청각 교육통신이론은 시청각 교육

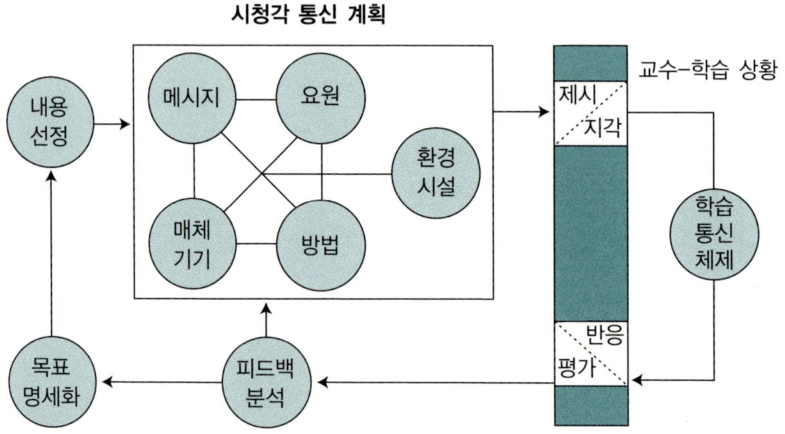

그림 5-7 시청각과 교육통신 과정의 관계모형

에 통신이론과 체제 접근의 개념을 도입하였으나, 하위 체제인 '시청각 통신 계획'의 각 요소와 '교육통신 체제 요소' 간의 상호작용 관계뿐만 아니라 하나의 일관된 통합 체제를 이루지 못하였다는 비판도 있다(최동근 외, 1997).

1960년대는 통신이론과 초기 체제 개념의 통합으로 시청각 교육통신 이론이 등장하고, DAVI의 회장이었던 핀이 1960년 그의 논문에서 처음으로 교육공학이라는 용어를 사용하는 등(Seattler, 1990) 교육공학이 하나의 학문으로서 틀을 갖추어 나갔다. 특히, 1963년에는 처음으로 교육공학의 정의가 발표되었다. 그러나 당시의 교육공학은 시청각 교육통신이라는 개념으로 사용되었고 훨씬 한정된 의미를 가지고 있었다.

5) 초기 교수공학

시청각 교육통신이론이 교수공학으로 발전하게 되는 데 행동주의 심리학과 체제접근이론이 큰 영향을 미친다.

(1) 행동주의 심리학

미국 행동주의 심리학의 대표라고 할 수 있는 스키너는 그의 조작적 조건형성이론과 강화이론에 기초를 둔 프로그램 학습이론과 교수기계를 개발하였다. 프로그램 학습에서 프로그램은 소프트웨어가 되며 교수기계는 하드웨어가 된다. 이 두 가지가 통합됨으로써 학습을 자율적으로 통제할 수 있는 '개별화 수업'이 가능하게 되었고, 이러한 학습방법이 오늘날에는 컴퓨터를 중심으로 한 컴퓨터 보조학습(CAI)을 탄생시키는 데 기여하였다.

프로그램 학습은 학습자가 계열적으로 프로그램화된 교재에 의해 순서에 따라 자율적으로 학습을 진행하는 것이다. 프로그램 학습에서는

'행동적 수업 목표' '학습 과제 분석' '준거지향평가'를 필요로 한다.

프로그램 학습을 위해서는 우선 학습 목표가 명확히 제시되어야 한다. 행동주의 학습이론에서 주장하는 행동적 교수 목표(behavior objectives)는 특정 수준에서 학습자가 성취하도록 의도된 학습 성과를 행동적 용어로 진술한 것으로서, 일련의 학습 경험을 학습자에게 제공한 후에 그 경험의 숙달 결과를 학습자가 행동으로 표출할 수 있는 교수 목표를 말한다(Mager, 1962).

또한 프로그램 학습에서는 학습 과제를 분석하여 계열화된 프로그램을 짜야 한다. 과제분석(task analysis)은 확인된 교수 목표를 달성하기 위한 하위 지식과 기능을 분석하고 그들의 관계를 위계에 따라 도식화하는 것이다(Dick & Carey, 1990).

학습자가 성취한 학업의 정도가 설정된 절대적 기준에 도달하였는지를 알기 위해서는 준거지향평가가 필요하다. 준거지향평가(criterion-referenced evaluation)란 학습자의 학업 성취도를 다른 학습자와 상대적으로 비교 평가하는 규준지향평가(norm-referenced evaluation)가 아니라 절대 성취 기준에 의해 독립적으로 평가하는 것을 의미한다.

프로그램 학습은 이와 같이 행동 목표에 기초를 두고 프로그램화된 자료를 사용하여 기준에 의한 평가를 하는 개별학습 및 자율학습의 개념을 소개하였다(AECT, 1977). 이는 교수개발로 이어진다.

이와 같이 프로그램 학습의 원리와 개념을 교수-학습의 과정에 적용하는 것은 교육공학이 시청각 기재의 단순한 활용에서 벗어나 학문적으로 진일보할 수 있게 한다. 이는 교육공학을 기술적 '방법' 수준에서 '과학' 수준으로 진일보시키고, 나아가 교수 체제 개발에 기여함으로써 교수공학을 정립시켰다고 볼 수 있다(박숙희 외, 1997).

(2) 체제 접근과 교수개발

초기 체제이론에서는 교육적 산물을 중시하였지만, 이제는 과정을 중요시하며 새로운 개념으로 발전하고 있다. 체제란 '상호 관련된 구성 요소의 집합체'를 말한다. 그리고 체제 접근(system approach)은 '이러한 구성 요소가 어떤 목표를 향하여 유기적으로 상호작용하는 과정'을 말한다(Dick & Carey, 1990). 즉, 체제적 접근은 목표 달성을 위해 체제의 구성 요소가 조화 있는 통합과 전체성을 유지하면서, 한편으로는 체제를 구성하고 있는 각 요소가 그들의 기능을 독립적으로 최대한 발휘하고 서로 간에 상호 보완적인 관계를 가지므로 전체의 기능을 극대화하는 접근 방법을 말한다.

이러한 체제접근이론을 교육공학에 중요한 의미로 받아들여, 교수공학위원회(Commission on Instructional Technology: CIT)에서는 '교수공학은 특정한 매체나 장치를 넘어서서 수업을 구성하는 부분적 요소의 집합체 이상이다. 즉, 교수공학은 인간 학습과 통신이론에 기초한 구체적 수업 목표에 의해 교수-학습의 전 과정을 설계 · 실행 · 평가하는 체제적 방법이며, 보다 효과적인 수업을 전개하기 위하여 인적 · 비인적 자원을 적절히 결합하여 사용하는 방법으로 이해된다.' 고 정의한다(CIT, 1970).

이러한 체제접근이론은 행동주의 이론이 배경이 된 프로그램 학습과 함께 교육공학에 교수개발(instructional development)이라는 영역을 탄생시킨다. 교수개발은 전체 교수 시스템을 계획, 제작, 평가, 활용하는 체제 접근이다. 그러므로 어떤 특정한 교수-학습 과정을 설계하기 위한 '교수설계(instructional design)' 는 교수개발의 하위 개념이 된다(AECT, 1977).

1970년대는 다양한 교수체제설계 모형(instructional system's design model)이 등장하고 이에 대한 연구가 활발히 진행되었다. 이러한 변화에 발맞추어 시청각교육국(DAVI)은 1970년 그 명칭을 교육공학회(Association for Educational Communications & Technology: AECT)로 변경하였다.

6) 교육공학

교육공학 분야는 시청각 교육통신에서 교수공학으로 이어지면서 정의, 목적, 활동 영역이 크게 변화되고 발전되며, 이론적 틀이 강화되어 AECT에서는 교육공학에 대한 재정비 작업을 실시하였다. 1977년 AECT에서는 교육공학의 정의를 16개 항목으로 나누어 자세히 제시한다.

> 교육공학이란 인간 학습에 포함된 모든 문제점을 분석해 그에 대한 해결책을 고안하고 실행하며 평가 관리하기 위하여 사람, 절차, 이념, 장치 및 조직을 포함한 복합적이고 통합된 과정이다(AECT, 1977).

반면에 교수공학은 교수관리 기능, 교수개발 기능, 교수 체제 구성 요소, 학습자 영역을 가진 교육공학의 하위 체제로서 '학습이 체계적으로 계획되고 통제되는 상황에서 일어나는 제 문제를 분석하고 그에 대한 해결책을 찾아내어 실행하고 평가 · 처리하기 위해서 요원, 절차, 아이디어, 교구 및 조직 등을 포함하는 복합적이고 통합적인 과정'으로 정의하며, 교육공학과 교수공학 간의 관계를 밝히고 있다. 즉, AECT에서는 교육공학을 교수공학보다 더 포괄적인 개념으로 보고 있다.

한편, 1980년대는 컴퓨터의 교육적 활용에 관한 연구와 인지심리학의 영향을 받은 교수체제설계모형이 다양한 영역에서 활발히 적용되며, 1990년대에 와서는 컴퓨터 공학의 발전에 의해, 특히 인터넷의 확산에 의해 가상교육에 대한 관심이 증가되었다(박성익 외, 2001).

교육공학과 교수공학

교육공학은 'educational technology', 교수공학은 'instructional technology'로 부르는데, 원래 교육은 교수보다 상위의 개념이므로 교육공학은 교수공학보다 포괄적인 의미를 갖는다. AECT에서는 1977년 교육공학의 정의하면서 교육공학과 교수공학의 차이점을 분명하게 구분하여 교육공학을 교수공학의 상위의 개념으로 규정하였다. 그러나 1994년에 AECT에서 다시 내린 교육공학의 정의를 보면, 교육공학과 교수공학을 동의어로 간주하고, 교육공학이라는 용어보다는 교수공학이란 용어를 사용하고 있다.

그러므로 1977년에 사용되었던 교수공학을 오늘날 사용하는 '교수공학'과 구분하기 위해 '초기 교수공학'이라 부른다.

교육공학의 분야는 1977년 이래 이러한 사회의 발전 경향에 따라 교육공학의 학문적 성격, 개념적 정의, 실제 현장과의 관련성, 활동 영역에 대한 연구와 논의가 있어 왔다. 그 결과 교육공학에 대한 새로운 정의를 1994년에 다시 내리게 되었다.

> 교수공학이란 학습을 위한 과정과 자원의 설계, 개발, 활용, 관리, 평가에 관한 이론과 실제다(Seels & Richey, 1994).

교육공학에 대한 새로운 개념이 정립된 이후 교육공학 분야에는 여러 다른 학문 분야의 변화와 더불어 다음과 같은 새로운 학문적 변화가 현재 일어나고 있다.

- 테크놀로지의 눈부신 발전으로 인한 변화: 교육에서 공학이 처음 적용되었을 때는 교수의 효과와 학문의 기준을 향상시키는 데 목적이 있었다. 그러나 컴퓨터 과학과 컴퓨터 공학의 발전은 교육 현상에 대한 또 다른 교육공학적 접근을 가능하게 하였다. 컴퓨터 과학과 테크놀로지의 발전으로 교육공학 분야에서 일어난 패러다임의 변화를 크게 컴퓨터 보조 수업(CAI), 프로그래밍 언어의 개발에 따른 마이크로월드(microworlds), 지능형 교수 시스템(intelligent tutoring systems), 교수설계 자동화 시스템, 멀티미디어와 인터넷의 활용 수업, 컴퓨터 보조 협동학습(computer supported collaborative learning)으로 보고 있다(전영국, 허희옥, 2000).
- 학습자 중심의 개념: 그동안 교육공학에서 주요 관심은 '효과성'과 '효율성'이었다. 이는 교육공학 발전에 많은 영향을 미친 행동주의와 인지주의 학습이론을 바탕으로 하였다. 그러나 새롭게 대두되고 있는 구성주의는 지식의 관점에서 이와 다르다. 지식은 학습자와 독립적으로 존재하는 것이다. 그리고 학습은 지식을 학습자 외부에서 내부로 전이하는 과정으로 보는 객관적 입장을 취하는 행동주의나 인지주의와는 달리, 주관적 입장을 취하는 구성주의에서 지식은 개인의 경험과 이해의 수준에 따라 구성된다는 관점을 지닌다. 즉, 구성주의에서는 학습자를 의미를 추구하는 능동적인 유기체로 본다. 이러한 구성주의적인 입장에 바탕을 둔 교수의 환경 설계(environment design)는 최근 교육공학 분야에서 활발히 연구되고 논의되고 있다. 이는 '효과성'과 '효율성' 같은 가치를 중시하는 체제 개념과는 달리 컴퓨터를 위시한 테크놀로지의 발전에 힘입어 현실화된 '학습자 중심'의 교수 활동에 근거를 두고 있다.

그러나 21세기가 되면서 인지이론, 구성주의 학습이론, 각종 첨단

ICT의 발달과 상호작용 교수 · 학습매체, 인터넷, 원격교육, 협동학습 등의 교수전략이 교육공학의 연구 영역에 직 · 간접적으로 영향을 줌으로써 교육공학은 새로운 개념과 정의의 필요성이 요청되었다(이성흠, 이준, 2009: 158).

이러한 시대적 요구에 따라 내려진 2007년의 정의는 다음과 같다.

> 교육공학은 적절한 과학기술적 과정과 자원을 창안하고, 활용하고, 관리함으로써 학습을 촉진하고 수행을 개선하는 연구이며 윤리적 실제이다(AECT, 2007).

2007년의 정의는 1994년의 정의와 용어에서는 차이가 있었지만 실제적인 개념에서는 유사한 점이 많았다. 다만 교육공학 연구에서 '윤리적 실천'을 강조하였다는 점과 '학습촉진'이 교육공학 연구의 핵심 요소임을 밝히고 있다는 점에서 차이가 있다(이성흠, 이준, 2009: 158-159).

표 5-1 교육공학의 역사적 발전 과정

연 대	교육공학의 발전 과정 구분	관련 중요 이론 및 활동
1600	**초 창 기**	
1700	• 감각적 실학주의 • 낭만적 자연주의	• 코메니우스의 『세계도회』 출판 • 언어편중주의 비판 • 루소
1800	• 활동 중심 교육 • 교수 자료를 활용한 교육	• 페스탈로치, 프뢰벨, 몬테소리
1900		
	• 진보주의 교육	• 듀이
1920	**시각 교육**	• 시각 교육 운동
1930		• DVI 결성 • 호반에 의한 시각 자료와 교과과정의 통합
	시청각 교육	
1940		• 시청각 교육 운동 • 데일의 경험의 원추 • DAVI로 변경
1950	**시청각 교육통신** • 통신이론 • 초기의 체제 개념	• 벌로의 SMCR 모델 • 섀넌과 슈람의 통신과정모형
1960	• 시청각 교육통신 • 교육공학 정의	• 핀의 교육공학 용어 최초 사용 • 핀의 교수 체제-검은 상자 개념 • 시청각 교육통신모형
1970	**초기 교수공학** • 행동주의 심리학 • 체제 접근과 교수개발	• 프로그램 학습과 교수기계 • AECT로 변경
1980	**교육공학** • 교육공학 정의	• 다양한 교수체제 모형 등장
1990	• 교수공학 정의	• 교육공학에 대한 16가지 정의 • 컴퓨터의 교육적 활용 • 인지심리학의 영향 • 교수공학의 정의와 영역
2000		• 인터넷의 확산, 가상교육 • 테크놀로지의 눈부신 발전 • 학습자 중심의 개념

2 교육공학의 정의와 영역

교육공학의 개념에 관한 연구는 미국교육통신공학회(Association for Educational Communications and Technology: AECT)를 중심으로 교육공학의 정의를 내린 후 여러 차례 수정 · 보완되어 왔다.

교육공학의 정의는 1963에 첫 번째 정의가 내려졌고 그 후 1977년, 1994년, 2007년 등 몇 차례에 걸쳐 발표되었는데, 지난 50여 년에 걸쳐 일어난 교육공학 정의의 변화는 본질적으로 혁명적이기보다는 진화적이라고(한정선 외, 2008: 8) 할 수 있다.

학문발전 단계에 따라서 자연과학과 매체 개념의 관점, 통신이론과 체제 개념의 관점, 행동과학 개념의 관점, 인지과학 개념의 관점에서 연구되면서 발전하였으며(Saettler, 1990), 최근에는 구성주의 지식관 관점에서 학습자의 학습을 돕기 위한 '학습환경 조성'과 '학습자 중심 학습'에 초점을 맞추어 연구되고 있다(이성흠, 이준, 2009: 156).

1) 교육공학의 정의

교수공학 분야의 1994년도 정의는 다음을 전제로 한다.

- 교수공학은 하나의 동향(movement)에서 학문 분야(field)와 전문직(profession)으로 발달하였다. 전문 분야는 지식을 기반으로 하여야 하므로 교육공학은 이론과 실제의 학문 분야로 본다.
- 교수공학 분야를 구성하는 영역은 학자인 이론가와 현장 전문가 모두를 포함하는 영역이어야 한다. 그러므로 교육공학의 영역은 설계, 개발, 활용, 관리 및 평가를 포함한다.

- 교수공학 분야에서는 과정과 결과가 모두 중요하기 때문에 그 중요성은 정의에 반영되어야 한다.
- 전형적인 교수공학 전문인에게 명확하게 이해 또는 인식되지 못하는 애매한 것들은 교수공학의 정의와 그에 대한 부가 설명에서 삭제되었다.

이와 같은 전제하에 내려진 교수공학의 정의는 다음과 같다.

> 교수공학은 학습을 위한 과정과 자원의 설계, 개발, 활용, 관리 및 평가에 관한 이론과 실제다.

- 학습을 위한: 교수공학의 목적은 학습에 영향을 주고 학습이 이루어지도록 하는 데 있다. 즉, 학습 결과를 강조하며 학습이 목적이고 교수가 학습의 수단이란 것을 명확히 하기 위하여 사용하였다. 학습이란 지식, 기술, 또는 태도 변화로 증명되는 교수의 준거다.
- 과정과 자원: 과정이란 어떤 특정한 결과를 향한 일련의 조작 혹은 활동으로서 구체적으로 투입, 활동, 산출을 포함하는 하나의 계열을 의미한다. 즉, 교수 전략, 학습 유형, 교수개발모형을 말한다. 자원이란 학습을 지원하는 원천으로서 지원 체제, 교수 자료 및 교수 환경을 포함한다. 즉, 교수-학습 과정에서 사용하는 고안물과 자료뿐만 아니라 요원, 예산 및 시설까지를 지칭한다. 말하자면 자원은 개개인의 학습을 도와주고 능률적으로 수행하는 데 유용한 모든 것을 포함한다.
- 설계 · 개발 · 활용 · 관리 · 평가: 이들은 교육공학의 기본적인 영역으로 전문 분야와 실천 분야 모두와 관계가 있다. 이들은 상호 독립적

이기는 하지만 이론과 실제를 통해서 관련되어 있으므로 그 관계가 선형적이지 않다. 각 기능은 독자적인 분야로 발달할 수 있을 정도의 충분한 특성과 범위를 가지고 있다. 각 영역의 기능에 대해서는 교육공학의 영역에서 다루고 있다.

- 이론과 실제: 전문 분야는 실행을 뒷받침해 주는 지식 기반이 있어야 한다. 교수공학의 각 영역은 연구와 경험에 기초한 일련의 지식을 포함한다. 이론과 실제의 관계는 서로 원만한 관계를 유지하며 발전되어 간다. 즉, 이론은 개념, 구성, 원리, 명제로 구성되어 있으며 지식 기반에 기여하는 반면, 실제는 문제해결을 위한 지식의 적용이다.

이와 같이 1994년 AECT에서 내린 교수공학 정의를 각 요소의 특성에서 의미를 추론하여 정리해 보면, 교수공학은 효과적인 교수-학습을 위해(목적) 그 과정과 자원을 이용하여(수단) 설계 · 개발 · 활용 · 관리 · 평가 등의 기능(영역)을, 이론적인 측면과 실제적인 측면에서 체계적으로 수행하는 하나의 학문 분야라고 정의할 수 있다.

2) 교육공학의 영역

교육공학의 영역은 [그림 5-8]에서 볼 수 있듯이 설계, 개발, 활용, 관리, 평가로 나눌 수 있고, 각 영역은 몇 개의 하위 구성 요소로 이루어진다. 이들 영역 사이의 관계는 선형적이라기보다는 서로 보완적이다. 이것은 필요에 따라 다른 영역에서 이론과 실제를 도출하고 여러 영역의 기능을 함께 활용하는 식으로 다른 영역의 이론을 많이 사용하기 때문이다. 즉, 교육공학의 모든 영역은 이론을 서로 공유하고 각 영역은 다른 영역을 지원하는 상호 의존적인 관계라고 할 수 있다.

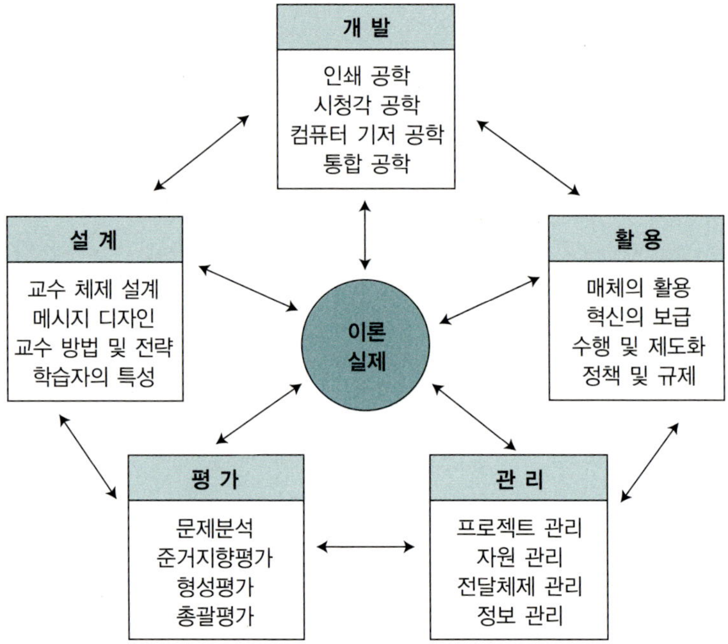

그림 5-8 **교육공학의 영역**

(1) 설계 영역

교육공학의 설계 영역은 부분적으로 교수심리학에서 발전하였다. 설계란 학습의 조건을 분석하면서 구체적인 교수 목적을 달성하고자 다양한 방법과 전략을 계획하는 이론과 실제의 영역이다. 즉, 설계는 학습이 일어나도록 하는 교수 명세서를 작성하는 일과 같은 미시적인 단계뿐만 아니라 기획과 같은 거시적인 단계를 포함한다.

설계 영역은 이론과 실제에서 네 개의 중요한 부분인 교수체제 설계, 메시지 디자인, 교수 방법 및 전략, 학습자의 특성 연구를 포함하고 있다.

Chapter

06

교수설계

교사는 학습자가 교수 목표를 효과적으로 성취하는 데 필요한 제반 활동과 방안을 계획해야 하는데, 이러한 교사의 활동을 교수설계라고 한다. 이 장에서는 교수설계의 개념, 원리를 제시하고, 교수설계의 접근방법인 체계적 접근과 체제적 접근을 비교 · 설명한다. 교수설계 모형으로는 일반 모형과 함께 일선 교사들이 수업을 계획하는 데 적용 가능성이 높은 딕과 캐리의 모형, 학습자의 동기와 학습 환경의 동기적인 측면을 강조하는 ARCS 모형을 소개하고, 교사에게 왜 교수설계 능력이 필요한지를 논의한다.

학습 목표

1. 교수설계를 정의할 수 있다.
2. 체계적 접근과 체제적 접근을 비교 · 설명할 수 있다.
3. 객관주의와 구성주의 교수설계를 비교 · 설명할 수 있다.
4. 교수설계의 변인을 교수 조건, 교수방법 및 교수 결과와 관련지어 설명할 수 있다.
5. 교수설계 일반모형의 각 단계를 설명할 수 있다.
6. 딕과 캐리 모형의 각 단계를 순서대로 설명할 수 있다.
7. ARCS 모형에서 개인적 특성과 환경이 노력, 수행, 결과에 미치는 영향을 설명할 수 있다.
8. 켈러의 ARCS 모형의 구성 요소를 설명할 수 있다.
9. 왜 교수설계 능력이 교사에게 중요한지 설명할 수 있다.

1 교수설계의 개념

과학기술이 급속도로 발달하면서 교육 내용의 양적인 팽창과 교육 인구의 급증 때문에 종래의 교수 체제나 교육방법으로는 교육의 성과를 기대하기 어렵게 되었다. 이에 따라 교수-학습 과정을 개선하기 위해 다양한 교수 모형이 개발되었는데, 특히 교수설계 모형은 수업의 질과 효과를 향상시키는 데 크게 기여하였다. 교수설계는 교과과정을 개선하기 위하여 학습에 관한 이론이나 지식을 활용하는 연결 과학이다(Branson & Grow, 1987; Reigeluth, 1983). 실험을 통한 연구는 사람을 가르치기 위한 더 나은 방법을 제공하고, 다양한 사람을 가르치기 위해 노력한 경험은 새로운 연구를 유도한다.

교수설계의 역사적인 배경을 살펴보면 다음과 같다(Briggs, 1977; Gagné & Briggs, 1979).

- 교육, 군대, 산업계에서 연구된 개별학습 기구, 프레시(Pressey)의 교수기계, 크라우더(Crowder)의 분지형 프로그램, 컴퓨터의 수업 적용
- 행동주의 이론과 학습이론의 발달, 특히 스키너(Skinner)의 강화이론과 교수기계의 출현
- 공학의 발달로 인쇄매체를 보조하는 시청각 기재, 영화, TV, 비디오테이프 등의 발달

이러한 배경 때문에 교수설계는 행동주의 심리학, 인지심리학, 성인학습, 체제이론과 매체공학 등 여러 분야의 아이디어를 통합한 절충적인 성격을 띠고 있다(Bonner, 1988).

교수설계의 복합적인 성격 때문에 학자들은 서로 다른 관점에서 교수설계에 관해 연구하고 강조하면서 교수설계라는 용어를 약간씩 다르게 정의하여 사용해 왔다. 어떤 학자는 교수설계와 교수개발을 서로 바꾸어 사용하거나 교수개발과 교수공학을 서로 바꾸어 사용하고 있다(Shrock, 1995). 또 어떤 이들은 교수설계에 체제이론을 적용하였다 하여 교수 체제설계(instruc-tional systems design)라고 하는가 하면, 교수 체제설계를 교수 체제개발(instructional systems development)이라는 용어와 거의 같은 의미로 사용하기도 한다. 이러한 이유는 그동안 여러 학자가 개발한 많은 교수설계 모형이 소규모 수업이나 대규모의 교육과정은 물론 형식 교육이나 비형식 교육에 다양하게 적용되어 왔기 때문이다.

교수설계는 유아교육, 중등학교, 고등교육, 기업교육 및 산업체 훈련은 물론 국가 관련 인력 양성 교육에도 적용될 수 있다. 특정한 환경을 위해 개발된 교수설계 모형은 다른 환경에서는 적절하지 못하기 때문에 이러한 다양한 교육 환경의 특정한 요구에 부응하는 많은 교수설계 모형이 개발되었다. 또한 교수설계 모형은 수업 집단의 크기에 의존하여 서로 상이한 수준의 수업을 계획하도록 고안되었다. 예를 들면, 국가적인 수준의 교육, 초·중등교육이나 대학 또는 특정 기업 교육기관을 위한 수준의 교수설계, 한 교육기관의 교육과정 수준의 교수설계, 한 과목 수준의 교수설계, 한 과목 내에서 특정한 주제나 과제를 위한 단원 수준의 교수설계, 한 시간 수업을 하는 동안 일어나는 교수사태와 관련된 한 시간 수업 수준의 교수설계 등을 들 수 있다. 이렇게 서로 다른 환경에서 다양하게 연구되었기 때문에 여러 명칭으로 교수설계를 부르는 것은 당연한 이치다. 따라서 교수 설계자는 자원을 극대화하고 효과적인 수업을 제공하기 위해 교수설계 모형이 적용되는 환경을 결정하고, 다양한 교수설계 모형 중에서 그 환경에 가장 적절한 모형을 선택해야 한다.

좁은 의미의 교수설계는 미시적인 차원에서 최적의 교수방법을 처방하는 것이다. 롸이거루스(Reigeluth, 1983)는 교수설계란 교사나 교수 설계자에 의해서 행해지는 전문적인 활동으로서 특정한 교과 내용과 특정한 학습 대상자를 위하여 학습자의 지식과 기능에 대한 바람직한 변화를 가져오기 위해 최선의 수업방법을 결정하는 과정이라고 하였다.

넓은 의미에서 교수설계는 거시적인 차원에서 인간의 교육에 관련되는 문제를 분석하고 이를 해결하기 위한 방안을 설계, 개발, 실행, 평가하는 과정을 말한다. 이는 보통 교수개발 또는 교수 체제개발이라고 한다. 교수설계는 수업을 계획하는 데 도움이 될 뿐만 아니라 훈련 또는 요원 교육, 교수 프로그램 개발 및 실행, 교과과정 개발에 기여하는 등 여러 가지 형태로 수업을 지원한다(Garbosky, 1994; Hwang, 1995).

따라서 교수설계란 교육에 관련된 요구 및 문제점을 파악하고 이를 토대로 목표에서 내용, 방법, 평가에 이르기까지 교수 체제의 전 과정을 계획하고 개발하기 위한 체제적 접근을 의미한다.

2 교수설계의 원리

교수설계는 교수를 위한 사전 계획으로서, 교수 체제의 구성 요소를 충분히 고려하여 효과적으로 설계하기 위해서는 핵심적인 준거로 활용할 기본적인 원리가 필요하다. 데이비스(Davis, 1974)는 교수설계 과정에 적용할 수 있는 원리를 다음과 같이 제시하였다.

- 교수설계의 목표 및 필요조건은 설계 과정이 이루어지기 전에 명시되어야 한다. 설계자는 이 체제가 성취하려는 것이 무엇이고 필요조건과 제한점이 무엇인지 분석한 후에 실제적인 설계를 할 수 있다.
- 교수설계 과정은 점진적으로 수정을 한다. 설계자는 설계 과정의 모

든 단계에서 목표가 성취되었나를 수시로 점검하여 필요하면 재설계한다.

- 교수설계 과정은 반복적이고 상호작용적이다. 교수-학습 체제는 여러 구성 요소로 이루어져 있는 복합적인 조직체로, 이 체제를 구성하고 있는 각 요소는 상호작용적인 관계에 있다. 설계자는 목표를 설정하고 이것을 실행해 나가면서 계속적으로 평가하고, 목표와 각 단계를 수정하는 과정을 반복한다. 이러한 과정을 위해 교수설계는 체제적인 접근방법에 의해서 수행되어야 한다.
- 교수 체제는 모든 구성 요소가 목표를 성취하는 데에서 상호 보완적인 관계에 있을 때 가장 효율적으로 작용한다.
- 교수 체제는 그 체제가 속해 있는 상위 체제와 잘 조화되어 작용하도록 설계해야 하는데, 상위 체제의 목표를 고려하여 교수 체제의 목표가 달성될 수 있도록 조화 있게 설계해야 한다. 따라서 단기적인 교수설계는 상위 체제인 장기적인 교수설계의 목표를 달성할 수 있도록 상위 체제의 목표를 고려하여 조화 있게 설계해야 한다(Gagné & Briggs, 1979).
- 어떤 체제의 구성 요소나 절차도 다른 구성 요소나 절차에 영향을 미치지 않고는 수정될 수 없다.

가네와 브릭스(Gagné & Briggs, 1979)에 의하면 교수설계는 인간 학습 원리에 대한 지식에 기초하여야 하고, 원하는 학습 효과를 얻기 위해 조성해야 할 학습 조건을 충분히 고려해야 한다. 또한 보통 수업은 집단으로 이루어지지만 학습은 개인적으로 이루어지기 때문에 교수설계는 개인의 학습을 도와주는 데 목적을 두어야 한다.

개개인의 학습을 도와주기 위한 사전 계획인 교수설계는 교수 체제가 성취하려는 목표를 설정하고, 원하는 목표를 달성하기 위해 필요한 조건과 현 교수 체제의 제한점을 밝혀야 한다. 또한 교수 체제의 구성 요소가 목표를 성취하기 위하여 가장 효과적이고 합리적인 방법으로 상호 보완적인 작용을 하도록 계획하고, 실행 과정을 수시로 평가하면서 평가 결과에 따라 수정하여 재설계해야 한다.

이러한 교수설계의 원리에 의해서 개발된 교수설계 모형은 사전에 결정된 절차에 따르도록 체계적이며, 체제 안의 모든 구성 요소는 물론 상위 체제 및 하위 체제와도 상호작용적이며 상호 의존적이기 때문에 체제적이다. 교수설계 과정에서 수집된 정보에 의해서 수시로 점검하면서 재설계되기 때문에 경험적이고, 교수 프로그램의 질을 향상시키기 위해 순환적인 특징이 있다.

3 교수설계의 접근방법

브릭스(Briggs, 1977)는 교수설계란 교수 요구와 목적에 부응하는 방법을 계획하고 개발하기 위한 체제적 접근이라고 하였다. 체제적 접근(system approach)이란 체제의 조화 있는 통합 혹은 전체성을 유지하는 것으로, 체제를 구성하고 있는 각 요소의 기능을 독립적으로 최대한 발휘하도록 하면서 동시에 각 기능이 상호 보완적 관계를 이루도록 하여 전체의 기능을 극대화하는 것이다.

1) 체계적 접근과 체제적 접근

교수설계와 관련하여 '체계적(systematic)'과 '체제적(systemic)'이라는 용어가 자주 등장한다. 이 용어들은 혼용하여 사용하기도 하나 사실상 엄밀히 구분되어야 한다. 체계적과 체제적이라는 두 용어는 서로 다른 어원을 가지고 있다. '체계적'이라는 용어는 라틴어에 어원을 두고 있는 말로 순서(order), 절차(procedure), 간격(interval)이라는 의미고, '체제적'이라는 용어는 희랍어에서 유래한 말로 조직화된 전체(organized whole)라는 의미다. 체계적 접근은 주로 단계적이고 순차적인 절차를 의미하는 데 반하여, 체제적 접근은 역동적이고 비순차적이며 전체 체제의 유기적 총체나 복잡한 생태학적 관계를 이해하기 위한 방법을 의미한다. 체계적이라는 말은 교수설계 활동을 위해 사전에 명세화된 절차를 포함하고 있는 반면, 체제적이라는 말은 학습 과정에 영향을 미칠 수 있는 모든 상황적 맥락 변인을 동시에 고려함을 의미한다(Richey, 1993). 전자는 미리 정해진 절차나 단계에 따라 주어진 목표를 효과적, 효율적으로 달성하기 위해 수업 활동을 설계하는 것을 의미하지만, 후자는 교수 설계자의 상상력과 창조성을 토대로 상황적인 특성에 부응하도록 융통성 있게 설계하는 것을 의미한다. 체계적 접근과 체제적 접근을 비교하면 〈표 6-1〉과 같다.

교수설계 과정은 입력-과정-출력 패러다임의 과정이기 때문에 체계적이며, 동시에 각 구성 요소의 결과가 직접적 또는 간접적으로 교수설계 과정의 모든 다른 구성 요소 영향을 주기 때문에 체제적이며 파급효과(ripple effect)를 갖는다(Edmonds et al., 1994).

표 6-1 **체계적 접근과 체제적 접근의 비교**

	체계적 접근	체제적 접근
의미	순서, 절차, 간격	조직화된 전체
설계 절차	단계적, 순차적	역동적, 비순차적, 순환적
설계 방법	사전에 명세화된 절차에 의함	상황적 맥락 변인을 동시에 고려함
설계 목적	목표의 효과적, 효율적 달성을 위해 수업 활동을 설계	상황적인 특성을 고려하여 융통성 있게 설계

2) 학습이론과 교수설계

교수설계는 인간이 어떻게 학습하는가를 설명하는 학습이론의 영향을 받아 왔다. 행동주의 이론을 제대로 적용하면 놀라울 정도로 교육을 개선할 수 있다는 스키너의 주장에 따르면서 20세기 미국의 학습에 대한 연구는 행동주의가 지배하게 되었다. 그러나 1970년대에 들어오면서 인간 학습을 완벽하게 설명하기 위해서는 기억, 동기 유발과 같은 관찰할 수 없는 요인을 간과할 수 없다는 인지주의 이론의 주장에 따라 행동주의 이론은 서서히 퇴조하기 시작하였고 인지주의 이론이 그 자리를 차지하게 되었다. 그리고 1980년대에는 구성주의 이론이 학습에 대한 새로운 시각으로 교육과 교수설계 분야에 영향을 미치기 시작하였다.

(1) 행동주의

파블로프는 인간의 기본적인 욕구와 어떤 반응을 연합시키면 인간이 많은 행동을 학습할 수 있음을 시사하였고, 손다이크는 행동을 수정하기 위해 보상과 벌의 사용을 주장하는 도구적 조건화 연구를 수행하였다. 스키너는 손다이크의 연구를 확장하여서 정적 강화, 부적 강화, 소거 등 기본적인 행동의 원리를 제시하면서, 관찰 가능한 행동과 환경의 사태에 대한 연구만 의미 있으며 강화나 처벌의 유형에 따라 학습 비율이나 학습한 내용의 파지 정도가 달라진다고 주장하였다.

교수설계 분야는 교수체제설계(instructional systems design: ISD) 덕분에 급속하게 성장하였다. ISD는 주로 기업체와 군대의 교육 프로그램 개발을 위한 하나의 접근방법으로 시작되었고, 완전학습을 촉진할 수 있는 대규모의 효과적인 교수 프로그램 개발의 요구를 만족시키기 위해 시도되었다. 이 방법은 초·중등교육보다는 주로 성인에게 기능과 지식을 가르치기 위하여 설계되었다. ISD 절차는 대체로 행동주의 심리학에 기초하고 있기 때문에 행동 목표의 상세화, 학습 과제와 활동분석, 학습자의 성취수준에 맞는 수업을 강조한다. ISD 모형은 전체적인 목표의 정의, 내용의 분석, 교수 계열의 구체화, 교과과정의 계열화 등 교육과정 수준에서 시작한다. 이 모형은 교수방법과 매체의 선택, 학습 목표의 숙달을 증진시킬 수 있는 레슨의 설계, 각 레슨과 전체 교수 체제의 평가 등으로 구성되어 있다. ISD에서의 평가는 관찰 가능한 행동 측정을 강조한다.

ISD 모형은 특히 기업, 군대 교육 환경에서 아직 널리 이용되고 있으나 동시에 많은 비판도 받고 있다. 즉, ISD 모형은 복잡하며, 거시적인 측면인 교육과정 수준에서는 방법을 제시하고 있으나 미시적인 수준인 레슨 설계에 대해서는 이렇다 할 방법 제시가 부족하고, 행동주의 철학에 치우쳐 있다는 비난을 받았다(김동식, 박인우 역, 2003). 구체적으로 살펴보면 ISD 모형은 사고, 성찰, 기억, 동기 유발과 같이 학습에서 관찰하기 어려운 측면을 소홀히 하고, 교사와 교수 자료는 강조하지만 학습자에 대해서는 관심을 두지 않았다는 것이다.

(2) 인지주의

인지주의 이론은 마음, 기억, 태도, 동기 유발, 사고, 성찰과 같은 관찰하기 힘든 요인을 강조하고 있다. 인지주의 이론 중에 대표적인 정보처리이론은 정보가 오감을 통해서 들어오고 단기기억을 거쳐 장기기억에 저장되며, 집행 통제의 개념을 이용하여 학습자의 정보 지각, 기억, 처리, 적용을 조정한다는 것이다. 정보처리이론은 인간의 감각과 뇌는 복잡하지만 체계적인 법칙에 따라 작동하기 때문에 학습을 촉진시킬 수 있다고 가정한다.

1970년대에 시작해서 1980년대를 거치면서 ISD 모형을 신봉하던 많은 교수 설계자들이 인지적 원리를 고려하기 시작하였다. CBI(computer based instruction)와 상호작용적 멀티미디어 개발 과정에서 화면 설계와 제시 전략에 주의 집중과 지각이론을 반영하였고, 근간에는 동기유발이론을 도입하고 있다. 또한 교수 전략과 사용자 통제 설계에서 학습자의 개인적 요구와 개인차를 반영하려고 하며, 이해와 메타인지는 물론 회상을 촉진하기 위하여 상호작용도 보다 자주 설계되고 있다. 인지주의에서 강조하는 능동적인 학습은 행동주의 학습 원리와도 무관하지 않지만, 인지적 접근에서는 능동적 학습이 보다 강조되어 왔고, 학습의 전이를 촉진하기 위하여 학습자 활동의 설계와 선택이 보다 강조되었다(김동식, 박인우 역, 2003).

(3) 구성주의

구성주의 이론은 지식이란 외부에서 받아들인 것이 아니라 우리의 머릿속에서 우리가 구성한 것이기 때문에 우리가 지각한 개별적인 해석만이 현실이고, 의미 있는 것이라고 주장한다. 학습은 학습자가 능동적으로 지식을 구성하는 과정이기 때문에 교사는 지식의 전달자에서 학습의 촉진자, 안내자, 코치로 역할이 변화되어야 한다.

구성주의자들은 교수 설계자가 지식의 구성을 촉진해 줄 수 있는 교육환경을 설계해야 한다고 주장하면서 다음과 같은 원리를 적용해야 한다고 하였다(김동식, 박인우 역, 2003).

- 교수보다는 학습을 강조
- 교사보다는 학습자의 활동과 사고를 강조
- 능동적인 학습의 강조
- 발견적 혹은 안내적 발견 방법의 활용
- 학습자에 의한 정보와 프로젝트의 구성 격려
- 상황적 인지와 앵커드 수업과 관련된 상황적 인지 원리에 대한 이해

- 협동적 학습활동의 활용
- 목적적, 실제적(authentic) 학습활동의 활용
- 학습 목표, 학습 전략, 평가방법에 대한 학습자의 선택 강조
- 학습자의 입장에서 학습자의 개인적인 자율성 존중
- 학습자의 성찰 지원
- 학습과 활동에 대한 책임의식 지원
- 학습자가 실세계의 복잡성, 구체성을 이해하도록 격려
- 학습자에게 개인적으로 의미 있는 과제와 활동의 활용

구성주의자들은 하이퍼미디어, 시뮬레이션, 가상현실, 개방적 학습 환경과 같은 방법으로 학습자들이 자유롭게 정보를 탐색하고 학습자에게 알맞은 학습방식으로 학습할 수 있다고 한다. 구성주의자들이 제시한 보다 중요한 제안은 학습자가 자신의 지식을 설계하고 구성할 수 있는 컴퓨터 기반 도구(computer based tools)의 활용이다.

행동주의자들은 인지주의자들이나 구성주의자들이 관찰이나 측정 불가능한 주장, 원리를 제기하기 때문에 그들의 주장은 비과학적이라고 공격한다. 인지주의자들이나 절충주의자들(행동주의와 인지주의 학습심리학의 요소를 통합한 사람들)은 구성주의적 접근은 과학이라기보다 철학에 가깝고, 그 이론은 증명될 수도 없을 뿐만 아니라 이제까지 논의해 오던 학습 원리와 새로운 것도 없다면서 구성주의를 비판한다. 구성주의자들은 교육기관이 행동주의나 인지주의에만 매달린다면 심각한 위기에 직면할 수밖에 없기 때문에 구성주의 원리에 기초하여 다시 설계해야 한다고 주장하고 있다. 그러나 실제로 어느 하나의 패러다임(행동주의, 인지주의, 구성주의)에만 매달리는 사람은 극히 적고, 대다수의 학습심리학자, 교육자, 교육공학자들은 세 가지 패러다임의 다양한 원리를 취사선택한 새로운 하나의 통합된 접근방법을 보다 선호하는 경향이 있다(김동식, 박인

우 역, 2003).

3) 객관주의와 구성주의 교수설계

객관주의(objectivism, instructivism)라는 용어는 구성주의자들이 자신들의 주장과 상대적인 입장을 표현하기 위한 개념으로 종종 사용하였다. 객관주의란 세계가 사람들의 외부에 객관적으로 존재한다고 파악하는 실재론에 뿌리를 두고 있다. 객관주의적 입장에서 교육의 목적은 학습자가 객관적으로 존재하는 실체의 속성과 실체에 대한 관계 및 법칙을 파악하도록 하는 데 있다. 또한 객관적 법칙이라고 밝혀진 체계화된 지식을 다루고 있기 때문에 학습자가 지식을 잘 파악할 수 있는 방법으로 교육 내용을 조직하는 데 관심을 두고 있다. 따라서 객관주의를 기반으로 한 교수설계는 교수 목표 및 과제의 구체적인 분석과 목표 달성을 위해 교수 전략을 고안하는 데 초점을 맞추고 있다.

반면, 구성주의는 우리가 경험하는 세계는 존재하지만 그 의미는 개인에 의해서 구성되기 때문에 구성된 실체의 모습이나 의미는 개인에 따라 매우 다양하며 객관적 실체는 존재하지 않는다고 주장한다. 구성주의적 입장에서 교육의 목적은 학습자가 세상에 대해 어떻게 이해할 것인지 스스로 해석하게 하는 데 있기 때문에 학습자가 현실과 유사한 환경에서 지식을 활용하고 해석하도록 하는 데 관심이 있다. 따라서 구성주의를 기반으로 한 교수설계는 복합적이고 역동적인 현실과 유사한 환경과 문제를 학습자에게 제시하여 학습자가 주관적 경험에 근거해 개인적 의미를 창출하도록 하는 데 초점을 맞추고 있다.

객관주의와 구성주의 교수설계의 방식과 원칙의 차이점을 살펴보면 〈표 6-2〉와 같다(강인애, 1997에서 일부 수정).

표 6-2 객관주의와 구성주의 교수설계

		객관주의	구성주의
문제 상황		• 구조적	• 비구조적
설계 목적		• 최적의 해결책	• 만족스러운 해결책
설계 과정		• 체계적 접근	• 체제적 접근
설계 관점		• 합리적 설계	• 창의적 설계
설계와 분석	• 누가	• 수업설계자/교사	• 학생 개개인 스스로
	• 언제	• 수업 전	• 수업하는 과정 중에 지속적으로
	• 어느 만큼	• 세분화, 순서화, 연계화	• 전체적 학습 목표만 설정
수업 평가	• 누가	• 수업설계자/교사	• 학생 본인, 동료 학생, 교사
	• 언제	• 학습 목표 설정과 동시에 설계하고 수업 후에 실시	• 수업하는 과정 중에 지속적으로 실시
	• 형태	• 객관식 평가	• 다양한 형태의 평가

객관주의 관점은 제2차 세계대전 중 군인을 훈련시키는 데 성공적으로 적용되었고, 체계적인 접근을 통해 주어진 목적을 달성하고자 하는, 현존하는 교수설계 모델의 기초가 되었다(Hwang, 1995). 이 관점은 목적이 주어지면 목적을 달성하기 위해 관련된 문제를 분해하여 복잡한 시스템을 그들이 통제하기 쉬운 보다 작은 요소로 나눈다. 객관주의의 핵심 아이디어는 최적화(optimizing) 개념으로 현재 상태에서 미래의 바람직한 상태에 도달하기 위한 가장 효율적이고 효과적인 대안을 선정하는 데 있다.

객관주의에 기초한 체계적 접근이 교수설계 과정에서 어떻게 실현되고 있는가를 요약하면 다음과 같다.

교수 목적과 목표를 구체적으로 정의하고, 다양한 대안을 분석하고, 교수자원을 확인하고 개발하며, 행동에 대한 계획을 세우고, 교수 결과는 프로그램에 대한 가능한 수정을 위해 계속적으로 평가한다. 이것은 미리 결정된 계열에서 수행되는 일련의 단계 또는 활동을 통해 성취될 수 있는 수업 결과를 의미한다.

반면, 구성주의는 객관주의가 복잡한 인간 문제에 적용하기에는 부적절 하다는 자각에서 싹텄다. 문제가 분명하게 구조화되어 있거나 잘 정의되어 있는 상황에 적합한 객관주의는 다양한 가치와 관점이 존재하는 상황이나 복잡한 변인이 상호작용하는 문제를 포함한 상황에서는 그 유용성이 현저하게 떨어지기 때문이다. 대부분의 경우 교육에 관련된 총체적인 문제는 명확하게 이해하기가 어렵다. 비구조화된 문제 상황은 최적의 해결책을 요구하기보다는 문제해결자의 주관적 해석을 반영하는 만족스러운 해결책을 요구한다. 구성주의적 사고는 특정 문제에 대한 합리적 해결책을 체계적 방법에 의해서 과학적으로 처방하기보다 다양한 참가자의 다양한 관점에 근거한 공개적 토론을 토대로 하여 비구조적인 문제 상황에 대한 총체적 이해를 촉진하여 바람직하면서도 실행 가능한 변화 전략을 실천하는 데 궁극적인 목적이 있다(유영만, 1994). 비구조적인 문제 상황에서는 문제에 대한 분명한 인식 자체가 어렵고 동일한 문제도 보는 사람에 따라 다양하게 해석될 수 있기 때문에 무엇이 문제고 어떤 해결책이 적절한지 결정하는 일 자체가 애매하다. 이런 상황에서는 목표를 사전에 명세화하는 것보다 참가자들의 고유한 관점을 토대로 문제 상황에 대한 적극적인 이해를 촉진시키는 것이 유의미한 학습 결과를 창출해 내며 역동적인 상호작용을 촉진시킬 수 있다.

구성주의에서 진리나 지식은 사회적 참여를 하고 있는 개인의 인지적 작용의 결과이기 때문에 교사는 수업의 전체적인 목표만을 제시하고 세부적인 학습 목표는 학생 스스로 수업을 진행해 가면서 그들의 흥미와 관심, 수준 등을 고려하여 결정해 나간다. 수업평가도 수업 후에 실시되는 것이 아니라 수업 과정 중에 지속적으로 실시된다. 수업 시간에 행해지는 다양한 과제와 활동, 프로젝트, 매 수업 시간에 수업에 관련된 자신의 생각을 기록한 성찰 기록, 학생 동료 간의 평가, 학생들의 활동에 대한 교사의 관찰, 포트폴리오 등으로 평가한다.

그간 객관주의자와 구성주의자 간의 견해 차이 때문에 논쟁이 계속되었으나 이 두 이론은 모두 교수설계에 크게 기여하였다. 객관주의가 주로 세부적인 기술, 전략이나 방법 등에 관심을 두고 있는 반면, 구성주의는 학습자 및 교육 환경에 관심을 두고 있다. 많은 연구와 과학적 검증 단계를 거쳐 그 효과성과 효율성을 증명해 보인 교수 전략과 기법들은 물론 학습자의 자율성, 선택권, 학습 환경도 교수설계에 있어서 매우 중요한 요소다.

4) 구성주의적 학습 환경 설계

구성주의는 오랫동안 학교 교실의 전형이 되어 온 교수방법과 대조를 이루고 있다. 전통적으로 학습은 모방 활동으로 간주되어 왔다. 그러나 구성주의 관점에서 학습은 모방적인 행동이 아닌 깊이 있는 이해가 목적이다. 구성주의 교수 활동은 학습자가 새로운 정보를 내면화·재형성·변형하도록 돕는다. 교사는 학습자가 실세계의 풍부함을 경험하도록 학습자에게 기회를 주어야 하고, 학습자가 스스로 질문하고 답을 찾을 수 있는 권한을 주어야 하며, 학습자가 실세계의 복잡성을 이해할 수 있도록 자극을 주어야 한다. 구성주의는 학습 환경의 중요성을 강조한다. 그런 의미에서 전통적인 교실 환경과 구성주의 교실 환경을 비교하면 〈표 6-3〉과 같다(추병완, 최근순, 1999).

표 6-3 전통적인 교실 환경과 구성주의적 교실 환경

전통적인 교실	구성주의적인 교실
• 교육과정은 기본적인 기능을 강조하면서 부분적인 것에서 전체적인 것으로 제시된다.	• 교육과정은 커다란 개념을 강조하면서 전체적인 것에서 부분적인 것으로 제시된다.
• 정해진 교육과정에 엄격하게 의거하는 것이 높이 평가된다.	• 학생들의 질문에 대한 추구가 높이 평가된다.
• 교육과정 활동은 교과서와 연습장에 주로 의존한다.	• 교육과정 활동은 원천적인 데이터와 조작 가능한 자료에 주로 의존한다.
• 학생들은 교사에 의해서 정보가 새겨지는 백지 상태로 간주된다.	• 학생은 세계에 대한 이론을 만들어 내는 사상가로 간주된다.
• 교사는 일반적으로 학생들에게 정보를 퍼뜨리는 설교적인 방식으로 행동한다.	• 교사는 일반적으로 학생들을 위한 환경을 매개시켜 주는 상호작용적인 방식으로 행동한다.
• 교사는 학생들의 학습을 확인하기 위해서 정확한 답을 추구한다.	• 교사는 후속 학습에서 사용할 수 있는 학생들의 현재 개념을 이해하기 위하여 학생들의 관점을 추구한다.
• 학생들의 학습에 대한 평가는 교수와 분리된 것으로 여기고 대개 시험을 통해서 이루어진다.	• 학생들의 학습에 대한 평가는 교수 활동과 관련되며 학생들의 활동에 대한 교사의 관찰과 학생들의 전시 및 포트폴리오를 통해서 이루어진다.
• 학생들은 주로 개별적으로 활동한다.	• 학생들은 주로 집단을 이루어 활동한다.

4 교수 체제의 구성 요소

교수 체제는 학습자의 행동 변화를 목적으로 상호작용적으로 기능을 하는 수업에 관련된 구성 요소의 총체를 의미한다. 일반적으로 교사, 학습자와 교육 내용을 교육의 3요소라고 하는데, 실제 교수 상황에서는 더 많은 요소가 교수-학습 과정에 영향을 미친다. 교수 체제에 대한 이해를 돕기 위해서 교수 체제의 구성 요소를 살펴보면 다음과 같다.

- 목표: 교수 체제의 목표로서 학습자가 새롭게 습득하거나 변화시켜야 할 행동 유목을 말한다.
- 내용(메시지): 교수 체제의 구성 요소에 의하여 전달되는 정보로서 사실, 의미, 아이디어를 의미한다.
- 사람: 내용을 전달하거나 전달받기 위하여 활동하는 사람으로서 교사, 학습자, 직원, 보조원, 기술자 등을 포함한다.
- 자료: 기구나 장치에 의하여 전달할 수 있도록 내용을 저장하고 있는 것으로 보통 소프트웨어라고 한다. 이는 기재나 장치에 의하여 활용된다.
- 기재나 장치: 자료에 저장된 내용의 전달체로서 하드웨어라고 한다.
- 기법 또는 절차: 내용의 전달에 동원되는 자료, 장치 및 사람의 활용에 관한 절차, 방법 등을 말한다.
- 환경: 내용을 전달하고 전달받기 위해 활동을 전개하는 물리적 시설이나 상황적 조건을 포함한다.
- 시간 계획: 교수-학습 활동을 위해 미리 작성해 놓은 시간 계획을 의미한다.

이와 같은 교수 체제의 구성 요소는 서로 다른 환경이나 다양한 수준의 교육에서도 공통적으로 고려해야 할 요소다. 이 요소는 교수 체제 안에서 상호작용적, 상호 관련적으로 통합되어 교수 체제의 목표를 달성한다.

5 교수의 변인

교수설계에 적용되는 교수 모형과 이론은 학습 결과에 영향을 주는 모

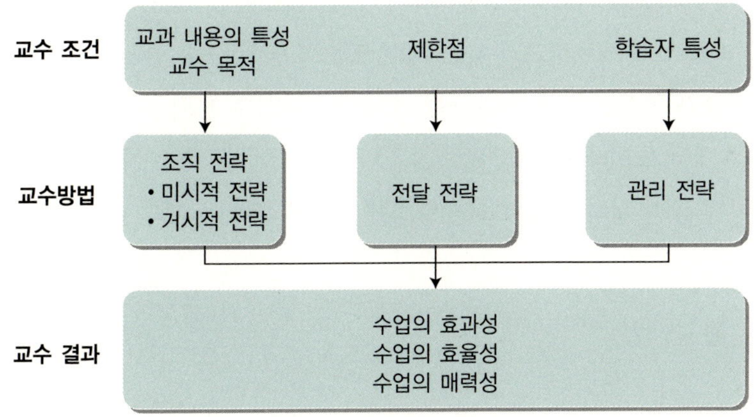

그림 6-1 **교수 조건, 방법, 결과 변인의 상호 관계**

든 종류의 변인을 포함할 수 있도록 포괄적이어야 한다. 앞에서 언급한 교수 체제의 구성 요소가 교수의 변인으로서 어떻게 고려되어야 하는지를 살펴보면 다음과 같다.

롸이거루스와 메릴(Reigeluth & Merrill, 1979)은 교수 변인을 교수 조건(conditions), 교수방법(methods), 교수 결과(outcomes)의 세 가지 범주로 분류하였다.

1) 교수 조건

교수 조건이란 교수방법에 영향을 미치는 교수의 한 영역으로 교과 내용의 특성, 교수 목적, 학습자 특성, 제한점 등을 말한다. 교수 조건은 교수방법과 상호작용하지만 교수 설계자나 교사에 의해서 통제될 수 없는 제약 조건을 뜻한다.

교과 내용의 특성은 특정 내용이 어떤 지식을 다루고, 그 지식의 구조는 어떠한지를 말하며, 교과 내용의 특성에 따라 다른 교수 전략을 필요로 한다(Gagné & Briggs, 1979; Merrill, 1983; Reigeluth, 1983).

교수 목적은 가르치고자 하는 지식 또는 기술의 수준이나 정도를 말하며, 학습자 특성은 학습자의 능력, 학습 동기, 선수 능력, 태도 등으로 교수설계에서 고려해야 할 중요한 요소다. 시간, 기재, 교수 자료, 인원, 재정, 자원 등의 제약 조건도 교수방법에 영향을 미치는 조건 변인이다.

2) 교수방법

교수방법은 서로 다른 조건하에서 학습 결과를 성취하기 위해 사용되는 다양한 전략을 뜻한다. 이는 교수 조건과는 달리 교수 설계자나 교사에 의해서 조정될 수 있다. 또한 교수방법은 바람직한 결과를 성취하기 위하여 교수 설계자들이 그 노력의 초점을 모으는 핵심 부분이다. 교수설계를 위한 교수방법은 조직, 전달, 관리의 세 가지 형태로 분류할 수 있다.

조직 전략은 교과 내용을 조직하기 위한 기본적 방법은 물론 예나 도표의 사용, 내용의 계열, 형태를 포함한다. 미시적 조직 전략은 단 하나의 아이디어에 대한 수업을 조직하기 위해 정의, 사례, 연습문제 등에 대한 정보를 제시하는 방법으로 메릴의 내용요소전시이론이 대표적이다. 거시적 조직 전략은 여러 아이디어에 대한 수업을 조직하기 위해 그 아이디어를 선택, 계열화, 요약, 종합하는 방법으로 롸이거루스의 수업정교화이론이 대표적이다.

전달 전략은 학습자에게 어떻게 지식을 전달하고 전달된 것을 평가하며 적절한 피드백을 제공할 것인가에 대한 방법으로 각종 매체, 교사, 교과서 등이 포함된다.

관리 전략은 조직, 전달 전략의 요소를 수업 과정의 어느 부분에 사용할 것인지, 어떻게 수업을 개별화할 것인지, 교수 자료의 사용을 위한 시간표를 어떻게 작성할 것인지 등을 포함한다.

메릴의 내용요소전시이론

내용요소전시이론(component display theory: CDT)은 가네의 주장을 바탕으로 인지적 영역 내에서도 주로 하나의 개념이나 원리와 같은 단일 아이디어를 가르치는 것과 같은 미시적인 수준을 다루고 있어 미시적 교수설계이론이라고 한다. 메릴은 학습 결과의 범주를 수행-내용의 이차원적 매트릭스에 의해 세분화하였다. 수행 수준은 기억하기, 활용하기, 발견하기의 세 가지 차원으로 구성되어 있고, 내용 유형은 사실, 개념, 절차, 원리의 네 가지 차원으로 구성되어 있다 이 네 가지 차원의 내용은 각각 학습자가 수행해야 하는 과제에 따라서 기억, 활용, 발견의 다른 수준에 걸쳐 습득하게 된다. 이 중에서 사실에 대한 활용과 발견하기는 존재하지 않으므로 10개의 학습 범주로 구성된다.

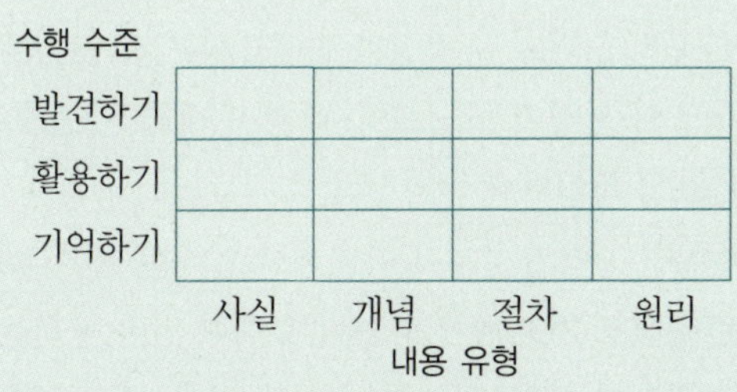

CDT의 수행-내용 매트릭스

3) 교수 결과

교수 결과는 서로 다른 교수 조건에서 사용된 여러 가지 교수방법이 어떤 면에서 어느 정도의 효과가 있는지를 나타내는 교수 활동의 산물이다. 일반적인 수준에서 교수 결과는 교수의 효과성, 효율성, 매력성으로 나눌 수 있다.

교수의 효과성이란 학습자가 여러 가지 교수 내용을 어느 정도 획득하였는가에 의해서 측정되며, 효율성은 그러한 효과를 학습 시간, 비용, 교사의 시간, 개발 비용 등으로 나눈 것이다. 그리고 매력성은 학습자가 학습을 더 계속하기를 원하는 경향에 의해서 측정될 수 있다.

롸이거루스의 수업정교화이론

수업정교화이론(elaboration theory of instruction: ETI)은 교수설계에 관한 거시적 수준의 이론으로서 여러 개의 아이디어를 어떻게 연결·계열화하는가에 대한 교수 전략을 다루고 있다. ETI는 4S, 즉 교수 내용의 선정(selecting), 계열화(sequencing), 종합화(synthesizing), 요약화(summarizing)의 네 가지 영역에서 최적의 방법에 관한 처방적 지침을 제시하고 있다. 무엇을 가르칠 것인가에 해당되는 전략은 거시적인 수준에서 가르칠 내용의 선정에 해당되며, 나머지 계열화, 종합화, 요약화는 모두 어떻게 가르칠 것인가에 해당된다.

계열화란 주어진 교육과정에서 가르쳐야 할 내용을 어떻게 선정하고 그것들을 어떤 순서로 가르쳐야 하는지에 대한 답을 구하는 것이다. 이러한 계열화는 내용의 선정, 학습할 순서의 결정, 배운 내용의 종합, 요약을 위한 복습과 밀접한 관계를 가지게 된다. 공통적으로 바람직한 교수-학습 내용의 조직은 단순한 것에서 복잡한 것으로 계열이 이루어져야 한다.

수업정교화이론에서 수업하는 과정은 카메라의 줌렌즈로 사물을 관찰하는 것에 비유할 수 있다. 먼저, 사물의 전체적인 모습을 관찰하여 각 부분의 관계를 파악한 후(zoom out), 부분별로 확대해 세부 사항을 관찰한다(zoom in). 수업을 정교화하는 단계는 정수(epitome)의 제시, 제1수준의 정교화 제시, 제2수준의 정교화 제시, 추가적 수준의 정교화 제시 단계로 이루어진다.

6 교수설계 모형

교수설계 모형은 교육 연구와 이론에서 유출된 원리를 토대로 하여 상호 관련된 일련의 절차를 제공한다. 교수설계 분야의 연구자들은 다양한 학습 결과, 학습자, 환경, 매체를 위해 효과적이고 효율적인 수업을 산출하기 위한 절차를 개발해 왔다. 교수설계 모형은 특정한 학습 대상자에게 효과적이고 효율적으로 지식 및 기능을 가르치기 위해 설계된 수업 계열이다(Roblyer, 1988).

1) 교수설계의 일반 모형

교수설계의 범위는 한 시간 수업, 한 교과, 한 학교의 교육과정, 국가의 교육체계에 이르기까지 다양하게 설정될 수 있다. 그러나 이러한 대상을 하나의 체제로 보고 체제적 접근에 의해 계획해 나가는 교수설계 모형은 [그림 6-2]와 같이 분석, 설계, 개발, 실행, 평가의 기본적인 다섯 과정을 포함한다.

(1) 분석

교수설계의 첫 단계는 학습과 관련된 요인을 분석(analysis)하는 것으

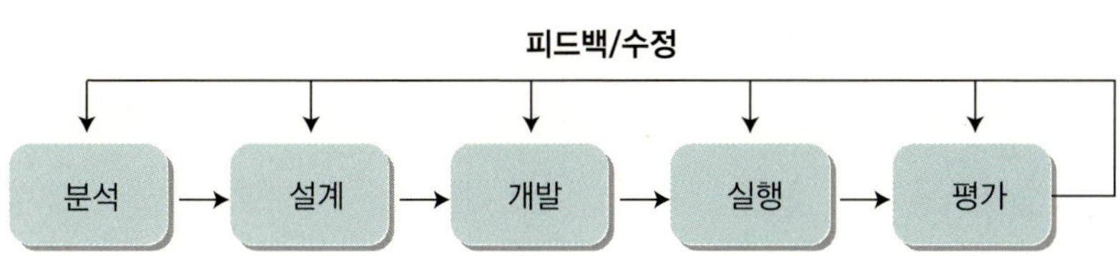

그림 6-2 교수설계의 일반 모형

로 요구분석, 학습자 분석, 환경분석 및 과제분석이 포함된다.

요구분석이란 어떤 바람직한 상태와 현재 상태 간의 차이를 밝히는 것이다. 교육적인 요구는 학습자들이 의도하는 지식, 기술, 태도 등을 가지고 있지 않기 때문에 이러한 차이를 극복하기 위해 발생한다.

학습자 분석은 학습자의 특성을 파악하는 것이다. 학습자의 지적 특성으로는 지능, 적성, 선수학습 능력을 들 수 있으며, 정의적 특성으로는 동기, 자아 개념, 불안, 태도 등을 들 수 있다. 그 밖에 학습자의 사회문화적 배경, 학습 양식 등을 들 수 있다.

환경분석은 설계 과정에서 영향을 미치는 제반 환경과 교수의 목적을 달성하기 위해 필요한 학습 환경에 대한 분석을 의미한다. 설계 과정에서 영향을 미치는 환경으로는 교수설계 과정에 참여할 인적 자원, 교수설계 과정에서 요구되는 기자재, 시설, 경비 등의 물적 자원, 개발 기간 등을 말한다. 교수의 목적을 달성하기 위해 필요한 학습 환경은 교실, 도서실, 실험실 등 교수-학습이 일어나는 공간과 교수매체 등을 포함한다.

과제분석은 교육의 목적을 성공적으로 수행하기 위해 필요한 지식, 기능, 태도 등을 파악하고 이들 간의 계열성을 밝히는 것이다.

(2) 설 계

분석의 결과로 밝혀진 정보를 토대로 구체적인 명세서를 작성해야 한다. 이 설계(design) 단계에서는 목표를 명세화하고 평가도구를 개발하며 교수 전략 및 교수매체를 선정한다.

목적을 달성하기 위해 필요한 목표는 관찰 가능한 용어로 구체적으로 진술해야 한다. 목표는 교수설계의 방향을 제시하는 중요한 역할을 한다. 즉, 교육 목표는 교육 내용의 선정, 평가도구의 개발, 교수 전략 및 교수매체의 선정에 직접적으로 영향을 준다. 또한 목표는 교사, 교과과정 계획자, 행정가, 학부모, 학생들이 수업에 대해서 효과적으로 의사소통을 하도록 도와준다. 목표는 학습자가 수업이 끝난 후에 수행해야 할 성취행동(performance), 그 행동이 나타날 수 있는 조건(conditions), 그리고 성공적인 성취 행동으로 판단할 준거(criterion)를 포함해야 한다(Mager, 1984).

목표를 명세화하고 나면 그 목표의 성취도를 측정하기 위해 평가도구를 개발해야 한다. 목표를 명세화한 후에 즉시 평가도구를 개발하는 이유는 목표와 평가문항이 일치해야 하기 때문이다. 이와 같이 목표의 성취도 여부를 측정하기 위해 개발된 검사문항을 준거지향검사라고 한다. 준거지향검사에는 출발점행동검사(entry behavior test), 사전검사(pretest), 사후검사(posttest), 진도확인검사(embedded test)가 있다(Dick & Carey, 1996). 목표의 영역에 따라서 지필검사, 관찰, 실기검사를 시행하기 위해 문항 또는 체크리스트를 작성한다.

교수 전략은 목표를 효과적, 효율적으로 달성하기 위한 구체적 방법 또는 활동을 의미한다. 교수 전략은 교수 목표에 진술된 학습자의 성취 행동 유형과 수준, 교과 영역, 학습자의 장점과 선호도, 학습이론과 연구에서 유출된 정보, 경험에서 나온 통찰력, 시간과 자원의 제한점, 교사의 재능과 선호도를 근거로 선택한다. 학습 목표에 따라 선택할 수 있는 교수 전략을 정리해 보면 〈표 6-4〉와 같다(Hackbarth, 1996).

교수매체는 학습 내용, 학습자 특성, 교수 방법 및 전략에 의해서 결정된다(교수매체에 관한 자세한 내용은 제7장과 제8장을 참고한다).

(3) 개 발

개발(development) 단계에서는 설계 단계에서 작성된 명세서에 의해서 실제로 사용할 교수 프로그램이나 수업에 사용할 교수 자료를 제작한다. 먼저 교수 프로그램이나 교수 자료의 초안을 만들고, 교과 전문가와 학습자를 대상으로 초안에 대한 형성평가를 실시한다. 형성평가를 통해

표 6-4 학습 목표와 교수 전략

학습 목표	교수 전략
주의 집중	• 활자 크기 • 목소리의 크기 조절 • 소리의 크기 조절 • 친숙한 음악의 사용 • 색다른 경험 제공 • 색의 사용 • 학습자의 눈을 보기 • 학습자와 가까이 하기
동기 유발	• 내용의 제시 일정 • 내재적인 가치의 언급 • 외재적 보상에 대한 약속 • 시험에 대한 예고 • 도전과 경쟁심 유발 • 자부심의 자극과 격려 • 실생활과 관련 짓기 • 동료들과 그룹 짓기
선행 조직	• 사전검사 • 예습 • 내용에 대한 요약이나 개관 • 목표 진술 • 선수학습 회상 • 브레인스토밍 • 내용에 관한 어의적인 도표
이해	• 내용의 타당도 • 내용의 조직 • 제목 • 단서나 예제 • 원리 • 제안 • 데이터 수집과 분석 • 수업 속도 • 모델링 • 설명 • 질문과 응답 • 시험 • 정보적인 피드백 • 사전지식과 연관 짓기
숙달	• 반복과 지시적인 연습 • 리포트 작성 • 재택 시험 • 문제해결 활동 • 아이디어의 촉진 • 발표
전이	• 일반화나 적용하기 • 견학과 시뮬레이션 • 실생활과 연결된 상황 학습 • 실제 문제해결하기
창의력	• 지시적인 발견학습 • 독립적인 프로젝트 • 상호작용적인 멀티미디어 • 문제해결에 대한 도전 • 상호작용적인 의사소통 • 가상공간 여행 • 가상현실 탐구

수집된 정보를 바탕으로 교수 프로그램이나 교수 자료를 수정하여 실제 교육 현장에 활용할 최종 산물을 개발한다. 형성평가에 의해 수집된 정보는 설계 과정에서의 문제점을 밝혀 주어 교수 자료를 수정 · 보완할 수 있도록 하기 때문에 개발된 교수자료의 효과성과 효율성을 증진시키기 위해서는 반드시 형성평가를 실시하여야 한다. 형성평가는 교과 전문가에 의해 실시되거나, 학습자들에 의해 일대일 평가, 소집단 평가, 현장 평가의 세 단계를 거친다(Dick & Carey, 1996).

형성평가 결과는 교수 프로그램이나 교수 자료 자체를 수정하는 것뿐만 아니라 교수 목표가 제대로 설정되었는지, 과제분석은 타당하게 이루어졌는지, 학습자 특성은 적절히 파악되었는지 등 설계의 전 과정에 대해 검토하고 수정할 기회를 제공한다.

(4) 실 행

실행(implementation) 단계에서는 개발된 교수 프로그램이나 교수 자료를 실제 교육 현장에서 활용하고 관리한다. 이때 의도한 목적을 달성하기 위해서 교수 프로그램이나 교수 자료의 실행에 필요한 지원 체제를 갖추는 것이 중요하다. 지원 체제에 대한 대책 수립 및 시행, 특정한 시설, 예산, 기자재, 특수한 전문가나 기술 요원이 필요한지 등을 미리 검토하여 이에 대한 지원이 이루어져야 한다.

(5) 평 가

평가(evaluation) 단계에서는 교육 프로그램이나 교수 자료의 효과성, 효율성을 측정하기 위해서 총괄평가를 실시한다. 개발 단계에서 교수 프로그램의 질을 개선하기 위해서 실시되는 형성평가와 달리 총괄평가는 개발된 교수 프로그램의 선택에 관련된 사항을 결정하기 위해서 실시된다. 총괄평가는 교수 프로그램이 교수 목적을 충족시켜 줄 수 있는지에

표 6-5 교수설계의 과정과 산출

교수설계의 과정	역할(기능)	세부 단계(활동)	산출 결과
분석	학습 내용(what)을 정의하는 과정	요구, 학습자, 환경, 직무 및 과제 분석	요구, 교육 목적, 제한점, 학습 과제
설계	교수방법(how)을 구체화하는 과정	성취 행동 목표 진술, 평가도구 개발, 교수 전략 및 매체 선정	성취 행동 목표, 평가도구, 교수 전략 등을 포함한 설계명세서
개발	교수 자료를 제작하는 과정	교수 자료 제작, 형성평가 실시 및 교수 자료의 수정	완성된 교수 자료
실행	교수 자료를 실제 상황에 적용하는 과정	교수 자료의 사용 및 관리	실행된 교수 자료
평가	교수 자료의 효과성, 효율성을 결정하는 과정	총괄평가	프로그램의 가치와 평가보고서

대해 전문가를 통해서 판단하거나 교육 현장에서 교수 프로그램을 실제로 활용하면서 효과성과 효율성을 검증한다.

교수설계의 각 단계의 기능, 세부적인 활동과 산출 결과의 관계는 〈표 6-5〉와 같다(이화여자대학교 교육공학과, 1996).

2) 딕과 캐리의 교수설계 모형

딕(Dick)과 캐리(Carey)의 모형은 초보자나 경험이 적은 교수 설계자가 유용하게 사용할 수 있도록 교수설계 과정을 단계적으로 설명하고 있다(Dick, 1996; Edmonds et al., 1994). 이 모형은 교사들이 수업을 계획하는 데 적용 가능성이 높은 것으로 [그림 6-3]과 같다. 일부 학자는 이것이 교수설계를 위한 고정적이고 순차적인 접근을 하는 모형이라고 비판

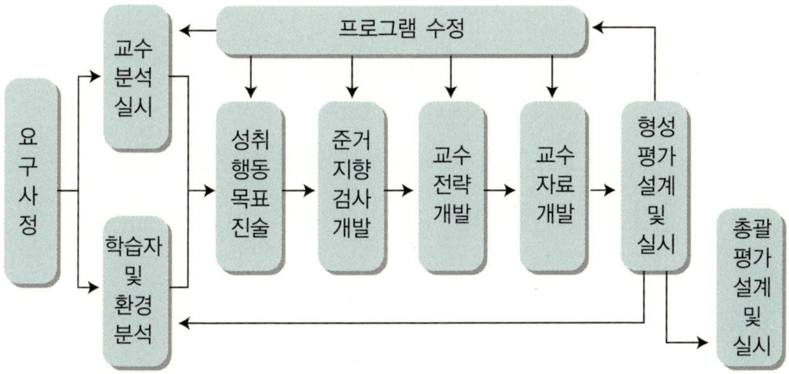

그림 6-3 딕과 캐리의 교수설계 모형

한다. 하지만 이 모형은 초보자가 교수설계를 하도록 훈련시키기 위해 만들어졌기 때문에 시작 단계부터 모형을 통해서 주어진 순서대로 교수설계 방법을 학습할 수 있도록 권장하고 있다.

3) 켈러의 ARCS 모형

(1) ARCS 이론의 배경

학습자의 학습 능력은 학습자의 특성과 교수 사태뿐만 아니라 학습자의 동기 수준과 밀접한 관계가 있다. 학습자는 학습에 의미를 부여하고 보다 흥미를 느낄 때 더 높은 학업 성취도를 보일 수 있다. 이 이론은 주의 집중(attention), 관련성(relevance), 자신감(confidence), 만족감(satisfaction)이라는 네 가지 구성 요소로 이루어지며, 각 단어의 첫 글자를 따서 ARCS 모형이라고 한다. 켈러(Keller)의 ARCS 이론은 다음과 같은 특성이 있다.

- ARCS 이론은 인간의 동기를 결정지을 수 있는 다양한 변인과 그에 관련된 구체적 개념을 통합한 네 개의 개념적 범주, 즉 주의 집중,

관련성, 자신감, 만족감을 포함한다.

- ARCS 이론은 교수-학습 상황에서 동기를 유발하고 유지하기 위한 구체적이고 처방적인 전략을 제시한다.
- ARCS 이론은 교수설계 모형과 병행하여 활용할 수 있는 동기설계의 체제적 과정을 보여 준다.

수행요인 모형(Keller, 1999)은 [그림 6-4]에서 보는 바와 같이 개인적인 특성과 환경이 노력, 수행, 결과에 미치는 영향을 설명한다.

ARCS 이론은 학업 수행과 학습을 위한 노력을 구분한다. 수행이란 실제적인 학업 성취를 의미하며, 노력이란 개인이 주어진 과제를 달성하기 위한 활동에 참여하는지의 여부를 지칭하는 개념이다. 따라서 수행보다는 노력이 동기의 직접적인 지표가 된다. 수행은 동기뿐만 아니라 학습자의 능력 및 학습의 기회나 환경에도 영향을 받는 것으로 동기를 측정하는 데 간접적으로 관련된다. 또한 켈러는 수행과 노력을 분리하여 동기를 설명하는 동시에 수행과 결과도 구분하여 설명하고 있다. 수행은 외적으로 나타나는 실제적인 성취인 반면, 결과는 개인에게 귀속되는 내

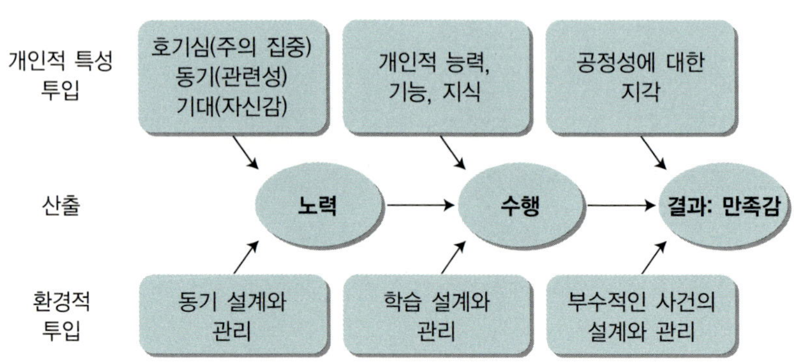

그림 6-4 수행요인 모형

적인 산물과 외적인 산물을 모두 포함한다.

(2) ARCS 모형의 구성 요소

ARCS 모형은 주의 집중, 관련성, 자신감, 만족감의 네 가지 구성 요소로 이루어지며, 각 동기 요소를 유발하고 유지하는 데 필요한 구체적인 전략을 제시하고 있다.

먼저, 수업에서 학습자들은 주의 집중을 해야 한다. 이러한 동기 전략은 단순한 외적 자극(탁자 두드리기, 소리 내어 집중시키기 등)부터 정신적인 자극을 일으키는 문제 제기에 이르기까지 다양하게 사용될 수 있다. 주의를 집중시키기 위해서는 변화가 필요하다. 아무리 좋은 전략이라도 계속 사용하면 지루한 느낌을 주게 된다. 두 번째로 관련성을 확립해야 한다. 호기심이 유발되었다 해도 학습 내용이 아무런 가치가 없다고 느끼면 동기가 소멸된다. 관련성은 수업 내용이 학습자의 미래, 취업, 관심사, 경험 등과 관련시킬 때 확립된다. 세 번째로 자신감은 학습자가 성공에 대해 적극적인 기대를 하도록 도와줌으로써 형성될 수 있다. 때로는 자신에게 기대되는 것이 무엇인지에 대한 이해가 부족해서 자신감이 낮은 학습자가 있다. 이런 학습자에게는 기대되는 목표를 분명히 하고 성취 가능한 목표를 제공하여 자신감을 형성하게 할 수 있다. 목표를 성취하면서 갖게 되는 성공 경험이 학습자 자신의 노력이나 능력의 결과라고 여길 때 학습자의 자신감은 향상되기 때문이다. 네 번째로 만족감은 자신의 학습 경험과 성취에 대한 긍정적 느낌이다. 이것은 학습자가 자신의 성공에 대한 증거와 인정이 공정하였다고 믿는 것을 의미한다. 배운 것을 스스로 적용해 볼 수 있는 기회는 내재적인 만족감을 유발하며, 성적 향상, 자격증 취득 등과 같은 외재적인 보상도 만족감을 유발시킨다.

ARCS 모형의 네 가지 구성 요소는 각각 세 가지 하위 구성 요소로 세분화된다. 〈표 6-6〉은 이들 하위 구성 요소 각각에 관련된 문제가 제시

표 6-6 ARCS 모형의 구성 요소

구성 요소	하위 요소	동기 유발을 위한 주요 질문
주의 집중 (A)	지각적 각성	흥미를 끌기 위해 무엇을 할 수 있을까?
	탐구적 각성	탐구하는 태도를 어떻게 유발할 수 있을까?
	변화성	주의 집중 유지를 위해 적절한 변화를 어떻게 줄 수 있을까?
관련성(R)	목적 지향성	학습자의 요구를 어떻게 최적으로 충족시켜 줄 수 있을까?
	모티브 일치	최적의 선택, 책임감, 영향을 언제 어떻게 제공할 수 있을까?
	친밀성	수업과 학습자의 경험을 어떻게 연결시킬까?
자신감(C)	학습 요건	성공에 대한 긍정적 기대감을 어떻게 키워줄 수 있을까?
	성공 기회	자신감을 향상시킬 수 있는 학습 경험을 어떻게 제공할까?
	개인적 통제	자신의 성공이 스스로의 노력과 능력에 의한 것이라고 느끼게 할 수 있을까?
만족감(S)	내재적 강화	학습한 지식/기능의 사용 기회를 어떻게 제공할까?
	외재적 강화	학습자의 성공에 대해 외적 강화를 어떻게 제공할까?
	공정성	자신의 성취에 대해 어떻게 긍정적인 느낌을 가지도록 할까?

되어 있다. 이는 교사가 학습자의 동기를 분석하고 계획할 때 참고할 수 있는 것들이다(켈러, 송상호, 1999).

(3) 동기설계 단계

켈러와 송상호(1999)는 많은 교수설계 모형이 동기설계에 대한 체계적 안내 없이 수업의 효과성과 효율성만을 지나치게 강조해 왔다고 지적하고, 교수설계의 모든 국면에서 주의 집중, 관련성, 자신감, 만족감을 고려하여 수업을 보다 매력적인 것으로 발전시켜야 한다고 주장하였다. 그들은 교수설계 분야에서 가장 알려진 딕과 캐리의 모형이 초보자들에게

표 6-7 **ARCS 모형과 딕과 캐리의 교수설계 모형**

<table>
<tr><th>단계</th><th>동기설계 단계
(ARCS 모형)</th><th>교수설계 단계
(딕과 캐리의 모형)</th></tr>
<tr><td rowspan="2">분석</td><td>① 코스 정보의 획득
② 대상자 정보 획득
③ 대상자 동기분석</td><td>• 수업 목적 확인
• 출발점 행동, 학습자 특성 확인</td></tr>
<tr><td>④ 기존 교재분석</td><td>• 교수분석</td></tr>
<tr><td rowspan="2">설계</td><td>⑤ 동기 목표 설정 및 측정 방법 열거</td><td>• 성취 행동 목표 진술
• 준거지향검사 개발</td></tr>
<tr><td>⑥ 예비 전략 열거
⑦ 최종 전략 선택
⑧ 교수 전략에 통합</td><td>• 교수 전략 개발</td></tr>
<tr><td>개발</td><td>⑨ 교재 선택 및 개발</td><td>• 교수 자료 설계 및 개발
• 형성평가 설계 및 실시</td></tr>
<tr><td>평가</td><td>⑩ 평가와 수정</td><td>• 총괄평가 설계 및 실시
• 수정</td></tr>
</table>

적절한 교수설계의 기본 요소를 포함하고 있지만 동기설계에 대해 특별한 안내 지침을 제공하고 있지 않다고 하면서, ARCS 모형의 10단계는 딕과 캐리의 모형과 병행하여 사용하기 위한 상황-구체적 모형이라고 하였다. 그 단계들을 비교하면 〈표 6-7〉과 같다.

동기설계 단계에서 먼저 가르치는 과목에 대한 정보를 검토한다(1단계). 이때 교수설계 과정에서 확인된 수업 목적을 검토하여야 한다. 다음으로 학습자에 대한 정보를 검토하고(2단계), 이 정보를 학습 대상자 동기분석(3단계)에 사용하여 학습자가 지니고 있는 학습 동기의 유발 정도와 성향을 확인하고 구체적인 결손 부분이 무엇인지를 결정한다. 이 결과는 교수설계 시 동기의 어느 부분에 대해 주의를 더 기울여야 하는지를 안내해 준다. 동기분석은 학습자의 능력과 선수 지식 요건에 초점을 두는 교수설계 모형의 학습자 분석을 보완한다.

학습 대상자 동기분석을 마치면 기존 교재들이 동기 유발이라는 면에서 만족스러운지, 만족스럽지 못하다면 어떤 부분이 부족한지 분석한다(4단계). 이 분석 결과는 동기 목표를 세우고 달성 여부가 가능한 준거를 마련하는 데 활용된다(5단계).

다음 단계는 설정된 동기 목표에 근거하여 동기 목표 달성에 필요한 예비 전략을 열거한다(6단계). 이것은 혼자서 또는 여러 사람의 브레인스토밍을 통해서 이루어지는데, 수업의 초기 단계, 중간 단계, 정리 단계에 필요한 동기 전략을 주의 집중, 관련성, 자신감, 만족감이라는 동기의 구성 요소로 구분하여 가능한 많이 열거하는 것이 좋다. 7단계에서는 실제로 사용될 동기 전략을 선택 준거에 의하여 최종적으로 선택하며, 필요시 선택된 전략을 통합적으로 사용할 수 있는 방안도 준비한다. 8단계에서는 선택된 전략을 교수 전략과 통합하여 주어진 수업 단원에 대한 설계를 마무리한다.

9단계에서는 설계된 내용을 실현하기 위해 기존의 교재를 선택하거나, 새로운 교재를 개발하거나, 기존 교수 전략을 수정하여 동기적 요소를 포함하고 형성평가를 실시한다. 마지막으로 10단계에서는 선택 또는 개발된 교재를 시험평가하고 총괄평가를 실시하여 그 결과에 따라 필요하다면 수정한다.

ARCS 모형은 학습 동기를 유발하고 지속시키기 위해 학습 환경의 동기적인 측면을 설계하는 문제해결 접근법이다. 이 모형은 동기의 구성 요소를 분류해 놓은 것으로 인간 동기에 대한 연구 결과를 통합한 결과물이며, 특정 대상에 적절한 동기 향상 방법을 구안하는 체계적 설계 과정이다. 이것은 학습 동기의 다양한 요인을 확인하는 데 도움을 주고, 주어진 학습 환경에서 학습자의 동기 특성을 파악하는 데 도움을 주기 때문에 적절한 동기 전략을 처방하도록 해 준다(켈러, 송상호, 1999). ARCS 모형은 초·중등학교, 고등교육기관, 기업, 관공서 및 기타 성인학습 상황은 물론 컴퓨터 보조 수업, 멀티미디어 수업, 웹기반 교육 설계에 적용되고 있다.

7 교사와 교수설계

'교육의 질은 교사를 능가하지 못한다.' 는 말이 있듯이 교육에서 주도적인 역할을 하는 사람은 교사다. 교사의 역할은 매우 다양하지만 수업을 통하여 의도한 목표를 실현시킨다는 점을 감안하면 교사의 역할 중 가장 중요한 것은 가르치는 일이다. 교사가 학습자의 특성 및 요구와 학습 과제를 파악하고, 교수이론과 방법을 효과적으로 적용하고, 자신의 수업 활동이나 방법을 분석하고, 이에 관련된 문제가 있을 때 그것을 극복하기 위해 전문적인 노력을 한다면 보다 나은 수업을 제공할 수 있을 것이다. 교사는 이러한 전문적인 노력, 즉 학습자가 수업 목표를 보다 효과적으로 성취하기 위해 필요한 제반 활동과 전략적인 방안을 계획하는 교수설계의 과정을 거친다.

가르치는 것은 예술인가 과학인가? 교사를 예술가라고 인식하는 사람들은 교수란 학습만으로 배울 수 없는 직관적인 능력과 천부적인 자질을 발휘하는 것이기 때문에 교사는 태어나는 것이지 만들어지는 것이 아니라고 주장한다. 이에 반대되는 입장은 교수란 과학 그 자체로 주어진 교실 상황에 맞는 적절한 공식을 주의 깊게 선택하여 실행하는 것이라고 한다. 실제로 통찰력 있고 실용적인 과학적 지식을 근거로 한 교수 활동은 교사들의 성취 행동을 증진시키기 때문이다.

교수이론에 대한 과학적인 적용이 성공적인 교수-학습을 조장하는 것은 아니다. 교수-학습 과정에 포함되는 사람, 아이디어, 사물, 사건 등의 변화무쌍한 상호작용은 복잡하고 예측하기 어렵기 때문이다. 체제이론에 근거한 모형은 일반적으로 효과적인 수업을 설계하기 위한 알고리즘(algorithm)을 제공한다. 그러나 알고리즘 자체는 해결 방안이 될 수 없기 때문에 문제를 해결하기 위해서는 그 이상의 것을 요구하며, 알고리즘을 성공적으로 적용하기 위해서는 세부적인 요구에 의존하여 보다 융통성 있는 설계를 해야 한다(Edmonds et al., 1994).

교사는 특정한 상황에 과학적인 기술이나 원리를 창의적으로 적용해야 한다. 게이지(Gage, 1978)는 기술공학인 과학에 교사의 창의성이 더하는 것이 교수라고 주장한다. 교수설계를 통하여 과학적인 방법으로 각 요소와 원리를 살펴야 하고, 이 분리된 요소가 서로 역동적이고 체제적인 교수 환경으로 통합되어야 한다. 이러한 과정은 가장 중요한 촉매자인 교사에 의해서 실행되는데, 여기서 교수의 예술적인 요소가 가미된다. 따라서 교수 과정을 극대화하기 위해서 교수에 대한 과학과 예술은 서로 갈등을 일으키는 것이 아니라 협력하는 것이다.

수업을 계획하고 실행하는 데 교사의 역할은 매우 중요하다. 유능한 교수 설계자에 의해 훌륭한 계획이 세워졌다 하더라도 실제로 교사가 어떻게 수업을 주도하고 운영해 나가는가에 따라 수업 결과가 달라질 수 있기 때문이다. 현실적으로 교수 설계자라는 전문인이 별도로 존재하여 교사가 계획적인 수업을 할 수 있도록 지원하는 경우는 드물다. 대부분 교사는 자신의 수업을 스스로 계획하고 실천하고 수정해야 한다. 이러한 현실을 감안할 때 교사는 최소한 교수설계에 대한 기본적인 지식과 절차를 파악하고 교수설계 기술을 익혀 수업을 계획할 때 이러한 능력을 발휘해야 한다. 실제 예비 교사와 현직 교사가 교수설계에 관해 교육을 받고 수업을 계획한 결과, 그들 대부분이 교수설계가 교사 교육에서 배웠던 여러 기술 중 가장 유용한 것이었다는 긍정적인 태도를 보였다(Reiser, 1994).

기업이나 산업체 등 여러 분야의 훈련보고서에서도 교수 설계자와 교과 전문가가 협력하여 교수설계를 한 결과, 학습이나 기능 발달은 물론 교사와 훈련생의 태도에서 의미 있고 긍정적인 영향을 주었다고 하였다(Kemp et al., 1994). 교수설계 배경이 거의 없는 교사들이 원격훈련 프로그램을 설계하고 계획하기 전에 기본적인 교수설계 원리를 배웠는데, 그들은 아무런 자극 없이도 자연스럽게 그들이 배웠던 것을 실제 수업에 적용하였으며 앞으로도 자주 사용할 것이라고 보고하였다(Martin, 1994).

교수설계의 체계적인 절차가 교사들이 창의적이고 인간적인 방식으로 가르치는 것을 방해하는 기계적인 것이라고 비판하는 사람들도 있다. 그러나 창의성이 학습 문제를 해결하는 방법으로서 새로운 아이디어를 공식화하고 개발하고 시도하는 것을 의미한다면, 교수설계 과정은 확실하게 그러한 과정을 보장한다(Kemp et al., 1994). 설계 과정의 구성 요소는 수많은 다른 배열로 개발될 수 있고, 학습 자원과 학습 경험을 위한 활동도 교사가 원하는 만큼 창의적으로 선택할 수 있기 때문이다. 또한 교사는 교수설계 과정 안에서 쌍방향 의사소통을 지닌 역동적인 매체를 사용한 원격교육, 개별학습 모듈, 개인용 컴퓨터, 비디오, CD-ROM과 상호작용적인 멀티미디어 수업 등의 기술적인 자원과 다양한 교수방법을 사용하여 교수-학습의 효과성과 효율성을 증진시킬 수 있다.

Chapter

07

교수매체

수업이 교육 목적을 지닌 특수한 형태의 의사소통 과정이라고 한다면, 교수매체는 이러한 의사소통을 증진시키면서 수업의 질과 학습자의 동기를 향상시키는 데 큰 역할을 한다. 교사가 수업을 계획할 때 고려해야 할 많은 요소 중에 교수매체의 선정이 상당한 비중을 차지하는 것도 이러한 이유 때문이다. 또한 최근 테크놀로지의 급격한 발달로 수업에 활용할 수 있는 매체가 양적 · 질적으로 크게 증가하면서 교수매체를 활용할 수 있는 기회나 활용에 대한 요구도 증가하고 있다. 교수매체를 적절히 선정하고 활용하기 위해서는 교수매체의 기본적인 특성에 대해 이해하고 이를 바탕으로 교수매체를 선정해야 한다. 이 장에서는 교수매체의 개념 및 활용을 위해 필요한 내용과 교재 제작을 위한 원리 및 지침, 그리고 다양한 매체를 소개한다.

| 학습 목표 |

1. 교수매체의 개념을 설명할 수 있다.
2. 교수매체의 기여도를 열거할 수 있다.
3. 교수매체를 효과적으로 선택 · 활용하기 위한 절차를 설명할 수 있다.
4. 교구를 선정할 때 고려해야 할 요인을 열거할 수 있다.
5. 교재를 선정할 때 고려해야 할 요인을 열거할 수 있다.
6. 시각적 능력에 대해 설명할 수 있다.
7. 시각적 설계 원리를 열거할 수 있다.
8. 학습자 특성, 교수 목표에 적합한 매체를 선택할 수 있다.

1 교수매체의 개념 및 기여도

1) 교수매체의 개념

매체란 'media'를 번역한 용어로 라틴어 '*medius*'에서 파생된 것이며 'between'의 의미를 가지고 있다. 따라서 매체란 무엇과 무엇 사이를 맺어 주는 역할을 한다. 예를 들면, 통신 과정에서 송신자에서 수신자로 메시지를 전달해 주는 수단이 된다. 교수매체는 교수-학습 과정에서 교사에게서 학습자로 학습 내용을 전달하는 수단, 즉 학습 과정에 자극을 부여할 수 있는 사물이나 구성 요소를 의미한다. 따라서 교수매체는 교육 목표를 효과적, 효율적, 매력적 방법으로 달성할 수 있도록 교수자와 학습자 간의 학습에 필요한 커뮤니케이션을 도와주는 다양한 형태의 매개 수단 또는 제반 체제라고 정의할 수 있다.

교육공학의 발달과 함께 교수매체의 개념도 점차 확대되어 왔다. 교수매체의 개념은 협의의 개념과 광의의 개념으로 나눌 수 있다. 좁은 의미의 교수매체는 학습 내용을 구체화하거나 학습자가 학습 내용을 명확히 이해할 수 있도록 도와주는 보조 자료로서 시청각매체, 즉 시청각 교구와 시청각 자료를 뜻한다. 예를 들면, 슬라이드, OHP, VCR, 실물화상기, 영사기, 컴퓨터와 같은 하드웨어와 슬라이드 필름, TP, 실물, 비디오테이프, 영화, 코스웨어 및 CD 타이틀 등의 소프트웨어를 포함한다. 넓은 의미의 교수매체는 보조 자료라는 협의의 의미에서 벗어나 교수-학습 과정에서 교수 목표를 달성하기 위해 사용되는 모든 자원, 예를 들면 시청각매체뿐만 아니라 인적 자원, 재정적 자원, 학습 환경, 시설 등을 포함하는 포괄적이고 종합적인 개념이다.

2) 교수매체의 기여도

교수-학습 과정에서 교수매체의 기여도는 높이 평가되고 있다. 그러나 교수매체의 효과는 그것이 가진 고유의 속성보다는 제작하는 과정에서 투입된 노력의 결과에 의한 것이다. 교수매체 제작 과정에서의 테크닉도 중요하지만 수업 목표의 진술, 수업 내용의 분석, 학습자 분석 등을 바탕으로 교수설계를 하고 매체를 제작해야 한다. 교수매체는 교수-학습 과정에서 다음과 같은 기여를 하므로 그 필요성이 증대되고 있다.

- 교수 활동이 보다 표준화된다. 수업에 교수매체를 사용하면 모든 학습자가 같은 매체를 통하여 동일한 메시지를 전달받게 된다. 교사가 수업을 주도할 경우에는 교사에 따라 주제의 내용이 다양한 방법을 통하여 전달될 수 있으나, 교사 간의 경험이나 지식의 차이에 따라 수업의 양과 질은 달라질 수 있다. 그러나 교수매체를 사용하면 교사의 개인차에 의해서 생기는 차이점을 줄일 수 있다.
- 교수-학습의 효과성을 높일 수 있다. 교수매체를 제작할 때 학습 내용을 의미 있게 잘 조직하고 학습자의 참여를 유도하며 다양한 예, 피드백, 강화를 제공하여 교수매체와 학습자 간의 상호작용이 일어날 수 있도록 하면 학습의 파지와 전이를 높일 수 있다.
- 교수-학습의 효율성을 높일 수 있다. 교수매체는 교사 중심의 강의나 설명에 비해 다양한 감각기관을 자극할 수 있으며, 보다 구체적이고 다양한 형태의 정보를 빠른 시간에 제시할 수 있다. 따라서 수업이 진행되는 동안 교사와 학습자 모두가 시간을 효율적으로 사용할 수 있다.
- 교수-학습의 매력성을 높일 수 있다. 다양한 형태의 교수매체를 활용한 수업은 학습자의 동기를 부여하고 주의를 집중시키는 데 긍정

적인 효과가 있다. 명료한 메시지, 변화 있는 상의 전개, 특수효과의 사용은 학습자를 즐겁게 하며 학습에 대한 흥미를 유도하여 동기를 유발시킨다.

- 학습자가 필요한 시간에 원하는 장소에서 학습을 하도록 도와준다. 수업 내용이 비디오나 오디오에 저장되어 있다면 학습자는 언제든지 자신이 원하는 시간에 원하는 장소에서 학습할 수 있다. 교사도 학습자와 시간을 조정할 필요가 없기 때문에 편리하다.
- 교사의 역할이 긍정적인 방향으로 변화될 수 있다. 교수매체의 사용은 교사에게도 많은 이점을 준다. 교사가 학습 내용을 반복하여 설명해야 한다는 부담을 덜어 주고, 학습 내용의 일부분을 전달해 주기 때문에 교사가 수업의 다른 부분에 관심을 쏟을 수 있게 한다. 개별적으로 도움을 필요로 하는 학습자에게 보다 많은 시간을 할애할 수 있다.

2 교수매체의 유형

교수매체를 효과적으로 활용하기 위해서는 교수매체의 특성을 파악하고 교수 상황에 맞게 선택 · 활용하여야 한다. 교수매체는 크게 시각매체, 청각매체, 시청각매체, 상호작용매체로 구분할 수 있다(〈표 7-1〉 참조).

시각매체는 비투사매체와 투사매체로 나눌 수 있다. 비투사매체란 자료를 제시할 때 다른 매체를 이용하지 않으며 광학적 또는 전기적 투사방법을 사용하지 않는 반면, 투사매체는 자료를 제시할 때 매체가 필요하며 광학적 또는 전기적 투사방법을 사용하는 특징이 있다. 비투사매체에는 실물, 모형, 차트, 그래프, 포스터, 만화 등이 있으며, 투사매체에는 슬라이드, OHP, 실물화상기 등이 있다.

표 7-1 교수매체의 유형

분류		종류	특징
시각매체	비투사매체	실물, 모형, 차트, 그래프, 포스터, 만화	광학적 · 전기적 투사방법을 사용하지 않음
	투사매체	슬라이드, OHP, 실물화상기	광학적 · 전기적 투사방법을 사용함
청각매체		라디오, 녹음기, 전축	청각적인 정보를 전달
시청각매체		VTR, 영화, 텔레비전	시각과 청각적 정보를 동시에 활용함
상호작용매체		CAI, 상호작용 비디오, 멀티미디어, 쌍방향 TV	컴퓨터가 기본 학습자와 상호작용이 가능

청각매체는 주로 청각적인 정보를 전달하는 것으로 라디오, 녹음기, 전축 등이 있으며, 시청각매체는 시각과 청각적 정보를 동시에 활용하는 것으로 VTR, 영화, 텔레비전 등이 있다.

상호작용매체란 주로 컴퓨터를 기본으로 하는 컴퓨터 보조 학습, 상호작용 비디오, 멀티미디어, 비디오디스크, 쌍방향 TV 등이 있다. 이 매체는 학습자와의 상호작용이 가능하다.

3 교수매체의 체계적 활용

교사는 실제 수업을 하기 전에 수업을 계획하고 준비하는 데 많은 시간을 보낸다. 교사는 최종 목표의 진술은 물론 어떤 기술과 방법을 통합할 것인지, 어떤 도구나 매체가 가장 유용한지, 언제 어떻게 그러한 도구나 매체를 사용할지, 특정 문제에 부딪혔을 때 어떻게 대응할 것인지에 대한 계획을 세워야 한다.

교수-학습 과정에서 교수매체를 효과적으로 활용하기 위해서는 학습자 분석, 목표의 설정, 학습 자료의 선택과 활용, 학습자의 행동 분석과 평가 및 수정 등이 체계적으로 이루어져야 한다. 교수매체의 체계적인 활용을 위해서 하인니히 등(Heinich et al., 1996)이 고안한 ASSURE 모델을 중심으로 설명하면 다음과 같다.

ASSURE 모델은 교수매체의 체계적인 활용을 위한 절차로서 학습자 분석(analyze learners), 목표의 진술(state objectives), 방법 · 매체 및 자료의 선택(select methods, media and materials), 매체와 자료의 활용(utilize media and materials), 학습자 참여 요구(require learner participation), 평가와 수정(evaluate and revise)의 여섯 단계로 구성된다. 'ASSURE'는 각 단계의 첫 글자를 딴 것으로, 이 여섯 단계를 구체적으로 살펴보면 [그림 7-1]과 같다.

1) 학습자 분석

교수매체를 효과적으로 선택하고 활용하려면 학습자의 특성을 잘 파악해야 한다. 학습자의 모든 심리적, 교육적 특성이 항상 교사의 눈에 확실하게 보이지 않기 때문에 이를 파악하는 일은 쉽지 않다. 학습자 분석을 위해 고려해야 할 요인은 다음과 같다.

- 일반적 특성: 학습자의 일반적 특성으로는 연령, 학력, 직위, 지적인 특성, 문화 또는 사회경제적 요인을 들 수 있다. 이것들은 생활기록부, 관찰, 면담, 동료 교사에게서 자료를 얻을 수 있다.
- 구체적인 출발점 능력: 학습을 하기 전에 학습자가 가지고 있는 지식이나 기술이 어느 정도인지, 학습하게 될 지식이나 기술에 대한 선수 지식이 어느 정도인지 등을 의미한다. 이것은 표준화된 검사지,

A	학습자 분석(analyze learners) 일반적 특성 구체적인 출발점 능력 학습 유형
S	목표의 진술(state objectives) 학습 대상자 행동 학습의 조건 평가 수준
S	방법, 매체 및 자료의 선택(select methods, media and materials) 수업방법 선정 매체 선정 자료의 선택
U	매체와 자료의 활용(utilize media and materials) 자료의 사전 검토 환경 정비 학습을 위한 사전 준비 자료 제시
R	학습자 참여 요구(require learner participation) 연습과 과제
E	평가와 수정(evaluate and revise) 학습 목표 평가 매체와 방법의 평가 교수-학습 과정의 평가 수정

그림 7-1 ASSURE 모델

교사가 만든 시험지 등을 통한 사전검사나 학습자에게 직접 구두로 물어보는 방법 등을 사용하여 측정할 수 있다.

- 학습 유형: 학습 유형이란 학습자가 학습 환경에서 어떻게 지각하고 상호작용하고 반응하는지를 결정하는 심리적 특성을 의미한다. 학습자에 따라 지각적 선택과 강도, 정보 처리 습관, 동기 요소, 생리

적 요소 등이 다를 수 있다.

이러한 학습 대상자의 특성 분석은 교수매체와 교수방법의 선택에 커다란 도움을 준다. 학습자의 특성 분석 결과 학습자의 적성과 능력의 차이가 큰 학급에서는 개별적인 보충수업이나 심화학습을 실시하여 학습자가 능력에 따라 진도를 선택할 수 있도록 해야 한다. 학습자가 수업에 대한 흥미가 부족한 경우 학습자의 학습 동기 및 흥미를 유발할 수 있도록 극적인 영화나 모의 게임 등을 이용하는 것도 좋다. 학습 내용 중 새로운 개념을 접하게 되었을 때는 학습자에게 구체적인 경험을 제공하기 위하여 견학 또는 시범을 고려해 볼 수도 있다.

2) 목표의 진술

학습자가 달성해야 할 학습 목표를 구체적으로 설정하여 학습의 결과로 습득하게 될 새로운 지식과 경험에 대한 것을 명확하게 진술해야 한다. 교사가 무엇을 가르치느냐에 관한 것이 아니라 수업이 끝난 후 학습자가 무엇을 할 수 있는지에 관한 것, 다시 말하면 학습자가 획득하게 될 학습 경험과 지식을 위주로 명시해야 한다.

잘 진술된 목표는 학습 대상자(audience), 행동(behavior), 학습의 조건(condition), 평가 수준(degree)의 네 가지 요소를 포함한다고 하여 ABCD 진술기법이라고도 한다.

3) 방법, 매체 및 자료의 선택

학습자 특성이 파악되고 학습 목표의 진술이 끝나면 교사가 학습자의 현재 수준의 지식, 기술 및 태도 등을 파악하였고, 학습 목표를 알고 있기 때문에 교수-학습 과정의 처음과 마지막 지점의 계획이 끝난 것이라고 볼 수 있다. 방법, 매체 및 자료의 선택 과정은 다음과 같은 단계로 이루어진다.

- 학습 과제에 적합한 방법을 선택한다.
- 방법을 수행하기에 적절한 매체를 선택한다. 어떤 교수매체가 어느 교수방법에 적절한가? 이것은 상황에 따라서 달라질 수 있으나 교수매체와 교수방법의 관계를 〈표 7-2〉와 같이 제시할 수 있다(Newby et al., 2000).
- 선정된 매체를 위해 기존 자료를 선택하거나 수정하거나 새로운 자료를 제작한다. 기존 자료 중에서 적합한 것을 골라 사용할 경우 교사는 주어진 주제에 관하여 어떤 교재가 입수 가능한지 제작자가 만든 카탈로그, 교사의 추천, 관련 전문서적의 서평 등을 관심 있게 살펴보아야 한다. 그중에서 학습 목표, 학습자의 읽기 및 듣기 능력, 대단위 학습이나 개별학습 등 교수방법을 고려하고, 보유하고 있는 기재, 교실의 조명, 전원 시설 등 학습 환경을 참작하여 선정한다. 기존의 자료가 적합하지 않을 경우에는 확보되어 있는 자료를 수정하면 새로운 자료를 제작하거나 구입하는 것보다 시간적으로나 경제적으로 유리한 점이 많다. 영화나 비디오테이프에 있는 화면은 적당하나 해설이 학습자의 수준에 맞지 않을 경우나 해설이 외국어인 경우 녹음 부분만을 새로 제작하거나 교사 자신이 직접 해설을 준비할 수 있다. 적절한 교재가 없어 교사가 학습 목표 성취에 적합한 교재를 제작하여야 할 경우에는 원하는 수준의 자료를 만들기에 충분한 기술, 장비, 시설, 비용, 시간적 여유 등이 있는지 고려해야 한다.

표 7-2 교수방법과 교수매체의 관계

	컴퓨터 소프트웨어	비디오	그래픽			오디오	인쇄 자료	실물/모형
			시각 자료	슬라이드/OHP	게시판			
내용 제시		○	○	○	○	○	○	
시 범	○	○	○		○			○
토 론					○			
협동학습	○		○					○
발견학습	○		○				○	○
문제해결	○	○	○		○		○	
교수게임	○		○				○	
모 의	○		○				○	○
반복 연습	○						○	
개인 교수	○						○	

4) 매체와 자료의 활용

교수매체를 효과적으로 활용하려면 자료의 사전 검토, 환경 정비, 학습을 위한 사전 준비가 필요하다.

- 교사는 수업에 활용할 교수 자료를 먼저 시사하여 학습자에게 적합한 내용인가를 검토한다. 시사와 함께 해당 자료에 관한 보고서나 동료 교사의 평가서를 참조하면 유용하다.
- 교수매체를 이용하는 교실의 주변 환경을 정비한다. 안락한 의자, 적절한 환기, 온도, 암막시설, 전원 공급, 조명 등을 점검하여 매체를 효과적으로 활용할 수 있도록 한다. 자료에 필요한 기기도 준비하고 성능도 미리 점검한다.
- 교실의 주변 환경이 정비되면 학습자에게 전체적인 내용 소개, 사용

할 교수매체에 대한 정보, 특수한 촬영 기법이나 용어에 대한 설명을 미리 제공하여 학습자의 흥미나 동기를 유도하고 학습 내용에 대한 이해를 돕는다.

- 모든 준비가 완료되면 교사는 의사소통 능력을 발휘하여 자료를 제시한다.

5) 학습자 참여 요구

학습자에게 기대되는 행동에 대해서 끊임없는 강화가 제공될 때 학습은 보다 효과적으로 이루어질 수 있다. 스키너에 의하면 가장 바람직한 학습 조건은 학습자가 적극적으로 반응을 보이고 학습자의 응답에 즉각적인 피드백을 제공함으로써 올바른 학습 행동을 강화시키는 것이다.

학습자의 반응은 공책에 필기를 하거나 대답을 하는 등의 공공연한 반응과 입 속으로 단어를 되풀이하여 읽어 보는 등의 은밀한 반응이 있는데, 짧은 시간 동안에는 효과가 비슷하나 장시간의 학습에서는 공공연한 반응이 보다 효과적이다.

6) 평가와 수정

교수 활동이 끝나면 학습자의 성취도 평가, 매체와 방법에 대한 평가, 교수-학습 과정에 대한 평가를 하고, 평가 결과가 만족스럽지 않은 부분에 대해서는 수정을 한다.

- 학습자의 성취도 평가는 학습자가 학습 목표에 어느 정도 도달하였는지를 평가하는 것이다. 수업 목적의 유형에 따라 지필검사, 실기검사, 검사지에 의한 평가, 관찰 등의 형태로 평가한다.

- 매체와 방법에 대한 평가는 교수 자료의 효과성, 비용 효과성, 소요된 시간의 적절성 등을 평가한다. 평가 결과는 다음 교수매체를 사용할 때 참고 자료로 사용할 수 있다. 매체와 방법에 대한 평가를 위해서 학습자의 성취도 결과, 토론, 관찰, 설문지나 평가표를 이용한다.
- 교수-학습 과정에 대한 평가는 수업 전, 수업이 진행되는 동안 언제나 가능하다. 학습자의 출발점 행동이 제대로 파악되었는지, 학습자의 능력과 자료가 적절하였는지, 교수-학습 과정에 어려움이 있었는지, 평가는 제대로 되었는지 등을 진단한다.
- 평가 결과가 만족스럽지 못한 경우 다음 수업에 사용하기 위해 수정이 이루어져야 한다.

평가는 교수매체의 효과적인 활용을 위한 마지막 단계가 아니라 다음 활용을 위한 출발점이다. 그러므로 계획의 잘못된 부분을 수정하는 것은 교수의 질을 향상시키려고 노력하는 것이다.

4 교수매체의 선정

1) 교구의 선정

모리스(Morris, 1992)는 교구(hardware)를 선정할 때 고려해야 할 요인을 다음과 같이 제시하였다(주영주, 1999에서 재인용).

- 유용성(usefulness)
  - 수업에 얼마나 기여할 수 있는가?
  - 구매 가격을 정당화시킬 만큼 자주 사용될 것인가?

- 조작의 용이성(operability)
  - 쉽게 조작할 수 있는가?
  - 설명서에 조작방법이 상세히 설명되어 있으며, 설명서는 이해하기 쉬운가?
- 성능의 신뢰성(performance reliability)
  - 교구의 광학적, 전자적, 기계적 성능이 제대로 발휘되는가?
  - 소음이 없고 빛이 새어 나오지는 않는가?
  - 장시간의 사용에도 과열되지는 않는가?
  - 프로젝터의 경우 빛이 고루 투사되고 상의 모든 부분에 초점이 맞는가?
- 외관(appearance)
  - 사용할 때 다른 교구들과 같이 사용할 수 있는가?
  - 외관상 보기가 좋은가?
- 안전성(safty)
  - 교구가 안전한가?
  - 국가에서 승인한 제품인가?
  - 코드의 길이가 적어도 1.5m 이상이며, 몸체에 단단히 부착되어 있는가?
  - 무게의 균형이 잘 잡혀 넘어지지 않도록 고안되었는가?
  - 액세서리가 분실하기 쉽지는 않는가?
  - 날카로운 모서리나 뾰족한 부분은 없는가?
  - 운반이나 보관 시 안전하게 케이스에 담겨 있는가?
- 호환성(compatability)
  - 이미 확보하고 있는 교구와 호환성이 있는가?
  - 기존의 교재를 사용할 수 있는가, 아니면 그 교구를 위해 특별히 개발한 교재를 사용해야 하는가?

- 부품의 교환이 쉬운가?

• 견고성(sturdiness)
  - 튼튼한 자재로 만들어졌는가?
  - 스위치나 손잡이 등이 견고하게 만들어졌는가?
• 수선의 용이성(repairability)
  - 수선 시 부품, 인건비 등이 너무 비싸지 않은가?
  - 서비스센터로 옮겨야 수선이 가능한가?
  - 간단한 수리방법에 대한 워크숍이 제공되는가?
• 이동성(portability)
  - 교사나 학생이 원하는 장소로 손쉽게 옮길 수 있는가?
  - 너무 부피가 커서 운반하기에 불편하지는 않은가?
  - 너무 무겁지는 않은가?
• 평판(reputation)
  - 제작자가 제품의 질이나 실용성의 측면에서 평판이 좋은가?
  - 공급자의 평판은 좋은가?
  - 교구의 가격, 운반, 보증 등에 대해 불만이 있을 경우 잘 받아들이는가?
• 가격(cost)
  - 유사한 기능을 가진 타회사의 제품과 가격이 비슷한가?
  - 만일 더 비싸다면 디자인이나 성능 등의 면에서 차액이 정당화될 수 있는가?
• 보증(warranty)
  - 보증서에 무료 서비스 기간이 명시되어 있는가?
  - 보증서가 공정한가?
• 서비스(service)
  - 보증서에 명기된 사항 외에 어떤 서비스가 더 제공될 수 있는가?

- 공급자가 새 교구를 가지고 와서 포장을 풀고 제대로 작동하는지 여부를 확인해 주는가?
- 제작자가 교사나 학생들에게 조작법을 가르치기 위한 강습을 하는가?

• 낙후성(obsolescence)
- 빠른 시일 내에 낙후되어 새로운 것으로 대치해야 하지는 않은가?
- 구매하기보다는 빌려서 사용하는 것이 더 경제적이지는 않은가?

• 다목적성(multi purpose)
- 대집단, 중집단, 개별학습 등 다양한 용도로 사용할 수 있는가?
- 별도의 어댑터를 부착하면 다른 기능을 발휘할 수 있는가?

• 소프트웨어 구입의 용이성(availability of software)
- 사용할 교재가 많이 개발 · 판매되고 있는가?
- 기재가 특별한 크기나 형태의 소프트웨어만 수용하는 것은 아닌가?

• 요구(need)
- 교구 구입에 지불된 비용만큼 가치가 있는가?
- 교구를 구입하면 많은 사람에 의해 자주 사용될 것인가?

2) 교재의 선정

교구는 가격이 비싸기 때문에 전시제품을 미리 조작해 볼 수도 있다. 그러나 교재(software)는 시사용 견본을 제공하는 경우도 있지만 그렇지 않은 경우가 더 많다. 도서 자료에 대한 서평은 신문이나 잡지에 널리 소개되어 책을 선정하는 데 도움을 얻을 수 있지만 교재에 대한 평가는 그리 흔하지 않다. 에반스(Evans, 1987)는 교재를 선정할 경우에 고려해야 할 요인을 내용, 기술 및 유형의 세 가지 측면으로 구분하여 설명하였다(주영주, 1999에서 재인용).

(1) 내 용

- 주어진 자료가 중요하게 제시하고자 하는 목적과 목표는 무엇인가?
- 프로그램의 길이는 적절한가?
- 주제가 시대적인 유행을 타는 것은 아닌가?
- 내용은 잘 조직되어 있는가?
- 내용은 이해하기 쉬운가?
- 내용이 정확한가?
- 제작 일자는 언제인가?
- 제작자가 추천한 것 외에도 다른 용도로 사용할 수 있는가?

(2) 기술적인 요인

- 상의 제시가 꼭 필요한가?
- 상의 초점은 잘 맞는가? 구도는 적절한가? 장면은 잘 찍혔는가?
- 편집은 기술적으로 잘되었는가?
- 동반되는 녹음 자료는 전체 내용에 도움을 줄 수 있는가?
- 화면과 녹음 자료가 잘 어울리는가?
- 자료가 어떤 환경에서 어떤 대상을 위해 사용되어야 하는가?

(3) 유형 요인

- 특정 내용을 가르치는 데 움직임이 반드시 필요한가?
- 색상의 사용이 내용 전개에서 반드시 요구되는가?
- 이해를 도울 수 있도록 녹음 자료가 동반되는가?
- 가격이 적당한가? 또는 특정 내용의 제시에 가장 저렴한 형태의 자료인가?
- 사용할 기재가 호환성이 있으며 조작이 용이한가?

교수매체나 교재를 구입하기 위해 사전평가를 보다 객관적이고 체계적으로 하기 위해서는 평가서를 사용하는 것이 좋다. 평가서는 학교마다 중요시하는 사항이 다를 수 있으므로 기존의 평가서를 자체 실정에 맞게 수정 · 보완하여 사용하는 것이 좋다. 평가서에는 자료의 제목, 제작자, 매체 유형, 대상자, 소요 시간, 가격은 물론 교육 목표에의 적합성, 내용, 교육적 가치, 기술적 · 외형적 측면 등을 등급별로 평가하고 평가자의 주관적인 평을 적도록 한다.

5 교재 제작을 위한 시각 디자인

우리는 일상생활 속에서 많은 시각 자료를 접한다. 교육용 시각 자료뿐만 아니라 광고, 포스터, 사진, 각종 영상매체는 사람들의 관심을 끌기 위해서 설계 · 제작 · 활용되고 있다. '백문이불여일견(百聞而不如一見)'이라는 말과 같이 시각 자료는 말이나 글보다 효과적이고 효율적이며 매력적으로 정보를 전달한다.

그러나 단순히 시각 자료를 사용하는 것이 학습을 보장하는 것은 아니다. 효과적인 시각 자료를 제작하기 위해서는 설계자가 시각 자료를 제작하는 데 필요한 기본적인 사항을 이해하고 적용해야 한다. 이러한 시각적 원리는 인쇄 자료, 사진, 비디오, 컴퓨터 등의 교수매체를 제작할 때도 공통적으로 적용된다. 특히, 최근 컴퓨터의 보급과 인터넷 사용이 급증하면서 컴퓨터에 의해서 정보를 얻거나 학습하는 시간이 늘어나고 있다. 컴퓨터는 시각적인 의사소통을 제공하기 때문에 다양한 영역에서 컴퓨터의 사용이 증가한다는 것은 잘 설계된 스크린 이미지가 중요해진다는 것을 의미한다.

1) 시각 자료의 기능

교수-학습 과정에서 사용되는 시각 자료는 다양한 기능을 한다. 특히, 교수 목적에 맞게 고안되고 활용될 경우 보다 효과적이고 효율적으로 학습을 하도록 도와준다. 시각 자료의 기능을 살펴보면 다음과 같다.

- 보다 구체적인 정보를 제시하여 학습자의 주의를 집중시키거나 흥미를 자극하여 동기를 유발한다.
- 복잡한 정보를 단순화하여 중요한 정보에 집중하도록 한다.
- 말이나 글에 비하여 보다 의미를 명확하게 전달한다.
- 학습 내용을 보다 쉽게 이해하고 기억하도록 도와준다.

이러한 시각 자료는 적절한 언어적 설명과 함께 학습자에게 제공될 때 더욱 효과적이다.

2) 시각적 능력

교수-학습 과정에서 사용되는 시각 자료를 이해하기 위해서는 시각적 내용을 정확하게 해석하고 내용을 구성할 수 있는 능력이 있어야 한다. 시각적 능력(visual literacy)이란 1960년대 중반 이후에 사용된 용어로, 언어를 읽고 쓰는 능력같이 시각적 내용을 이해하고 원하는 시각적 내용을 구성할 수 있는 능력을 말한다.

학습자가 시각적 능력을 가지고 있다는 것은 시각 자료를 정확히 이해한 다음 언어 메시지로 해석하는 해독기술과 자신이 전달하고자 하는 메시지를 시각 자료로 표현할 수 있는 부호화 기술을 가지고 있다는 뜻과 같다. 언어를 읽고 쓰는 능력이 저절로 습득되는 것이 아니라 많은 훈련과 연습을 통해서 이루어지듯이 시각적 능력도 저절로 습득되는 것이 아니라 시각적 능력을 습득하기 위한 훈련이 필요하다. 따라서 교사는 학습자가 시각 자료를 바르게 이해하고 구성할 수 있도록 시각적 능력을 길러 주는 것이 중요하다.

(1) 시각 정보의 이해 능력

시각 정보의 이해 능력이란 시각 정보의 의미를 이해하고 해석하는 기술이다. 시각 정보를 이해하는 데 영향을 주는 요인은 학습자의 지적 발달 단계, 문화적 배경, 선호도 등을 들 수 있다.

- 학습자의 지적 발달 단계: 일반적으로 12세 이전의 아동은 시각 자료에서 전체보다는 부분적인 측면, 특히 자신이 관심 있는 부분을 주시하는 반면 12세 이상의 아동은 전체적인 안목에서 시각 자료를 이해하고 의미를 해석한다. 그러므로 저학년의 아동에게는 고도의 사실적인 시각 자료가 효과적이지 않을 수도 있다.
- 학습자의 문화적인 요인: 학습자가 어떤 문화적 배경에서 성장하였는가에 따라 같은 시각 자료도 다르게 해석할 수 있다. 특히, 다양한 문화적 배경을 지닌 학습 집단을 대할 경우 교사는 이런 점에 유의하여야 한다.
- 학습자의 선호도: 학습자의 선호도가 학습을 보장하는 것은 아니지만 시각 자료를 선택할 때는 다음과 같은 사항을 고려할 수 있다(Heinich et al., 1996).
  - 유색은 흑백에 비하여 선호도는 높지만 학습량에서 유의미한 차이는 없다.
  - 선으로 구성된 그림보다는 사진을 선호하지만 대체로 선으로 구성된 그림이 의사소통에는 더 효과적이다.

- 학습자가 좋아하고 즐겨 보는 그림을 통해서 최선의 학습이 이루어지는 것은 아니다.
- 시각 자료가 단순할수록 학습 내용의 전달에는 효과적이다.

(2) 시각 정보의 구성 능력

시각 정보의 구성 능력이란 학습자가 표현하고자 하는 내용을 그림으로 표현하여 다른 사람과 의사소통하는 기술이다. 쓰기 연습이 읽기 능력을 개발할 수 있는 것처럼 매체의 제작은 매체를 이해하는 매우 효과적인 방법이 될 수 있다. 교육 현장에서 사물을 시각적으로 스케치하거나 그림을 그리거나 사진, 슬라이드, 비디오, 컴퓨터 자료를 제작하여 시각 자료의 구성 능력을 기를 수 있다.

3) 시각 자료의 유형

시각 자료는 구체성 또는 추상성의 정도에 따라 [그림 7-2]와 같이 한쪽은 그림 심볼(pictorial symbols), 다른 한쪽은 언어적 심볼(verbal

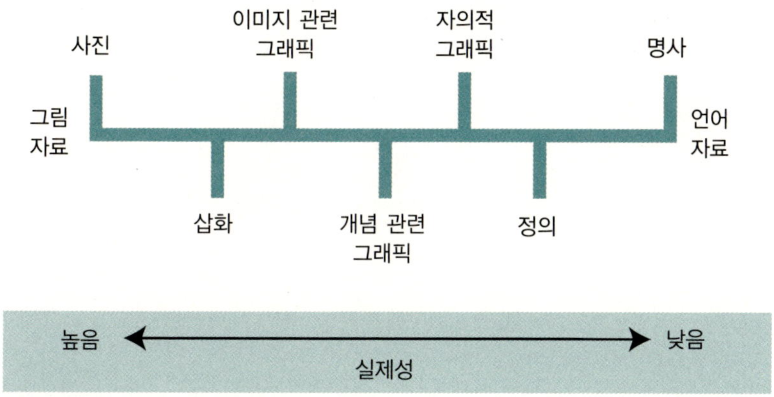

그림 7-2 시각 자료의 구체성 정도

symbols)로 이루어진 연속체로 설명할 수 있다(Wileman, 1993).

하인니히 등(Heinich et al., 1999)도 시각 자료의 유형을 구체성과 추상성 정도에 따라 그림 자료, 그래픽 자료, 언어 자료로 구분하였다.

- 그림 자료: 시각 자료를 사실적이고 구체적인 대상으로 표현한 것으로 사진, 삽화 등과 같이 실제적인 그림의 형태를 가지고 있기 때문에 학습자가 이해하기 쉽다.
- 그래픽 자료: 그래픽 자료는 언어 자료보다 학습자가 이해하기 쉽게 도와주고 더 잘 기억되게 하여 학습자의 관심을 끌 수 있다. 그래픽 자료는 다음과 같이 세 종류로 구분할 수 있다.
  - 이미지 관련 그래픽: 대상의 실루엣이나 윤곽의 특징을 표현하여 표면상으로 상세하지는 않지만 학습자에게 강한 인상을 준다.
  - 개념 관련 그래픽: 이미지와 관련된 그래픽보다 덜 상세하지만 실제적인 대상을 형태화한 양식이다.
  - 자의적 그래픽: 대상물을 추상적으로 표현한 것으로 주로 기하학적 형태를 취하며, 디자이너의 상상력에 의해 구성된 양식이다.

그림 자료		그래픽 자료			언어 자료	
					전자회로를 이용하여 계산을 자동적으로 행하는 장치의 총칭	컴퓨터
사진	삽화	이미지 관련	개념 관련	자의적	문장	단어
← 구체적						추상적 →

그림 7-3 시각 자료의 유형

시각적으로 대상물과는 별로 관계가 없다.

- 언어 자료: 언어를 이해할 수 있는 사람만이 사용할 수 있는 것으로 다음과 같이 두 종류로 구분할 수 있다.
  - 문장: 대상물을 정의하는 단어를 사용하여 기술한 것
  - 단어: 대상물을 분류하는 명사

4) 시각 자료의 설계 원리

시각 자료는 선, 형태, 색, 음영 등을 이용하여 아이디어를 표현하고 전달하는 수단이다. 잘못 설계된 시각 자료나 이미지는 정보처리를 방해할 수도 있고 메시지를 이해하는 데 장애가 될 수도 있다. 교수 목적에 맞게 설계된 시각 자료는 학습자에게 흥미와 동기를 유발하고 교수 목적을 달성하도록 도와준다. 효과적인 시각 자료를 설계하고 제작하기 위해 고려해야 할 원리는 다음과 같다.

(1) 단순(simplicity)

시각 자료가 간결하게 필요한 내용으로 구성되면 메시지를 보다 효율

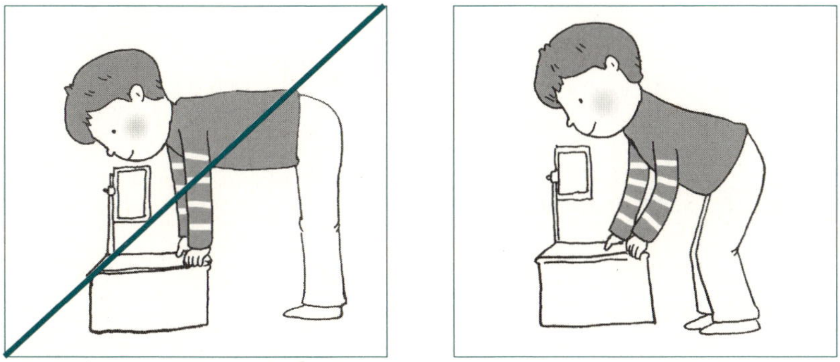

그림 7-4 단순한 시각 자료의 예

적으로 전달할 수 있다. 따라서 시각 자료는 단일 개념을 다루어야 하며, 청중이 개념을 이해하는 데 필요한 필수적인 정보만을 제공해야 한다. 간단한 선으로 구성된 그림이 상세한 사진보다 더 효과적인 경우가 이에 해당된다.

(2) 명료(clarity)

시각 자료는 청중이 쉽게 이해할 수 있도록 명확하게 표현해야 하며 의미 있는 요소를 포함해야 한다. 시각 자료의 정보는 청중의 사전 경험에 적절해야 하고 청중이 이를 회상할 수 있어야 한다. 만약 시각 자료 설계 시 학습 대상자의 주요 특성을 고려하지 않는다면 전달하고자 하는 메시지를 성공적으로 전달할 수 있는 가능성이 줄어들거나 메시지를 잘못 해석할 수도 있다. 또한 제시하고자 하는 내용의 단어나 이미지의 크기가 충분히 커야 한다.

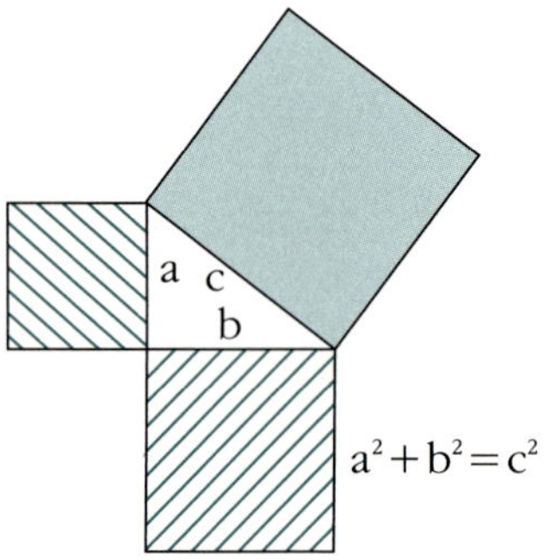

그림 7-5 명료한 시각 자료의 예

(3) 균형(balance)

시각 자료에 포함된 요소는 심미적으로 보기 좋게 배열해야 한다. 균형은 형식적인 균형과 비형식적인 균형으로 나뉜다. 형식적인 균형은 가

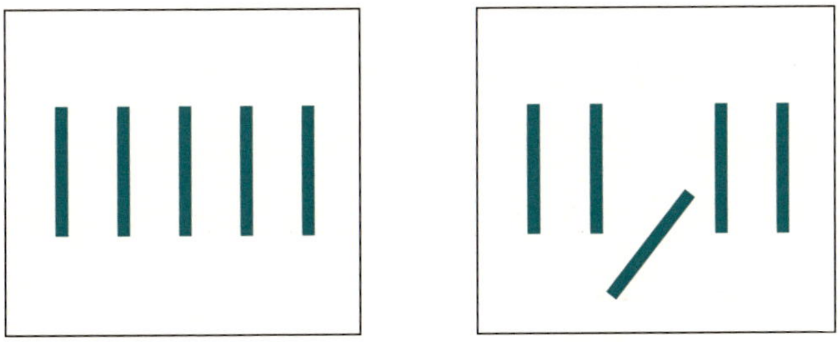

그림 7-6 균형의 예

운데 축을 중심으로 양쪽이 거울에 비친 것과 같은 경우며, 비형식적인 균형은 한쪽으로 기울어진 것을 의미한다. 대개의 경우 비형식적인 균형은 역동적인 느낌을 주며 보는 사람의 주의를 집중시킨다.

(4) 조직(organization)

시각 자료의 조직은 구성 요소의 배열 또는 배치를 의미한다. 이것은 시선의 경로를 따라 명료하게 조직되어야 한다. 예를 들면, 왼쪽에서 오른쪽 또는 위에서 아래로 배치하거나, 번호를 붙이거나 화살표를 이용하면 내용을 보다 조직적으로 제시할 수 있다. 명료하게 조직된 시각 자료는 청중의 혼돈을 줄일 수 있으며, 시각 자료의 해석을 빠르게 하도록 돕는다.

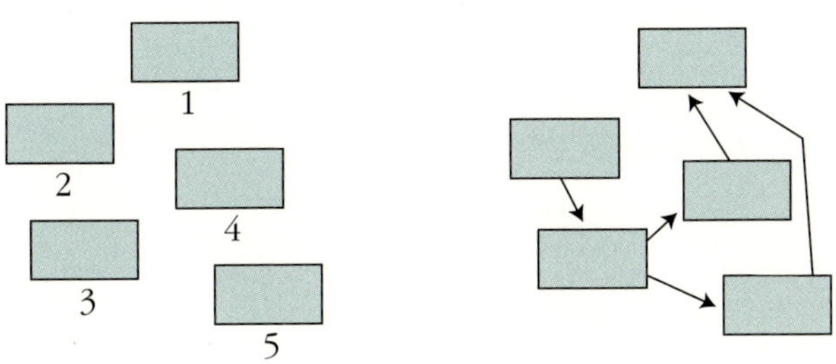

그림 7-7 조직의 예

(5) 강조(emphasis)

강조는 특정한 부분을 강하게 하여 변화 있게 표현해 주는 것으로 시각 자료의 중요한 부분을 강조하여 사람들의 관심을 끌어야 한다. 원근, 색, 공간 등을 이용하여 강조하거나 각 요소의 대비, 요소의 배열, 화살표 등을 사용하여 중요한 부분을 강조할 수 있다.

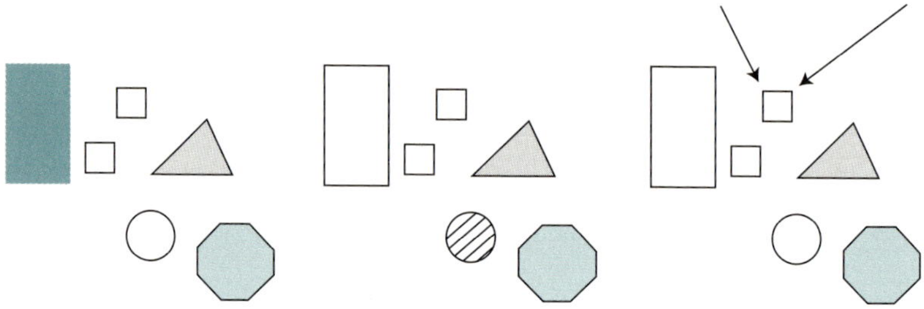

그림 7-8 강조의 예

(6) 통일(unity)

통일은 보는 사람이 시각 자료의 구성 요소를 전체 또는 하나의 단위로 보도록 배치하는 것을 의미한다. 다시 말하면, 완성 전에는 서로 무관하지만 모두를 서로 관련시켜 하나의 전체로 결합하는 것을 말한다. 예를 들어, 화살표, 색, 질감, 같은 배경 등을 이용하면 시각 자료의 모든

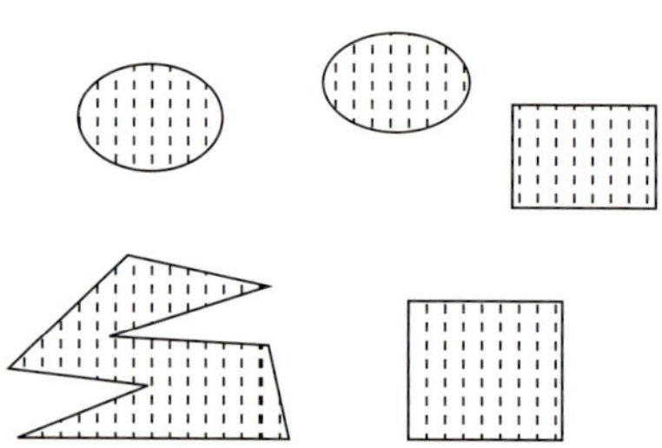

그림 7-9 통일의 예

요소를 하나의 체계가 있는 메시지로 표현될 수 있다.

5) 시각 자료의 언어적 요소

대부분의 시각 자료는 언어적 요소를 포함한다. 교수-학습에서 문자가 기본적이고 필수적인 요소임을 감안하면 시각 자료에서 언어적 요소의 중요성은 간과할 수 없다. 언어적 요소에 관련된 사항으로 글자체, 글자체의 수, 글자의 색, 글자의 크기에 대해서 살펴보자.

(1) 글자체

효과적인 의사 전달을 위해서는 시각 자료가 주는 느낌과 조화를 이룰 수 있는 적절한 글자체를 선택하여야 한다. 적절한 글자체를 선택할 때는 가독성의 정도와 글자체가 주는 감정적 느낌을 고려하여야 한다. 일반적으로 신명조체가 널리 사용되고 있는 이유는 가독성이 높고 사무적이며 무난하기 때문이다. 글자체를 유목화하여 사용자에게 주는 느낌과 사용 용도를 정리해 보면 다음과 같다(주영주, 최성희, 1999).

- 명조체: 간결, 사무적, 무난, 눈의 피로가 적다. 공식적인 문서, 리포트, 교과서, 신문 등
- 고딕체: 딱딱한 느낌을 주지만 눈에 띈다. 제목 또는 강조, 표어, 포스터 등
- 안상수체: 현대적인 감각을 준다. 감각을 요하는 그래픽 관련 문서 등
- 야채, 과일류: 이름에 걸맞는 귀엽고 깜찍한 느낌, 가독성이 낮은 경향이 있다. 편지, 엽서 또는 명함 등
- 옥수수체: 전원적이다. 비석, 문서 등
- 샘물: 깜찍하고 귀엽다. 편지, 시, 짧은 글 등

명조체	시각자료의 제작 및 활용	휴먼옛체	시각자료의 제작 및 활용
고딕체	시각자료의 제작 및 활용	그래픽체	시각자료의 제작 및 활용
안상수체	시각자료의 제작 및 활용	궁서체	시각자료의 제작 및 활용
옥수수체	시각자료의 제작 및 활용	굴림체	시각자료의 제작 및 활용
샘물	시각자료의 제작 및 활용	양재튼튼	시각자료의 제작 및 활용
엽서, 필기체	시각자료의 제작 및 활용	양재사넬	시각자료의 제작 및 활용

그림 7-10 글자체의 예

- 엽서, 필기체: 손으로 쓴 것같이 친근하고 자연스럽다. 편지, 엽서 등
- 휴먼옛체, 헤드라인체: 눈에 잘 띄고 강조를 준다. 제목, 헤드라인, 프레젠테이션 등
- 태나무, 그래픽체: 깔끔하고 단정하다. 강의 계획안, 투시물 자료 등
- 펜흘림, 궁서체: 고풍스럽고 붓글씨 느낌이 난다. 서류, 고문, 시조, 경부조 봉투 등
- 굴림체류: 정돈된 느낌을 준다. 컴퓨터 화면 등
- 양재튼튼: 튼튼한 느낌을 준다. 제목 등
- 양재사넬: 화려하고 오락적이다. 웨딩 전문점, 유흥가 간판 등

(2) 글자체의 수

다양한 변화를 주기 위해 여러 종류의 글자체를 사용할 수도 있으나 여러 종류의 글자체는 일관성이 결여되기 때문에 혼란스러운 느낌을 줄 수 있다. 시각 자료의 유형에 따라 다르지만 2~3개 이내의 글자체를 사용하는 것이 바람직하다.

(3) 글자의 색깔

글자의 가독성과 강조성 여부는 색을 이용하는 것이 좋다. 글자의 색상과 배경 색상이 대조적일 때 읽기도 쉽고 강조도 된다.

(4) 글자의 크기

글자의 크기는 여러 학습자가 볼 수 있도록 충분히 크고 진한 것이 좋다. 시각 자료의 유형에 따라 다르지만 일반적인 규칙은 보는 이가 대략 3미터 떨어질 때마다 글자의 크기는 1/2인치 크게 하는 것이 좋다.

(5) 시각 자료와 글자의 간격

시각적 요소와 언어적 요소의 간격은 균형을 이루어야 한다. 시각적 요소와 언어적 요소가 너무 가까우면 가독성이 떨어지고, 너무 멀면 별개로 존재하는 듯한 느낌을 준다.

(6) 시각 자료 설계를 위한 지침

시각 자료는 시각적 요소와 언어적 요소로 이루어진 메시지를 전달하기 위한 의사소통 도구다. 인쇄물, TP, 파워포인트 슬라이드, 컴퓨터 스크린이나 게시판을 포함한 다양한 교수 자료를 제작하기 위한 지침은 다음과 같다(Newby et al., 2000).

• 시각적 요소 •

- 과도하게 상세한 표현은 피하라.
- 복잡한 시각 자료는 여러 개의 단순한 시각 자료로 나누어라.
- 여백을 사용하라.
- 주의를 끌거나 그래픽의 중요한 부분을 묘사하기 위해 색을 사용하라.
- 시각 자료와 배경을 뚜렷하게 대조되게 하라.

• 시각과 언어의 요소가 균형을 이루도록 하라.

● 언어적 요소 ●

• 언어적 요소는 관련된 시각적 요소와 가까이 제시하라.
• 단어는 원하는 거리에서 잘 읽을 수 있도록 하라.
• 단어는 한 줄에 6단어, 6줄로 제한하는 6×6의 원칙에 따른다.
• 왼쪽 정렬을 사용하라.
• 짧고 의미 있는 제목을 사용하라.
• 고도의 전문용어나 생략된 용어를 사용하지 마라.
• 중요한 용어는 주의를 끌 수 있도록 강조하라.

KISS(keep it simple & short) & KILL(keep it large & legible)의 원리

자료의 제작은 단순하고 짤막하게 작성하는 동시에 크고, 읽기 쉽고, 보기 좋게 작성해야 한다(정혜선, 2005).

• 한 번만 봐도 이해하기 쉽게 작성한다.
• 각각의 시각 자료에는 항상 제목을 붙인다.
• 모든 시각 자료는 유사한 양식으로 일관성 있게 만든다.
• 혼란을 일으키지 않도록 자료 하나에 한 아이디어만을 표현한다.
• 크고 획이 굵은 글씨체를 사용하며, 한두 가지의 글씨체를 사용하여 단순하게 표현한다.
• 영문일 경우 소문자, 대문자를 섞어 쓴 자료가 더 읽기 쉽다.
• 색깔을 사용하되 하나에 서너 가지 이상의 색을 사용하지 않는다.
• 그래프, 사진, 도면, 만화 등을 사용하여 흥미를 유발하고 시각 자료의 효과를 높인다.

적절히 사용된 시각 자료는 교수의 효과성, 효율성, 매력성을 증가시키지만, 잘못 사용될 경우에는 학습자가 어려움이나 혼란을 느끼게 한다. 시각 자료를 사용할 때는 시각 자료가 교수 결과와 관련이 있는지, 정보가 정확하게 묘사되었는지, 정보가 명확하고 단순하게 제시되었는지, 목적과 청중의 규모에 적합한 크기인지, 심미적인 요인을 고려하였는지 등의 기준으로 검토하여 선택한다.

6 교수매체의 예

테크놀로지의 발달에 따라 교육현장에서 활용되는 주요 교수매체도 다양하게 변화되고 있다. 전통적으로 활용되었던 사진, 모형, OHP, 슬라이드, 라디오, 텔레비전 및 영화는 컴퓨터가 보편화되면서 컴퓨터를 중심으로 통합되고 디지털화되고 있다.

전통적인 교수매체들이 일부 교육현장에서 여전히 사용되고 있지만, 컴퓨터에서는 멀티미디어 기능, 즉 텍스트는 물론 그래픽, 오디오, 비디오, 실물과 모형 등 다양한 유형의 구현이 가능하기 때문에 대부분 컴퓨터로 대체되고 있는 실정이다. 전통적으로 교육현장에서 자주 사용되어 왔던 교수매체의 예를 소개하면 다음과 같다.

1) 칠판

칠판은 가격이 저렴하고 손쉽고 편리하게 사용할 수 있어 교육 현장에 널리 활용되고 있는 중요한 매체인데도 등한시되고 있다. 칠판을 효과적으로 활용하기 위해서는 사전 계획이 필요하다.

(1) 칠판의 장점

- 모든 교실에 설치되어 있어 별도의 준비 없이 사용할 수 있다.
- 가격이 저렴하고 관리가 용이하며 유지비용도 적게 든다.
- 별도의 사용기술이 필요 없다.

(2) 칠판의 단점

- 많은 내용을 기록하기 어려워 때로는 책이나 유인물이 더 효과적일 수 있다.
- 영구적인 기록이 필요한 상황에서는 부적절하다.
- 분필가루가 날려 건강 및 미관상 좋지 않다.

(3) 칠판 활용 시 유의점

- 색분필을 사용하여 중요한 내용을 강조한다.
- 글자와 그림은 충분히 커야 한다. 글자 크기는 4~8cm 정도가 좋으며, 판서의 내용이 너무 많은 경우에는 유인물을 사용하는 것이 좋다.
- 교사는 판서 중에도 때때로 뒤를 돌아보고 학생의 주의가 흩어지지 않도록 하며, 내용을 설명할 경우에도 칠판을 향해 설명하지 않도록 한다.
- 학생들의 시야를 가리지 않도록 한다.
- 자료를 효과적으로 배열하기 위해 미리 계획을 세운다.
- 내용이 많거나 복잡한 그림은 미리 준비한다.

2) 투시물 환등기

투시물 환등기(overhead projector: OHP)는 투시물 자료(transparency: TP)를 자료 제시대에 올려놓으면 상이 교사의 머리 위를 지나 교사의 뒤쪽에 위치한 스크린에 투사된다고 하여 OHP라는 이름이 붙었다. 스크린과 OHP의 이상적인 위치는 [그림 7-11]과 같다.

OHP는 조작이 간단하고 TP의 제작도 용이하여 누구나 손쉽게 사용할 수 있다. 이와 같이 OHP와 TP는 간단하고 손쉽게 사용할 수 있는 장점으로 인하여 교수 현장에서 많이 사용되어 왔다.

OHP는 투사형과 반사형의 두 가지 종류가 있다. 투사형은 직접 투사를 통해 상을 제시하고, 반사형은 광원이 제시대 위에 있으며 TP 위로 빛을 비춘다. 반사형은 투사형에 비해 빛이 밝지 않아 교실이 크거나 스크린이 먼 경우에는 적합하지 않다. 그러나 투사형에 비하여 가볍고 소형이어서 운반이 용이하다.

(1) OHP의 장점

- 밝은 장소에서도 선명한 상을 볼 수 있다. OHP는 암막시설 없이 밝은 장소에서 사용이 가능하므로 수업 중에 TP 자료를 보면서 필기를 하거나 책을 읽을 수 있다.
- 교사는 학습자와 마주한 상태에서 자료를 제시하거나 설명할 수 있다. 따라서 교사는 학습자의 반응을 쉽게 관찰하면서 수업의 속도를 조절할 수 있다.
- 사용이 간편하다. OHP는 기기 자체가 매우 단순하여 특별한 훈련 없이도 쉽게 조작이 가능하다.
- 사용방법이 다양하다. 넓고 평평한 자료 제시대에 TP 자료뿐만 아니라 플라스틱 자료, 비커, 샤알레를 이용한 간단한 화학실험, 불투명한 자료를 통한 그림자 영상 등 다양하게 제시방법을 구현할 수 있다.
- 자료를 제작하는 데 시간이나 경비가 적게 든다. 손으로 직접 그리거나 일반 복사기 및 프린터를 이용해서 비교적 빠른 시간 내에 저렴한 가격으로 자료의 제작이 가능하다. 여러 교과목을 위해 상업적

으로 제작된 자료도 보급되어 있다.

- 시간을 절약해 준다. 미리 준비한 자료를 제시하기 때문에 수업 시간이 단축될 수 있다.

(2) OHP의 단점

- OHP의 활용 효과는 전적으로 제시자에 달려 있다. 슬라이드와 같이 교재의 해설을 녹음 자료에 맞추어 프로그램화할 수 없기 때문에 제시자의 제시 기술에 따라 효과가 달라질 수 있다. 따라서 제시자는 활용을 위해 사전 계획과 준비가 필요하다.
- 개별학습용으로 부적절하다. 스크린에 투사되는 상의 크기가 매우 커서 개별학습용으로는 적합하지 않다.
- 제시자가 준비한 자료를 일방적으로 제시하는 단조로운 수업이 될 수 있다. 그러므로 학습자의 참여를 유도하기 위한 전략이 필요하다.
- 사전에 준비한 자료를 제시하기 때문에 수업 시간이 단축될 수 있는 장점도 있으나, 수업 속도가 빨라져서 학습자가 사고할 수 있는 시간적 여유가 줄어드는 단점도 있다. 그러므로 제시자는 학습자의 반응을 관찰하면서 수업 속도를 조절해야 한다.

(3) TP의 제작

- 직접 그리기: 직접 그리기는 가장 손쉽고 저렴하게 제작할 수 있는 방법이다. 유성펜이나 수성펜을 이용하여 직접 그리거나 밑그림을 종이에 그리고 그 위에 아세테이트지를 올려놓고 그리면 쉽게 자료를 만들 수 있다.
- 복사기 사용: 일반 복사기를 이용하여 제작하는 방법으로 복사지 대신에 TP 용지를 사용한다. 열처리 복사기를 사용하는 방법을 활용하려면 특별히 제작된 TP와 연필이나 잉크 등 탄소로 처리된 내용

을 함께 열처리 복사기에 넣어 복사한다.

- 컴퓨터 사용: 컴퓨터를 이용해서 TP를 만드는 방법은 워드프로세서 프로그램이나 파워포인트와 같은 프레젠테이션 프로그램을 사용하여 내용을 입력한 다음 잉크젯 프린터나 레이저 프린터에 컴퓨터용 특수 TP 용지를 넣어 프린트한다.

컴퓨터를 사용하는 경우에는 다양한 그림, 글자는 물론 문서 형태를 손쉽게 편집할 수 있으며, 한 번 작성한 TP 자료는 파일로 저장하여 언제든지 출력이 가능하다. 별도의 채색도구나 컬러시트 없이도 색을 사용하여 다양한 효과를 줄 수 있다.

(4) TP의 제시방법

- 판서법: TP 용지에 내용을 직접 쓰는 방법으로 TP를 칠판처럼 사용하는 방법이다. 쓰거나 그리는 과정을 보여 주어야 할 경우를 제외하고는 사전에 제작하여 사용하는 것이 바람직하다.
- 부분 제시법: TP의 내용 전체를 다 보여 주지 않고 필요한 부분만 단계적으로 제시하는 방법으로 내용에 주의를 집중시키는 효과가 있다. 필요한 부분만을 투영하고 나머지 부분은 두꺼운 종이나 불투명체를 사용하여 가린다.
- 겹치기법: TP를 2장 이상 겹쳐가면서 제시하는 방법이다. 내용이 복잡할 경우 먼저 기본적인 내용의 TP를 제시하고 그 위에 세부적이거나 추가적인 내용의 TP를 제시하는 방법을 합성법이라고 한다. 반대로 겹쳐진 TP를 하나씩 제거하면서 제시하는 방법을 분해법이라고 한다.
- 실물영사법: 플라스틱으로 만든 자나 분도기 등을 제시대 위에 올려놓아 거리나 각도에 대한 개념을 설명하거나, 불투명한 도형을 제시

대에 올려놓고 스크린에 비춰진 그림자를 보면서 모양에 대한 개념을 설명할 수도 있다.

- **프로젝션 패널법**: 프로젝션 패널(projection panel)을 컴퓨터 출력 포트에 연결하고 OHP 제시대 위에 올려놓아 컴퓨터로 만든 각종 그래픽, 문자, 동화상 등을 스크린에 투사하는 방법이다. 컴퓨터로 파일을 만들 경우 따로 TP를 만들지 않아도 된다.

LCD 프로젝션 패널

제시용 그래픽 소프트웨어의 사용을 위해 고안된 LCD(liquid crystal display) 프로젝션 패널을 사용하면 컴퓨터 이미지를 스크린에 투사시킬 수 있다. LCD 패널을 컴퓨터에 연결하여 OHP 제시대 위에 올려놓으면 OHP의 빛이 LCD 패널을 통해 스크린에 이미지를 투사한다.

LCD 패널은 컴퓨터 모니터에 나타난 모든 것을 투사할 수 있으며, 컴퓨터에 많은 양의 시각 자료를 저장할 수 있고, 내용의 편집이 가능하다는 장점이 있다. 그러나 OHP를 사용할 경우보다는 어두워야 선명한 상을 볼 수 없다.

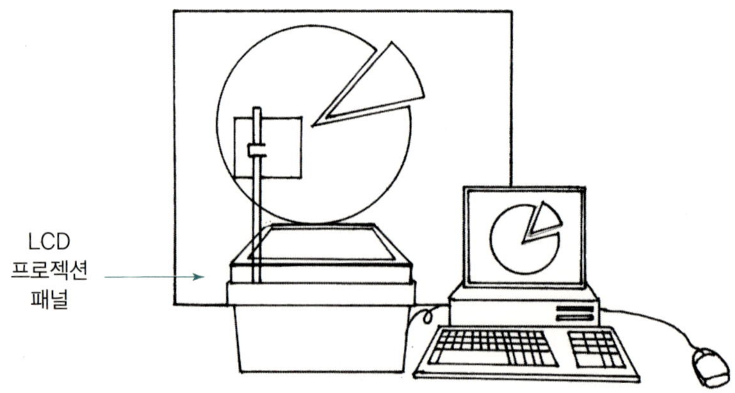

그림 7-11 LCD 프로젝션 패널

(5) OHP 활용 시 유의점

- 미리 준비한 자료를 제시하기 때문에 짧은 시간에 많은 자료를 제시하기 쉽다. 자료를 여유 있게 제시하면서 학생들에게 읽고 필기할 시간적 여유를 주어야 한다.
- 많은 내용을 한꺼번에 제시하지 않도록 하며, 부분 제시법이나 겹치기 방법을 이용하여 학생들이 주의를 집중하도록 한다.
- 불필요한 자료가 투사되지 않도록 한다. 설명이 끝나면 반드시 OHP를 끄고 필요할 때 다시 켜서 사용하도록 한다.
- 교사는 스크린을 보고 설명하지 말고, 학생들을 향하여 OHP 제시대에 있는 TP 자료를 보면서 설명한다.
- TP 마운트 위에 제목과 주제, 학습 대상자, 단원명, 중요한 단어나 내용 등을 기록하고 이것을 과목별 또는 주제별로 분류하여 바인더나 파일 박스에 보관한다.

(6) 키스토닝 현상과 수정

키스토닝(keystoning) 현상은 OHP를 사용할 때 스크린에 제시되는 영상의 양끝이나 좌우가 왜곡되어 사다리꼴이나 평행사변형으로 제시되는 것을 말한다. 이러한 현상은 OHP와 스크린이 수직으로 배치되지 않았을 때 발생하며, 다른 투사매체의 경우에도 이와 같은 현상이 일어날 수 있다.

키스토닝 현상에는 수평적인 경우와 수직적인 경우의 두 가지가 있다. 수평적인 경우는 투사되는 면의 좌우 길이가 다르게 나타나는 것으로 OHP가 스크린에 평행하지 않고 좌측이나 우측으로 기울어져 있을 때 발생한다. 이러한 현상은 OHP를 스크린과 평행하게 놓으면 수정된다. 수직적인 경우는 화면의 상하 길이가 다르게 나타나는 것이다. OHP를 스크린과 수직이 되도록 위로 이동시키거나, 스크린 상단을 앞쪽으로 기

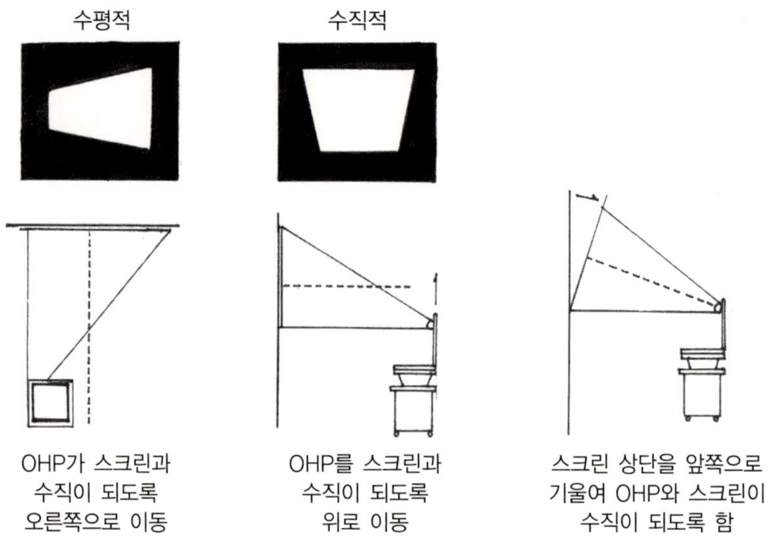

그림 7-12 **키스토닝 현상의 수정**

울여 OHP와 스크린이 수직이 되도록 조정하여 수정할 수 있다.

3) 실물화상기

실물화상기란 투명한 물체는 물론 실물, 사진, 그림과 같은 불투명한 물체를 투사해서 제시할 수 있는 매체다. 오랫동안 사용해 온 구형 실물환등기(opaque projector)는 1,000와트 정도의 아주 강한 빛, 다른 투사 매체보다 더 어두운 암막시설이 필요하며, 기기의 가격이 고가이고, 무겁고, 부피가 크다는 단점이 있었다. 그러나 최근에 이러한 단점을 보완한 실물화상기가 보급되어 구형 실물환등기는 거의 활용되지 않고 있다.

(1) 실물화상기의 장점

- 어떤 자료라도 바로 확대해서 보여 줄 수 있다.

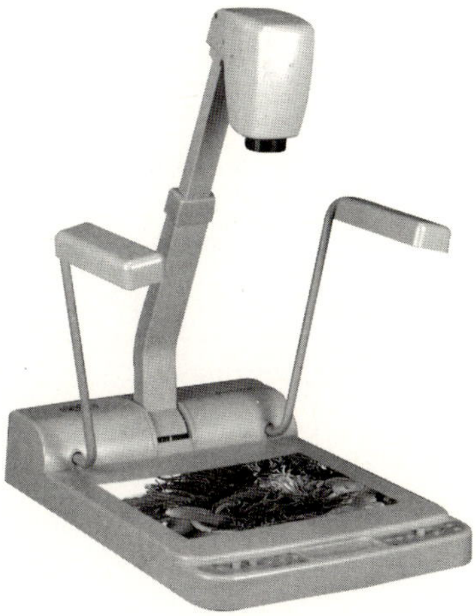

그림 7-13 실물화상기

- 최근에 보급된 실물화상기는 OHP 겸용으로 사용할 수 있다.
- 실물화상기를 컴퓨터에 연결하여 화상을 보거나 화상을 컴퓨터에 저장할 수 있다.
- 조작이 간편하다.

(2) 실물화상기의 단점

- 출력기기(TV, 모니터, 빔 프로젝터)가 필요하다.
- 상이 커질수록 선명도가 떨어진다.

4) 디지털카메라

모든 카메라는 크기, 모양, 유형에 관계없이 동일한 기본 원리로 작동하는데, 디지털카메라는 이미지를 필름에 저장하는 대신 메모리 카드에 직접 기록하여 저장한다. 디지털카메라에는 액정(LCD) 모니터가 장착되어 있어 뷰파인더에 눈을 대지 않고도 촬영할 수 있으며, 촬영 결과를 즉

시 확인할 수 있고 원하지 않는 이미지의 삭제가 가능하다. 액정 모니터에는 렌즈로 투영된 노출 상태대로 피사계가 표시되며, 조리개와 셔터 속도, 사진 파일의 크기와 품질, 남은 사진 수 등 촬영에 유용한 각종 정보가 함께 표시된다. 액정 모니터는 카메라의 각종 촬영 기능을 설정하는 인터페이스 창으로 활용된다. 액정 모니터를 보면서 촬영한 화상의 재생 및 관리 작업도 할 수 있다. CCD(charge coupled devices)는 필름 카메라의 필름과 같은 기능을 하는 디지털카메라의 핵심 요소로 이미지 센서 혹은 영상소자라고도 한다.

(1) 디지털카메라의 장점

- 필름 현상 및 인화 비용이 필요 없어 비용이 절감된다.
- 촬영 후 즉시 컴퓨터에 입력하여 활용 가능하므로 시간이 절감된다.
- 인화하여 보관하는 사진과는 달리 보관하는 데 별도의 공간이 필요 없다.
- 컴퓨터에 보관하고 검색하기 때문에 검색이 용이하다.
- 색 온도에 맞게 자유롭게 촬영이 가능하다.

(2) 디지털카메라의 단점

- 필름에 비하여 색상을 재현하는 데 한계가 있다.
- 모든 작동이 전원이 있어야 가능하며 전력의 소모가 많다.
- 충격에 약해 작은 충격에도 중요 장치들이 손상되기 쉽다.
- 저장 시간의 지연으로 빠르게 연속 촬영을 하기가 어렵다.
- 모든 조작이 LCD 패널을 통해 가능하며 조작법이 복잡하다.

5) 교육방송과 비디오

교육 현장에서 움직이는 동영상을 보여 주기에 적합한 매체 중의 하나는 교육방송과 비디오다. 교육방송과 비디오가 일반화되기 전에는 동영상을 제시하기 위해 영화가 많이 사용되었으나 근래에는 거의 사용되지 않고 있다. 비디오 자료는 교육 현장뿐만 아니라 일상생활에서도 많이 활용되는 매체다.

(1) 교육방송의 특징

1980년대에 시작된 교육방송은 교육 목적을 성취하기 위하여 제작된 공영 프로그램을 의미한다. 교육방송은 다른 매체에 비하여 일반화되어 있으며, 어린이부터 노인층에 이르기까지 시청 연령에서도 대중적이다. 소리를 동반한 동영상을 제공할 뿐만 아니라 특수촬영기법을 사용하면 육안으로 관찰이 불가능한 장면도 제공할 수 있다. 현실감 있는 내용은 학습자의 동기를 유발하여 즐거움을 제공할 수 있으며, 특히 교실 학습에서 형성되기 어려운 태도 학습 등 정의적인 영역의 학습에 매우 효과적이다.

교육방송의 단점은 교육방송이 일방향 의사소통 매체이므로 학습자에게 피동적인 학습 태도를 갖게 하는 것이다. 따라서 교사는 시청 후 토론, 평가회, 감상문 작성 등의 계획을 세워서 학습자의 참여를 유도해야 한다. 방송시간 중에 사용해야 하는 시간적인 제약도 있지만 VTR의 보급으로 이러한 동시성은 극복되었다. 그러나 학습자가 텔레비전에 너무 익숙해져 있는 관계로 교육방송에 대한 호기심이 낮아져서 주의 집중이 어려울 수도 있다.

(2) 비디오의 특징

비디오 자료는 교육방송의 동시성을 극복하고 원하는 시간에 동영상 자료를 녹화하여 볼 수 있어 교육 현장에서 많이 활용되고 있는 매체다. 비디오 자료는 교육방송의 장점과 함께 동시성을 극복하고 실제 일어나는 여러 가지 사건이나 사실을 원하는 장소에서 원하는 시간에 볼 수 있게 한다. 전문가들의 강의를 녹화하여 광범위한 지역에 산재해 있는 학습자들에게 제공할 수 있으며, 필요할 때마다 반복하여 사용할 수 있다.

(3) 비디오 자료의 유형

비디오 자료의 유형은 사용되는 카메라나 재생도구에 따라 비디오테이프와 디지털비디오로 나눌 수 있다.

- 비디오테이프: 가장 많이 활용되는 유형으로 개방된 릴 안에 내장된 오픈 릴형과 카세트에 담긴 비디오카세트형이 있다. 비디오카세트형에는 사용되는 테이프의 넓이에 따라 U-매틱(U-matic)형과 VHS형, 8mm형 및 6mm형이 있다. 오픈 릴형과 U-매틱형은 방송이나 전문적인 제작에 많이 사용된다. 오픈 릴형은 테이프의 넓이가 1인치이고 U-매틱형은 테이프의 넓이가 3/4인치이므로 화질은 우수하나, 카메라의 크기가 크고 무거우며 다루는 데 전문적인 기술이 필요하여 일반인이 사용하기는 어렵다. VHS형은 일반 가정이나 학교에서 가장 많이 사용되고 있다. 테이프의 넓이가 1/2인치로 영상의 질은 다소 떨어지고 오래 반복적으로 사용하면 질이 저하되는 단점은 있지만, 다양한 자료가 구비되어 있어 선택의 폭이 넓다. 8mm형은 소형 카메라, 즉 캠코더를 사용하여 자료를 제작한다. 크기는 VHS보다 작지만 색의 선명도에서는 VHS형보다 훨씬 선명하다.
- 디지털비디오: TV 방송, 비디오테이프, 비디오디스크나 비디오카메

라로 찍은 아날로그 비디오 영상은 디지털화되어서 컴퓨터에 저장할 수 있는데, 이것을 디지털비디오라고 한다. 최근 아날로그 방식이 아닌 디지털 방식으로 촬영도 가능하다. 기존의 아날로그 방식은 재생 시간이 길어질 경우 화질이 손상되었으나 디지털비디오의 이미지는 질의 손상 없이 내용, 크기, 색상 등을 조작하고 저장하고 복사할 수 있다. 디지털비디오는 사용하기 쉽고 반복해서 사용해도 상의 질과 음향의 손상이 없어 영구적으로 사용할 수 있다. CDI(compact disc interactive)는 디지털비디오, 오디오, 텍스트, 시각 자료를 전달하는 시스템이다. 이러한 정보가 저장된 CD는 컴퓨터에 내장되어 있는 특수한 플레이어를 사용하여 재생하는데, 반드시 모니터와 연결되어 있어야 한다. CDI 플레이어는 오디오 CD 플레이어와 유사하며 오디오 CD를 재생할 수도 있다. CDI의 가장 매력적인 측면은 상호작용이 가능하다는 것이다. 현재는 대부분 오락용으로 사용되지만 학습자가 자료와 상호작용할 수 있어 교육적으로 활용 가치가 높다. CDI와 유사하게 DVI(digital video interactive)는 CD-ROM에 72분 가량의 동영상 비디오를 저장할 수 있는데 1초에 30 화면을 제시하기 때문에 동영상이 매우 자연스럽다. 컴퓨터에서 재생하려면 DVI 보드나 DVI 카드가 설치되어 있어야 하며, 가격이 고가다. DVD(digital versatile disc) 시스템은 동영상 비디오를 디지털로 저장하고 재생할 수 있는 가장 최근에 개발된 형태다. 디스크 모양은 오디오 CD나 CD-ROM과 같은 크기이나 4시간 정도의 고화질 영화나 대량의 컴퓨터 데이터를 수록할 수 있다. 더구나 데이터를 수록할 수 있는 DVD가 시장에 출현하여 CD가 음악에 기여한 정도로 영화에 기여할 것으로 기대된다. 현재 대부분의 컴퓨터에는 DVD 플레이어(또는 DVD-R)가 CD-ROM을 대체하여 장착되어 있는 추세다.

- 인터넷 비디오: 인터넷 비디오는 스트리밍 비디오(streaming video)를

이용해 인터넷을 통해서 전달될 수 있다. 스트리밍이라고 하는 것은 플레이하기 전에 파일을 완전히 다운로드 할 필요가 없는 것을 말한다. 대신 사용자가 스트리밍 방식의 비디오와 연결된 링크를 클릭하는 순간 내용을 바로 볼 수 있다. 인터넷에서의 압축 기술의 발달에 따라 방송국에서 전파를 보내자마자 실시간으로 인터넷에서 볼 수 있게 된 것이다. 비디오 내용은 실제로 사용자가 내용을 보기 바로 전에 컴퓨터에 작은 패킷 형태로 다운로드된다. 내용은 컴퓨터에 저장되는 것이 아니라 컴퓨터의 기억장치 속으로 흘러들어와 플레이된 후 지워진다.

DVD(digital video disk)

DVD는 크고 불편하던 LD를 개선하고 비디오 기능을 좀 더 강화하기 위해 개발되었다. 그러나 DVD의 표준규격을 결정하는 과정에서 DVD의 무한한 용도가 확인되었으며, 명칭 또한 단순히 video disk라는 의미가 아닌 다기능 디스크(versatile disk)로 바뀌게 되었다.

따라서 DVD는 단순한 digital video disk가 아닌 digital versatile disk로 발전하게 되었고, 이에 따른 여러 가지 국제적인 표준규약이 만들어졌다. 오늘날 DVD와 관련된 표준규약에는 영화뿐만 아니라 음악, 데이터 등에 대해 6종류로 나누는 규약이 있다. 또한 영화 등의 영상물을 담는 DVD-Video, CD처럼 음악을 담는 DVD-Audio, 기존의 CD-ROM에 대응하는 DVD-ROM과 DVD-RAM, DVD-R, DVD-RW 등의 규약이 있다. 이 중 DVD-Video가 흔히 말하는 DVD의 대표적인 것으로 영화를 담은 타이틀이며, DVD-Audio는 기존의 일반 음악 CD처럼 음악만 녹음된 DVD다.

또한 DVD는 디스크의 양면을 다 쓸 수 있도록 고안되었고, 그 한쪽 면도 두 개의 층을 두어 층별로 다른 데이터를 수록하는 것이 가능하기 때문에 기존의 CD에 비해 월등한 데이터 수용 능력을 가질 수 있게 되었다.

7 교수매체의 활용

교수매체의 효과성은 자료를 어떻게 활용하는가에 달려 있다. 교사가 수업에 적절한 매체를 선택하는 것도 매우 중요하지만 실제로 선택한 매체를 교실에서 어떻게 사용하는가도 그에 못지않게 중요하다. ASSURE 모델의 활용 단계에 따라 교수매체의 활용에 대한 사전 계획을 세우면 교수매체를 보다 효과적으로 활용할 수 있다.

- 자료의 검토 및 사전 시사: 사용하고자 하는 자료는 실제로 교실에서 사용하기 전에 반드시 검토하고 시사한다. 자료를 다른 사람에게서 추천받았거나 자료에 대한 안내서를 보고 선택하였다면 교사가 기대하였던 것과 다를 수도 있다. 사전 시사를 통해 자료가 교수 목표와 일치하는지 확인하고, 교재의 질은 양호한지, 수업에 적용하기 위해 기타 필요한 사항은 없는지를 사전에 확인하여 수업 시간에 당황하는 일이 없도록 해야 한다. 자료를 어떤 방식으로 소개할지, 사후 활동으로는 무엇을 할지, 수업의 어느 시기에 활용할 것인지를 결정하고 그 밖에 지도 사항에 대해서도 계획을 세운다.
- 환경의 정비: 수업에 필요한 교수매체는 수업을 하기 전에 설치하고 제대로 작동되는지 검토한다. 모든 학습자가 투사된 상을 명확히 볼 수 있도록 교수매체와 스크린의 거리를 조절하고 상의 크기를 결정하고 초점을 맞춘다. 모든 학습자가 잘 보고 들을 수 있도록 조명, 좌석, 음의 크기를 확인한다. 교육방송이나 비디오 자료를 사용할 경우 대집단 수업에서는 20명당 20인치 모니터 한 대 정도가 적절하며, 모니터의 상에 반사가 생기는 것을 막기 위해 약간 앞쪽으로 기울여 설치하는 것이 좋다.

- 수업 전 사전 지도: 어떤 환경에서든지 자료를 제시하기 전에 학습자에게 다가올 활동에 대해 미리 준비하게 하는 것은 학습에 매우 중요한 영향을 끼친다. 사용하기 전에 전반적인 내용과 새로운 용어의 소개, 이미 배운 내용과의 관련성을 설명하여 학습자의 주의를 집중시키고 동기를 유발한다. 교수 목표를 명확히 제시하고 학습자들이 무엇에 주의를 기울여야 하는지 언급하는 것도 중요하다. 사후 활동이 계획되어 있는 경우에도 미리 알려 주어 그에 대한 준비를 하게 한다.
- 자료의 제시: 사전 지도를 마친 후에는 학습자에게 자료를 제시한다. 자료를 제시하는 동안 교수자는 자리를 비우지 말고 함께 프로그램을 시청하면서 학습자의 반응을 관찰하고 기록하여 사후 활동에 반영할 수 있다. 시사 도중이라도 중요한 사항이 있으면 보충 설명을 한다.
- 학습자의 참여 유도: 대부분의 교수매체는 일방향 매체여서 학습자의 적극적인 참여가 자연스럽게 이루어지지 않는다. 따라서 교수자는 자료를 제시한 후에 학습자의 참여를 유도해야 한다. 새로운 지식을 일반화하거나 실제 생활과 관련시키는 능력은 학습자가 다양한 조건에서 새롭게 배운 지식을 연습해야 길러질 수 있기 때문이다. 교수자는 반드시 질문, 토론, 평가회 및 감상문 작성을 통해 학습자의 참여를 유도하여 학습자가 프로그램 내용과 상호작용하도록 한다.
- 평가: 자료를 활용한 후에는 학습자의 성취도 평가, 매체와 방법에 대한 평가, 교수-학습 과정에 대한 평가를 하고, 평가 결과가 만족스럽지 않은 부분에 대해서는 수정을 한다. 평가방법은 관찰, 토론 및 평가회 과정을 관찰하여 평가할 수도 있으며, 시험이나 감상문 등을 평가할 수도 있다. 또한 설문지를 통하여 교육 목적을 달성하기 위해 적절한 매체였는지, 제시방법이 적절하였는지 등을 평가한다.

• 자료의 정리: 교수매체를 활용한 후에는 다음 사용을 위해 깨끗이 닦아서 보관한다. 특히 렌즈는 브러시나 에어클리너로 먼지를 제거한다. 자료의 상태도 양호한지 확인하고 다음 사용을 위해 정리·보관한다. 여러 사람이 공동으로 사용할 경우에는 교수매체나 자료에 대한 관리 카드를 만들면 보다 체계적인 관리가 가능하다.

표 7-3 **교수매체 및 자료의 관리 카드**

시청각 자료(비디오, 슬라이드, TP, 기타:)

번호		제작처	
제목			
소요 시간	한국어, 영어, 기타 ( )	대상	
녹음		자료 상태	
교육 목표 및 내용			
유의 사항			

Chapter

08

컴퓨터와 교육

1960년대와 1970년대에 컴퓨터를 이용한 학습은 주로 메인 컴퓨터 또는 중형 컴퓨터에서 이루어졌으며, 1970년대 말에 이르러서야 최초로 대중화된 개인용 컴퓨터가 개발되면서 기업, 학교, 가정에서 컴퓨터의 활용이 급속하게 증가되었다. 컴퓨터 기술의 발달에 힘입어 개인용 컴퓨터의 힘은 더 강력해졌고 사용하기 쉬워졌을 뿐만 아니라 가격도 저렴해졌다. 개인용 컴퓨터가 망으로 연결되면서 정보와 자원을 공유할 수 있게 되었고, 전 세계적인 망인 인터넷이 보급되면서 개인용 컴퓨터의 활용은 가속화되기 시작하였다. 특히, 1990년대 초기에 월드와이드웹으로 알려진 인터넷 기술이 개발되면서, 인터넷은 일부 기관에서 문서를 주고받기 위해 사용되던 수준에서 전 세계적으로 자원을 교환할 수 있는 수준으로 탈바꿈하게 되었다.

이 장에서는 독립형 PC를 활용한 컴퓨터 보조 수업에서 최근 확산되고 있는 e-러닝에 이르기까지 컴퓨터공학 기술의 발전에 따라 컴퓨터를 교육에 어떻게 적용해 왔는지 살펴보고자 한다.

| 학습 목표 |

1. 컴퓨터의 교육적 활용에 대해 설명할 수 있다.
2. 컴퓨터 보조 수업의 유형을 비교 · 설명할 수 있다.
3. 컴퓨터 관리 수업이 무엇인지 예를 들어 설명할 수 있다.
4. 컴퓨터를 도구로 활용할 수 있는 예를 제시할 수 있다.
5. 멀티미디어의 정의를 설명할 수 있다.
6. 인터넷의 교육적 특성을 설명할 수 있다.
7. 정보통신기술(ICT) 교육의 정의를 설명할 수 있다.
8. 교과에 따라 정보통신기술을 활용하기 위한 구체적 활동을 계획할 수 있다.
9. e-러닝에서 상호작용을 촉진할 수 있는 방법을 설명할 수 있다.

1 컴퓨터 보조 수업

학습자의 개인차를 극복하여 교육의 질을 높이려는 노력은 계속되어 왔으며, 이러한 노력의 결과로 학습자가 자신의 학습 속도와 학습 스타일에 맞추어 학습을 할 수 있는 컴퓨터를 이용한 개별학습체제가 고안되었다. 컴퓨터의 뛰어난 계산 기능, 한정된 시간에 여러 작업을 신속하게 처리할 수 있는 속도성과 방대한 정보를 기억할 수 있는 기억성, 착오가 없는 정밀성은 개별학습은 물론 수업 및 제반 학사 업무를 보다 능률적으로 관리 · 운영하는 도구로 사용되어 왔다.

컨트롤 데이터사에서 PLATO(Programmed Logic for Antomatic Teaching Operations) 시스템을 개발한 노리스(William Norris)는 컴퓨터 기반 교육이 시대에 뒤떨어지고 노동 집약적인 부분에 대한 대안이 될 것이며, 컴퓨터가 전통적인 교사의 업무를 담당함으로써 교육의 생산성을 높일 것이라고 하였다. 현재 노리스의 예견과는 달리 컴퓨터가 교사를 대치하지는 않았지만 컴퓨터는 다양한 교수 기능을 수행하여 교수-학습을 증진시키고 있다.

컴퓨터는 전통적으로 교사와 관련된 역할을 영위한다. 컴퓨터는 수업을 제시하고, 교수 활동이나 교수 상황을 제공하고, 학습자에게 상호작용을 요구하고, 학습자의 반응을 평가하고, 피드백을 제공하고, 적절한 사후 활동을 결정한다. 이러한 교육적 적용을 CBE(computer based education)라고 한다. CBE는 컴퓨터 보조 수업(computer assisted instruction: CAI)과 컴퓨터 관리 수업(computer managed instruction: CMI)으로 나눌 수 있다. CAI는 컴퓨터를 직접 수업매체로 활용하여 지식, 태도, 기능 등의 교과 내용을 학습자에게 가르치는 수업방법이다. CMI는 컴퓨터를 직접 수업매체로 사용하는 것이 아니라 컴퓨터를 활용해서 교수-학습 활동을 기록 · 분석하여 교사가 효율적으로 수업할 수 있도록 지원하는 것이다.

1) 컴퓨터 보조 수업의 특성

컴퓨터 보조 수업(CAI)은 컴퓨터가 교사의 역할을 대신하여 학습자를 가르치도록 고안되었다. 컴퓨터를 수업에 적절히 사용하기 위해서 CAI의 장점과 제한점을 살펴보면 다음과 같다.

(1) CAI의 장점

- 개별적인 수업이 가능하다. 컴퓨터는 학습자 개개인에 맞는 수준과 속도로 학습을 진행할 수 있게 한다. 학습자의 반응에 개별적이고 즉각적인 피드백을 제공하여 학습 태도와 학습 능력 수준이 다른 학습자를 수용해 학습을 가능하게 한다. 학습자의 이름이나 기타 학습자에게 관련된 정보를 활용하여 수업을 보다 관련성 있고 흥미 있게 개별화할 수 있다.
- 학습자에게 흥미 있는 학습 경험을 제공한다. 컴퓨터의 특성을 활용하여 학습 내용을 보다 흥미 있는 방식으로 제시하며, 현실성 있는 경험, 반복적인 연습, 실제로 경험할 수 없는 상황을 모의하여 학습자의 주의를 집중시킨다.
- 상호작용적이다. 교실 수업에서는 교사와 학습자 간에 제한된 상호작용이 이루어지지만 컴퓨터는 학습 과정 중 코스웨어와 학습자 간에 충분한 상호작용이 이루어지도록 도와준다. 인쇄 자료도 학습자의 반응을 위한 공간을 만들 수 있고 비디오테이프도 학생들에게 의문을 제기하도록 할 수 있지만 학생의 반응을 보장하지는 않는다. 컴퓨터는 학습자의 반응을 요구하면서 학습자를 적극적으로 참여

하게 한다. 학습자의 오답에 대해서 계속해서 응답해 주는 특성은 특히 학습지진아를 위해 효과적인 학습 수단이 될 수 있다.

- 교사는 교사 본연의 업무에 집중하면서 학습자에게 더 많은 주의를 기울일 수 있다. 컴퓨터는 학습자의 학습 상황이나 성취수준을 기록 · 분석하여 학습 진단과 처방을 해 주며 성적 처리 등 사무적인 업무를 지원하므로 교사는 학생의 개별적 지도 및 상담에 더 많은 시간을 할애할 수 있다.
- 비용 효과 면에서 유리하다. 코스웨어를 개발하는 데 많은 시간과 비용이 들기는 하지만, 한 번 개발된 코스웨어는 계속 반복하여 사용할 수 있으며, 저렴한 비용으로 대량 복제가 가능하기 때문에 비용 효과 면에서 경제적이다.

(2) CAI의 제한점

- 하드웨어에 소요되는 비용이 높다. 컴퓨터 하드웨어의 가격이 급격히 하락하는 추세지만 다른 교수매체에 비하여 상대적으로 고가이며 유지비용도 많이 든다.
- 우수한 코스웨어가 부족하다. 현재 많은 코스웨어가 개발되고 있지만 코스웨어의 질, 양, 다양성 면에서 부족한 상태다.
- 코스웨어를 개발하는 데 전문적인 지식, 노력, 시간, 경비가 많이 소요된다.

2) 컴퓨터 보조 수업의 유형

CAI는 학습 내용의 구성에 따라 반복연습형, 개인교수형, 시뮬레이션형, 교수게임형 등이 있으며, 각 유형은 수업 목표와 특성에 따라 독특한 기법을 사용하여 설계한다.

(1) 반복연습형

반복연습형(drill and practice mode)은 CAI 프로그램 중 가장 많이 사용되는 양식으로 이미 습득한 지식이나 기능을 반복 연습하게 하여 정규 수업을 보충하고 강화하기 위한 것이다. 일반적으로 반복연습형은 어떤 과제를 어떻게 해야 한다는 내용은 포함하지 않고 반복 연습을 하기 전에 필요한 시범이나 설명적인 지시 사항이 먼저 제시된다.

복잡한 과제들에는 보다 효과적으로 수행하기 위해서 요구되는 하위 기능이 있다. 이러한 하위 기능은 반복 연습을 통하여 보다 자동적으로 수행될 수 있다. 하위 기능이 숙달되면 학습자는 보다 상위 수준의 지적 기능에 집중할 수 있다. 따라서 반복적인 연습을 요구하는 수학 교과에서의 연산이나 외국어 교과에서의 단어 익히기, 발음 연습, 기타 기초 기능의 변별을 요구하는 교과 영역에서 광범위하게 사용된다. 특히, 반복연습형은 암기과목이나 자동적인 학습자의 반응이 요구되는 분야에 가장 효과적이다. 반복연습형의 구조 및 절차는 [그림 8-1]과 같다.

반복연습형을 효과적으로 사용하기 위해서는 다음과 같은 점에 유의해야 한다.

- 학습자가 연습할 수 있도록 기회를 많이 제공하고, 학습자의 반응에 대해 명확히 지도해야 한다. 옳은 반응에 대해서는 정적인 강화를 제공하여 학습을 격려하고, 틀린 반응에 대해서는 틀린 이유를 설명

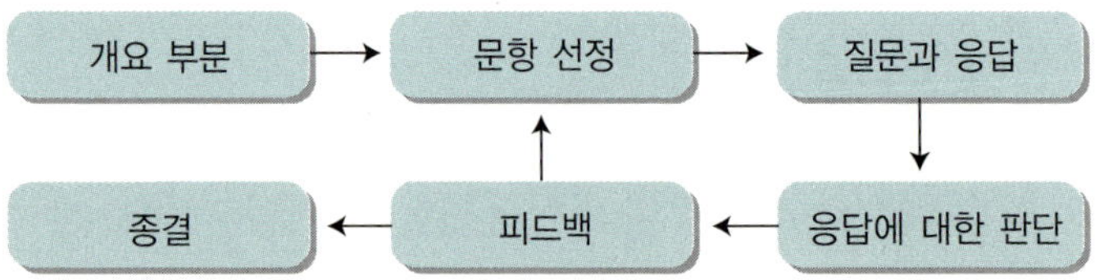

그림 8-1 반복연습형의 구조 및 절차

하고 옳은 반응을 할 수 있는 기회를 제공해야 한다.

- 반응은 간단하고 즉각적이어야 하며, 여러 번 반응할 기회를 주어야 한다.
- 학습자의 수행 정도를 기록하여 그 정보를 적절히 이용해야 한다.
- 학습자의 수행 정도에 따라 난이도를 조정한다.

(2) 개인교수형

개인교수형(tutorial mode)은 마치 교사와 학생이 일대일로 수업을 하는 것같이 컴퓨터가 교사의 역할을 담당하여 새로운 학습 내용을 가르치고 확인하고 강화한다. 개인교수형에서는 학습자에게 자세한 안내와 정보, 연습과 피드백이 제공되고 학습 결과를 평가하여 학습자의 학습 능력에 따라 각자의 속도로 학습할 수 있도록 한다.

개인교수형은 사실적 정보의 제공, 원리학습, 문제중심학습을 위해 사용할 수 있다. 특히, 학생 수가 적거나 교사가 정규 수업을 하기 어려운 상황에서 적절히 활용할 수 있다. 개인교수형으로 학습하기 위해서는 많은 시간이 소요되며 컴퓨터실이 구비되어야 하기 때문에 컴퓨터의 수가 제한적인 환경에서는 교사의 수업을 대치하기보다는 교정학습, 심화학습, 보충학습과 같이 정규 과목의 보완 자료로 사용될 수 있다.

그러나 교수-학습에 관련된 모든 정보가 프로그램 안에 포함되어 있기 때문에 프로그램 자체를 제작하는 데 시간이 많이 걸리고, 상위 수준의 학습 내용을 개발하는 데 어려움이 많다. 개인교수형의 구조 및 절차는 [그림 8-2]와 같다.

잘 설계된 개인교수형은 개별 학습자의 요구나 필요에 부응하는 매우 상호작용적이고 효과적인 수업을 제공할 수 있다. 개인교수형을 효과적으로 설계하기 위해서는 가네(Gagné)의 아홉 가지 교수 사태를 적용할 수 있다.

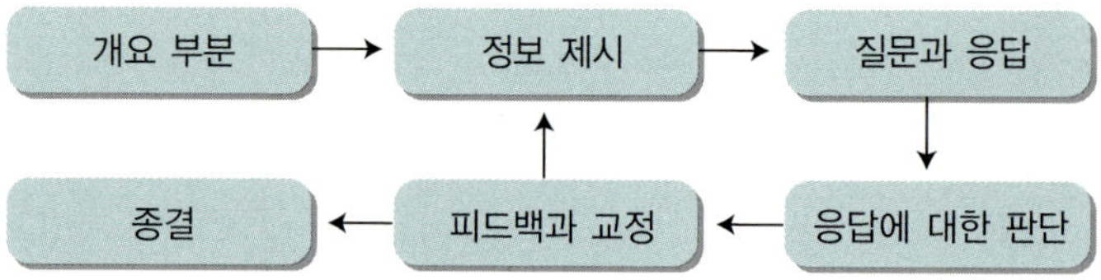

그림 8-2 개인교수형의 구조 및 절차

- 주의 집중: 음향, 색, 애니메이션 등 컴퓨터의 다양한 기법을 활용하여 학습자의 주의를 집중시킨다.
- 목표 제시: 목표를 제시하여 학습자가 학습 내용의 중요한 부분에 집중할 수 있도록 유도한다.
- 선수학습 자극: 학습자가 학습에 필요한 선수학습 기능을 상기하도록 한다.
- 학습 내용 제시: 학습 내용을 구조화 · 계열화하여 명료하게 제시한다.
- 학습 안내: 다양한 예, 단서 등을 제공하여 학습이 잘 이루어지도록 유도한다.
- 성취 행동의 유도: 학습한 내용을 연습할 수 있도록 기회를 제공한다.
- 피드백 제공: 학습자들에게 반응에 대한 결과를 제공한다. 자신의 반응이 맞았는지 틀렸는지, 왜 틀렸는지에 대한 피드백을 제공한다.
- 성취 행동의 평가: 학습자가 학습 목표에 도달하였는지 여부를 평가한다.
- 파지와 전이의 촉진: 적절한 연습의 기회와 다양한 예제를 통하여 파지와 전이를 촉진시킨다.

(3) 시뮬레이션형

시뮬레이션형(simulation mode)은 시공간적, 경제적 제한으로 실제 경험할 수 없는 상황을 실제 상황과 유사하게 컴퓨터로 모의하여 실제와 유사한 경험을 갖게 한다. 즉, 실제로 경험하기에 너무 많은 비용이 들거나 위험이 따르거나 경험하기가 불가능한 경우에 사용한다. 이러한 경험을 하도록 실제 상황을 단순화하고 중요한 요소를 강조하여 학습자가 핵심적인 정보를 습득하도록 하고 반복 경험을 가능하게 해야 한다. 대부분의 시뮬레이션형은 기본 개념을 가르치기 위해서 사용하기보다는 정보, 사고 능력, 문제해결 능력의 적용을 촉진하기 위해 활용된다. 시뮬레이션형은 자연과학이나 사회과학 분야에서 많이 사용되는데, 예를 들면 비행기 조종 훈련, 사업 경영의 실습, 상황 판단 훈련, 위험한 과학실험, 모의전쟁 훈련, 인체 수술 등에 이용된다. 시뮬레이션형의 구조 및 절차는 [그림 8-3]과 같다.

시뮬레이션형을 수업에 적용하면 다음과 같은 효과를 거둘 수 있다.

- 실제 상황과 유사한 상황에서 여러 가지 지식 및 기술을 습득하게 함으로써 학습의 전이도를 높일 수 있다.
- 학습자를 학습 과정에 능동적으로 참여시켜 현실적 감각을 부여하고 학습 동기를 촉진시킨다.
- 시간 통제가 가능하여 실제 상황을 가속시키거나 시간을 지연시킴

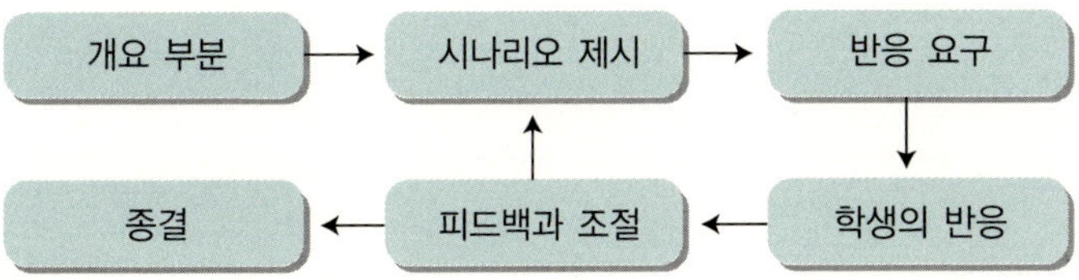

그림 8-3 시뮬레이션의 구조

으로써 특수한 상황에 대한 통찰력과 이해력을 높인다.

- 안전하게 변인의 통제가 가능하며, 반복 사용이 가능하여 비용과 시간이 절약되므로 교육의 효율성이 높다.

(4) 교수게임형

교수게임형(instructional game mode)은 시뮬레이션형과 자주 혼동되는데, 두 유형이 실제의 어떤 요소를 모의화하기 때문이다. 교수게임형은 시뮬레이션형과 같이 모의적인 요소를 포함하기도 하고 포함하지 않기도 한다. 교수게임형은 경쟁적인 요소를 가미하여 승자와 패자를 구분하는 것이 특징이다. 프로그램에 포함된 몇 가지 규칙은 게임을 어떻게 진행하는지, 어떤 행동을 허용하거나 금지하는지, 어떻게 득점을 하고, 무엇이 승부를 좌우하는지를 결정한다.

교수게임형은 동기 유발과 학습을 강화하기 위해 오락적인 요소를 가미하여 이미 습득한 지식, 기능 등을 강화하는 고도의 동기 유발적인 접근방법이다. 이 유형은 사실과 원리, 문제해결력, 협동과 같은 사회적 기능, 태도 형성 등에 사용된다.

교수게임형의 구조 및 절차는 [그림 8-4]와 같다.

교수게임형을 효과적으로 설계하기 위해서는 다음과 같은 점에 유의

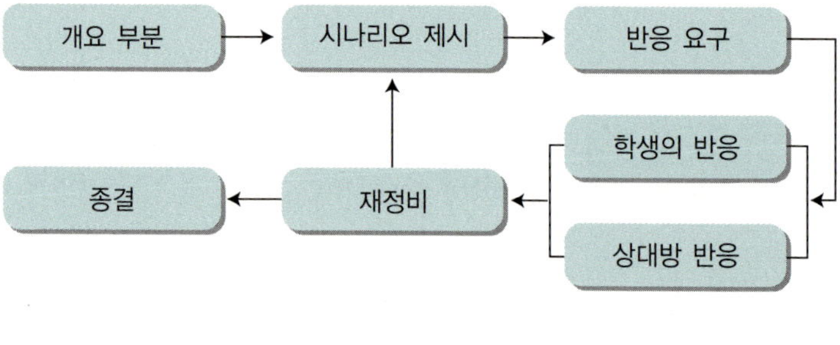

그림 8-4 교수게임형의 구조 및 절차

해야 한다(최수영, 이태영 역, 1990).

- 최적의 효과를 위해서 학습자에게 여러 단계의 도전을 제공해야 한다. 이것은 다양한 난이도, 여러 단계의 목표, 숨겨진 정보, 무작위를 사용하여 성취될 수 있다.
- 학습자 자신이 프로그램을 조정하고 있다는 느낌을 주어야 한다. 과제가 너무 어려우면 학습자는 조정할 수 없다고 느껴 스스로 포기할 수도 있다.
- 인간 상호적인 동기(interpersonal motivation)가 유발되게 한다. 교수게임형에서 인간 상호적인 동기는 협동 과제를 통하여 유발된다. 과제가 서로 의존하는 부분으로 구성되어 있을 때 그룹의 각 구성원에게 한 가지 역할을 하도록 지정한다. 그룹의 구성원은 자기 그룹의 성공을 위해 협동정신을 발휘하여 할당된 역할에 최선을 다하도록 동기를 유발할 수 있다.

(5) 혼합형

혼합형(hybrid designs)은 하나의 프로그램에 두 가지 이상의 유형이 혼합된 형태를 말한다. 실제로 코스웨어의 유형을 구분하는 것은 매우 어려운 일이다. 코스웨어를 개발할 경우 앞에서 언급한 단일 유형을 사용하기보다는 두 개 이상의 CAI 유형을 포함하는 것이 흔하게 사용되는 방식이다. 예를 들면, 개인교수형은 반복학습과 혼합하여 학습한 내용을 숙달하게 하거나, 게임형과 혼합하여 교수 활동을 보다 다양화하고 학습을 증진시킨다. 시뮬레이션형은 실제 상황에 전이될 지식이나 기술을 습득하기 위해 규칙, 경쟁, 점수따기 등의 게임 요소를 포함한다. 또는 문제해결과 게임 활동을 곁들여 반복 연습을 제공하기도 한다.

2 컴퓨터 관리 수업

컴퓨터 관리 수업(CMI)은 학습 지도 과정에서 교사나 학교 행정가들을 도와주기 위해 고안되었다. 교사들은 수업에 관련된 의사 결정을 하기 위해 각 학습자의 학습 성취도와 학습 진행 과정에 대한 최신 정보가 필요한데, CMI는 이러한 정보를 수집하고 보관하고 갱신하고 분석하고 보고하기 위해 사용된다.

1) 컴퓨터 관리 수업의 특성

(1) 컴퓨터 관리 수업의 장점

- 개별화 수업에 적용해서 학습자의 수준이나 학습자의 필요에 따라 적절한 교수 활동을 지원하도록 하여 학습 상황에 대한 통제를 용이하게 한다.
- 학습에 어려움을 가진 학습자를 빨리 인식하여 교정 활동을 할 수 있다.
- 교사는 정보 전달자의 역할에서 조언자, 감독자로, 학습자는 수동적인 지식의 수용자에서 능동적인 지식의 탐구자로 역할을 변화시킨다.
- 교사의 일상적인 행정 업무 부담을 덜어 준다.
- 교수자원을 효율적으로 활용할 수 있도록 교수자원을 배치(scheduling)하는 데 도움을 준다.

(2) 컴퓨터 관리 수업의 제한점

- 시험문제은행, 진단 원칙, 처방을 개발하는 데 전문적인 지식, 노력,

시간, 경비가 많이 소요된다.

- 컴퓨터에 의해 손쉽게 채점하는 형태는 정의적 영역, 정신 기능적 영역과 같은 특정한 학습 목표를 평가하는 데 적합하지 않다.
- 교사와 학습자가 역할 변화에 적응하는 데 어려움을 느낄 수 있다.

2) 컴퓨터 관리 수업의 활용

CMI는 다양한 수준으로 적용될 수 있다. 교수 목적을 위해 컴퓨터는 학습자의 하나의 반응부터 전체 교수 시스템의 결과에 이르기까지 다양한 정보를 모으고 관리하는 데 적용될 수 있다. 이를 바탕으로 특정한 학생의 후속 수업이나 전체 학교 시스템의 교수 활동을 위해 의사 결정을 할 수 있다.

대부분의 CAI 프로그램에는 CMI 기능이 포함되어 있다. 학습자의 모든 반응에 대해 즉각적인 평가를 하여 결과에 따라 후속 조치를 취하기도 하고, 프로그램 학습 결과에 관한 정보를 쉽게 빨리 제공하여 수업을 관리하도록 지원한다.

개별적인 CMI 적용은 간단한 성적처리 프로그램부터 정교한 진단과 처방 프로그램에 이르기까지 매우 다양하다. 성적처리 프로그램은 학생들의 시험 점수를 관리하고, 최종 성적을 산출하고, 학생과 학부형, 그리고 교사와 학교 행정가를 위해 성적표를 만들어 낸다. 컴퓨터 채점은 표준화검사를 채점하는 데 오랫동안 이용되어 왔다. 학생들이 특별히 고안된 답안지에 표시를 하면 광학감지장치가 채점을 한다. 이것은 성적 처리 기능과 연결되어 평균 점수, 표준편차, 학생 각자의 성적 백분위 등은 물론 각 문항의 응답을 분석하여 각 문항을 정확히 맞춘 학생들의 퍼센트, 다른 답에 표시한 학생들의 퍼센트 등 다양한 정보를 제공한다.

CMI 적용의 다른 유용한 예는 시험 출제를 하는 것이다. 컴퓨터는 저장된 시험문제 데이터베이스에서 주제, 난이도, 문항의 유형에 따라 무작위로 문항을 선택하여 검사지를 작성할 수 있다. 컴퓨터 시험 출제, 컴퓨터 채점, 성적 처리 기능을 서로 연결하면 시험, 진도 점검, 학습자의 학습 진행 상황, 성적 보고서 등이 자동화될 수 있다.

3 컴퓨터의 도구적 활용

컴퓨터는 교사나 학습자들이 일상적인 과제를 수행하는 데 도구로 사용된다. 예를 들면, 교사나 학생들은 워드프로세서, 그래픽 패키지, 프레젠테이션 소프트웨어, 데이터베이스, 스프레드시트, 원격통신과 인터넷 등을 다양한 방법으로 사용한다.

1) 워드프로세서

워드프로세서는 가장 광범위하게 사용되는 컴퓨터 도구로 특정 내용의 입력, 편집, 수정, 구성, 저장, 검색 및 출력이 가능하다. 대부분의 워드프로세서는 그래픽과 표를 포함한다. 입력한 내용이 모니터에 제시되기 때문에 프린트하기 전에 내용을 보면서 잘못된 부분을 간편하게 고칠 수 있다. 워드프로세서는 문서 처리 업무뿐만 아니라 사전 기능을 갖추고 있어 작성한 문서의 단어와 사전의 단어를 비교하여 오류를 체크하는 교정 작업도 해 준다. 입력된 내용은 컴퓨터나 디스켓에 저장하여 후에 검색, 재수정, 재사용이 가능하다.

워드프로세서는 사용하기 편리하지만 몇 가지 주의해야 할 사항이 있다. 갑자기 전원이 나가 작업하고 있던 파일이 날아가 버리는 경우를 대비하여 수시로 파일을 저장해야 하고, 파일이 담겨 있는 디스크는 손상

그림 8-5 워드프로세서 프로그램의 예

되기 쉬우므로 조심스럽게 다루어야 한다. 그러므로 중요한 정보는 반드시 복사본을 만들어 두어야 한다.

2) 스프레드시트

스프레드시트는 다목적용 계산 도구다. 스프레드시트는 표 형식으로 된 자료의 계산, 데이터베이스 요소, 그래프 그리기 등의 처리를 쉽게 할 수 있어 경리, 예산 편성, 통계 보고서 등의 업무에 광범위하게 사용된다.

스프레드시트에서는 공식에 의해서 학습자 개개인의 성적, 반 평균 등이 신속하게 산출되는 것은 물론 성적 산출 공식의 가중치를 변경하면 신속하게 재계산할 수 있는 장점이 있다. 스프레드시트는 이 같은 기능, 즉 '만약 ~이라면 어떻게 될까(what if)?' 라는 가정하에 데이터, 변인 등을 변경하고 이에 따른 효과를 검토할 수 있으므로 수량적 데이터를 다루는 교과에 효율적으로 사용할 수 있다. 또한 교사는 산출 공식의 가중치를 다양하게 변경하여 과제물, 중간 · 기말고사의 성적 가중치 변경

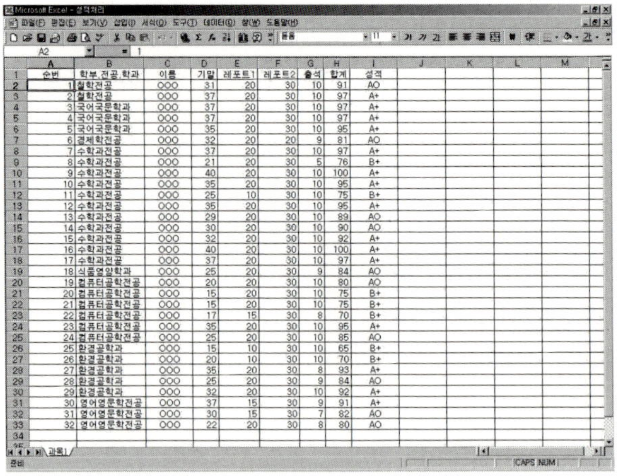

그림 8-6 스프레드시트 프로그램의 예

이 성적에 미치는 영향을 파악할 수 있다.

학교 행정가는 스프레드시트를 사용해서 예산 편성과 계획에 활용할 수 있다. 예산편성을 할 때 인플레이션의 비율, 봉급 인상률, 요원 충원 수준, 도서 구입, 교육 기자재 등에 관한 예측이나 결정이 예산 책정에 미치는 영향 등을 검토할 수 있어 효율적인 예산을 세울 수 있다.

학생들은 회계관리, 손익계산 등을 위한 도구로 유용하게 활용할 수 있다. 과학실험의 데이터를 입력하고 분석하는 등 수량적 계산이 요구되는 모든 교과에 스프레드시트를 적용하여 까다로운 계산 때문에 어려움을 겪지 않고 보다 많은 실생활과 관련된 변인 간의 관계에 집중할 수 있다.

3) 데이터베이스

데이터베이스란 대량의 유용한 관련 있는 자료의 중복을 최소화하면서 어떤 특정한 방식대로 구성하여 놓은 것을 말한다. 데이터베이스 관리 시스템은 데이터베이스를 효율적으로 관리하기 위한 소프트웨어다.

기관이나 개인은 자기 업무를 수행하는 데 필요한 데이터를 효율적으로 조작하여 데이터베이스를 구성하기도 하고, 때로는 특정한 회사나 기관에서 여러 사람이 공통으로 필요로 하는 정보를 분야별로 모아 컴퓨터 내에 데이터베이스를 구성해 놓는다. 이러한 데이터베이스에는 온라인 컴퓨터 통신 시스템을 통해 원하는 고객이 접근할 수 있다. 이러한 시스템에서는 대용량의 기억장치 내에 데이터베이스를 저장해 놓고, 온라인 사용자들이 간단한 명령어를 이용하여 원하는 부분의 정보를 검색하게 된다.

학교 행정가들은 강의 계획, 교사와 교직원, 장비, 학생에 관한 정보를 관리해야 하며, 교사는 학생의 출석, 성적, 교과목 계획, 유인물, 그리고 다른 교육 자료에 대한 정보를 보관 · 유지해야 한다. 교사는 학생의 학습 진전에 관한 기록을 관리해야 하는데, 이러한 도구로 데이터베이스를 적용하는 것을 CMI라고 한다. 학생들은 강의, 과제, 도서관 연구 논문에 대한 정보를 보관 · 유지해야 한다. 컴퓨터는 이와 같은 다양한 정보나 데이터를 보관하고 조직하고 검색하는 도구로 사용할 수 있다.

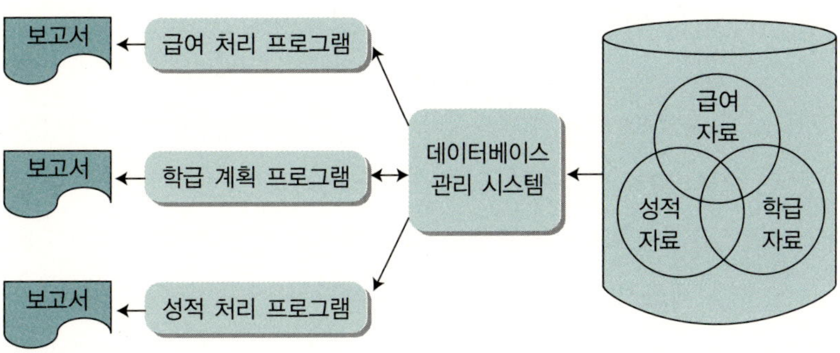

그림 8-7 데이터베이스 관리 시스템

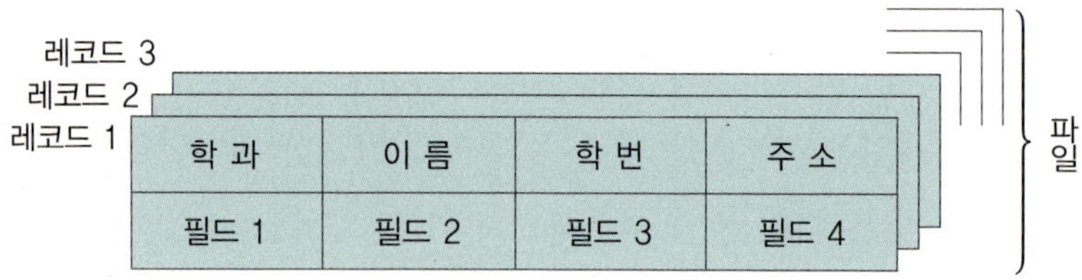

그림 8-8 데이터베이스의 구성도

데이터베이스는 필드(field), 레코드(record), 파일(file)로 구성된다. 필드는 의미를 갖는 단위 정보로, 예를 들면 학생에 관한 정보인 학과, 이름, 학번, 주소 등이 있을 때 각각의 정보가 하나의 필드가 된다. 레코드는 한 단위로 취급되는 사항에 대한 데이터 또는 정보로, 예를 들면 학과, 이름, 학번, 주소 등과 같이 서로 관련된 여러 필드를 하나로 묶은 정보를 말한다. 보통 레코드는 프로그램에서 처리되고 입출력되는 기본 단위로 사용된다. 파일은 어떤 작업을 하기 위해 필요한 데이터의 집합, 즉 앞에서 설명한 레코드를 모아 놓은 것이다. 모든 학생에 대한 개인별 기록을 정리해 놓으면 이것을 학생 파일이라고 한다. 그러므로 학생 파일, 교직원 파일, 성적 파일 등의 파일 모음을 데이터베이스라고 할 수 있다.

4) 그래픽과 탁상출판

워드프로세서가 주로 텍스트를 조작하기 위한 도구라면 그래픽 도구는 그림 정보, 즉 차트, 그래프, 삽화, 만화 또는 사진의 재생 등을 조작하기 위한 도구다. 그래픽 도구는 학생들에게 모든 유형의 이미지를 다루는 능력을 제공하고, 탁상출판 소프트웨어는 인쇄 자료를 제작하기 위해 텍스트와 그래픽을 배열할 수 있는 능력을 길러 준다. 탁상출판 소프트웨어는 텍스트와 그래픽을 포함한 인쇄물을 보다 쉽게 만들 수 있게 하여 학교 신문 출판에 활용된다.

작문, 레포트, 프로젝트 보고서를 위해 삽화, 그림, 클립아트를 사용할 수 있다. 수학, 과학, 경제학 등과 같이 숫자를 다루는 교과목에 적용하여 차트나 그래프를 그릴 수 있으며, 학교 신문이나 연감을 제작하기 위해 사용할 수도 있다.

5) 프레젠테이션

프레젠테이션 소프트웨어는 특정 내용에 대해 컴퓨터 텍스트와 이미지를 제작하여 제시할 수 있다. 슬라이드나 OHP와 같은 전통적인 제시 도구와 유사한 기능을 하도록 고안되었으나, 정보가 보다 쉽게 입력되고 편집되고 제시된다.

대부분의 소프트웨어 패키지는 전통적인 슬라이드와 유사하다. 하나의 컴퓨터 스크린에 제시된 것은 하나의 슬라이드로 취급되며, 각 슬라이드는 텍스트, 그래픽은 물론 멀티미디어 요소를 포함한다. 슬라이드 템플리트는 슬라이드 제작 과정을 단순화시킨다. 이 템플리트는 구성, 글자 크기, 글자체, 강조 사항, 특수효과 등이 사전에 정해져 있기 때문에 원하는 형태를 선택하여 내용을 입력한다.

프레젠테이션 패키지의 사용에서 유의해야 할 사항은 내용보다는 모양을 강조하기 쉬운 것이다. 학습자가 본질을 잊어버리고 외양적인 것에 관심을 가질 수 있으므로 교사는 학습자에게 어떻게 제시하는가보다는 무엇을 제시하는가를 강조해야 한다. 이를 위하여 프레젠테이션 자료를 준비할 경우에는 내용을 먼저 준비한 후에 시각적 요소를 첨가하는 것이 좋다.

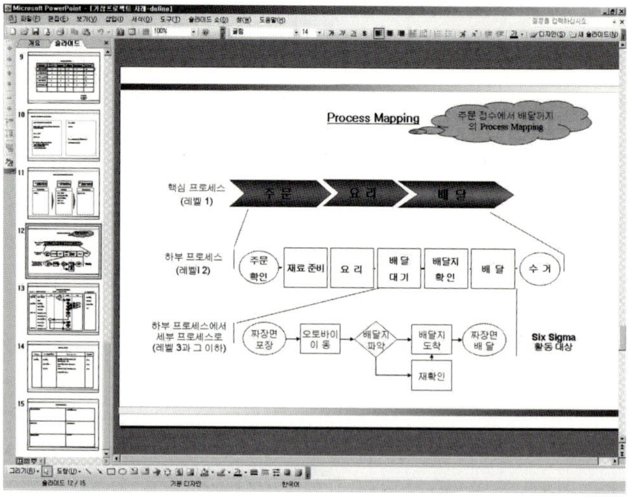

그림 8-9 프레젠테이션의 예

6) 컴퓨터 통신

컴퓨터의 위력은 컴퓨터가 통신과 결합되었을 때 크게 증가된다. 컴퓨터 네트워크나 원격통신에 의해 원격지의 다른 컴퓨터와 정보를 교환하는 것을 컴퓨터 통신이라고 한다. 컴퓨터 통신을 통해 개인은 필요한 정보를 빠르고 쉽게 얻을 수 있고, 원거리에 있는 다른 사람과 신속하게 의사소통할 수 있다.

컴퓨터 네트워크에는 크게 두 가지 유형이 있다. LANs(local-area networks)는 하나의 건물이나 건물 내 한 개의 방과 같이 제한된 지리적 영역을 포함한다. 이는 자원을 공유하도록 하는데, 예를 들면 LAN을 통해 프린터를 공유할 수 있다. 학교에서 많은 소프트웨어 프로그램을 네트워크 서버에 설치하고 사용자들은 LAN을 통해 이것들을 사용할 수 있다. WANs(wide-area networks)는 광범위한 지역을 포함하는데, 그 극단적인 예가 인터넷이다. 인터넷에서 컴퓨터는 거미줄과 같이 상호 연결되어 있다.

4 멀티미디어

1) 멀티미디어의 개념

대중매체에서 자주 언급되고 있는 멀티미디어라는 용어는 교육, 산업 훈련, 광고, 상품 판매 등 여러 분야에서 사용되고 있다. 멀티미디어의 개념은 공학의 발달과 더불어 그 의미가 변화되어 왔다. 1950년대 멀티미디어는 OHP, 슬라이드, 녹음기, 영화 등과 같이 두 가지 이상의 개별적인 매체를 조화시켜 사용하는 것을 의미하였다. 이것은 단순한 매체의 조화가 아니라 교수 목적을 달성하기 위해 두 개 이상의 매체를 통합하여 구조화되고 체계화된 정보를 제시하는 것을 의미한다. 멀티미디어 시스템에 포함된 각각의 매체는 서로 보완적으로 설계되었기 때문에 전체 시스템은 부분적인 요소의 합보다 더 강력해질 수 있다(Heinich, Molenda, & Russell, 1982). 그러나 컴퓨터공학이 발달하면서 여러 가지 매체에 의해 전달되었던 정보가 이제는 하나의 매체로 통합되면서 그 의미가 변화되었다.

요즈음 교육을 포함한 여러 영역에서 하이퍼텍스트(hypertext), 하이퍼미디어(hypermedia), 멀티미디어(multimedia)라는 용어가 자주 사용되고 있다. 이 용어들은 서로 혼용되기도 하며, 멀티미디어라는 용어도 여러 학자나 사용하는 사람에 따라 약간씩 다르게 정의되고 있다. 멀티미디어의 개념을 명확히 하기 위해서는 이들 용어 간의 차이를 명백히 할 필요가 있다.

톨허스트(Tolhurst, 1995)는 하이퍼텍스트, 하이퍼미디어, 멀티미디어를 다음과 같이 구별하여 정의하였다.

- 하이퍼텍스트: 비순차적으로 구성되어 사용될 수 있는 문자 정보, 정지된 상태의 도형, 그림과 도표 등의 화면을 말한다.
- 하이퍼미디어: 문자 정보, 그래픽, 스틸사진, 애니메이션, 영화의 한 부분, 비디오 정보와 음성 정보를 포함하는 다양한 형태의 정보로 구성되며, 상호작용적인 링크를 허용하는 컴퓨터 보조 시스템을 말한다. 하이퍼미디어가 하이퍼텍스트와 다른 점은 시간상으로 정지된 상태가 아닌 매체 형태를 포함한다는 것이다. 따라서 시간이 지나면 다양하게 변화하는 애니메이션, 영화의 한 부분, 비디오 정보나 음성 정보가 이에 해당된다. 컴퓨터를 이용한 상호작용적인 멀티미디어는 하이퍼텍스트와 하이퍼미디어를 포함한다.
- 멀티미디어: 문자 정보, 그래픽, 스틸사진, 애니메이션, 영화의 한 부분, 비디오 정보와 음성 정보를 포함하는 다양한 형태의 정보 제시를 의미한다. 멀티미디어는 컴퓨터 시스템을 사용하여 비순차적인 상호작용적 링크가 포함되었을 경우 하이퍼텍스트나 하이퍼미디어

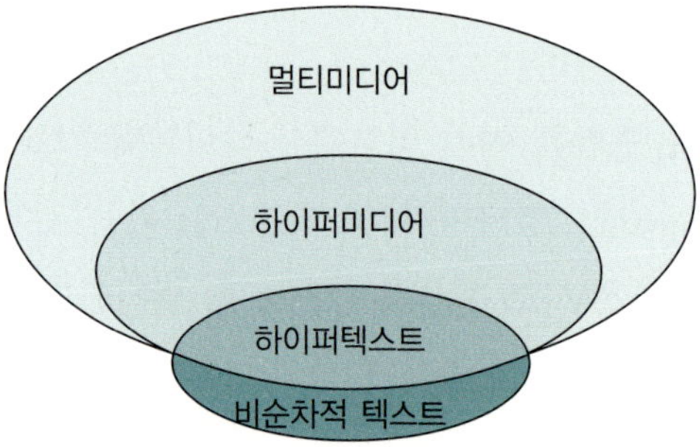

그림 8-10 멀티미디어, 하이퍼미디어, 하이퍼텍스트의 관계

와 중복될 수가 있으나 컴퓨터의 사용이 필수적인 것은 아니다. 따라서 컴퓨터가 중심 역할을 하는 환경에서의 멀티미디어는 문자 정보, 그래픽, 스틸사진, 애니메이션, 음성 정보, 비디오 정보 등이 상호작용적인 링크에 의해 통합된 강력한 체제를 말한다.

멀티미디어는 앞에서 설명한 CAI와 같은 형태지만 중요한 차이는 대부분의 CAI 구조는 미리 정해진 반면, 많은 멀티미디어 시스템은 CAI에 비해서 더 융통적이고 내용이 풍부하여 학습자의 학습 경로가 다양하다는 것이다.

2) 멀티미디어의 활용

멀티미디어의 목적은 학습을 증진시킬 수 있는 다감각을 이용한 경험을 학습자에게 제공하는 데 있다. 멀티미디어는 한 종류 이상의 매체가 하나의 학습 주제를 중심으로 구성된 교수-학습 자료를 의미할 수도 있고 하이퍼미디어를 의미할 수도 있다.

(1) 멀티미디어 모음

멀티미디어 모음은 한 종류 이상의 매체가 하나의 학습 주제를 중심으로 구성된 교수-학습 자료의 모음을 의미한다(설양환 외, 2005). 이러한 모음은 CD-ROM, 필름스트립, 슬라이드, 오디오테이프, 비디오테이프, 사진, 프린트, TP 자료, 실물, 모형 등으로 구성된다. 멀티미디어 모음은 교사가 수업에서 사용할 수 있도록 고안되기도 하고, 개별학습자나 모둠 수업에 사용할 수 있도록 만들기도 한다. 멀티미디어 모음에는 학습자용 지침서 및 워크북과 교사용 지침서가 포함되기도 한다. 이러한 자료의 목적은 학습자가 만져 보고 관찰하고 실험하고 의문을 갖게 하면서 학습자에게 실제적인 경험을 제공하는 데 있다.

멀티미디어 모음은 학습자의 여러 감각기관을 자극하기 때문에 학습에 대한 흥미를 유발하며, 모둠별 과제학습을 유도하는 데 유용하게 사용할 수 있다. 그러나 멀티미디어 모음으로 학습하는 것은 다른 전통적인 방법보다 비용이 많이 들 수 있고, 자료를 직접 제작하거나 보존하는 데 시간과 비용이 소요된다.

(2) 하이퍼미디어

하이퍼미디어는 웹, CD-ROM, 그 외의 디지털 매체를 통하여 전달되는 가장 일반적인 방법론이 되고 있다. 하이퍼미디어는 학습자 통제, 다매체 표현, 검색과 네비게이션을 위한 다양한 방법을 지원하기 때문에 구성주의 철학이 표방하는 학습방법을 상당히 구현하고 있어 구성주의 학습 환경 중에서 중추적인 부분을 차지한다(김동식, 박인우 역, 2003).

CD-ROM과 웹으로 개발된 하이퍼미디어는 교과서, 백과사전, 연구서적 등의 지식을 포함하고, 거기에 음성, 동영상, 애니메이션, 그림 정보를 추가할 수 있다. 하이퍼미디어는 탐색과 네비게이션 기능을 제공할 뿐만 아니라 사용자가 정보의 편집, 수정, 가공과 함께 복사, 전달 가능한 기능을 제공함으로써 책이나 다른 매체의 기능을 향상시킬 수 있다.

하이퍼미디어의 본질적인 특성으로는 정보의 데이터베이스, 하이퍼링크를 포함한 네비게이션의 다양한 방법, 내용 표현을 위한 다중매체(텍스트, 음성, 동영상 등)를 들 수 있다. 교육적 하이퍼미디어는 다양한 네비게이션 방법과 다중매체로 표현된 학습을 촉진해 줄 수 있는 특성을 가진 정보의 데이터베이스라고 할 수 있다.

하이퍼미디어는 다감각적인 경험을 제공하며, 학습자가 자신의 관심에 따라 정보를 탐색하고 자신의 탐색 활동을 바탕으로 특유의 지식 구조를 만들 수 있다. 그러나 비순차적인 탐색을 요구하기 때문에 보다 많은 학습 시간이 소요되며, 사용자가 지금 어디에 있는지에 대한 정확한 안내가 부족할 가능성이 높기 때문에 가상공간에서 방향성을 상실할 수 있다. 또한 구조화된 안내를 필요로 하는 학습자에게 부적절할 수 있으며, 때로 학습자에게 피드백을 동반한 상호작용적인 연습의 기회를 제공하지 않으면서 단순하게 일방적인 정보를 제시하는 경우도 있다.

3) 멀티미디어 코스웨어 개발

멀티미디어 코스웨어를 설계하고 개발하는 것은 전통적인 컴퓨터 기반 수업과 비슷하지만 고려해야 할 요소와 개발팀원의 수가 증가하기 때문에 관리하기가 더 복잡하다. 멀티미디어 개발방법은 처음에는 일반적으로 많이 사용되는 단순한 모형을 활용하다가 경험이 쌓임에 따라 자신의 요구에 맞게 수정하는 것이 바람직하다.

멀티미디어 코스웨어의 개발 절차는 교수설계모형에서 제시한 단계와 유사한 절차를 따를 수도 있고 간략하게 계획, 설계, 개발 단계로 진행할 수도 있다.

- 계획 단계: 요구분석, 멀티미디어 코스웨어 개발의 적절성 탐색, 자원 · 환경분석 및 제약 조건 확인, 학습자 특성분석, 교수 목표를 진술한다. 계획 단계에 노력을 많이 기울일수록 나머지 단계가 순조롭게 진행되고 최종 산출물의 질도 향상될 수 있으므로 치밀하게 계획을 세운다.
- 설계 단계: 과제분석을 실시하고 평가도구를 개발한다. 프로그램의 내용을 개략적으로 작성하여 흐름도와 스토리보드를 작성한다. 설계 단계에서 학습을 조장하는 방법이 결정되기 때문에 설계 과정에

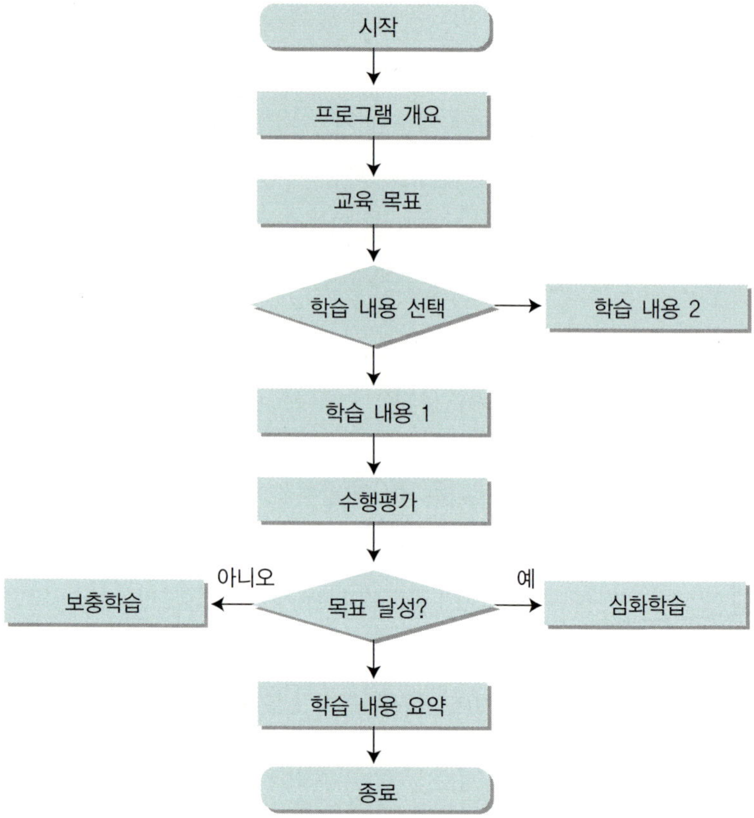

그림 8-11 흐름도의 예

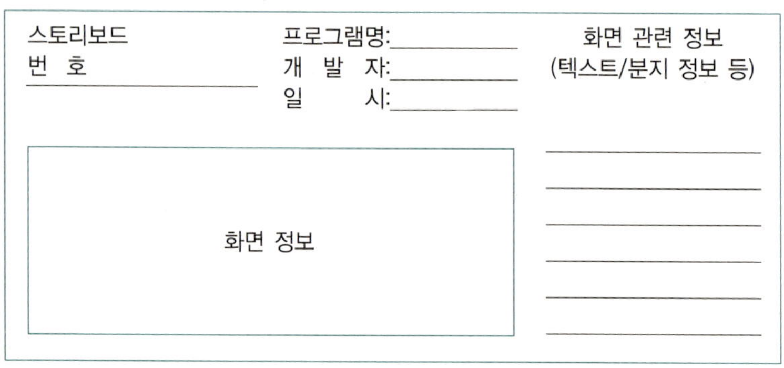

그림 8-12 스토리보드의 예

참여하는 사람들의 의사소통이 중요하다.

- 개발 단계: 설계 단계에서 만든 명세서를 구체적인 형태의 산출물로 만드는 과정이다. 텍스트, 그래픽, 소리, 동영상 등의 멀티미디어 요소를 개발하여 최종 조합하고 학습자 지침서, 교사 지침서, 기술적인 지침서 등 지원 자료를 작성한다. 그리고 형성평가를 실시하고 수정하는 단계를 거쳐 처음에 계획한 코스웨어가 개발되었는지를 확인한다.

완성될 단계에서 프로그램이 의도한 대로 만들어졌는지 평가하는 것은 효과적이지 못할 뿐만 아니라 실용적이지 못하므로, 최종 프로그램이 만들어지기 전에 각 단계의 요소를 수시로 검토 및 평가하여 필요하면 수정을 하여야 한다.

5 인터넷

1) 인터넷의 개념

인터넷(interconnected computer network 또는 international network)은 국립과학재단(National Science Foundation)에 의해 개발되었으며, 원래 목적은 학자들 간에 개방적인 의사소통과 데이터 교환을 촉진하기 위한 것이었다. 그러나 현재 인터넷에는 세계 각국의 컴퓨터가 연결되어 있으며, 인터넷 이용자 수는 기하급수적으로 늘어나고 있다. 인터넷에는 세계 각국의 수많은 컴퓨터가 거미줄같이 서로 연결되어 있는데, 여러 개의 네트워크가 모여 서로 연결된 다른 하나의 네트워크를 구성하고 있기 때문에 '망들의 망'이라고 한다. 상업적인 네트워크와는 달리 누구도 소유하고 있지 않으며, 모든 사람에게 개방되어 있기 때문에 정보의 양이나 다양성 면에서 매우 풍부하다. 그러나 이 자유로운 형태의 단점은 네트워크가 어떻게 작동하는지, 정보가 어떻게 발견되는지를 위한 절대적인 법칙이 없다는 점이다. 그러므로 사용자는 각자의 컴퓨터가 연결되어 있는 시스템에 의존해서 다양한 방법으로 조작해야 한다.

인터넷을 사용하는 환경도 복잡한 유닉스 명령과 단순한 문자 명령 상태에서 마우스만으로 모든 것을 조작할 수 있는 월드와이드웹(World Wide Web: WWW) 중심으로 변화하였다. 수년 전까지만 해도 인터넷은 정보 서비스 시스템의 종류에 따라 사용하는 방법이 각기 다르거나 명령이 복잡하여 배우고 사용하는 것이 불편하였다. 이러한 문제를 해결하기 위해 개발된 월드와이드웹은 여러 가지 인터넷 서비스들을 구조적으로 정형화하여 통합한 것으로 인터넷에 연결되어 있는 여러 종류의 정보 서비스 시스템을 손쉽게 이용할 수 있도록 하였다. 월드와이드웹은 인터넷 서비스 기능을 이해하기 쉬운 아이콘으로 표준화하였으며 문자, 그림, 소리, 동영상과 같이 다양한 형태의 정보를 교환할 수 있게 한다. 최근 인터넷 사용자의 급속한 증가를 초래한 월드와이드웹은 인터넷의 가장 대표적인 서비스로 인터넷과 같은 의미로 사용되기도 한다.

2011년 인터넷 이용 실태조사 결과

방송통신위원회와 한국인터넷진흥원이 실시한 '2011년 인터넷 이용 실태조사' 결과에 따르면, 2011년 7월 현재 만 3세 이상 국민의 인터넷 이용률은 78.0%이며, 이용자 수는 전년 대비 17만 명 증가한 3,718만 명으로 나타났다. 연령별로는 10~30대 젊은층의인터넷 이용률(99% 이상)이 높았다. 특히, 얼리인터넷유저(early internet user)인 만 3~5세 유아의 인터넷 이용률은 66.2%로, 처음 조사를 시작한 2006년 51.4%에서 지난 5년 동안 14.8%p 증가하였으며, 50대 장년층(57.4%)의 이용률보다도 8.8%p가 높았다.

가장 보편적인 인터넷 서비스는 이메일(85.7%)이고, 그다음으로 SNS(66.5%), 인터넷쇼핑(64.5%), 인스턴트 메신저(54.3%), 인터넷뱅킹(42.4%) 순으로 조사되었다.

스마트폰 확산이 인터넷 서비스 이용에도 많은 변화를 야기하였다. 인스턴트 메신저 및SNS 이용자의 각각 49.4%와 31.5%가 스마트폰을 통해 해당 서비스를 이용하고 있는데, 이는 전년 대비 각각 47.9%p와 29.9%p가 증가한 것이다. 스마트폰을 통해 인터넷뱅킹을 이용하는 경우도 23.8%(21.2%p 증가), 이메일 이용은 19.1%(18.0%p 증가), 인터넷쇼핑 이용은 14.6%(6.7%p 증가) 등으로 나타났다.

방송통신위원회에 의하면, 우리나라는 스마트폰 도입 후 불과 2년 만에 스마트폰 가입자2,000만 명 시대를 열며, 명실공히 '스마트 모바일 강국'으로 변화하고 있으며, LTE, 와이브로 등 4G 무선인터넷 서비스 확산, 스마트폰, 스마트패드에 이어 스마트TV를 비롯한 스마트 가전의 보급으로 가구 인터넷 환경의 스마트화도 가속화될 것으로 전망했다.

출처: 한국인터넷진흥원 인터넷통계 정보검색시스템.

2) 인터넷의 교육적 특성

정보 전달을 위한 통신망 구축에서 시작한 인터넷은 전 세계를 연결하는 통신망으로 자리를 굳혔으며, 앞으로 각 나라의 정보고속도로 구축에 따라 그 역할이 점점 커질 것이다. 교육 정보화를 위한 새로운 수단으로 현재 가장 주목을 받고 있는 인터넷은 정형화된 교실 중심 교육을 다양하게 변화시킬 수 있다. 인터넷을 통해서 전 세계의 정보 자원을 이용한 탐구학습, 다양한 전문가의 조언을 받는 학습, 가상공간에서의 협력학습, 실시간 혹은 비실시간 원격교육, 원거리 시뮬레이션, 원격지 실험장비를 이용한 실습 등이 가능하다.

(1) 인터넷의 장점

교수매체로서 인터넷이 가지고 있는 장점을 살펴보면 다음과 같다.

- 인터넷은 시 · 공간을 초월하여 융통성 있는 교육을 허용한다. 전통적인 학교교육과는 달리 누구나 어느 장소에서든 원하는 시간에 원하는 교육을 받을 수 있다.
- 인터넷은 즉각적이고 무한한 온라인 자원을 제공하며, 다양한 배경의 전문가들과의 교류도 가능하게 한다.
- 인터넷은 학습자 통제를 가능하게 하여 학습자가 자기주도적인 수업을 할 수 있게 한다. 인터넷이 기존의 교수매체와 다른 점은 기존 매체는 교사나 교수매체 개발자가 교육 목표와 학습자의 특성을 고려하여 교수매체를 개발하고 활용하였기 때문에 학습자는 지식을 수동적으로 습득하였다. 그러나 인터넷은 사용자가 정보를 제공하는 것은 물론 다른 사람이 제공하는 정보를 적극적으로 검색하고 활용한다. 따라서 교수-학습이 계획한 과정에 따라서 이루어지기보다는 학습자의 개인적인 요구를 바탕으로 능동적으로 이루어진다.
- 인터넷은 실제적인(authentic) 학습 환경을 촉진한다. 인터넷은 교실과 세계를 잇는 가교 역할을 하기 때문에 학생들은 이를 통해 실생활의 문제를 해결할 수 있는 방법을 배울 수 있다.
- 인터넷은 창의성과 종합적인 사고를 길러 주며, 많은 정보를 빠르고 용이하게 수집할 수 있게 한다. 수집된 정보는 그대로 유용하게 활용할 수도 있지만, 학습자는 보다 유익한 정보를 창출하기 위해 수집된 정보를 정리하고 분류하고 종합하여야 한다. 이런 과정에서 학습자들은 창의성과 종합적인 사고를 기를 수 있다.

- 인터넷의 활용을 통해 글쓰기와 의사소통 능력을 기를 수 있다. 학습자는 수집한 정보를 분석 · 종합하여 자신의 정보를 만들어 다시 인터넷에 올릴 수 있다. 이때 학습자는 다른 사람이 보다 이해하기 쉽게 논리적으로 의사소통을 하기 위해 노력하면서 글쓰기와 의사소통 능력을 기를 수 있다.
- 인터넷을 이용해 끊임없이 정보를 찾고 활용하는 과정에서 학생들은 질문하는 방법과 논쟁하는 방법을 습득할 수 있다.

(2) 인터넷의 단점

인터넷의 긍정적인 특성에도 불구하고 몇 가지 해결해야 할 문제점이 있다(주영주, 이광희, 2001).

- 인터넷을 자유롭게 사용할 수 있는 기술과 시설을 갖추어야 한다. 아무리 좋은 교육 자료가 인터넷에 산재해 있다 하더라도 이를 검색해서 적절한 자료인지 판단하고 재구성하여 사용할 능력이 없거나 시설을 갖추지 못한다면 소용이 없을 것이다. 교육 현장에서 인터넷을 활용할 수 있도록 하드웨어를 보급하고, 현직 교사들이 수업에 적극적으로 활용할 수 있도록 교사 연수 프로그램을 제공하고, 예비 교사 양성 과정에서도 컴퓨터 교육이 강화되어야 한다. 또한 교육과정과 연계되어 각 교과에서 적절히 인터넷을 활용할 수 있도록 구상해야 한다.
- 인터넷 자료는 편집 과정을 거쳐야 하는 책이나 인쇄물에 비하여 신뢰성이 떨어질 수 있다. 학습자는 인터넷상에 있는 정보의 정확성이나 편견 여부에 대해 판단할 수 있어야 하며, 특정 개인의 의견을 객관적인 정보의 출처로 사용하지 않도록 해야 한다.
- 인터넷의 사용이 글쓰기 능력을 기를 수도 있지만 반대로 글쓰기 능력을 저하시킬 수도 있다. 인터넷 자료는 쉽게 복사하여 사용할 수 있

기 때문에 학습자가 검색한 내용을 자신의 글처럼 사용하는 경우가 많다. 남의 글을 인용할 경우에는 반드시 글의 출처를 밝혀야 한다.

- 개인 정보가 누출되어 프라이버시가 침해될 우려가 있다. 또한 은밀하게 주고받은 전자우편 내용이나 특정한 사이트의 접속이 추적될 수 있다.
- 컴퓨터 해킹, 컴퓨터 바이러스, 음란물 게재와 같은 도덕적, 윤리적 문제가 발생하거나 우리의 고유문화를 해치는 정보가 유통될 수 있다.

컴퓨터 앞에서는 국적, 지위, 성, 학력, 나이를 불문하고 모든 사람이 무한한 자유를 만끽할 수 있다. 그러나 이러한 자유에는 반드시 책임이 뒤따라야 한다. 교사는 학생에게 인터넷의 순기능과 역기능을 가르치고, 지적 재산권과 정보 윤리를 소중히 하는 정신을 가르쳐 정보화 시대의 시민으로서 갖추어야 할 기본 소양을 길러 주어야 한다.

2011년 인터넷 윤리문화 실태조사 결과

한국인터넷진흥원이 실시한 2011년 인터넷 윤리문화 실태조사 결과에 따르면, 저연령층, 특히 10대의 인터넷 윤리 수준이 현저히 낮은 것으로 나타났다.

조사에 따르면 국내 인터넷 이용자들은 악성댓글을 작성한 후 '속이 후련하다' 고 생각하는 비율이 40.1%인 반면, '후회된다' 는 의견 또한 39.8%로 나타났다. 그러나 초등학생의 경우 '재미를 느낀다' 라는 응답도 42.6%나 되는 것으로 조사되었다. 악플을 다는 이유는 다른 사람의 게시물에 '기분이 나빠져서(48.6%)' 가 가장 많았고, '다른 사람의 의견에 반박하고 싶어서(47.8%)' 순이었는데, 초등학생의 경우 '재미나 호기심 때문(47.5%)' '다른 사람들도 많이 하기 때문(45.5%)' '상대방에게 똑같이 되갚아 주기 위해서(44.6%)' 라는 응답도 높은 수준으로 나타났다.

인터넷에서의 허위정보 유포도 심각한 수준으로 나타났다. 인터넷 이용자 중 57.7%,특히 10대 청소년의 73.8%가 허위사실 유포 경험이 있다고 응답하였다. 연령별로는 '10대(73.8%)' '20대(69.3%)' '30대(52.5%)' '40대(47.2%)' '50대(45.5%)' 로 허위사실을 유포한 경험이 있다고 응답하여, 초등학생의 인터넷 윤리문화 실태가 심각한 수준임을 확인하였다. 또한 대부분의 이용자들은 허위사실이 '사실일 가능성이 높다고 생각' 하여(56.1%) 유포한다는 응답이 가장 높게 나타났다.

사이버폭력 문제도 인터넷 이용자 중 49.2%, 특히 10대 청소년의 76.0%가 사이버폭력의 가해를 한 경험이 있다고 응답하였다. 한편 사이버 폭력 피해를 경험 사람도 전체 이용자의 59.9%에 이르는 것으로 조사되었다.

출처: 한국인터넷진흥원 인터넷통계 정보검색시스템.

6 정보통신기술 교육

1) 정보통신기술 교육 운영지침

정보통신기술(information & communication technology: ICT) 교육이라는 용어는 2000년부터 한국교육학술정보원을 중심으로 활발하게 사용되기 시작하였으나 이미 선진국에서는 1990년대 중후반부터 웹기반 교육(web based instruction: WBI)와 함께 사용되어 왔다.

ICT는 정보기술(information technology)과 통신기술(communication technology)의 합성어로 정보기기의 하드웨어 및 이들 기기의 운영 및 정보 관리에 필요한 소프트웨어 기술과 그 기술을 이용하여 정보를 수집, 생산, 가공, 보존, 전달, 활용하는 모든 방법을 의미한다(한국교육학술정

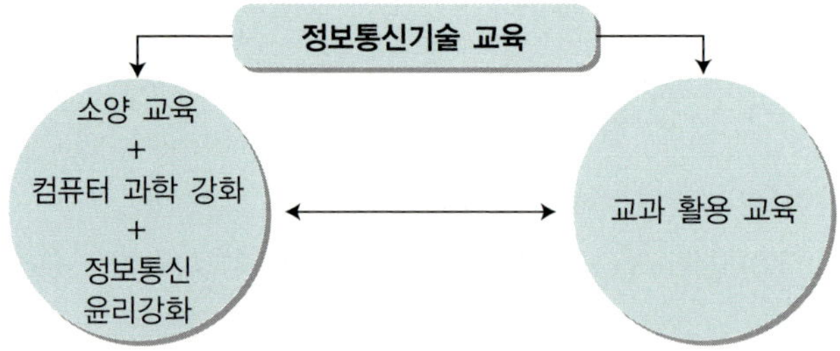

그림 8-13 정보통신기술 교육 운영지침 개정안의 기본 방향

보원, 2000).

2000년 8월에 발표된 초 · 중등학교 정보통신기술 교육 운영 지침은 학생들의 정보통신기술에 대한 기초 능력 배양과 각 교과별 활용을 통한 교수-학습방법의 개선, 실생활에서의 정보통신기술 활용 등에 크게 기여하여 왔다. 그러나 인터넷, 컴퓨터 보급의 일반화, 학습 환경의 변화에 따른 내용의 진부화, 국가 · 사회적 요구 증대 등으로 단계별 내용의 수정 및 보완의 필요성이 대두되었다. 이에 기존 운영 지침의 중점에 대한 기조를 유지하면서 소양 교육 내 컴퓨터 과학 요소 및 정보통신 윤리 분야를 강화하고 소양 교육과 교과 활용 교육 간의 연계를 통해 효과적으로 교육 목표를 달성할 수 있도록 개정안을 마련하였다(교육인적자원부, 2006). 이 개정안에서는 정보통신기술 교육을 소양 교육과 교과 활용 교육으로 나누고, 소양 교육에서는 컴퓨터 과학요소와 정보통신 윤리 분야를 강화하며, 소양 교육과 교과 활용 교육 간의 연계를 통하여 효과적으로 교육 목표를 달성할 수 있도록 하였다.

2) 정보통신기술 교육의 목표

정보통신기술 교육은 학생들이 정보통신기술에 대한 인지적 측면, 행초 · 중등학교 학생들이 정보통신기술에 대한 기초적인 능력을 기르고 그 활용방법을 익혀 정보를 스스로 수집 · 분석 · 가공 · 생성 · 교류하는 능력을 습득함으로써 학습활동과 일상생활에서 발생하는 문제에 대한 해결력을 신장하고, 정보통신윤리의 실천을 통하여 정보사회에 올바르고 능동적으로 대처할 수 있는 능력을 함양한다.

영역	목표
정보사회의 생활	정보의 올바른 사용방법과 정보의 보호 및 표현방법 학습을 통해 일상생활에서 정보통신윤리를 실천하도록 함으로써 정보사회의 일원으로 바람직한 생활을 할 수 있도록 한다.
정보기기의 이해	컴퓨터를 포함한 각종 정보기기의 동작 원리와 작동방법 및 사이버 공간의 환경 구성을 이해하도록 함으로써 학생의 일상생활과 학교교육 활동을 위한 기초적인 소양 능력을 함양한다.
정보처리의 이해	다양한 정보의 종류를 인식하고 효율적인 문제해결 방법을 찾아내는 능력을 키우도록 한다. 또한 정보통신기술의 적용이 가능한 알고리즘적 사고와 프로그램 작성 능력이 신장되도록 한다.
정보 가공과 공유	컴퓨터 활용방법과 사이버 공간에서의 정보 전달 및 교류방법을 이해함으로써 사이버 공간을 직접 만들고 관리하는 방법을 익히도록 하며, 사이버 공간에서 표현되는 자료의 제작과 그 제한점을 이해하도록 한다.
종합 활동	일상 및 교과 활동에서 정보통신기술의 원리 이해, 정보통신기술의 활용, 정보사회로의 참여가 함께 이루어질 수 있는 자기주도적 과제나 팀 프로젝트를 통해 창의력, 문제해결력, 논리적 사고력과 같은 고등 사고력이 신장되도록 한다.

그림 8-14 정보통신기술 교육의 목표

동적 측면 및 정의적 측면의 제 요소를 균형 있게 함양할 수 있도록 하는 것을 목표로 한다. 이러한 목표를 달성하기 위해 학생들이 정보통신기술 교육을 이수한 후 나타내야 할 능력에 관한 총괄 목표를 제시하고 각 내용 영역과 연계한 세부 목표를 제시하면 [그림 8-14]와 같다.

3) 정보통신기술 교육의 지도 내용

정보통신기술 교육의 지도 내용은 정보사회의 생활, 정보기기의 이해, 정보처리의 이해, 정보 가공과 공유, 종합 활동의 5개 영역으로 이루어져 있다. 각 영역은 정보통신기술의 활용을 통해 정보통신기술의 원리를 이해하고, 이로써 한 단계 더 높은 정보통신기술의 활용으로 이어지도록 구성하였다. 정보사회의 생활 영역에서는 정보사회의 일원으로 갖추어야 될 정보통신윤리나 정보 보호에 대한 내용을 깊이 있게 이해하고 실천할 수 있도록 하였고, 나머지 영역은 일상생활이나 교과 활동에서 고등 사고력을 기를 수 있도록 각 영역 간의 순환학습을 통해 상호 보완이 될 수 있는 학습 내용으로 구성하였다.

정보통신기술 활용 교육을 강화하기 위해서는 우선 국민공통 기본교육과정의 1학년에서 10학년까지의 정보통신기술 소양교육 내용 체계를 정의하는 것이 중요하다(〈표 8-1〉 참조).

4) 정보통신기술의 교과별 활용 방안

정보통신기술의 교과별 활용 방안은 각 교과 교육에서 추구하는 능력 및 기능을 중심으로 몇 가지 유형을 정하고 유용한 정보통신기술 활동 예시를 제시하여 수업 개선을 위한 아이디어를 제공할 수 있도록 하였다(〈표 8-2〉 참조). 이에 단계별 지도 내용을 기초로 교과별 특성을 고려하

표 8-1 정보통신기술 교육의 지도 내용

영역 \ 단계	1단계 (초 1~2)	2단계 (초 3~4)	3단계 (초 5~6)	4단계 (중 1~3)	5단계 (고1)
정보 사회의 생활	• 정보사회와 생활 변화 • 컴퓨터로 만나는 이웃 • 컴퓨터 사용의 바른 자세 • 사이버 공간의 올바른 예절	• 사이버 공간의 이해 • 네티켓과 대인 윤리 • 인터넷과 게임 중독의 예방 • 정보 보호와 암호 • 바이러스, 스팸으로부터의 보호	• 협력하는 사이버 공간 • 사이버 폭력과 피해 예방 • 개인 정보의 이해와 관리 • 컴퓨터 암호화와 보안 프로그램 • 저작권의 보호와 필요성 • 정보사회와 직업	• 사이버 기관과 단체 • 사이버 공간의 윤리와 필요성 • 암호화와 정보 보호 기술 • 지적 재산권의 이해와 보호 • 정보 산업의 발전과 미래	• 올바른 네티즌 의식 • 정보 보호 법률의 이해 • 네트워크 속의 정보 보호 • 정보사회와 직업 선택
정보 기기의 이해	• 컴퓨터 구성 요소의 이해 • 컴퓨터의 조작	• 운영 체제의 사용법 • 컴퓨터의 관리 • 소프트웨어의 이해 • 유틸리티 프로그램의 활용 • 주변장치의 활용	• 컴퓨터 동작의 이해 • 컴퓨터 사용 환경의 설정 • 네트워크의 이해 • 정보기기의 이해와 활용	• 운영 체제의 이해 • 네트워크의 구성 요소와 원리 • 컴퓨터 내부 구조의 이해 • 자신의 컴퓨터 구성	• 운영 체제의 동작 원리 • 서버와 네트워크 구조
정보 처리의 이해	• 다양한 정보의 세계 • 재미있는 문제와 해결방법	• 숫자와 문자 정보의 표현 • 문제해결 과정의 이해	• 멀티미디어 정보의 표현 • 문제해결 전략과 표현 • 프로그래밍의 이해와 기초	• 알고리즘의 이해와 표현 • 간단한 데이터 구조 • 입출력 프로그래밍	• 데이터베이스의 이해와 활용 • 프로그램 제작 과정의 이해 • 응용 소프트웨어 제작
정보 가공과 공유	• 생활과 정보 교류 • 사이버 공간과의 만남	• 사이버 공간에서의 정보 검색과 수집 • 문서 편집과 그림 작성	• 사이버 공간 생성, 관리 및 교류 • 수치 자료 처리 • 발표용 문서 작성	• 정보 공유 및 협력 • 정보 교류 환경의 설정 • 웹문서 제작 • 멀티미디어 자료의 활용	• 멀티미디어 자료의 가공 • 웹사이트 운영 및 관리
종합 활동	• 정보사회에 대한 올바른 인식과 이해	• 문제해결을 위한 정보의 수집, 생성 및 보호	• 책임 있는 협력 활동을 통한 문제해결	• 다양한 멀티미디어 정보를 활용한 정보 교류	• 사이버 공간에서의 올바른 정보 공유

표 8-2 교과별 정보통신기술 활용 유형 예시

국어과	도덕과	사회과
• 텍스트 상호성 이해 • 비판적 사고력 신장 • 언어의 사회적 구성 이해 • 문제해결력 강화 • 어휘력(문식성) 신장 • 의사소통 능력 강화 • 문학(언어) 현상의 이해 • 발산적 사고와 창의적 언어 사용	• 감정이입 능력 증대 • 도덕 정보 수집을 통한 문제해결 • 도덕적 판단 능력 강화 • 도덕적 토론 능력 강화 • 집단 탐구학습 능력 증대 • 도덕적 실천 의지 함양 • 도덕적 경험 공유 • 도덕적 또는 반성적 경험 표현	• 사회 현상의 이해 • 반성적 탐구 설계 및 수행 • 자료분석 및 해석 • 대안이나 결론 도출 및 평가 • 가치 판단 및 의사 결정 • 사회문제에 대한 토의 및 토론 • 사회 참여
수학과	**과학과**	**실과(가정 · 기술)**
• 수의 어림 및 규칙 찾기 • 수와 도형의 기본 개념 및 절차 이해 • 통계 자료 표현방법 이해 • 함수 개념 이해 및 탐구 • 수학적 귀납 추론 능력 신장 • 수학 정보 탐색을 통한 문제해결 • 수학적 의사소통	• 자연현상에 대한 흥미와 호기심 • 과학의 기본 개념 이해 • 과학 개념의 실생활 적용 • 과학적 탐구 능력 향상 • 과학적 탐구 능력의 실생활 활용 • 과학적 태도 함양 • 과학적 소양 함양 • 과학이 기술과 사회에 미치는 영향 인식	• 생활 소양 • 실생활 체험 • 실생활 문제해결 능력 강화 • 기술적 소양 • 기술적 활동 체험 • 기술적 문제해결 능력 강화 • 가정 생활 소양 • 가정 생활 체험 • 가정 생활에서 실천적 문제해결 능력 강화
체육과	**음악과**	**미술과**
• 운동 실기 수행 증진 • 스포츠와 무용의 심미적 요소 감상 • 게임 전술 관련 고등 사고력 증진 • 사회적 상호작용 함양 • 스포츠 경기 문화 감상 • 건강과 여가 증진	• 음악의 기본 개념 이해 • 가창 능력 향상 • 기악 능력 향상 • 창작 능력 향상 • 감상 능력 향상 • 음악에 대한 문제해결 능력 신장	• 영상문화 이해 • 미술 정보 탐색을 통한 문제해결 • 이미지 제작 능력 함양 • 이미지 변형 능력 함양 • 창의적 조형 능력 함양 • 매체 활용 능력 강화 • 미술 정보 상호 교류 • 비판적 수용 능력 향상
영어과		
• 텍스트 상호성 이해 • 비판적 사고력 신장 • 언어의 사회적 구성 이해 • 문제해결력 강화 • 어휘력(문식성) 신장 • 의사소통 능력 강화 • 문학(언어) 현상의 이해 • 발산적 사고와 창의적 언어 사용		

• 사회현상의 이해 • 반성적 탐구 설계 및 수행 • **자료 분석 및 해석** ➡ • 대안이나 결론 도출 및 평가 • 가치 판단 및 의사 결정 • 사회 문제에 대한 토의 및 토론 • 사회 참여	- 역사적 인물과 사건에 관한 자료를 인터넷으로 찾아 연표 만들기 - 자기 고장의 지형, 기후, 인구 분포, 교통과 산업 발달 등에 관해 종합하여 프레젠테이션하기 - 기상청 웹사이트에서 우리 지역의 연중 강수량을 전국 평균과 비교하기 - 미국을 강타한 허리케인의 경로를 이미지로 출력하여 조사하기 - 교육용 소프트웨어에서 수치 입력으로 환율이 어떻게 변하는지 애니메이션으로 이해하기 등

그림 8-15 **교과 활용 방안**

여 융통성 있게 적용하되, 전체 차시의 10% 이상의 수업에서 정보통신기술을 부분적으로 또는 전체적으로 활용할 수 있도록 한다. 예를 들어, 사회과 ICT 활용 유형의 일곱 가지 예시 중에서 자료 분석 및 해석에 대한 구체적인 ICT 활동 예시를 살펴보면 [그림 8-15]와 같다.

7 e-러닝

1) e-러닝의 개념

e-러닝은 관점과 적용되는 상황에 따라 다양하게 정의되고 있으나, 공통적으로 정보통신기술 활용이나 인터넷 활용 등의 수단적 관점으로 규정하고 있다. e-러닝은 CD-ROM, 인터넷 또는 인트라넷을 수단으로 하여 컴퓨터상에서 제공되는 수업이다. e-러닝이 갖추어야 할 조건은 다음과 같다(Clark & Mayer, 2003).

• 학습 목표와 관련 있는 콘텐츠를 포함한다.

- 학습을 돕기 위해 각종 예제와 연습문제 풀이 같은 교수방법을 사용한다.
- 콘텐츠와 교수방법을 제시하기 위해 텍스트나 그림과 같은 미디어 요소를 사용한다.
- 개별 학습 목표 또는 조직의 성취 행동 향상과 관련되는 지식과 기능을 개발하고자 하는 구체적인 의도를 가지고 있다.

이 조건들은 e-러닝의 '무엇을' '어떻게' '왜'와 관련된 요소를 포함하고 있다.

- 무엇을: e-러닝 코스는 콘텐츠(정보)와 사람들이 콘텐츠를 학습하는 것을 도와주는 교수방법(공부하는 기법)을 모두 포함한다.
- 어떻게: e-러닝 코스는 음성이나 인쇄된 텍스트의 형태로 문자적 정보를 사용하고 삽화, 사진, 애니메이션이나 비디오와 같은 그림의 형태로 된 기호 체계를 컴퓨터를 통해 제시한다.
- 왜: e-러닝 코스는 학습자가 개인적 학습 목표에 도달할 수 있도록, 또는 조직의 기본적인 목표를 달성할 수 있도록 돕기 위해 만들어진다.

2) e-러닝의 특성

e(electronic)와 교육이 접목됨으로써 얻을 수 있는 e-러닝의 특성은 적극적 상호작용성, 자기주도적 학습방식, 학습 공동체의 형성으로 설명할 수 있다(유지연, 2001).

(1) 적극적 상호작용성

기존 교육방식은 교수자에서 학습자로, 지식 창출자에서 지식 소비자로 일방향적으로 지식이 전달되었다. e-러닝은 이러한 이분화된 구조에서 상호작용을 통해 그 구분을 없애는 역할을 한다. 다양한 형태의 교육 콘텐츠를 통해 교수자와 학습자, 학습자와 다른 학습자 간의 쌍방향 커뮤니케이션이 가능하고 참여자 간의 상호 평가를 가능하게 하기 때문이다. 전달받기만 하는 지식이 아닌 인터넷 등의 네트워크를 통해 지식을 보다 원활하게 교류함으로써 지식 창조로까지 연결시킨다. 창조된 지식은 바로 네트워크를 통해 또 다른 교육 내용으로 이어질 수 있다.

(2) 자기주도적 학습방식

e-러닝은 언제 어디서나 학습자 스스로 학습 목표와 방법을 정하고 학습을 주도하며 스스로 결과를 점검해 가는 방식이다. 이로써 e-러닝은 새로운 지식을 만들어 낼 수 있는 지식 생성력이 생긴다. 지식 생성력을 기르는 교육은 남이 만들어 놓은 기존의 지식을 따라 배우는 수용적인 교육이 아니라 자기 자신의 새로운 지식을 창출할 수 있는 능력을 기르는 교육이다. e-러닝의 다른 특성, 상호작용과 학습 공동체의 형성은 학습자가 자기주도적으로 지식을 창조할 수 있도록 한다.

(3) 학습 공동체의 형성

자기주도적으로 원하는 지식을 습득하는 과정에서 일정한 상호작용이 지속되면 특정 지식을 공유하는 사람들끼리 새로운 학습 공동체가 형성될 수 있다. 그리고 공동체 내의 구성원은 각자의 지식을 생성해 낼 수 있도록 서로 도움을 주고받게 된다. 그리고 학습 공동체 내의 적극적인 상호작용을 통해 실제 경험을 대신할 수 있는 지식을 습득할 수 있다.

3) e-러닝에서의 상호작용

(1) 상호작용의 중요성

온라인 수업에서 상호작용을 일으키고 유지하는 것은 풍부한 교육적 경험을 하는 데 필수적이다. 상호작용은 온라인 학습에 생기를 불어넣는 매개체다. e-러닝에서 교수 설계자의 역할은 단순히 자료를 늘어놓는 것을 넘어서 상호작용이 활발하게 일어나는 온라인 환경을 조성하는 데 있다. 이때 집단과 개인은 서로 영향력을 주고받으면서 구성주의적 학습이 일어나게 된다. 이러한 환경은 풍부한 맥락, 실제적인 과제, 다양한 관점에서의 개발 및 평가를 위한 노력, 대화를 촉진하고 현실의 실례와 문제를 평가하기 위한 충분한 도구, 성찰적 사고, 해당 내용 분야에서 전문가에 의한 문제해결과 모델링, 그리고 학습을 안내하는 멘토링 관계를 제공한다. 학습자 상호작용에 대한 기획, 실행, 관리는 성공적인 e-러닝의 핵심 요소다.

e-러닝에서 상호작용은 다음과 같은 역할을 한다.

- e-러닝 수업을 독학이나 통신교육 과정과 차별화한다.
- 참여자에게 지식을 구성하고 명확하게 하도록 한다.
- 학습 공동체를 만든다.
- 피드백을 제공한다.
- 학습자를 자극하고 동기를 유발한다.
- 독립적 경험보다 사회적 경험을 증진시킨다.

(2) e-러닝에서의 상호작용 유형

e-러닝 환경에서의 상호작용은 네 가지 형태가 있으며, 동시적 또는 비동시적으로 전달된다. e-러닝에서의 의사소통은 학습자와 인터페이스 또는 전달 시스템, 학습자와 콘텐츠, 학습자와 교수자, 학습자와 다른

학습자 간에 발생하는 상호작용이다(Iverson, 2005).

- 학습자-인터페이스 상호작용: 온라인 학습에서 발생하는 학습자-인터페이스 상호작용은 과제를 완수하기 위해 기술적 도구를 조작하는 과정이다. 학습자-인터페이스 상호작용을 통해 수업 내용에 접근할 수 있으며, 다른 학습자와 상호작용할 수 있다. 학습자-인터페이스에서는 수업과 관련된 학습자의 테크놀로지 이용기술과 수업을 전달하기 위해 사용되는 인터페이스의 질이 중요하다.
- 학습자-콘텐츠 상호작용: 학습자-콘텐츠 상호작용은 콘텐츠와의 지적인 상호작용을 통해 학습자의 이해력, 지각 능력, 혹은 인지 구조의 변화를 야기하는 과정이다. 재미있고 동기가 부여되는 콘텐츠는 학습자를 집중하게 하므로 학습자의 주의를 끌 수 있는 시나리오로 수업을 시작하거나 시각적 자료를 사용하거나, 상호작용을 위해 퀴즈, 게임, 성적평가, 구성주의적 사고를 촉진시키는 다양한 상호작용 전략을 사용한다.
- 학습자-교수자 상호작용: 학습자-교수자 상호작용은 학습자에게 동기를 부여하고 자극하기 위하여 수업 내용과 목표를 분명히 하는 데 목적이 있다. 학습자-교수자의 상호작용을 촉진하기 위해서는 요구하는 바를 명확히 하고, FAQ, 공지 사항을 사용하여 학습자의 질문에 신속하게 답변한다.
- 학습자-학습자 상호작용: 학습자들은 문제를 분석하고 정보를 공유하며 의견과 전문성을 교환하기 위해 함께 작업한다. 동료 상호작용은 집단과 개인이 지식을 구조화하고 적용할 수 있도록 돕는다. 학습자 집단에 포함시키는 것만으로는 효과적인 협동을 확신할 수 없다. 명확한 목표와 집단 작업 과정, 그리고 의사소통에 대한 주의 깊은 모니터링만이 효과적인 동료 상호작용을 촉진시킬 수 있다.

4) 학교에서의 e-러닝

(1) EBS 수능방송

교육인적자원부는 2004년 2월 EBS 수능강의를 골자로 하는 '공교육 내실화를 통한 사교육비 경감 방안'을 발표하였다. EBS 인터넷 수능방송을 통해 공교육 학습지원 체제를 구축하고 사교육비를 경감하고자 한 것이다. 이에 따라 2004년 4월 1일부터 EBS(www.ebsi.co.kr), 에듀넷(www.edunet.net) 수능강의 사이트와 EBS Plus 1 등을 통해 수능강의가 시작되었다. 국내 유명 교사 및 강사의 수능강의를 TV를 통해 먼저 방송하고 24시간 내에 방송 내용을 VOD(Video On Demand)로 제작해서 인터넷에 탑재하여 e-러닝 서비스를 제공하고 있다.

그림 8-16 EBS 수능방송

출처: http://www.ebs.co.kr.

(2) 사이버가정학습 체제

사이버가정학습은 초·중등 학생이 집에서 자율적으로 학교 수업을 보충할 수 있도록 지원하는 인터넷 기반의 무료학습 서비스다. 사이버 공간을 통해 학교교육과 연계된 다양한 학습 콘텐츠를 제공하여 가정에서의 보충학습을 지원함으로써 저소득층, 농어촌 및 도서벽지의 학생들에게 교육적 혜택을 제공하고, 사교육비 절감 및 공교육 내실화에 기여하는 데 주된 목적이 있다.

사이버가정학습의 학습 형태는 크게 사이버 담임교사의 지원을 받는 학급배정형과 학생이 자율적으로 학습을 진행하는 자율학습형 두 가지로 구분된다. 첫 번째 방식은 일대일 과외와 같은 것으로 학생들이 원하는 과정을 선택하여 수강신청하면 사이버 교사가 배정되어 학생들의 학습 상태를 관리한다. 출석률과 진도율을 체크하여 학습 참여를 독려하고 주기적으로 과제와 평가문항을 제공하여 학습 결과를 점검한다. 그뿐 아니라 학습이 부진한 학생에게는 보충학습 자료를 제공하여 부족한 부분을 보완할 수 있도록 지원하고, 우수한 학습자에게는 좀 더 심화된 내용을 학습하도록 자료를 제공한다.

학생의 자율성이 극대화되는 두 번째 방식은 학생들 스스로 학습을 계획하고 진행하며 담임교사가 배정되지는 않는다. 학생들은 별도의 수강신청 없이 언제든지 자신이 원하는 학년, 교과, 단원만 선택하여 학습할 수 있다. 이 경우에도 사이버 교과 상담교사가 배정되어 교과 내용에 관한 질문에 답변을 제공하므로 공부하는 도중에 궁금한 점이 생기면 언제든지 질문하여 해결할 수 있다.

현재 사이버가정학습은 교육인적자원부를 중심으로 16개 시·도 교육청 및 교육 유관기관이 함께 추진하고 있으며, 상설협의체인 사이버가정학습 추진협의회를 구성하여 전체적인 방향을 협의하고 있다.

사이버가정학습에서 학습자는 원하는 과정을 선택하고 수준별 맞춤

그림 8-17 서울시 사이버가정학습

출처: http://www.kkulmat.com.

형 콘텐츠를 활용하여 자신의 수준에 맞는 학습을 진행할 수 있다. 또한 학습관리 시스템(learning management system: LMS)을 통해 학습자의 출석, 진도, 평가 결과 등의 학습 정보가 기록되므로 체계적인 학습이 가능하다. 학습자는 언제든지 교과 학습 도중에 생긴 질문이나 학습방법 등에 관련된 질문을 할 수 있으며, 사이버 교사를 통해 답변을 제공받게 된다. 더구나 문제은행을 통해 언제든 자신의 학습 성취 정도를 확인할 수 있고, 사이버 학급 참여를 통해 사이버 교사와 학급 친구 간에 학습 커뮤니티 활동도 즐길 수 있다.

Chapter

09

교육 혁신과 스마트교육

지식정보사회에서는 토지, 노동, 자본과 같은 물질적인 자산보다 지식과 정보, 즉 지적 자산이 개인과 국가의 운명을 좌우하는 경향이 두드러지게 나타나고 있다. 이러한 지적 자산은 인간의 창의력과 학습 능력을 토대로 축적되며, 창의력과 학습 능력의 계발과 육성은 평생에 걸친 지속적인 학습을 통하여 개인의 적성과 능력을 최대한 계발할 수 있는 열린교육체제 내에서 가능하다. 또한 전통적인 교육방식만으로는 21세기 지식정보사회의 교육 수요를 충족시키기 어렵다는 판단에 따라 정보통신기술과 이를 기반으로 한 네트워크 자원을 학교 교육에 활용하여 교육내용, 교육방법, 교육평가, 교육환경 등 교육체제를 혁신하겠다는 지능형 맞춤 교육 체제로서의 스마트교육이 21세기 교육 패러다임으로 등장하였다. 이 장에서는 교육 혁신을 위한 일환으로서 교육정보화와 스마트교육에 관한 내용을 소개한다.

학습 목표

1. 교육정보화의 개념을 설명할 수 있다.
2. 교육정보화의 추진과정을 설명할 수 있다.
3. 테크놀로지의 발전에 따라 변화된 교육 관련 용어를 순서대로 설명할 수 있다.
4. 스마트교육의 개념을 설명할 수 있다.
5. 스마트교육이 전통적인 학교 체제를 어떤 방식으로 확장할 수 있는지 설명할 수 있다.
6. 디지털교과서와 서책형 교과서의 특성을 비교 설명할 수 있다.
7. 디지털교과서의 교육적 활용 가능성을 파악할 수 있다.
8. 온라인 수업과 온라인 학습을 비교 설명할 수 있다.

1 교육 정보화

1) 교육 정보화의 개념

우리가 살아가는 21세기를 '지식정보사회'라고 하는데, 지식정보사회는 물질을 기반으로 한 산업사회와는 달리 지식과 정보를 기반으로 한 사회활동이 주류를 이루고 있다. 지식정보사회는 사회에 나타나게 될 변화를 대부분 예측하기 어렵다고 하여 '불확실성의 시대'라고도 하는데, 이러한 시대의 교육은 사회적 변화를 예측하고 그러한 사회가 필요로 하는 인재를 길러야 할 책무성을 갖는다. 기존의 전달식, 획일적인 공급자 중심의 전통적인 패러다임에서 벗어나 자율성과 다양성을 중시하는 학습자 중심의 새로운 패러다임으로 변화해야 하는 시기다. 따라서 지식정보사회에서는 다양한 문제 상황에 대응하고 사회 변화를 선도할 수 있는 능력이 요구되며, 효과적인 의사소통 능력, 다른 사람과의 협력, 문제해결 능력 등이 점차 강조되고 있다.

1995년 발표한 5 · 31 교육개혁안은 열린교육사회, 평생학습사회의 건설을 목표로 공급자 위주의 획일화된 교육을 소비자 중심의 다양한 교육으로 바꾸는 비전을 다음과 같이 제시하였다.

> 다가오는 2015년경에는 모든 학습자가 정보기술의 지원을 받아 자신이 필요로 하는 교육, 원하는 교육을 자신에게 적합한 방법으로 언제 어디서나 이수할 수 있도록 한다. 정보기술을 활용한 학습이 이루어지도록 하여 교육 목표를 성공적으로 달성할 수 있도록 교육과정을 재설계하여 학습자 스스로 타고난 소질과 적성을 마음껏 개발하고, 지력과

> 창의력 및 문제해결력을 극대화할 수 있도록 한다. 교사는 정보기술을 활용하여 학습의 촉진자, 지원자, 상담자로서 활동하며, 학습자의 올바른 품성 함양과 고등정신 능력 배양에 치중할 수 있도록 한다. 일반 국민도 언제 어디서나 정보기술을 이용하여 일상생활에서 필요한 학습을 편리하게 할 수 있도록 한다(교육개혁위원회, 1996).

열린교육 · 평생교육 체제는 궁극적으로 전문 능력과 창의력을 지닌 21세기의 주역을 양성하고자 한다. 이러한 새로운 시대의 인재 양성 도구로 대두되고 있는 것이 바로 교육 정보화라고 할 수 있다. 교육 정보화는 어떤 특정한 행위를 지칭하는 말이 아니라, 정보사회에서 교육 시스템의 변화를 일컫는 말로 교육의 내용, 방법, 대상 등에 대한 총체적인 변화를 의미한다. 교육 정보화는 새로운 사회에 적합한 교육을 재구성하는 데 정보통신기술을 기반 기술로 활용하여 교육의 내용과 방법, 형태를 다양화하고 개선해 나가는 것이다.

나아가 교육 관련법, 제도와 관행을 변화시키고 교육 구성원 개개인의 의식을 정보사회에 맞게 변화하도록 유도하고 촉진함으로써 보다 탄력적이고 유연한 모습의 교육, 보다 생산적이고 효율적인 교육을 구현하기 위한 총체적이고 계획적인 활동이다. 정보통신기술을 기반으로 언제, 어디서, 누구나 원하는 교육을 받을 수 있는 열린교육사회, 평생학습사회, 이른바 새로운 교육복지사회(edutopia) 건설이 교육 정보화의 비전이다(교육인적자원부, 2001).

교육 정보화의 청사진은 국내외의 교육 정보를 하나로 묶는 교육 정보 고속도로를 구축하여 시간과 공간을 초월한 열린학습사회를 실현한다는 것으로 요약할 수 있다. 시간과 공간을 초월하는 사이버 교육을 통해 학교교육의 개념도 바뀌게 되며, 서서히 학교의 벽은 무너지고 어떤 학교를 다녔느냐보다는 무엇을 배웠느냐가 중요해지는 사회가 도래함을 의미한다.

2) 교육 정보화의 추진 과정

우리나라의 교육 정보화는 기반 조성기(1996~2000), 확산 및 정착기(2001~2005), 고도화기(2006~2010)의 3단계로 추진되어 왔다. 기반 조성기에는 모든 학교와 교실에 PC와 교단선진화 기기를 설치하고, 2000년에는 인터넷 연결을 완료하였으며, 주요 교육정보서비스(에듀넷, RISS 등)를 개통하고 위성방송국이 개설되었다.

확산 및 정착기에는 교육정보서비스 고도화를 통한 e-러닝 보편화 단

표 9-1 교육 정보화의 발전 단계

시기	1단계(1996~2000년) 기반 조성기	2단계(2001~2005년) 확산 및 정착기	3단계(2006~2010년) 고도화기
목표	인프라 구축	ICT 활용 활성화	교육학술서비스의 선진화
추진 방향	• 교육정보화 사업 추진을 위한 안정적 기반 마련 • 세계수준의 교육정보화 인프라 구축	• 교수-학습 활동에서 ICT 활용 촉진 및 e-러닝 보편화 • 고등교육 및 교육행정 분야 정보화체제 도입	• 개인별 맞춤학습 지원 • 유비쿼터스 기술의 활용 • 고등 및 평생 분야로 정보화 외연 확대
초·중등 교육 정보화	• 에듀넷 개통 • 정보소양 기준 개발	• 에듀넷 중심의 정보공유 체제 활성화 • 사이버가정학습 등 e-러닝 체제 활성화 • 학생 및 교원의 정보활용 능력 개발	• 웹 2.0 기반의 에듀넷 재구조화 • 디지털교과서 활용 기반 마련 • 표준, 정보윤리, 저작권 문제 대응 강화
교육 행·재정 정보화	• 학교생활기록부 전산화 프로그램 보급 • 학교종합정보관리시스템 개발 보급	• 교육행정정보시스템 개통	• 교육행정정보시스템 고도화 • 디지털 교육재정 시스템 도입 등 교육행정 지원서비스 확대

계로 진입하였으며, 영역별(초 · 중등/고등/평생교육 등) 정보화 추진이 가속화되었다. 마지막으로, 고도화기는 u-러닝 체제가 도입되면서, 디지털교과서 시범 운영 등 정보화 기반이 점차 고도화된 시기다. 고도화기는 우리나라의 선진 교육 정보화를 세계적으로 알리기 위한 세계화 사업과 이를 통한 교육 정보화에서의 우리의 성과에 대한 해외진출의 기반을 마련한 때이기도 하다.

3) 교육 정보화와 스마트교육

정보통신기술 혁신은 우리에게 물리적 공간과 가상공간의 경계가 없어지는 유비쿼터스 환경을 제공한다. 유비쿼터스 환경은 사람, 사물, 컴퓨터, 공간이 하나가 되고, 언제, 어디서나 자유롭게 각종 정보를 공유하고 활용할 수 있는 삶의 형태를 의미한다. 교육 정보화는 이 같은 유비쿼터스 환경에서 정보의 생성, 공유 그리고 평가의 순환이 효과적이며 효율적으로 이루어지면서, 교육 목표인 '가치 있는 지식 창출'을 지원하고

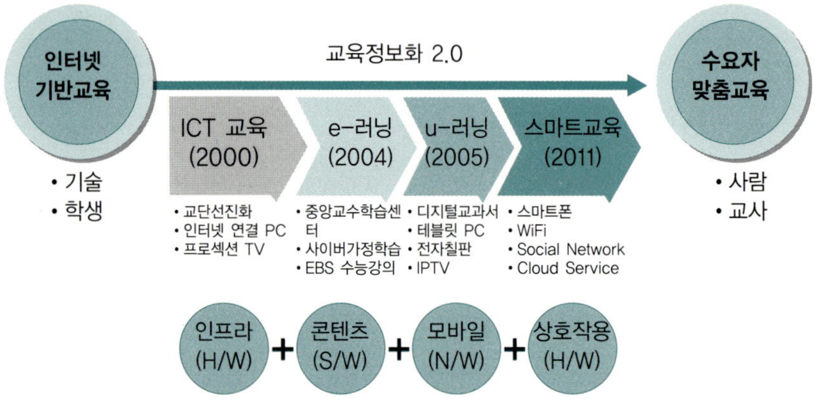

그림 9-1 테크놀로지의 발전에 따른 용어의 변화

출처: 노경희 외(2011).

능력 있는 인재를 양성하는 체제여야 한다.

교육과학기술부에서는 21세기 지식정보사회에 적합한 교육 환경을 조성하고 교육 체제 혁신을 추진하기 위해 스마트교육 추진 전략 실행계획을 수립하였다. 이 계획에서 스마트교육은 정보통신기술과 이를 기반으로 한 네트워크 자원을 학교교육에 효과적으로 활용하여 교육 내용, 교육방법, 교육 평가, 교육 환경 등 교육 체제를 혁신함으로써 모든 학생이 글로벌 리더가 될 수 있도록 재능을 발굴 · 육성하는 21세기 교육 패러다임으로 정의되고 있다(교육과학기술부, 2011).

그간 교육 정보화 사업과 관련하여 교육과 관련하여 사용된 용어는 테크놀로지의 발전과 함께 다양하게 변화되어 왔다. [그림 9-1]에 제시된 바와 같이 2000년부터 진행되어 온 교육 정보화 사업에서 교육과 관련하여 사용된 용어를 살펴보면 ICT 활용교육, e-러닝, u-러닝, 스마트교육 등과 같이 다양하게 사용되어 왔으며, 그 용어를 살펴보면 다음과 같다(노경희 외, 2011).

- ICT 교육(information and communication technology education): 교실 내에 PC 설치와 함께 초고속 통신망을 연결하여 정보통신활용교육을 할 수 있는 인프라를 구축하였고, '초 · 중등학교 정보통신기술교육 운영 지침(2000. 8.)'을 마련하여 초 · 중등학교의 국민공통기본 교육과정에서 ICT 소양교육과 활용교육을 하기 위해 학교 교육과정 편성 · 운영 자료를 제시하였다. 이후 기존 운영지침의 내용을 유지하면서 소양교육 내 컴퓨터과학 요소 및 정보통신윤리 분야를 강화하고 소양교육과 교과 활용 교육 간의 연계를 통해 효과적으로 교육 목표를 달성할 수 있도록 개정안을 마련하였다(교육인적자원부, 2006).
- e-러닝(e-learning): 개인이 원하는 학습을 수준별로 할 수 있도록 다

양한 콘텐츠 개발과 함께 사이버가정학습 체제 구축, EBS 수능강의와 사이버 방송통신고등학교 구축 등을 추진하였다. ICT 활용교육 사업을 통해 구축된 인프라를 바탕으로 다양한 콘텐츠를 보급함으로써 온라인 학습이 가능한 기반을 마련하였다.

- u-러닝(ubiquitous-learning): 언제, 어디서나 필요한 자료를 찾아볼 수 있고, 실제 공간과 가상공간이 통합되어 학습 경험을 보다 풍부하게 할 수 있도록 무선 통신망을 구축하며, 디지털교과서, 태블릿 PC, IPTV 등을 보급하였다.
- 스마트교육(smart education): e-러닝이나 u-러닝과 달리 '스마트러닝'이라는 용어보다는 '스마트교육'이라는 용어를 사용함으로써 교사 중심의 온라인 교육을 강조하고 있다. 스마트교육 체제 내에서의 온라인 수업은 기존의 e-러닝이나 u-러닝과 같이 학생 혼자서 학습하는 것이 아니라, 정규 교사가 참여하여 학생들이 학습을 지속할 수 있도록 지도하고 독려하며 평가하는 정규 수업 활동이다. 따라서 교사들의 온라인 수업 활동은 정규 수업으로서 수업 시수로 인정받게 되며, 학생 역시 온라인 수업에 참여한 결과는 정규 수업과 동일하게 학교생활부의 성적 처리와 함께 단위 이수에 반영된다. 뿐만 아니라 신체 장애, 재난, 질병 등으로 인한 장기적인 학습 공백을 최소화하고, 희소선택 교과에 대한 온라인 수업 실시 기반을 마련하며, 도서벽지 지역 학생들의 교육활동을 강화할 수 있다.

2 스마트교육의 개념

스마트교육(SMART)이란 21세기 지식정보사회에서 요구되는 새로운 교육방법, 교육과정, 평가, 교사 등 교육 체제 전반의 변화를 이끌기 위한 지능형 맞춤 교수-학습 체제로서, 통신환경을 기반으로 인간을 중심으로 한 소셜러닝(social learning)과 맞춤형 학습(adaptive learning)을 접목한 학습형태다. 스마트는 자기주도적학습(self-directed), 학습자의 동기를 자극하는 학습(motivated), 맞춤형 교육제도(adapted), 풍부한 교수-학습 자료(resource enriched), 최신 정보기술을 기반으로 하는 학습(technology embedded)을 의미하며, 스마트란 용어는 이 다섯 가지 요소의 머리글자로 이루어졌다.

S 자기주도적(Self-directed)
- 온라인 성취도 진단 및 처방을 통해 스스로 학습하는 체제
- 학생의 역할: 지식의 수용자에서 지식의 생산자로 변화
- 교사의 역할: 지식전달자에서 학습의 조력자로 변화

M 동기(Motivated)
- 정형화된 교과 지식 중심에서 체험을 기반으로 지식을 재구성할 수 있는 교수-학습 방법을 강조
- 창의적 문제해결과 과정 중심의 개별화된 평가 지향

A 수준과 적성(Adapted)
- 교육 체제의 유연성이 강화되고 개인의 선호 및 미래의 직업과 연계된 맞춤형 학습 구현
- 학교가 지식을 대량으로 전달하는 장소에서 수준과 적성에 맞는 개별화된 학습을 지원하는 장소로 진화

R 풍부한 자료(Resource enriched)
- 클라우드 교육서비스를 기반으로 공공기관, 민간 및 개인이 개발한 풍부한 콘텐츠를 교육에 자유롭게 활용
- 집단지성, 소셜러닝 등을 활용한 국내외 학습자원의 공동 활용과 협력학습 확대

T 정보기술 활용(Technology embedded)
- 정보기술을 통해 언제, 어디서나 원하는 학습을 할 수 있고, 수업 방식이 다양해져 학습 선택권이 최대한 보장되는 교육 환경

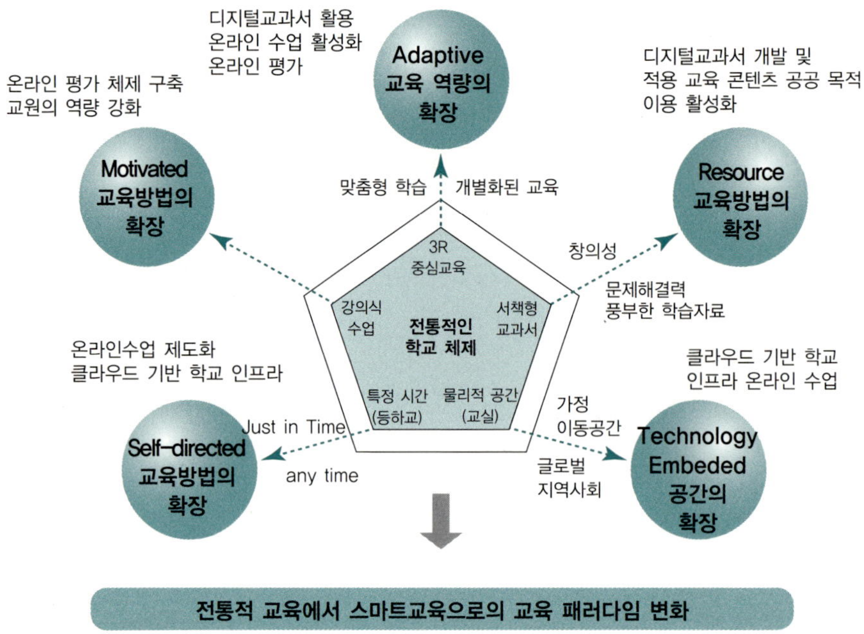

그림 9-2 스마트교육의 개념도

출처: 교육과학기술부(2011).

전통적인 학교 체제에서 스마트교육이 추구하는 지능형 맞춤 교육 체제로의 변화를 그림으로 살펴보면 [그림 9-2]와 같다.

스마트교육의 비전은 교실혁명이다. 스마트교육을 통한 교실혁명이라는 비전을 실현하기 위해 준비한 일곱 가지 실행 계획을 살펴보면 제1과제는 디지털교과서 개발 및 적용으로 교육 내용에 대한 개선 계획을 제시하고 있으며, 제2과제인 온라인 수업 활성화와 제3과제인 온라인 평가 체제 구축은 교육방법 및 교육평가에 대한 추진방안을 제시하고 있다. 제4과제인 교육콘텐츠 공공목적 이용 환경 조성과 제5과제인 역기능 해소를 위한 정보통신 윤리교육 강화는 교육환경에 대한 개선방안을 제시하고 있다. 제6과제는 교원의 스마트교육 실천 역량강화로 스마트

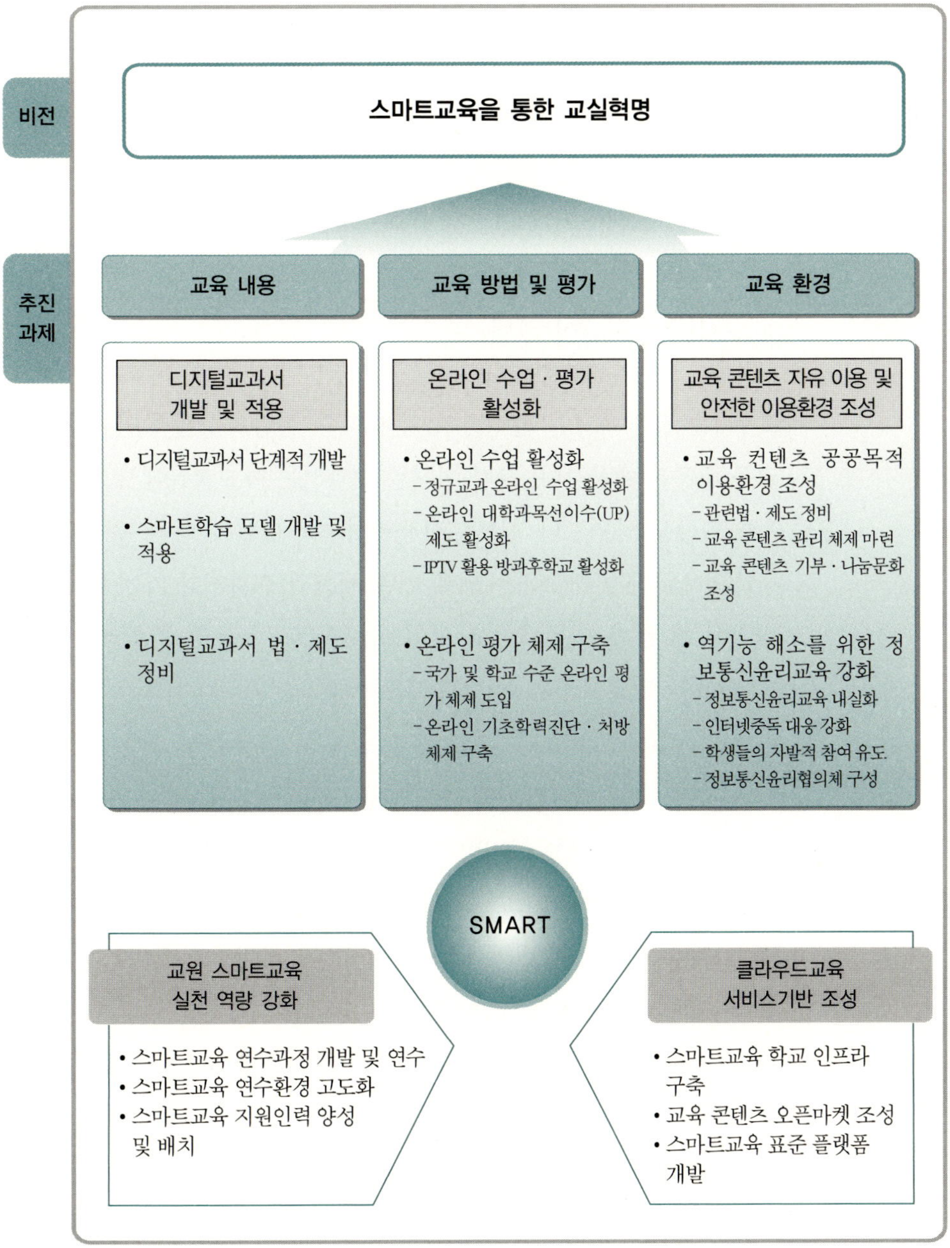

그림 9-3 스마트교육의 비전과 추진 과제

출처: 교육과학기술부(2011).

교육을 주도할 교사의 역량에 관한 내용이며, 제7과제는 클라우드 교육 서비스 기반 조성의 추진 방안을 제시하고 있다.

3 디지털교과서의 개발 및 적용

1) 디지털교과서의 개념

교과서는 교육 목표를 달성하기 위해 교수-학습과정에서 필요한 기본적 교육 내용을 제공한다. 그간 서책형 교과서는 학교교육에서 기본적인 중요한 역할을 하였으나 정보통신공학기술의 발달에 따라 우리나라는 물론 해외에서도 미래교육을 위해 기존 서책형 교과서가 가지는 제한점을 극복하고, 보다 역동적이고 의미 있는 교수-학습을 촉진할 수 있는 교과서로 디지털교과서 도입에 관심을 갖게 되었다.

우리나라에서는 2007년 교육과학기술부가 교실수업 개선과 맞춤형 교수-학습을 위해 디지털교과서 도입을 준비하기 시작했으며, 2011년 스마트교육 추진 전략에 디지털교과서 개발 및 적용이 핵심과제로 포함되면서 관심이 집중되었고, 디지털교과서가 스마트교육을 위한 기반을 마련하고 학교교육에 큰 변화를 가져올 것으로 기대되고 있다.

디지털교과서에 관한 연구와 개발이 시작된 이래 디지털교과서에 대한 개념 정의는 연구 시기, 연구자에 따라 다양하게 논의되어 왔으나 교육과학기술부에서는 "멀티미디어 자료와 하이퍼기능 등의 장점을 살려 학생들의 학습동기 유발은 물론 구체적이고 실질적인 교과 능력을 효과적으로 함양시키고, 학습자의 자율성을 바탕으로 유연한 학습활동을 제공함으로써 자기주도적 학습, 수준별 학습이 가능하도록 하여 창의력과 문제해결력, 비판적 사고 능력을 기를 수 있도록 하는 학습자 중심의 교과서라고 정의하였다(교육과학기술부, 2011).

다시 말하면, 디지털교과서란 기존 교과내용(서책형)에 용어사전, 멀티미디어 학습자료, 평가문항, 보충 · 심화 학습 내용을 포함한 풍부한 학습자료를 제공하고, 학습지원 및 관리 기능을 통해 맞춤형 진단처방이 가능하며, 오픈마켓과의 연계를 통해 외부자료를 사용하여 학습을 확장시킬 수 있는 교재를 의미한다(교육과학기술부, 2012). 또한 디지털교과서의 개념적 정의와 함께 심의를 통해 법적 지위를 갖고 있는 영역과 심의의 대상이 아닌 부가적인 기능을 구분함으로써 제도적인 측면까지 고려하여 디지털교과서의 개념을 명확히 하였다([그림 9-4] 참조).

디지털교과서에서 교과 내용은 심사에 합격한 서책형 교과서의 내용, 사전은 교과 내용 중 수업에 참고할 수 있는 핵심적이고 중요한 용어에 대한 설명을 의미하며, 멀티미디어 학습자료는 교과 내용과 연계하여 학습 효과를 높이기 위해 만들어진 동영상, 사진, 음성자료, 시뮬레이션 등 멀티미디어 형식의 학습보조 자료를 말한다. 평가문항에는 교과 내용에

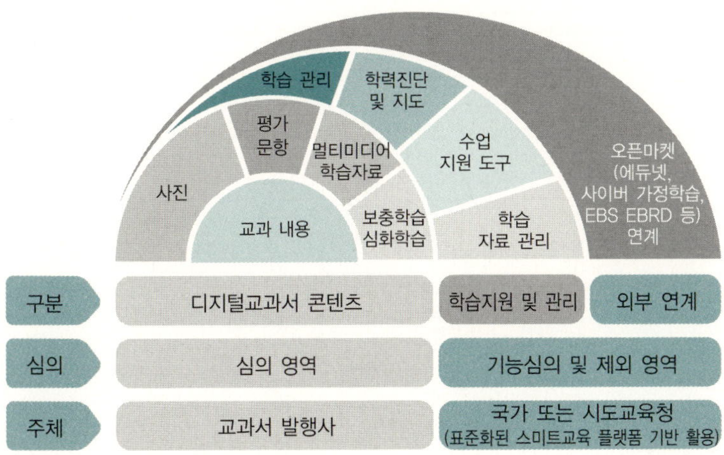

그림 9-4 디지털교과서 개념도

출처: 교육과학기술부, 한국교육학술정보원(2011).

대한 학습자의 학습 성취 정도를 점검 및 평가하기 위한 다양한 유형의 문항은 물론 해설자료를 포함하며, 보충 심화 학습자료에는 해당 학습의 보충과 심화 요소를 포함하여 학습자의 자기주도적 학습 및 수준별 수업을 돕는 다양한 유형과 수준의 학습자료가 포함된다.

또한 기존의 멀티미디어 교재와 달리 교사와 학생들은 일반 PC는 물론 스마트기기를 통해 클라우드 환경 기반의 스마트교육 플랫폼에 접속하여 언제 어디서나 디지털교과서를 활용한 학습이 가능하도록 개발될 계획이다([그림 9-5] 참조).

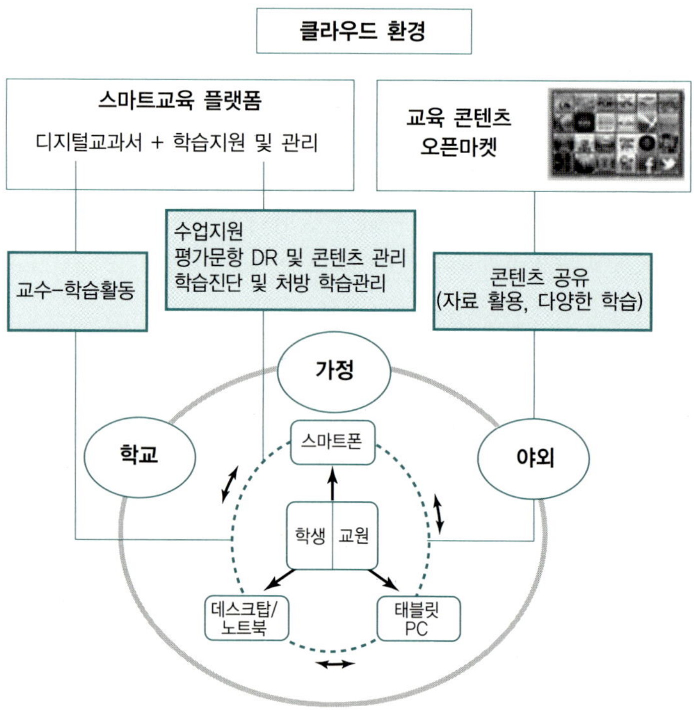

그림 9-5 디지털교과서 활용 개념도

출처: 교육과학기술부(2012).

2) 디지털교과서의 특징과 기능

디지털교과서는 다양하고 풍부한 학습자료의 포함은 물론 학습자의 학습 진단, 학습 관리, 학습 처방을 하는 맞춤형 교과서로 디지털교과서와 서책형 교과서의 특성을 비교하면 다음과 같다([그림 9-6] 참조).

서책형 교과서는 텍스트와 이미지 중심의 평면적이고 선형적인 인쇄 기반의 학습자료로 자료가 고정되어 변환이 어렵고, 교과서 외의 다른 자료를 찾기 위해 많은 시간과 노력이 필요하다. 또한 교과 간에 서로 단절된 개별적이고 독립적인 형태의 학습교재로 지식전달 위주의 단방향 학습을 지원하고, 학습자의 능력을 고려하기 어려운 일제 수업에 적합한 형태다.

반면, 디지털교과서는 다양한 형태의 생동감 있는 멀티미디어 학습자료로 학습자가 필요에 따라 원하는 형태로 변환이 용이하며, 디지털교과

표 9-2 디지털교과서 대 서책형 교과서의 특성 비교

내용	디지털교과서	서책형 교과서
자료 유형	동영상, 가상현실 등 멀티미디어 학습 자료	텍스트와 이미지 중심의 평면적이고 선형적인 학습자료
자료 변형	새로운 사실과 자식 신속한 반영	자료가 고정되어 변환 어려움
자료 수집	다양한 교육자료나 DB와의 연계	교과서 외의 자료를 찾기 위한 많은 시간과 비용 요구
내용 전달 매체	정보기기(TPC, 데스크탑 PC 등)	인쇄 매체
다른 교과와의 관계	교과 내 학년 간, 타 교과 연계 학습 가능	교과 간 서로 단절된 개별적인 학습 교재
학습 방향	교사, 학생, 컴퓨터 간 다방향 학습 가능	지식 전달 위주의 단방향 학습
수업 효과	학생 중심 수업활동과 자기주도적 학습실험	학습자의 능력에 따른 수업이 어려운 일제 수업

출처: 디지털교과서 홈페이지. http://dtbook.kr.

서와 연동되는 다양한 교육자료나 데이터베이스와 연계되어 학습자료를 검색하거나 활용하기에 적합하다. 다른 학습자료와 연계되어 교과목 내에서는 물론 타 교과 간에도 연계 학습이 가능하고, 지식 전달 위주의 단방향 학습이 아니라 교사는 물론 학생 간 컴퓨터 간의 다방향 학습이 가능하다. 또한 학습자 중심의 자기주도적 수업은 물론 학습자의 능력을 고려한 맞춤형 수업이 이루어질 수 있다.

3) 디지털교과서의 교육적 활용 가능성

교육의 패러다임이 교사 중심에서 학습자 중심으로 변화하면서 학습자의 자기주도적 학습 능력을 강화하려는 노력과 함께 문제중심학습, 협동학습, 프로젝트학습과 같은 교육방법들이 주목을 받고 있다. 또한 사회가 다변화되고 학습자 개개인의 개성이 중요시되고 강조되면서 수준별 교육에 대한 요구도 높아지고 있다. 이에 따라 디지털교과서의 특성과 가능성을 정확히 인식하고 교육 현장에서 디지털교과서를 어떻게 활용하는지의 여부가 매우 중요하다.

많은 이론가에 의해 강조되고 있는 디지털교과서의 교육적 유용성 혹은 교육적 활용을 위한 가능성 요소들은 다음과 같다(김인회 외, 2011).

(1) 자료의 저장, 편집, 가공, 활용의 편의성 제공

디지털교과서는 모든 학습자료가 디지털 형태로 제공되기 때문에 자료들을 쉽게 저장하거나 임의로 편집 · 가공할 수 있으며, 자료들을 얼마든지 재활용할 수 있다. 학생들은 교과서에 제시되어 있는 여러 가지 자료를 편집 · 가공하여 자신만의 새로운 자료로 변환하여 활용하는 것도 가능하다. 다양한 자료를 편집 · 가공하는 경험을 통해 학생들은 정보활용 능력 혹은 자료변환 능력을 습득할 수 있게 되며, 자신만의 고유한 학습자료나 교재 등을 스스로 개발하고 활용할 수 있게 된다.

(2) 멀티미디어 자료를 활용한 학습 흥미, 동기 유발

디지털교과서의 가장 큰 장점 중 하나는 다양한 멀티미디어 자료를 활용할 수 있다는 점이다. 멀티미디어의 효과적 활용은 학습자들의 학습 흥미를 높여 주고 수업 과정에서 지속적으로 동기를 유발시키고 유지시킴으로써 학습 효과를 향상하는 데 도움을 줄 수 있다. 마디스 등(Mardis et al., 2010)은 디지털 공학기술이 학생들의 의사소통 방식이나 교사의 가르치는 방식에 변화를 가져왔고, 학생들의 수업에 대한 요구가 다양해졌기 때문에 멀티미디어나 협동수업을 활용하여 학습 내용을 전달하는 상호작용적인 접근을 채택해야 한다고 주장하였다.

(3) 수준별 교수학습을 위한 학습 자원의 제공

디지털교과서는 학습자 개개인에게 적합한 수준의 콘텐츠를 제공하고, 학습자들의 사전지식 학습 속도, 학습 수준, 학습 계열에 맞추어 개별화학습을 수행하는 것이 가능하다.

(4) 특수교육 대상을 위한 효과적인 교수-학습 지원 도구의 제공

디지털교과서는 특수교육 대상 학습자들에게 다양한 교육경험의 기회를 제공한다. 육주혜 등(2008)은 장애학생들에게 적합한 디지털교과서를 개발하기 위해서는 장애 유형과 장애 특성, 적용 교육과정, 그리고 디지털 환경과 보조공학 환경 등을 고려하여 장애 유형별로 디지털교과서를 개발해야 한다고 강조하였다. 적절한 컴퓨터 기술과 연계하여 디지털교과서를 개발할 경우 디지털교과서는 특수교육 대상자들에게 매우 유용한 교수-학습 지원도구가 될 수 있다.

한편 디지털교과서는 특수교육 대상 학습자뿐만 아니라 일시적으로 질병에 걸려 장기간 학교에 등교하지 못하는 학생들이나 도서벽지 학생들을 대상으로 수업 결손 없이 정규 교육과정을 제공하는 데에도 효과적으로 활용될 수 있다.

(5) 교사를 위한 다양한 학습 관리 지원 기능 제공

디지털교과서는 학생뿐만 아니라 교사를 위해서도 다양한 기능을 제공한다. 교사가 학생들의 학습활동을 효과적으로 모니터링할 수 있도록 학생들의 화면을 전체화면에서 보고 제어할 수 있는 기능을 제공하고 있으며, 각각의 학습 내용을 가르치는 데 도움이 될 수 있는 교수-학습지도안이나 디지털교과서 각 화면의 기능들을 설명해 주는 페이지 매뉴얼을 제공하고 있다. 'e-포트폴리오(e-portfolio)' 기능은 교사가 학습자들의 학습 현황이나 형성평가 정보 등을 체계적으로 파악하고 후속학습을 위한 적절한 교수-학습 계획을 수립할 수 있도록 도와준다. e-포트폴리오 기능은 교사가 학생들의 학습 진행 상황을 효율적으로 점검하고 각 학생에게 부족한 부분이 무엇이고 향후 추가로 학습해야 할 필요가 있는 부분이 무엇인지를 확인할 수 있도록 해 주기 때문에, 학생들의 학습 활동을 효과적으로 관리하고 대처해 나가는 데 많은 도움을 줄 수 있다.

4 온라인 수업의 활성화

온라인 교육(on-line education)이란 원격교육의 한 형태로서 인터넷이나 교실망(인트라넷) 등과 같은 정보통신기술을 이용하여 학습자가 특정 매체에 접속함으로써 이루어지는 교육을 말한다. 온라인 교육은 온라인 수업과 온라인 학습으로 구분되며, 학교뿐만 아니라 매체에 접속이 가능하다면 언제 어디서나 교육이 가능하다. 온라인 수업(on-line instruction)은 교사가 공간적으로 떨어져 있는 학생에게 정보통신기술을 활용하여 실시간 또는 비실시간으로 교육 내용을 전달하는 활동으로 매체의 특성상 학교 밖에서도 수업활동이 가능하나 여전히 교사의 주도하에 이루어진다. 반면, 온라인 학습(on-line learning)은 교육 내용을 교사에 의해 전달받기보다는 학생 스스로가 자신이 원하는 교육 내용을 찾아서 배우는 활동으로서, 학생은 교사의 개입 없이 교육용 콘텐츠만을 가지고도 학습이 가능하다.

스마트교육에서는 온라인 수업 활성화를 통해 학습자 중심의 다양한 교수-학습 환경을 조성하여 공교육의 경쟁력 강화를 제고한다. 신체 장애, 재난, 질병 등으로 인한 학습 공백 최소화 등 학생의 학습 선택권을 확대할 수 있다. 뿐만 아니라 희소선택 교과에 대한 온라인 수업을 실시하여 교과목에 대한 학생들의 선택권을 확대할 수 있으며, 원어민과의 접촉 기회가 적은 지역 학생들에게 원어민 화상 수업을 제공하여 언제 어디서나 원어민이 제공하는 교육을 받을 수 있다.

온라인 수업을 활용하는 병원학교

병원학교란 장기 입원이나 통원치료로 인해 학교교육을 받을 수 없는 학생들을 위해 병원 내에 설치된 파견학습 형태의 학교로, 학생들이 가정이나 병원에서 인터넷을 이용한 화상강의를 받음으로써 학습 지체 및 유급 문제를 해소할 수 있도록 하는 지원 체제다. 병원학교는 학생이 처한 환경과 관계없이 학습이 지체되거나 유급되지 않도록 학생의 학습권을 보장하고 학교로의 복귀를 지원한다.

병원학교는 2011년도에 3개 시 · 도교육청에서 실시하던 온라인 수업을 통하여 시작하였으나, 점차 전국적으로 확대하여 시행할 예정이다.

구분	2011	2012	2013	2014
시 · 도교육청 수	3	5	10	16

Chapter

10

원격교육

원격교육은 이미 오래 전부터 전통적인 학교교육의 한 대안적 형태인 열린교육의 모습으로 운영되어 왔다. 초기 인쇄물에 기초한 우편 시스템을 이용한 원격교육은 방송과 오디오, 비디오 교재를 통합하면서 여러 매체를 복합적으로 활용한 자학자습에 바탕을 두고 발전하였다. 그러나 정보통신공학이 급속히 발전하면서 원격교육은 테크놀로지에 기반을 둔 보다 개방되고 혁신적인 정보사회의 교육 형태로 변화되고 있다. 기존에는 학교교육에서 기술공학이나 교수매체가 보조적인 위치에서 교육을 지원하는 데 반하여, 정보통신공학을 이용한 뉴미디어는 집단적이고 폐쇄적인 학교교육의 형태를 근본적으로 변화시키면서 원격교육의 발전을 가속화하고 있다.

이 장에서는 원격교육의 특성, 원격교육의 발달 과정, 원격교육의 구성 요소, 원격교육에 사용되는 교수매체 등을 살펴보고 원격교육의 현황을 소개한다.

| 학습 목표 |

1. 원격교육의 개념을 설명할 수 있다.
2. 원격교육의 장점과 제한점을 세 가지 이상 제시할 수 있다.
3. 원격교육의 구성 요소를 설명할 수 있다.
4. 원격교육의 발달 과정과 특징을 설명할 수 있다.
5. 원격교육에 사용되는 교수매체를 열거하고, 특징을 설명할 수 있다.
6. 초 · 중등 수준의 원격교육 사례를 조사 · 연구할 수 있다.
7. 사이버대학의 사례를 조사 · 연구할 수 있다.
8. 평생교육, 기업교육에서 원격교육 사례를 조사 · 연구할 수 있다.

1 원격교육의 특성

1) 교육의 유형

미국 다코다 주립대학의 콜드웨이(Dan Coldeway)는 시간과 장소라는 두 가지 변인에 의해 교육이 실천될 수 있는 네 가지 접근방법을 소개하였다(Simonson et al., 2003). 시간과 장소를 조화시킨 네 가지 접근방법은 같은 시간에 같은 장소에서의 교육, 다른 시간에 같은 장소에서의 교육, 같은 시간에 다른 장소에서의 교육, 그리고 다른 시간에 다른 장소에서의 교육을 의미한다.

전통적인 교육은 같은 시간에 같은 장소에서 일어난다. 이것은 전형적인 교사 중심의 정규 수업을 의미한다. 다른 시간에 같은 장소에서 이루어지는 교육은 학습센터에서 개별학습을 하거나, 일정한 장소에서 다른 시간에 분반이 제공되어 학생들이 시간을 선택해 수업에 참여할 수 있는 것을 의미한다. 이것은 매체센터 또는 컴퓨터실과 같은 장소에서 학생들에게 다른 시간에 같은 내용의 수업을 수강할 수 있도록 하는 교육이다.

마지막 두 가지 유형은 다른 장소에서 일어나는 교육에 초점을 둔다. 원격공학 시스템을 사용할 때 수업은 같은 시간에 다른 장소에서 이루어진다. 텔레비전이 지역 교실의 교사 및 학생과 원격지의 학습자를 연결하는 데 사용되고 있으며, 위성, 압축 비디오, 광섬유 시스템은 같은 시간 다른 장소의 교육에 사용되고 있다. 이 접근을 동시적 또는 실시간 형태의 원격교육이라고 한다. 학생들은 서로 다른 시간에 서로 다른 장소에서 학습할 수 있다. 콜드웨이는 원격교육의 순수한 형태는 서로 다른 시간에 다른 장소에서 일어난다고 하였다. 다시 말하면, 학습자는 언제, 어디에서 학습할지 언제 어디에서 교수 자료에 접근할지를 선택할 수 있다. 월드와이드웹 코스는 어디서든지 학습자가 접근할 수 있고 언제든지 선택할 수 있도록 하는데, 이것을 비동시적 또는 비실시간 원격교육이라고 한다.

2) 면대면 교육과 원격교육

면대면 교육은 교사나 학습자의 생생한 말과 행동을 직접 볼 수 있고 직접 경험이 가능하며 다른 사람과 함께 학습하는 즐거움을 맛볼 수 있다. 그러나 면대면 교육은 교사에 의존한 강의식 수업, 획일적인 교육이 되기 쉬우며, 학생들은 수동적으로 수업에 참여하게 된다. 원격교육은 언제, 어디서나 누구에게든 교육의 기회를 제공하는 반면, 학습자가 고립되기 쉬우며 학습자의 학습 동기가 상실되면 학습이 중단되거나 도중에 포기할 우려가 있다. 전통적인 면대면 교육과 원격교육은 시·공간적인 측면, 학습자 특성, 교수방법, 상호작용 등 여러 가지 측면에서 〈표 10-1〉과 같이 비교할 수 있다.

면대면 교육은 시·공간적인 측면에서 교수자와 학습자가 함께하며, 학습자들은 대체로 동질적이고 같은 지역에 거주하면서 학부모에게 의존하여 생활하고 있다. 대부분의 수업이 면대면으로 이루어지기 때문에 교수자와 학습자, 학습자 간의 상호작용도 직접적으로 일어난다. 교육에 관한 모든 계획 및 자료 개발은 담당 교수자가 책임을 지며, 수업은 교수자에 의존한 집단교육 형태로 이루어진다. 집단의 크기가 비교적 작은 규모이므로 교수자들이 행정 업무의 일부를 담당한다.

원격교육은 교수자와 학습자가 시·공간적인 측면에서 서로 분리되어 있으며, 학습자들은 대체로 이질적이고 분산된 지역에 거주하면서 직장 생활을 하는 성인들로 풍부한 삶의 경험을 가지고 있다. 대부분의 수업이 매체를 통하여 이루어지기 때문에 교수자와 학습자, 학습자와 학습

표 10-1 **면대면 교육과 원격교육의 특성**

내 용	면대면 교육	원격교육
시 · 공간적 측면	• 교수자와 학습자가 시 · 공간적으로 함께 있음	• 교수자와 학습자가 시 · 공간적으로 분리되어 있음
학습자 특성	• 대체로 동질적 • 같은 지역에 거주 • 대체로 학부모에 의존	• 대체로 이질적 • 분산된 지역에 거주 • 직장 생활을 하거나 성인인 경우가 많음
교수방법	• 면대면 수업	• 교수매체를 통한 수업
상호작용	• 직접적인 상호작용	• 보고서, 매체를 매개로 한 상호작용 • 학습자 지원 체제를 통한 상호작용
교수개발	• 개별 교수자에 의존	• 부문별 전문가에 의한 공동 작업
수업 형태	• 교수자에 의존한 집단교육	• 자학자습에 의한 개별학습
행정 조직	• 교수자들이 행정 업무의 일부를 담당	• 학생지원, 코스 개발 등 강력한 행정조직이 필요

자, 학습자와 학습지원 체제 간의 상호작용이 매체를 매개로 이루어진다. 원격교육에서는 대부분의 학습이 교재를 통하여 이루어지기 때문에 교수개발에는 여러 분야의 전문가들(내용 전문가, 매체 전문가, 교육공학자, 디자인 전문가 등)이 팀을 구성하여 교재를 제작한다. 원격교육 학습자는 고립된 상태에서 독립적으로 학습해야 하기 때문에 학습자가 코스를 시작하여 마치기까지의 모든 과정을 지원하는 학습자 지원 체제를 포함한 강력한 행정 조직이 필요하다.

3) 원격교육의 정의

원격이라는 명칭은 1982년 국제통신교육협회(International Council for Correspondence Education)가 국제원격교육협회(International

Council for Distance Learning)로 전환되면서 정식으로 사용되기 시작하였다. 시몬슨 등(Simonson et al., 2003)은 원격교육의 정의를 이야기하는 것이 쉬운 일은 아니라고 하였다. 그 이유는 원격(distance)이라는 용어가 지리적 거리, 시간적 거리, 지적인 거리감 등 다수의 의미를 갖기 때문이다. 또한 원격교육이라는 용어는 다양한 매체를 통해 수많은 청중을 지원하는 매우 다양한 프로그램에 적용되어 왔다. 어떤 프로그램은 인쇄매체를 사용하고, 어떤 프로그램은 원격매체를 사용하며, 어떤 프로그램은 두 가지를 모두 사용한다. 마지막으로 원격공학의 빠른 변화도 원격교육의 정의에 영향을 주어 왔다.

(1) 키건의 정의

키건(Keegan, 1996)은 여러 원격교육의 정의를 비교 · 분석한 후 보다 포괄적인 원격교육의 정의를 구성하는 다섯 가지 요소를 다음과 같이 제안하였다.

- 면대면 교육과 구분하여 원격교육은 '대부분의 학습 과정을 통하여 교사와 학생이 반영구적으로 분리' 되어 있다. 이것은 원격교육의 가장 기본적인 특징을 지적한 것으로 기존의 여러 정의에서도 나타나고 있다. 키건은 여러 원격교육 기관을 분석하면서 교사와 학생의 분리된 수준과 종류가 여러 형태로 존재하고 있음을 파악하고 기관에 따라서 면대면 교육의 요소를 선택적 혹은 의무적으로 통합하고 있다고 말한다. '반영구적 분리'라는 의미는 이러한 원격교육의 실제를 반영한 것이다.
- 개인적으로 하는 학습이나 스스로 하는 학습과 구분하여 원격교육은 '학습 자료를 계획하고 준비하며 학생들을 지원하는 서비스를 제공하는 교육적 조직의 영향력' 을 제공한다. 이는 원격교육이 매체

를 통하여 스스로 하게 되는 평생교육이나 독학 등과는 달리 공공기관이나 사설기관에서 조직적으로 준비하여 교재를 제공하는 형식적 교육 형태임을 분명히 한 것이다. 물론, 원격교육에서 학생들은 자학학습을 하게 되는 경우가 대부분이나, 이 자학학습은 스스로 하는 독학과는 달리 원격교육 기관에 의하여 조직된 것이며 기관의 행정적 지원을 받는다.

- 원격교육은 교수-학습 과정에 인쇄매체, 오디오, 비디오, 컴퓨터 등의 기술적 매체를 사용한다. 기존의 면대면 교육에서도 교과서나 비디오 등 교수매체를 사용하기는 하지만 기본적으로 교사에 의해 교육 내용이 전달되는 반면, 원격교육에서는 매체를 통하여 교육 내용이 전달되고 교사와의 대화 역시 매체를 통하여 이루어진다. 원격교육에서는 교육 내용의 전달이나 상호작용을 위하여 하나 이상의 매체를 활용하는 것이 일반적이다.
- 원격교육에서는 면대면 교육에서 교수매체를 사용하는 방식과는 달리 쌍방향 의사소통의 기회를 제공하고 학생들이 교사와 상호작용할 수 있는 방식으로 매체를 활용한다. 원격교육에서는 오랫동안 교사와 학생 간의 쌍방향 의사소통을 강조하여 왔는데, 이는 인쇄매체나 방송 등이 제공할 수 없는 상호작용의 기회를 우편제도나 전화, 팩스, 컴퓨터 통신 등을 이용하여 제공하고자 한 것이다. 면대면 모임도 이러한 맥락에서 실행되고 있다.
- '대부분의 학습 과정에서 학습 집단이 반영구적으로 존재하지 않는다.' 는 것이다. 원격교육에서는 학생들이 가끔 모임을 갖기는 하지만 대개 집단으로 학습하지 않고 개별적으로 학습하게 된다. 학생들이 모임을 갖는 방식은 면대면일 수도 있고 전자적 매체를 통한 것일 수도 있다. 특히, 기술공학이 발전하면서 각종 텔레컨퍼런싱이나 컴퓨터 통신망을 통하여 학생들이 협동적으로 과제를 수행하고

토론하며, 나아가 취미모임 등도 가질 수 있다. 즉, 원격교육의 속성으로 지적되어 온 자학학습이나 개별학습이 이제는 동료과의 협동학습과 통합될 수 있음을 강조하는 것이다. 그러나 이러한 학습의 협동적, 집단적 특성은 원격교육에서는 의무적이기보다는 선택적인 것이다. 원격교육의 기본은 개별학습이다.

(2) 시몬슨 등의 정의

시몬슨 등(Simonson et al., 2003)은 원격교육의 정의에 네 가지 주요 요소가 포함된다고 하였다.

우선, 원격교육은 제도적인 근거에 기초한다. 이것은 원격교육을 자기 학습과 차별화하고 있다. 제도적인 근거에 기초를 둔 교육기관은 전통적인 학교 또는 대학일 수도 있고, 비형식적인 교육기관 또는 기업, 회사, 협회 등일 수도 있다. 둘째로 원격교육은 교수자와 학습자가 분리되어 있다. 교수자와 학습자는 시 · 공간적으로 분리되어 있을 뿐만 아니라 지적으로 분리되어 있다. 교수자는 학습자가 소유하지 못한 코스에서 제시되는 내용을 이해하고 있으며, 이러한 교수자와 학습자의 지적 거리감을 감소시키는 것이 원격교육 시스템의 목적이다. 셋째로 원격교육은 상호작용적인 원격통신 시스템을 포함하며, 상호작용은 동시적일 수도 있고 비동시적일 수도 있다. 상호작용이 교수의 주 특성이 될 수는 없지만 가능한 허용되어야 하고 자주 일어나야 한다. 원격통신 시스템이란 텔레비전, 전화, 인터넷과 같은 전자매체를 의미하지만, 전자매체에 한정되는 것은 아니며 원격지에서 의사소통한다는 의미다. 전자적 원격통신 시스템이 보다 향상되고 보편화되면서 현대 원격교육 시스템의 주가 되어 가고 있으나 우편 시스템과 같은 오래된 원격교육 시스템도 계속 중요한 역할을 할 것이다. 마지막으로 원격통신은 학습자, 자원, 교수자를 연결하여 학습 경험을 공유한다. 학습자와 상호작용하는 자원은 학습을 촉진

그림 10-1 원격교육의 구성 요소

하는 학습 경험으로 조직되어야 한다.

4) 새로운 개념 정립의 필요성

현대의 변화는 예측하기가 어렵다. 초음속 비행기 여행, 위성 텔레비전, 컴퓨터 의사소통, 그리고 사회적 변화가 가져온 세계화는 원격교육을 새로운 방법으로 접근하도록 자극한다. 키건은 원격교육을 면대면 교육과 구분하면서 교사와 학생이 물리적으로 혹은 시・공간적으로 분리되어 있다는 특성을 강조하였고, 독학이나 개인적인 학습과는 달리 운영 과정상에서 조직적 지원을 받는 교육 형태임을 지적하였다. 아울러 매체를 매개로 하되 쌍방향 상호작용을 추구한다는 이념적 특성을 포함하고 있으며, 원격교육의 기본은 개별학습이지만 협동학습의 요소도 가능함을 지적하고 있다. 그러나 키건의 정의는 현재 사회와 기술의 변화를 제대로 반영하지 못하고 있다(정인성, 1999에서 재인용).

우선, 텔레컨퍼런싱 기술의 발달은 원격교육에서 교사와 학생이 공간적으로는 분리되어 있으나 같은 시간대에 가르치고 배울 수 있는 환경을 제공하고 있다. 따라서 '교수자와 학습자 간의 분리'가 반드시 시·공간적 분리를 의미하지는 않는다는 점이 간과되고 있는 것이다. 이와 관련하여 시몬슨과 슐로서(Simonson & Schlosser, 1995)는 '원격교육은 형식적 조직에 기반을 둔 교육 활동으로, 일반적으로 교수자와 학습자가 공간적으로 서로 떨어져 있으나 반드시 시간적으로 분리되는 것은 아니며, 비디오, 디지털 정보, 음성으로 된 교육 내용을 가지고 서로 쌍방향의 상호작용을 가능하게 하는 텔레컨퍼런싱 시스템이 사용된다.' 고 정의하고 있다.

원격교육의 기본 학습 형태가 개별학습이라는 주장 역시 기술의 변화에 따라 개별학습과 함께 협동학습, 집단학습이 통합된 형태라는 해석으로 바뀌어야 할 것이다. 인쇄 자료나 방송을 통하여 혼자 개별적으로 공부한 자료를 가지고 컴퓨터 통신망이나 텔레컨퍼런싱을 통하여 교수자나 다른 학습자와 토론하면서 협동적으로 과제를 함께 수행해 나가는 형태로 변화되고 있기 때문이다.

지금까지 원격교육은 대다수의 학습자를 대상으로 하여 산업화된 조직이나 관료적 행정 지원을 받아 표준화된 교재를 기반으로 제공되어 왔으나, 사회의 변화에 따라 산업화된 조직적 지원 없이 소수의 학습자를 대상으로 주문형 교육인 개인별 서비스 형태로 제공되는 사례가 늘고 있다. 개인 교사나 소규모 사설 기관이 소수 학습자를 대상으로 특정 교과를 원격으로 제공하는 형태도 늘어나고 있으며, 기존의 교육기관에서 면대면 수업에 더하여 컴퓨터 통신 등을 이용하여 질의 및 응답이나 토론을 진행하는 형태도 보편화되고 있다. 원격교육의 형태가 이제는 대량생산과 대량 소비에서 지역적, 개인적 수요와 요구에 따른 열린교육의 모습으로 나아가고 있다는 주장은 원격교육의 개념이 변화되고 있음을 지적한 것으로 보인다.

기존의 면대면 교육을 실시하던 기관에서 원격교육 방식을 도입하고 기술 발달에 따라 원격교육의 시·공간적 분리 개념이 변화하며 컴퓨터 통신망 등을 이용한 학생 간 상호작용이 보편화됨에 따라, 기존 교육방식과 비교하여 원격교육에 대한 명확한 개념을 정의하기가 더욱 어려워지고 있다. 그러므로 시몬슨(Simonson, 1995)이 지적한 대로 원격교육의 개념이 상대적으로 중요하지 않게 되어 가고 있으며, 오히려 원격교육을 다른 개념과 구분하여 정의하기보다는 어떻게 원격교육이 다른 교육 형태와 통합되어 가는지에 관심을 기울여야 할 것으로 보인다.

2 원격교육의 발달 과정

대부분의 원격교육학자는 원격교육의 발달 과정을 시기별로 나누어 설명하고 있는데, 이러한 설명은 시기별로 원격교육 시스템의 다양한 요소를 이해하고 설명하는 데 도움을 준다. 그러나 이러한 분류로 간혹 원격교육이 순차적으로 발달한다고 생각하거나 또는 후속되는 세대에 의해서 이전 세대가 대치된다고 생각하기 쉬운데, 이것은 잘못된 생각이다(Garrison & Anderson, 2003). 제1세대는 제2세대와 제3세대에 의해 대치되는 것이 아니라 제2세대와 제3세대로 진행되는 가운데 계속적으로 영향력을 발휘한다. 그 예로 아직도 수천 명의 학습자를 지원하는 제1세대와 제2세대 원격교육 시스템을 쉽게 찾아볼 수 있다.

학자에 따라 원격교육의 발달 과정을 크게 3세대로 구분하기도 하고 5세대로 구분하기도 하는데, 여기서는 먼저 원격교육의 발달 과정을 세 가지 시대로 나누어 설명하고, 이어 제4세대와 제5세대에 대해서는 부가적으로 설명하고자 한다.

1) 제1세대 원격교육: 통신교육과 교육 기회의 확대

제1세대의 원격교육은 산업화 모델을 특징으로 한다. 이 대량 생산 모델은 원격교육 시스템이 수천 명의 학생에게 가격 효과적으로 전달될 수 있는 높은 수준의 코스와 프로그램을 제작하게 하였다. 이 세대의 대표적인 공학은 인쇄 교재와 코스 안내서며, 이러한 교재는 도서관에서 흔히 볼 수 있는 형태의 책이 아니다. 이 교재들은 유능한 전문가들로 구성된 코스팀에 의해 설계되고 제작된 것들이다. 특히, 코스 안내서는 부재 중인 교수자와 독립적인 학습자 간에 대화적 접근을 반영하도록 정교하게 만들어 '안내된 교훈적 상호작용'이 일어나도록 하였다.

제1세대 교육학은 책무성, 관찰 가능성, 복잡한 개념을 쉽게 이해할 수 있도록 하위 요소로 분석하는 행동주의 관점에 기반을 두며, 교수자의 임무는 학습자의 학습에 대한 즉각적인 강화를 제공하는 것이다(Garrison & Anderson, 2003). 제1세대 원격교육 시스템은 학습자의 자유와 독립성을 최대화하는 것이며, 학습자가 독립적으로 학습하고 집단의 일원이 아니라는 것을 암시하는 독립 학습이라는 명칭을 사용하였다. 그러나 원격교육 시스템에서 학습하는 학습자들은 교사의 안내 없이 독립적으로 학습하는 것이 아니라 우편을 통한 비동시적인 상호작용을 유지해 왔다.

제1세대 우편제도를 이용한 통신교육은 1833년 스웨덴의 통신을 이용한 작문교육에서 시작되었다. 1840년 영국에서는 피트만(Issac Pitman)이 통신을 통하여 속기교육을 실시하였으며, 1843년에 통신교육기관이 설립되었다. 이때의 속기교육은 일주일 단위로 하여 속기법에 대한 교육 내용이 우편으로 배달된 후 공부한 내용을 다시 받아 피드백 해 주는 형태로 진행되었다.

더 조직적인 통신교육은 19세기 중엽 독일에서 시작된 어학 통신교육

강좌에서 시작하여 스웨덴, 영국, 미국 등에서 발달되었으며, 이때는 통신교육만을 제공하는 기관에서 기존 대학의 확장 프로그램으로 통신교육을 제공하는 형태까지 다양화되었다. 영국의 경우 1970년대와 1980년대에 걸쳐 에딘버러와 런던 등에서 통신교육기관이 설립되었다. 미국에서는 1891년 신문사 편집자였던 포스터(Tomas J. Foster)가 광산의 사고 예방 프로그램을 통신으로 제공하였다. 이는 이후 국제통신학교로 발전하여 통신교육의 확대에 기여하였다. 1880년부터 1890년 사이에는 시카고 대학과 위스콘신 대학 등에서 대학 확장 프로그램으로 통신교육부를 설치하여 성공적으로 운영하였다. 이렇게 발전된 통신교육은 교통의 발달과 교육 기회의 확대라는 사회적 변화와 더불어 더욱 조직화되고 제도화되었다.

20세기 초 제1차 세계대전을 전후로 호주, 미국, 캐나다, 프랑스 등에서는 통신교육이 전통적인 면대면 공교육을 대신하는 형태로 활용되었다. 특히, 최초의 원격교육대학으로 알려진 남아프리카 대학(UNISA)은 1946년 기존의 전통적 대학 교육에 통신교육 체제를 병행하였고, 1951년 통신을 통하여 학위를 수여하여 남아프리카 공화국의 대학 교육 기회를 확장하는 데 기여하게 되었다. 1900년대에 들어오면서는 통신교육의 대상이 성인에서 고등학교 학생들로 범위가 확대되었다.

우편제도를 통한 통신교육의 특성은 인쇄 교재를 이용하여 실용적인 기술교육이나 어학 등을 교육 내용으로 한 성인 중심의 보완 교육 형태로 시작되었다가, 여러 가지 이유로 공교육기관에서 학습할 수 없는 아동을 대상으로 학교교육의 대안으로 조직적인 교육을 제공하는 형태로 발전한 것이다. 아울러 이 시기의 통신교육은 두 가지 서로 다른 접근방식이 사용되었다(Holmberg, 1986). 스웨덴 등에서 실시한 보다 자유로운 형태의 원격교육에서는 학습자가 스스로의 학습 속도를 선택하도록 한 반면, 대학 확장 프로그램으로 도입된 통신교육에서는 매주 학습할 내용이 학사 일정에 따라 주어지는 고정된 형태의 통신교육이 실시되었다.

2) 제2세대 원격교육: 대중 원격교육과 교육방법의 다양화

제2세대 원격교육에서는 대중매체, 방송매체가 새로운 공학으로 규정되고, 인지주의 학습이론이 점차 허용되는 시대에서 발전되었다(Garrison & Anderson, 2003). 대량으로 값비싼 매체를 제작하여 학생들이 가상적으로 실험실과 작업실을 방문할 수 있게 하고, 교실에서 교사의 오디오나 비디오 이미지를 볼 수 있도록 허용하였다. 인지주의 학습이론의 발달은 선행 조직자, 역할모델, 성찰의 요약 등을 사용하였다. 그러나 교수자와 학습자 간의 직접적인 상호작용은 대부분 제1세대와 같이 전화나 우편을 이용하였다. 제2세대에서 교재 제작을 위한 제작팀은 보다 완벽한 팀으로 규모가 커지고, 교재를 제작하는 데 고도의 기술과 더 많은 비용이 소요되었으며, 높은 제작 비용을 상환하기 위해 대규모의 학습자들을 필요로 하였고, 세계적인 시장으로 코스를 팔려고 시도하게 되었다.

제2세대 대중매체를 이용한 원격교육은 보다 많은 사람을 대상으로 하였으며, 원격교육이 성장하는 계기가 되었다. 우편통신제도가 값싸고 이용이 편한 대신 느리고 개별적인 정보전달의 특성을 가지고 있기 때문에 이용이 한정된 반면, 라디오나 텔레비전 등의 대중매체는 제작 및 송출 비용 등이 많이 들기는 해도 대량의 정보를 다수 학습자에게 전달할 수 있다는 특성을 가지고 있었다. 아울러 전화의 출현으로 대중 전파매체의 일방성을 보완하는 기술도 갖추게 되었다. 따라서 제2세대 원격교육은 우편을 이용한 인쇄 교재는 물론 라디오와 텔레비전 등의 전파매체, 전화 등을 복합적으로 사용하여 각 매체의 장점을 살리고 단점을 보완하였다.

대중 전파매체가 교육의 수단으로 사용되기 시작한 것은 라디오의 경우 1920년 이후, 텔레비전의 경우 1937년 이후지만 본격적으로 원격교육에 이용된 것은 1960년 이후다. 특히, 1969년 영국 개방대학의 설립은 대중 전파매체를 이용한 원격고등교육 발전의 계기가 되어 세계 각 나라가 방송학교, 개방학습센터, 방송대학, 개방대학 등의 이름으로 원격교육기관을 설립하게 되었다.

영국의 개방대학과 같이 카세트, 라디오, 비디오와 텔레비전을 복합적으로 활용하는 형태는 많은 원격교육기관의 전형적 모델이 되었으며 일본의 방송대학 등과 같이 텔레비전 방송을 주 교육매체로 이용하는 기관도 설립되었다. 중국은 인구의 증가로 대학 교육의 수요가 늘어나자 1970년대 말과 1980년 대 초에 국가적 차원의 원격고등교육 프로그램을 시작하였다. 중국은 국립 라디오와 TV 대학을 설립하여 초기에는 고등교육 수혜자의 20% 이상을 배출하였다.

3) 제3세대 원격교육: 개별화된 원격교육과 정보통신공학의 활용

제3세대 원격교육은 다양한 원격통신공학에 의해서 제공되는 비동시적인 상호작용과 동시적인 상호작용 기능을 이용한다. 제3세대 원격교육 시스템은 개별 학습자와 학습 집단의 구성원으로서 학습자들이 지식을 창출하고 재창출하는 기회를 제공하는 구성주의 학습이론에 기반을 둔다. 이러한 지식의 구성은 내용, 과제, 프로젝트의 협상 과정에서 일어나며, 토론, 협동 프로젝트와 자원 중심 교과과정이나 문제 중심 교과과정의 설계를 통해서 정교화된다(Garrison & Anderson, 2003).

제3세대 정보통신공학을 이용한 원격교육은 기존 원격교육의 방법과 역량을 보완 · 확대하는 데 크게 기여하였다. 컴퓨터, 컴퓨터 매개 통신, 쌍방향 케이블 텔레비전, 통신위성, 각종 원격통신 체제 등은 원격교육에서 상호작용을 실현할 수 있도록 하여 원격교육에서 부족한 면대면의 상호작용을 보완하도록 하였다.

각종 정보통신매체는 세계 도처의 전문적 지식과 기술, 수많은 종류의 교육 프로그램을 원하는 사람에게 원하는 시간에 제공할 수 있는 기반을 가져왔으며, 평생학습사회가 추구하는 원하는 사람에게 언제, 어디서나 필요한 교육을 제공할 수 있는 기술적 환경을 제공하였다.

그간 원격교육의 대중화와 양질의 교재를 개발하여 원격교육의 질적 수준 향상에 기여해 온 영국의 개방대학은 1980년대부터 컴퓨터 통신매체 등을 활용하여 쌍방향 원격교육을 시도하였으며, 개별화된 학습자 지원 서비스를 강화하였다. 유럽의 원격교육기관들도 인쇄 교재와 함께 인터넷 등 정보통신매체를 교육에 도입하여 적극적으로 활용하고 있다. 미국이나 캐나다에서는 원격교육이 주로 기존 대학의 확장 프로그램의 형태로 제공되어 왔다. 1990년대부터 원격영상강의 체제를 이용한 원격교육이 제공되었고, 1990년대 중반 이후 인터넷을 이용한 가상수업이 늘어나면서 시 · 공간을 초월한 쌍방향 의사소통이 가능한 사이버 공간에서의 원격교육이 급속도로 발전하였다. 이 과정에서 사이버 대학, 가상대학 등의 원격교육기관이 출현하기 시작하였으며, 이들 중 일부는 기존 교육 체제나 제1세대, 제2세대의 원격교육 체제에 컴퓨터와 통신기술을 적용한 교육 형태가 아닌 새로운 형태의 원격교육기관으로 발전하였다.

4) 제4세대와 제5세대 원격교육

로존과 무어(Lauzon & Moore, 1989), 테일러(Taylor) 등은 방대한 내용의 정보 검색, 컴퓨터 매개 통신의 상호작용 능력, 자바와 같은 컴퓨터 보조 프로그래밍을 통해 국부적으로 분배 · 처리되는 정보처리 능력 등 네트워크의 세 가지 주요 특성을 조화시킨 제4세대가 출현하였다고 주장하였다. 이는 강력한 새로운 도구임이 명백하지만, 원격교육 프로그래밍에서 그 실현은 아직 초보적인 상태다(Garrison & Anderson, 2003).

대부분 제4세대에 속한다고 생각되는 특징을 채택하지 못하였는데도 테일러(Taylor, 2001)는 '지능적이고 융통적인 학습 모델'을 제5세대 원격교육 모델로 밝혔으며, 남부 퀸스랜드 대학의 e-University 프로젝트를 제5세대 시스템의 발달로 설명하였다. 개리슨과 앤더슨(Garrison & Anderson, 2003)은 현재 새로운 세대를 정의하는 테일러의 예에서 예시한 것과 같이 '지능'의 적용 사례를 발견하지 못하였으나, 아마도 테일러

표 10-2 **원격교육의 발달 과정**

시기	연대	주요 통신 수단	교육 목적
제1세대	18세기 초	• 우편제도 • 인쇄매체	• 성인 대상 실용 교육 및 어학 교육 • 학위교육
제2세대	1920년대 이후	• 대중 방송매체 라디오(1920년) 텔레비전(1973년) • 인쇄 및 시청각 교재	• 학위교육 • 평생교육 • 재교육
제3세대	1980년대 중반 이후	• 컴퓨터/컴퓨터 매개 통신 • CATV • 위성방송 및 멀티미디어 • 시뮬레이션	• 학위교육 • 평생교육 • 재교육
제4세대	1990년대 후반 이후	• 이동통신 단말기 • 텔레컨퍼런스 • 위성통신 • 멀티미디어/시뮬레이션 • 가상현실	• 학위교육 • 평생교육 • 재교육 • 특수교육
제5세대	2001년 이후	• 인공지능 • 어의적인 웹 • 독립 대행자	• 학위교육 • 평생교육 • 재교육 • 특수교육

의 제5세대의 관심사는 원격교육 시스템의 다른 요소를 교수 내용의 전달 시스템에 통합하는 것일 수도 있다고 하였다. 요약하면, 제5세대에서는 웹에 인공지능을 부여하고 웹에 어의적인(semantic) 의미를 구축하여 사람 또는 사람이 아닌 독립 대행자(autonomous agents)가 검색, 항해, 처리할 수 있게 하는 것이다.

3 원격교육 체제의 구성 요소

[그림 10-2]은 원격교육의 모든 수준과 유형에서 발견되는 공통된 구성 요소를 포함하고 있다. 원격교육 체제는 어떤 특정한 내용을 가르칠 것인지를 결정하고 학습자들이 무엇을 배울 것인가를 발견하는 과정처럼 학습하고 가르칠 기능이 있어야 한다. 또한 코스 설계를 위한 하위 체제와 교사, 학습자, 운영자에게 상호 통신 서비스를 제공할 하위 체제가 있어야 한다. 교수자, 튜터 등은 학습 과정을 돕기 위하여 학생과 상호작용을 하며, 다양한 학습 환경에 있는 다른 학생과도 상호작용을 한다. 마

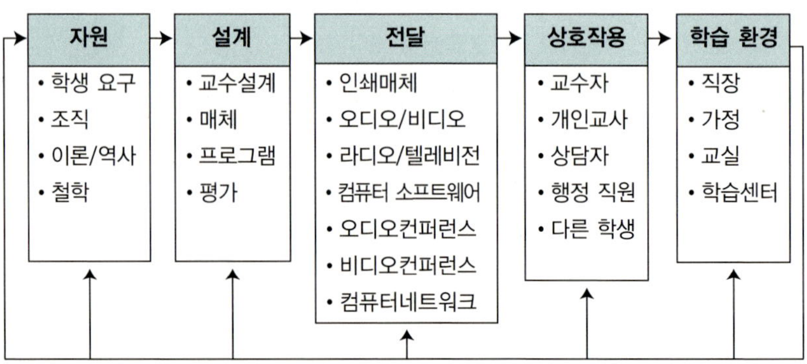

그림 10-2 원격교육 체제의 구성 요소

지막으로, 가장 일반적인 수준에서 각각의 하위 체제의 다양한 요소를 통제하고 감독하는 정책과 관리 구조를 가진 조직이 있어야 한다(양영선, 조은순, 1998).

1) 자 원

대학교, 전문대학, 학교, 정부나 기업의 훈련 부서 등의 조직에서 가르칠 지식이 무엇인지를 결정하는 책임은 조직과 자신의 분야, 문헌, 이론, 현재의 상황, 문제 등을 아는 교직원의 몫이다. 이 결정은 조직의 교육적 임무와 철학을 바탕으로 이루어지고 교사의 철학이 반영되며 조직의 역사와 조직이 속해 있는 국가의 교육 역사에 의해 정해질 것이다.

대부분의 원격교육 조직에서는 학생들이 필요로 하는 지식이 무엇인지 확인하고 학습자가 무엇을 배우고자 하는지를 고려하여 코스를 개발하는 것이 중요하다. 학생은 잠재적인 자원과 지식의 창조자로 간주되며, 코스는 프로젝트 학습과 자기주도학습 활동을 하도록 설계된다.

2) 코스 설계

원격교육 코스를 산출하는 데는 여러 종류의 설계 전문가가 관련된다. 교수는 매체를 통하여 제공되고 공학기술에 의하여 전달되기 때문에 매체는 교수 원리와 기술 및 테크놀로지에 대한 지식을 가진 전문가들이 설계할 필요가 있다. 교수설계 기술과 테크놀로지에 대한 지식 모두를 가진 내용 전문가도 있지만 이런 책임이 여러 전문가에 의해서 수행된다면 더 바람직하다. 교수 설계자는 내용 전문가와 함께 작업하면서 코스의 목표, 연습문제와 학습활동, 인쇄매체의 레이아웃, 오디오테이프와 비디오테이프의 내용, 오디오컨퍼런스 · 비디오컨퍼런스 · 컴퓨터컨퍼런스에서 상호작용을 유발하기 위한 질문 등에 대해 서로 의견이 일치해야 한다.

그래픽 설계자, 프로듀서, 다양한 매체 전문가들은 양질의 코스 자료와 프로그램을 만들기 위해 내용 전문가와 교수 설계자의 아이디어를 수용해야 한다. 그리고 어떤 부분의 강의가 어떤 매체에 의해 가장 효과적으로 전달될 수 있는지를 결정해야 한다. 마지막으로 평가와 연구 전문가는 학생들의 요구와 원격교육이 가르치고자 하는 것이 일치하였는지, 비용 효과적인 강의를 제공하였는지 등을 확인하기 위하여 원격교육 코스의 모든 측면의 효과와 함께 개별 학생의 학습 성취도를 평가할 방법을 계획해야 한다.

3) 테크놀로지를 통한 정보통신과 상호작용

모든 교육에서 교수팀과 학습자 사이의 의사소통은 필수적이다. 원격교육에서 의사소통은 테크놀로지를 통하여 일어난다. 테크놀로지는 인쇄매체(주로 책과 학습 안내서)나 오디오카세트, 비디오카세트, 라디오나 텔레비전 방송, 컴퓨터 소프트웨어, 오디오컨퍼런스, 오디오그래픽이나 비디오컨퍼런스, 컴퓨터 매개 통신 등을 포함한다. 교사와 학생의 메시지를 전달하는 데 테크놀로지를 사용하는 원격교육은 면대면 강의, 토론, 칠판 등에 의존하는 교육보다 대부분의 사람에게 생소하다.

4) 상호작용: 교수자의 역할

원격교육에서도 교수자와 학습자 간의 의사소통(상호작용)이 이루어져야 한다. 상호작용의 특성과 정도는 조직과 설계자의 교육철학, 교과의 특성, 학습자의 성숙도, 학생이 있는 장소, 코스에서 사용되는 매체 등에 따라서 변한다.

원격교육과 정규 교육 사이의 중요한 차이점 중의 하나는 원격교육 체제에서는 코스에서의 상호작용이 코스의 설계자도 내용 전문가도 아닌 교수자에 의해 수행된다는 것이다. 앞에서 설명한 것처럼 총체적인 체제 접근에서 코스는 교수 설계자, 매체 전문가, 내용 전문가 팀에 의해 설계된다. 이러한 팀에 들어가는 비용과 매체 제작 비용이 크기 때문에 비용 효과적이기 위해서는 코스를 수강하는 학생의 수가 정규교육보다 많아야 하고, 학생 수가 많기 때문에 설계자가 교수자가 되려고 해서는 안 된다.

원격교육에서 코스가 설계되어 우편통신이나 라디오나 텔레비전, 인공위성이나 컴퓨터 등에 의해 전달되면, 보통 튜터라고 부르는 교수자에게 학생들을 배정하며, 교수자는 설계된 자료를 기반으로 학생들과 상호작용하면서 개별화된 교수를 제공한다.

교수자와 학생 간의 상호작용은 코스 설계자가 설계한 주제나 질문을 기초로 하며 다양한 매체를 통해서 이루어진다. 학습자들은 교수자뿐만 아니라 학습자 간의 상호작용, 개인적인 학습 문제를 돕는 상담자와 상호작용을 한다. 또한 코스에 등록하거나 학습 진행 정도를 확인할 때는 행정 직원과 상호작용하며, 설계자가 원격 코스에서 집단 상호작용이 필요하다고 판단하면 집단 상호작용을 제공하기 위해 특별한 면대면 모임을 갖는다.

5) 관리와 행정

상호작용의 다른 측면은 원격교육 코스와 프로그램의 관리와 행정이다. 관리자는 쉽게 접촉할 수 없는 학습자들의 요구를 측정할 책임을 갖는다. 원격교육은 보통 값비싼 테크놀로지를 사용하기 때문에 코스를 제작하는 데 많은 비용이 소요된다. 행정가는 재정, 인사, 시간 등을 관리하여 코스가 정해진 시간에 제작되도록 여러 가지 작업을 조정할 책임이 있다. 그리고 적절한 교직원을 채용하고 훈련시켜야 한다. 교수자는 보통 원격지에 있기 때문에 이들을 관리·운영하고 지도할 특별한 절차가 개발되고 유지되어야 한다. 원격교육 시스템의 일부분이 제대로 작동하지 않으면 전체적인 교육 시스템이 위험에 처하기 때문에 피드백과 평가가 상당히 중요하다.

관리 부분을 위해서 정치적인 과정에도 참여해야 하는데, 정책 결정자는 다른 사람이 원격교육의 잠재성을 이해하도록 돕고 재정적인 문제를 해결하며, 새로운 형태의 교육을 수용하는 데 필요한 조직의 문화적 변화를 가져오도록 해야 한다.

6) 학습 환경

원격교육 조직은 학습 환경의 특성에 많은 관심을 가져야 한다. 학생은 코스 자료를 공부하고 자신의 직장, 가정, 교실, 학습센터, 심지어 여행할 때에도 교수자와 상호작용하게 된다. 전쟁터, 잠수함, 등대, 감옥에서 학습하는 원격학습자에 관한 많은 예도 있다.

이러한 잠재적인 문제를 극복하기 위해서 학생은 의식적으로 효과적인 원격 학습자가 되는 기술과 습관을 획득해야만 한다. 예를 들어, 학생은 편안하게 공부할 수 있는 자신의 시간과 장소를 찾아야 한다. 이는 동료 직원이나 가족과의 협조로 직장이나 가정에서 학습할 수 있도록 시간을 정하는 것을 의미하기도 한다. 또한 상담자는 원격 학습자가 가정에서 학습하는 데 필요한 개인적, 사회적 적응을 지원하기 위해 특별한 도움을 제공할 수 있다.

가능하다면 학습센터는 학생들의 가정이나 직장과 지리적으로 가까이 있어야 한다. 학습센터는 개별화된 학습을 위한 교수 자료와 장비, 개인 열람석, 그룹 미팅이나 개인 교사 또는 상담자와의 상담을 위한 시설을 갖추어야 하며, 여러 가지 설비와 장비가 제대로 작동하는지 확인하는 사이트 조정자가 있어야 한다.

7) 체제의 입력과 출력

앞에서 제시한 원격교육 체제의 요소는 모든 원격교육 조직과 코스에 필수적이며, 이들 요소 간의 상호 의존성은 매우 크다. 예를 들면, 설계의 정확한 성격, 전달에 사용되는 커뮤니케이션 테크놀로지, 상호작용 등은 특정한 코스 내의 지식 자원, 학습자의 요구, 학습 환경 등에 의존한다. 특정한 전달 테크놀로지의 선정은 가르칠 내용, 가르칠 사람, 학습이 일어날 장소에 의해 결정되어야 한다. 교수매체의 설계는 내용, 전달 테크놀로지, 원하는 상호작용의 유형, 학습 환경 등에 의존하며, 이러한 모든 것은 정책과 관리에 의해 영향을 받는다. 더욱이 원격교육 체제의 한 요소의 변화는 모든 다른 구성 요소에 즉각적인 영향을 미친다.

표 10-3 원격교육의 입력과 출력 변인

입 력	출 력
• 학습자 특성 • 교수자/튜터의 경험 • 행정 직원들의 능력 • 코스 개발의 효율성 • 학생들의 자원에의 접근 • 반응 시간 • 사이트의 조정 • 교수적 협력/지원 • 평가의 신뢰도	• 학습자 만족도 • 학습자의 성취 점수 • 학습자의 코스 완성도 • 전체 등록자 수 • 질적 평가 • 인증 • 비용과 수익 • 직원의 이동

원격교육 체제의 요소 간의 상호 관계는 체제모형에서 설명하는 기법으로 체제를 입력과 출력의 관점으로 보는 것이다. 입력 요소는 어떤 방법으로든 출력 변인에 영향을 미친다.

4 원격교육에 사용되는 교수매체

원격교육은 통신수단을 매개로 하여 교육을 실시하는 만큼 원격교육에 활용되는 통신기술의 발전에 따라 3세대로 구분한다. 제1세대는 우편제도를 이용한 통신교육 시기며, 제2세대는 방송을 중심으로 한 대중전파매체를 기반으로 한 세대, 제3세대는 정보통신기술을 도입한 쌍방향 상호작용적 세대로 특징지을 수 있다.

원격교육에서 중요하게 간주하는 교수매체는 인쇄 교재, 청각 자료, 텔레비전, 컴퓨터다. 이 교수매체들이 일방향적인 상호작용에 적용되는 경우와 쌍방향적인 상호작용에 적용되는 경우를 〈표 10-4〉와 같이 비교할 수 있다.

표 10-4 일방향적인 상호작용과 쌍방향적인 상호작용

매 체	일방향적인 상호작용	쌍방향적인 상호작용
인쇄 교재	• 코스의 교재 • 보충자료	• 우편을 이용한 개인지도
청각 자료	• 카세트, MP3 • 라디오 프로그램	• 전화를 이용한 개인지도 • 오디오 컨퍼런싱
텔레비전	• 방송 프로그램 • 비디오카세트, CD	• 상호작용적인 텔레비전 • 비디오 컨퍼런싱
컴퓨터	• CAI, CBT • 데이터베이스, 멀티미디어	• 전자우편 • 컴퓨터 컨퍼런싱

출처: Bates (1993)에서 일부 수정.

1) 인쇄매체

인쇄매체는 원격교육에서 가장 흔히 쓰는 매체로 교과서, 매뉴얼, 수업 노트, 학습 안내서 등이 이에 해당된다. 인쇄매체는 가격이 저렴하여 우편 시스템을 통해 쉽게 배달될 수 있으며, 교수자나 학습자 모두에게 친숙한 매체며, 휴대가 간편하고 쉽게 손상되지 않고 사용하기에도 편리하다.

인쇄 자료는 어떤 형태로든 다른 매체와 같이 활용될 수 있다. 예를 들어, 비디오나 컴퓨터를 사용할 경우에도 학습자와 교수자용 안내서는 인쇄매체로 만들 수 있다. 특히, 컴퓨터 기술은 인쇄매체의 질과 효율성에 상당한 영향을 주었다. 개인용 컴퓨터가 출현하기 전에는 타이피스트, 삽화가, 설계 및 레이아웃 전문가들이 필요하였으나, 지금은 워드프로세싱 또는 탁상출판 프로그램을 사용하여 쉽게 인쇄 자료를 만들 수 있다.

2) 오디오테이프와 비디오테이프

오디오테이프와 비디오테이프는 원격교육을 위해 중요한 역할을 해왔다. 오디오카세트 플레이어는 휴대가 간편하며 학습자가 장소에 구애받지 않고 학습할 수 있게 한다.

오디오와 비디오는 인쇄매체로 전달할 수 없는 형태의 내용을 전달할 수 있다. 오디오는 서술적이거나 극적인 예를 제공할 수 있으며, 비디오는 주의를 집중시킬 수 있고 많은 양의 정보를 빠르게 전달하는 데 좋은 매체다. 비디오는 상호작용 과정을 보여 줄 수 있어 대인관계 기술을 가르치거나 순서와 동작을 구체적으로 제시하기 때문에 절차를 가르치는 데 효과적이다. 최근 컴퓨터가 대중화되면서 오디오테이프, 비디오테이프와 같은 아날로그 자료는 MP3, CD와 같은 다지털 자료로 대체되었다.

3) 라디오와 텔레비전

라디오와 텔레비전은 오랫동안 교육적인 목적에 사용되어 왔으며, 특히 위성 네트워크의 출현으로 텔레비전은 모든 단계의 교육에 널리 활용되고 있다.

라디오나 텔레비전의 장점은 즉각성이다. 라디오나 텔레비전은 최신 내용을 전달할 수 있으며, 좌담, 전화 대화, 토론을 전할 수 있다. 라디오는 저렴한 제작 비용으로 최신 자료를 제공할 수 있는 융통성을 가진 매체다. 그러나 텔레비전은 비용도 많이 들고 쉽게 제작하기 어려운 점이 있다.

4) 텔레컨퍼런스

텔레컨퍼런스는 원격통신기술을 통한 학습자와 교수자 사이의 상호작용을 말한다. 텔레컨퍼런스에는 오디오, 오디오 그래픽, 비디오, 컴퓨터의 네 가지 종류가 있다.

(1) 오디오 컨퍼런스

오디오 컨퍼런스는 가장 보편적이고 비용이 적게 드는 텔레컨퍼런스로 모든 참여자가 전화선으로 연결된다. 학습자 개인은 일반 전화선을 이용하고, 수업 시에는 전체 학습자가 특수 스피커폰이나 마이크를 사용할 수 있다. 참여자 모두가 서로 상호작용하기 위해서 모든 회선을 한 번에 연결하는 브리지를 사용해야 한다. 일반적인 전화 서비스를 이용하기 때문에 비용이 적게 들고 사용하기 쉬운 방법으로 교수자와 학습자 간의 상호작용이 가능하지만 시각적인 정보 및 자료의 제공이 불가능하다는 단점이 있다.

(2) 오디오 그래픽스

오디오 그래픽스는 오디오 컨퍼런싱에 기반을 둔 혼합매체로 오디오 컨퍼런싱의 가장 큰 결점이며, 교수 상황에서 필수적인 시각적 이미지를 팩스, 그래픽 타블렛, 슬로스캔(slow-scan) 비디오, 압축된 비디오 영상, 비디오텍스로 보완한 형태다(Garrison, 1993). 이러한 기재들의 공통적인 특징은 전송을 위해 이미지를 디지털 형태로 바꾸는 것이다(Heinlich et al., 1996). 주로 격리된 장소에서 학생 수가 너무 적어 특정 교과를 위해 교사를 채용하기 어려운 경우에 많이 적용된다. 한 장소에 있는 교사가 여러 장소에 있는 학생에게 수업을 하기 위해서는 다수 지역을 연결해야 하며, 이런 경우에는 오디오브리지(audiobridge)와 데이터브리지(databridge)가 필요하다.

전화선을 이용하는 대부분의 오디오 그래픽스 시스템은 목소리와 데이터 전송을 위해 별도의 회선이 필요하기 때문에 가정용으로는 적합하지 않다. 목소리를 이용한 의사소통 시스템에서는 소리를 명확히 전송하는 것이 중요하다. 오디오 시스템을 선택할 때는 방의 음향 상태, 컨퍼런스의 유형과 상호작용 수준, 참여자 수와 위치 등을 고려해야 한다.

[그림 10-3]과 같이 학습자는 그래픽 타블렛이나 슬로스캔 비디오를 통해 한 번에 한 프레임씩 보내오는 시각 자료를 TV 모니터를 통해서 볼 수 있다.

오디오 그래픽스는 시각적인 요소를 제공할 수 있고, 다른 원격통신매체가 고도의 기술을 요구하는 데 반하여 다루기가 용이하기 때문에 교사들이 선호하며, 초기 비용이나 유지 비용도 상대적으로 저렴하다. 그러나 교사는 사전에 각 수업을 계획하고, 수업에 대한 스토리보드를 준비하고, 상호작용과 그룹 토론을 격려하기 위한 전략을 세우고, 시각적 자료를 준비해야 하기 때문에 많은 시간과 노력이 요구된다. 특히, 팩스나 스캔을 이용해 이미지를 한 장씩 전송해야 하기 때문에 시간이 많이 걸린다.

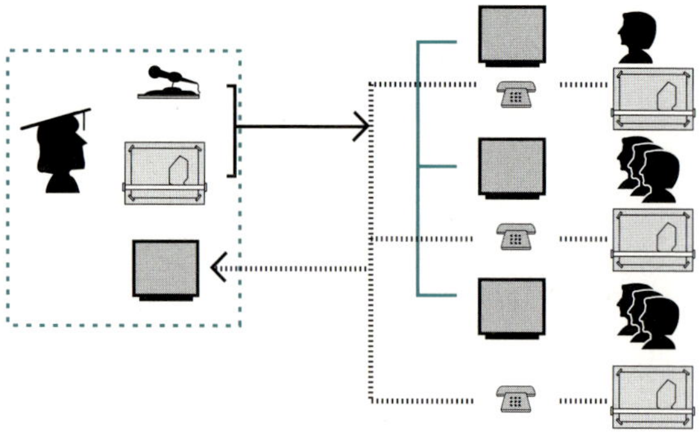

그림 10-3 오디오 그래픽스

출처: Heinich et al. (1996).

(3) 비디오 컨퍼런스

비디오 컨퍼런스에서 일부 학습자는 비디오 컨퍼런싱 시설을 갖춘 강의실에서 직접 강의에 참여하고, 일부 학습자는 원거리에서 참여하는 것을 제외하면 면대면 강의와 유사하다. 비디오 컨퍼런싱은 설명하는 시간을 줄이고 시범을 위주로 하거나 기재, 실험, 위험한 절차들에 대해 미리 준비한 비디오를 제시하는 데 유용하게 활용된다. 소그룹에 의해서 이용되는 비디오 컨퍼런싱은 지점 간 전송(point to point), 다중점 전송(multi-point)을 가능하게 한다. 기재의 비용이 고가이기 때문에 주로 전화회사나 원격지에 동등한 기회를 장려하는 단체에 의해서 활용된다. 행정을 위한 회의, 전문적 훈련이나 졸업 후 교육에 많이 사용되고 학부 수준에서는 별로 사용되지 않는다. 비용을 고려하여 강의를 주로 할 때는 일방향([그림 10-4] 참조)이, 소그룹 지도에는 쌍방향([그림 10-5] 참조)이 이상적이다.

비디오 컨퍼런스는 컴퓨터 컨퍼런싱이나 오디오 그래픽스에 비하여 자연스러운 실시간 시각적 상호작용이 이루어지며, 학습을 위한 편안한 환경을 조성하여 여러 유형의 학습자에게 심리적·사회적 지원을 한다.

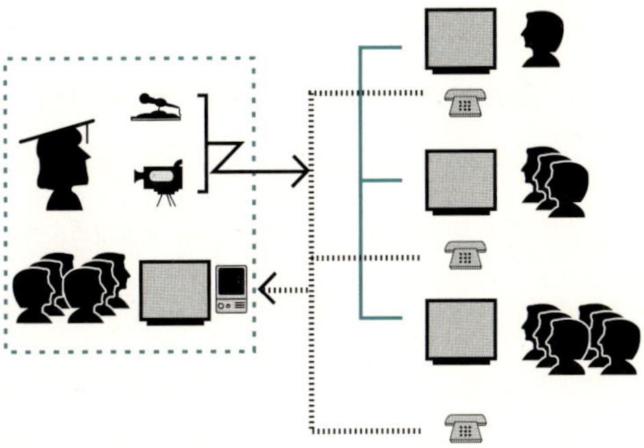

그림 10-4 일방향 비디오 컨퍼런싱

출처: Heinich et al. (1996).

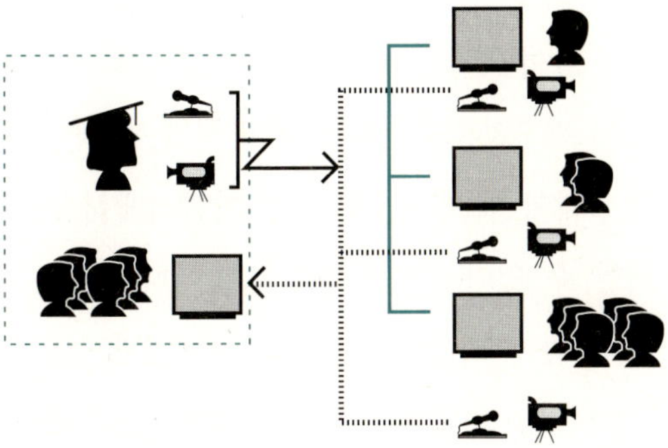

그림 10-5 쌍방향 비디오 컨퍼런싱

출처: Heinich et al. (1996).

그러나 고가의 장비와 커뮤니케이션 링크의 사용료가 필요하며, 각 장소에 기술 요원을 고용하면 비용이 추가된다. 따라서 비디오 컨퍼런싱을 적용하려면 상세한 요구분석, 전체 프로그램 비용과 관련 비용 검토, 다른 적절한 공학의 이점을 충분히 고려한 후에 결정한다.

(4) 컴퓨터 컨퍼런스

컴퓨터 컨퍼런스는 교육과 훈련 분야에서 가장 많이 사용하는 방법으로, 원격교육에 새로운 가능성을 제공하였다. 비디오나 오디오 시설을 이용한 원격교육의 경우에는 비디오나 오디오 시설을 갖춘 특정 장소에 가야 하지만 컴퓨터 온라인 기술을 사용하면 학생들은 시간과 장소에 구애받지 않고 교육을 받을 수 있다. 비동시적 매체인 컴퓨터 컨퍼런싱은 같은 시간에 동시에 접근할 필요가 없기 때문에 교사나 학습자는 장소나 시간에 관계없이 메시지를 보내거나 받을 수 있다.

컴퓨터 컨퍼런싱 소프트웨어는 시스템에 따라 다소 다르기는 하지만 대부분 다음과 같은 형태를 지니고 있다. 시스템과 연결되어 있는 사람들에게 전자우편을 보내 서로 메시지를 보내거나 받을 수 있다. 컨퍼런스 안에 하위 컨퍼런스를 만들어 다양한 주제에 따라 토론이 이루어질 수 있으며, 참여자, 회의 목록, 컴퓨터를 마지막 접속한 날짜와 같은 상세한 사용자 정보를 제공하기도 한다. 회의 시작, 중재, 메시지 삭제, 그리고 특정 컨퍼런스에서 메시지를 읽기만 할지, 메시지를 읽고 쓸 것인지의 여부도 선택할 수 있다. 그 밖에도 익명이나 가명으로 컨퍼런스에 참여할 수 있으며, 다른 컨퍼런스 시스템과 연결할 수 있고, 사용자가 동시에 온라인으로 연결될 경우에는 실시간 대화도 이루어질 수 있으며, 온라인 시험이나 과제를 지원하기도 한다.

컴퓨터 컨퍼런싱의 지연적인 상호작용은 즉각적이기보다는 성찰(reflection)을 위한 시간을 제공하기 때문에 교육적으로 가치가 있다. 특히, 문어적 의사소통 기술을 개발하고 내용의 깊이 있는 처리와 회상 능력을 향상시킨다. 협동적인 토론, 소그룹 활동, 동료학습을 통해 협력학습(collaborative learning)을 가능하게 하고, 학습자의 독립심과 자기 주도적인 능력을 개발하도록 지원한다.

반면, 지연적인 상호작용은 학습자에게 반응을 하도록 압력을 주지 않기 때문에 반응이 한없이 지체될 수 있으며, 의견을 표현할 수 있는 개방적인 기회는 수많은 메시지 홍수로 인해 학습자를 혼란에 빠지게 할 수도 있다. 학습자는 언제나 토론에 참여하여 그들의 의견을 이야기할 수 있다고 하지만 면대면 수업과 마찬가지로 소수의 학생이 컨퍼런스를 독점할 우려가 있다.

컴퓨터공학의 급격한 발달과 가격 저하로 인해 컴퓨터 컨퍼런싱, 오디오 그래픽스와 비디오 컨퍼런싱은 점차 멀티미디어 데스크탑 컨퍼런싱으로 변화되고 있다. 멀티미디어 교수-학습 체제는 컴퓨터 컨퍼런싱의 개념을 응용한 원격교육 시스템으로 원격화상 강의의 문제점인 시간과 공간적 제약을 해결할 수 있다. 학습자들은 다양한 교육 프로그램이나 교육 자료가 저장되어 있는 데이터베이스와 접속하여 학습을 할 수 있고, 전문가의 강의를 수강하거나 다른 학습자와 토론을 하거나 협력학습을 할 수도 있다. 멀티미디어 원격교육이 실현되려면 멀티미디어 정보를 효과적으로 처리하고 데이터베이스와 무리 없이 연결될 수 있는 컴퓨터 소프트웨어 기술 개발과 초고속통신망의 구축이 선행되어야 한다.

광양제철 남초교, 호주 현지 교사와 화상수업

26명의 5~6학년 학생들이 대형 화면에 비친 호주 브리스번 현지 교사의 지시에 따라 영어 공부를 하고 있다. 이 화상 영어 수업은 ETN(e-learning through newspaper)이라는 프로그램으로 2005년 11월부터 3개월간 시범 적용 기간을 거쳐 2006년 1학기부터 본격 운영되고 있다. 수업에 참가한 학생들은 영자신문을 재구성한 학습 자료를 이메일로 다운받아 수업에 참여하게 되며, 호주 교사는 학생들을 이름을 직접 불러가며 질문을 하고 대답을 들으면서 현장감 있는 수업을 한다. 또 인터넷을 통해 숙제를 내 주면 학생들은 숙제를 다운받아 해결하고 결과물을 다시 호주로 보내면 호주 교사가 수정하고 보충해 다시 학생에게 보낸다. 이 학교 영어 교사는 수업이 진행되는 동안 교실에서 학생을 관리하는 보조 역할만 하면 된다.

출처: 연합뉴스(2006. 4. 25).

광주교대 광주부설초, 미국 뉴욕과 화상수업 실시
– 2010년부터 3년째 국제교류 프로그램 운영

광주교대 광주부설초등학교는 2012년 6월 21일 오전 8시에 본교 수업 참관실에서 미국 뉴욕의 켄트 초등학교(Kent Primary School)와 실시간 화상 수업을 실시했다. 미국 뉴욕의 4학년 학생 25명과 광주부설초등학교 6학년 학생 24명이 함께 수업을 진행하여 4월부터 진행되어 온 웹상 수업의 결과를 발표하고 장기자랑, 활동 소감 등을 발표하였다. 켄트 초등학교에서는 역사적인 인물로 조지 워싱턴과 마더 테레사에 관한 내용을 발표하고, 광주부설초등학교에서는 세종대왕과 김대중 대통령을 소개하였다. 파워포인트를 활용하여 학생들이 잘 이해할 수 있도록 하였으며, 발표 후 질문을 주고받았다. 장기자랑으로는 켄트 초등학교에서는 노래와 시를 발표하였고, 광주부설초등학교에서는 바이올린 연주, 가야금 연주, 드럼 연주를 하였다.

출처: 한국교육신문(2012. 6. 27).

5 우리나라의 원격교육

1) 발달 과정

제도교육에 한정시켜 볼 때 우리나라 원격교육의 발달과정은 크게 방송통신교육기, 원격교육정착기, 컴퓨터 · 인터넷 주도의 원격교육기의 세 단계로 구분된다(신나민, 2007).

제1세대인 방송통신교육기는 1972년 한국방송통신대학의 개교와 함께 시작되었다. 이 시기는 '원격교육' 이라는 용어가 보편적으로 사용되기 이전의 세대로 '통신교육' '개방교육' '방송통신교육' 으로 지칭되었다. 제1세대의 교수방법에는 인쇄, 라디오, 텔레비전 등의 매체가 주로 이용되었다.

제2세대는 1984년부터 1994년까지로 '원격교육' 용어의 사용과 함께 이 분야에 대한 연구가 본격적으로 시작된 시기다. 1990년 6월에는 우리나라 원격교육 제도의 발전을 위해 '한국원격교육학회'가 발족되었고, 1991년에 학회지인 『원격교육연구』 창간호가 출간되었다.

제3세대는 1995년부터 현재까지로 컴퓨터와 인터넷이 원격교육의 실천을 주도하고 있다. 이후 1997년에는 일반대학의 가상대학이 시범적으로 운영되었으며, 2001년 원격교육만으로 학사학위를 수여할 수 있는 사이버대학이 설립되는 등 고등교육 체제의 변화가 두드러지게 나타났다. 제3세대 원격교육의 발전과 팽창에는 정보기술을 교육에 적극 활용하도록 고무하는 정부의 정책과 법적 제도 마련이 큰 기여를 하였다.

표 10-5 우리나라 원격교육의 발달 과정

구분	내용
제1세대 (1972~1983) 방송통신교육기	• 1972 한국방송통신대학 개교 • 통신교육, 개방교육, 방송통신교육 용어 사용 • 인쇄매체, 라디오, 텔레비전 매체 사용
제2세대 (1984~1994) 원격교육 정착기	• 원격교육 용어 사용 • 1990 한국원격교육학회 발족 • 1991 『원격교육연구』 창간호 발간
제3세대 (1995~현재) 컴퓨터 · 인터넷 주도 원격교육기	• 1995 교육부 '교육정보화 종합 추진계획' 발표 • 1997 국가멀티미디어 교육지원센터 설립 • 1997 일부대학에 가상대학 프로그램 시범 실시 • 2001 평생교육법 제22조에 근거하여 사이버대학 개교 • 2009 고등교육법 제2조에 근거하여 사이버대학 개교

출처: 신나민(2007)에서 일부 수정.

우리나라 원격교육의 발달과정은 다음과 같은 특징을 갖는다.

첫째, 한국방송통신대학교의 설립으로 인하여 통신교육과 방송통신교육이 같은 시기에 이루어졌다. 미국이나 유럽의 경우는 방송을 원격교육에 이용하기 이전에 일반대학에서 대학확장 프로그램이나 재학생의 편의를 위해 통신교육이 운영되었다.

둘째, 우리나라의 원격교육은 텔레컨퍼런싱을 이용하지 않고 인터넷 기반 원격교육으로 진입하였다. 라디오나 텔레비전을 통한 교육방송은 활발했던 반면 전화나 영상회의를 통한 컨퍼런싱 방식은 보편화되기 못했으며, 1995년 이후 초고속 인터넷을 기반으로 한 원격교육이 급격하게 보편화되었다. 이러한 이유로 인터넷을 이용한 교육이 원격교육의 한 영역이 아니라 원격교육을 의미하는 것으로 인식되는 결과를 가져왔다.

셋째, 원격교육이 고등교육기회의 확대와 평생학습사회의 실현을 목적으로 국가가 정책적으로 원격대학제도를 도입한 점이다. 이러한 이유로 사이버대학과 원격대학이 동의어로 인식되었고, 사이버교육이 원격교육으로 동일시되는 현상을 가져왔다.

2) 원격교육의 실제

(1) 초 · 중등 수준의 원격교육

초 · 중등 수준의 원격교육은 대부분 정규학교 과정을 보충 · 심화하는 형태로 이루어진다. 예를 들면, 초 · 중등 학생을 대상으로 하는 학습지 형태의 우편물을 통한 원격교육, 영어 학습 등을 위해 전화를 통한 원격교육, EBS 공중파나 위성을 이용한 원격교육이 많은 비중을 차지하고 있다.

교육방송(EBS) 1990년 교육전문 전국 네트워크 방송국 EBS는 한국교육개발원 부설 교육방송인 KBS로부터 분리되어 출범하였으며, 이때

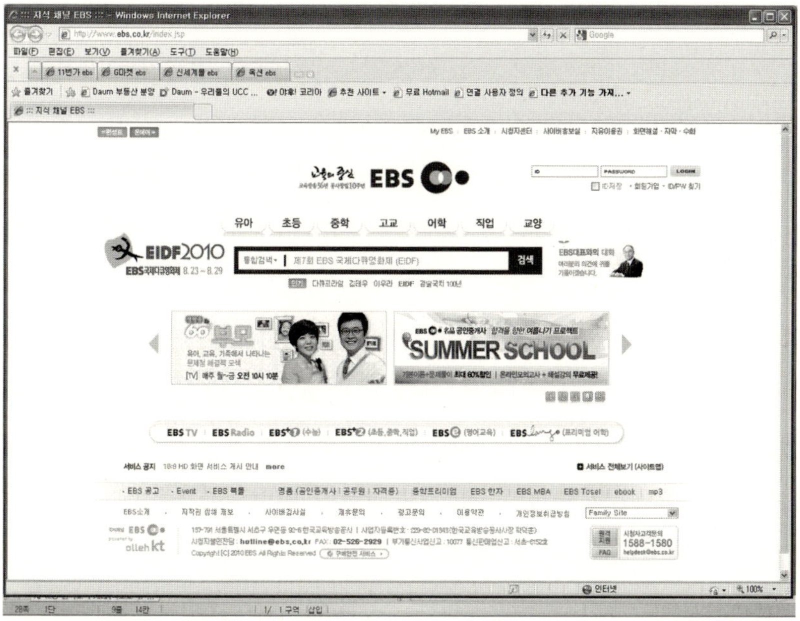

그림 10-6 **EBS의 초기화면**

출처: EBS. http://www.ebs.co.kr.

부터 학교수업을 보충하는 프로그램은 물론 일반 교양 프로그램까지 기획하고 제작하였다.

2000년 한국교육방송사의 설립으로 본격적인 공영방송의 시대를 열면서 프로그램의 양과 질에서 공사의 위상에 걸맞은 획기적인 도약을 하여 인터넷 등의 뉴미디어를 통해 어린이, 청소년 등 일부 계층만이 아니라 전 국민 전 계층을 위한 다양한 교육서비스를 제공하고 있다.

EBS는 수능강의 인터넷 서비스를 통해 수능과외를 대체할 수 있는 교육용 콘텐츠를 무료로 제공하였는데, 수능강의 인터넷 서비스는 대도시에 비해 상대적으로 사교육 기회가 부족한 산간 도서벽지 또는 낙후 지역의 학생들에게 보충학습 기회를 무료로 제공하여 지역 · 계층 간 교육격차를 해소하는 데 기여하고 있다(교육과학기술부, 한국교육학술정보원, 2009).

방송통신고등학교 방송통신고등학교는 평생교육의 이념을 확산·정착시켜 나감으로써 국민 교육 수준을 향상시키고, 경제적 여건 등으로 일반고교에 진학하지 못한 교육 대상자에게 고교 교육의 기회를 제공하며, 과학기술의 발달과 경제, 사회 및 문화적 여건의 급속한 변동에 따라 유능한 직업인을 양성한다는 목적으로 1974년에 설립되어 운영되고 있다(http://cyber.hs.kr).

방송통신고등학교는 한국교육개발원이 전국 16개 시·도 교육청으로부터 원격수업 업무를 위탁받아 운영되어 왔다. 라디오 및 방송 강의로 시작한 방송통신고등학교의 교육 체제는 IT 기술의 발전과 ICT 활용 능력의 향상을 배경으로 한 e-러닝의 확산에 발맞추어 2009년 전면적인 e-러닝 체제로 변화를 시도하였다.

그림 10-7 방송통신고등학교의 초기화면

출처: 방송통신고등학교. http://cyber.hs.kr.

그동안 방송통신고등학교는 약 21만 명의 졸업생을 배출하여 국민의 기초교육 향상과 사회계층 간 교육 격차 해소에 많은 성과를 이루어 왔다. 특히 적령기에 교육 기회를 놓친 성인학습자를 위한 교육 기회 제공뿐만 아니라, 학업 중단 청소년의 증가, 새터민 및 다문화가족의 증가와 집중이수제 등 교육제도의 변화로 인해 방송통신고등학교의 기능과 역할이 확대되고 있는 실정이다(교육과학기술부, 한국교육학술정보원, 2011).

사이버가정학습 사이버가정학습은 공교육 내실화, 사교육비 절감, 지역 · 계층 간의 교육 격차 해소를 목적으로 2004년 시범 사업으로 시작하여 현재까지 추진되고 있는 초 · 중등교육의 대표적인 e-러닝 체제다. 2004년 7월에 발표한 '교육정상화를 통한 사교육비 경감대책' 발표

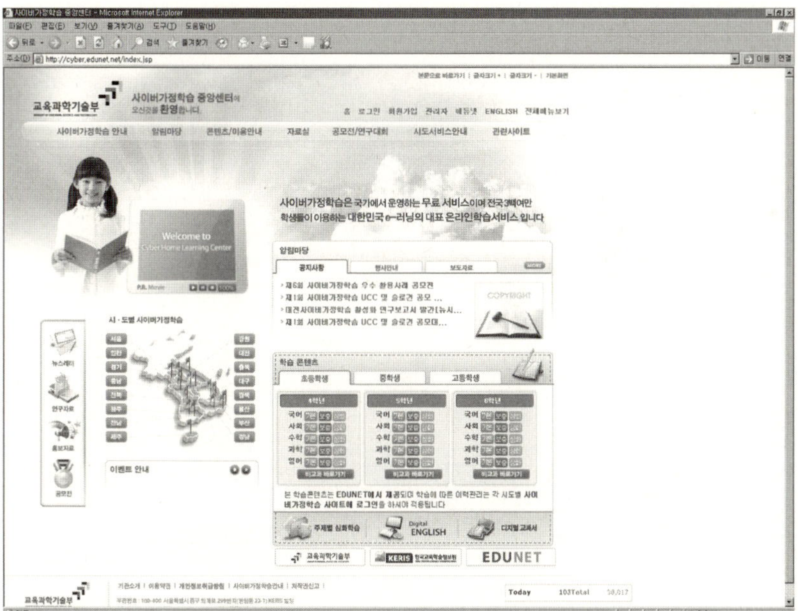

그림 10-8 사이버가정학습 중앙학습센터의 초기 화면

출처: 사이버가정학습 중앙센터. http://cyber.edunet.net.

에 따라 e-러닝을 통해 가정에까지 보충학습용 콘텐츠를 서비스하고, 학교 교사들이 온라인으로 학습 상담과 컨설팅을 제공하고 있다(교육과학기술부, 한국교육학술정보원, 2011).

2004년 대구, 광주, 경북에서 시범운영으로 시작된 사이버가정학습은 2005년 3월부터 전국적으로 확대되었으며, 2007년 1학기까지 초등학교 4~6학년, 중학교, 고등학교 1학년용의 기본형 콘텐츠 1종을 제공하였고, 2007년 학습자의 수준별 자기주도학습을 지원하기 위해 보충형 콘텐츠, 심화형 콘텐츠, 단원정리 콘텐츠를 추가로 개발하여 제공하고 있다.

화상상담시스템 구축으로 인하여 사이버상에서 사이버가정학습 게시판이나 이메일을 통한 학생과 사이버선생님 간의 상호작용과 면대면 상담이 가능해졌고, 수준별 학습지원을 위해 진단 · 처방 학습관리 서비스를 제공하는 등 사이버가정학습에서 제공되는 서비스도 점차 다양화되고 있다.

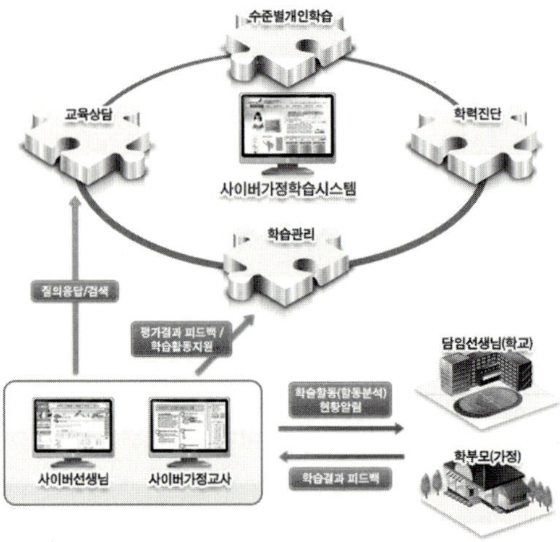

그림 10-9 **사이버가정학습의 개요**

출처: 사이버가정학습 중앙센터. http://cyber.edunet.net.

(2) 대학 수준의 원격교육

원격대학은 면대면 수업으로 이루어지는 일반대학과는 달리 정보·통신매체를 활용하여 원격으로 고등교육의 기회를 제공하여 국가와 사회가 필요로 하는 인재를 양성하고, 평생교육의 발전에 이바지하고자 도입된 제도다(교육과학기술부, 한국교육학술정보원, 2009). 2009년 10월 현재 원격대학의 종류에는 사이버대학, 한국방송통신대학과 원격대학형

표 10-6 세 가지 유형의 원격대학 비교

구분	원격대학		원격대학형태의 평생교육시설
	사이버대학	한국방송통신대학	
목적	정보통신매체를 통한 원격교육으로 고등교육을 받을 기회를 부여하여 국가와 사회가 필요로 하는 인재를 양성함과 동시에 열린 학습사회를 구현함으로써 평생교육의 발전에 이바지		누구나, 언제, 어디서나 교육을 받을 수 있는 열린교육사회, 평생학습사회 건설에 기여
설치근거	고등교육법 제2조 제5호 사이버대학설립·운영규정	고등교육법 제2조 제5호 한국방송통신대학설치령	평생교육법 제33조 제3항 평생교육법시행령 제51조
설립주체	학교법인	국가	학교법인
설립주체 운영근거	사립학교법 사립학교법시행령	국립학교 설치령	평생교육법 평생교육법시행령 사립학교법 일부준용
학사운영 근거	고등교육법 고등교육법시행령	고등교육법 고등교육법시행령	평생교육법시행령 고등교육법시행령 일부준용
기관성격	전문학사학위 또는 학사학위 수여 고등교육기관	학사학위 수여 고등교육기관	전문대학 또는 대학졸업자와 동등한 학력과 학위를 인정받는 평생교육시설
주 매체	인터넷	방송	인터넷
대학원	설치가능(고등교육법 제29조 및 제29조의 2)		설치 불가능
외국대학과의 공동학위	가능(고등교육법시행령 제 13조)		불가능

출처: 교육과학기술부, 한국교육학술정보원(2009).

태의 평생교육시설이 있다. 사이버대학과 한국방송통신대학은 고등교육법상의 학교이며, 원격대학형태의 평생교육시설은 평생교육법상의 평생교육시설이다.

한국방송통신대학 한국방송통신대학교는 고등교육의 기회 확대, 국민교육의 수준 향상, 사회교육의 확대 발전, 국가사회의 인재 양성이라는 네 가지 이념하에 1972년 우리나라 최초의 국립평생교육기관으로 서울대학교 부설 2년제 초급대학 과정으로 개교하였다. 이후 한국방송통신대학교는 국내 최대의 4년제 대학으로 우리나라를 대표하는 원격교육기관으로 발전하였다. 한국방송통신대학교는 학사학위 과정은 물론 1997년도에 설립된 부설 평생교육원 주관으로 비학위 과정이 운영되고 있으며, 2001년 9월을 기하여 평생대학원이 개원하여 사이버 강의를 통하여 석사학위 과정도 제공하고 있다.

사이버대학 1972년 설치하여 개교한 한국방송통신대학이 오랫동안 원격 고등교육기관의 역할을 담당하여 왔으나 1990년대에 들어서면서 과학기술의 급속한 발전으로 직업세계에 빠른 변화를 요구하기 시작했다. 이에 따라 직장인들은 지식정보사회에 적응하기 위해 계속교육과 평생학습이 필요하게 되었으나 등록금과 같은 경제적 부담과 교육활동에 참여할 시간 부족은 평생교육과 고등교육의 장애 요인이 될 수밖에 없었다.

1996년 대통령 자문 교육개혁위원회에서는 지식정보화사회에 대비하여 사이버대학 설립방안을 제안하였다. 1998년부터 2년 동안 일반대학 65개교를 대상으로 사이버교육 시범 운영을 실시하였고, 이를 바탕으로 사이버대학의 설치 근거를 마련하였다. 사이버대학의 설립 목적은 첫째, 고등교육에의 접근성 제고 및 교육서비스 범위의 확대, 둘째, 교육 수요

표 10-7 사이버대학(특수대학원) 및 원격대학 형태의 평생교육시설 현황(2012 일부 수정)

구분	대학명	사이버대 개교(최초 개교)	2011 학생 정원(명)		동 법인학교
			입학 정원	편제 정원	
학사 과정	경희사이버대학교	2009(2001)	3,000	11,800	경희대
	국제사이버대학교	2009(2003)	900	3,240	군장대
	대구사이버대학교	2009(2002)	1,500	6,000	대구대
	부산디지털대학교	2009(2002)	1,000	4,000	동서대
	사이버한국외국어대학교	2009(2004)	1,600	6,400	한국외대
	서울사이버대학교	2009(2001)	3,200	11,600	신일고
	세종사이버대학교	2009(2001)	2,000	6,560	세종대
	원광디지털대학교	2009(2002)	1,500	6,000	원광대
	고려사이버대학교	2009(2001)	2,500	10,000	고려대
	숭실사이버대학교	2009(2001)	1,650	6,600	숭실대
	한양사이버대학교	2009(2002)	3,150	12,100	한양대
	화신사이버대학교	2009	360	1,440	부산경상대
	디지털서울문화예술대학교	2010(2002)	990	3,970	-
	열린사이버대학교	2010(2001)	1,000	4,000	-
	서울디지털대학교	2010(2001)	3,000	12,000	-
	글로벌사이버대학교	2010	730	1,855	국제뇌교육종합대학원대
	건양사이버대학교	2012	900	900	건양대
전문학사 과정	영진사이버대학교	2010(2002)	1,300	2,500	영진전문대
	한국복지사이버대학교	2011	580	1,080	-
총 19개교			30,860	112,045	

출처: 교육과학기술부 교육기반통계국. www.mest.go.kr.

* 사이버대학 개교: 원격대학 형태의 평생교육시설에서 사이버대학으로 전환 · 개교한 연도를 의미함.
* 최초 개교: 원격대학형태의 평생교육시설로 개교한 연도를 의미함.

자의 요구에 부합되는 다양한 교육서비스의 제공, 셋째, 첨단기술 기반의 다양한 교육기법을 통한 고품질의 교육서비스 제공, 넷째, 기존 대학교육의 한계를 보완하여 고등교육의 사회적 비용절감, 다섯째, 고급 전문인력 양성 및 재교육을 통한 국가경쟁력 강화에 적극적으로 기여함으로써 누구나, 언제, 어디서나 양질의 고등교육을 받을 수 있는 열린교육사회 · 평생교육사회의 실현에 있다.

원격대학 형태의 평생교육 시설로 운영되던 사이버대학은 2007년 개정된 「고등교육법」(법률 제8638호)을 계기로 큰 변화를 맞이하였다. 2006년 7월 4일에 발표한 원격대학 제도개선 추진계획에 따른 것으로 개정의 주요사항은 한국방송통신대학과 같은 법적 지위를 갖도록 「고등교육법」에 사이버대학을 추가하는 것이었다. 2007년 10월 17일 「고등교육법」의 일부 개정에 이어 2008년 6월 5일 사이버대학이 설치 · 운영될 수 있는 하위법령인 「사이버대학 설립 · 운영규정」이 제정 · 공포되면서 2009년부터 「고등교육법」상의 사이버대학이 개교하게 되었으며, 대학원까지 둘 수 있게 되었다(교육과학기술부, 한국교육학술정보원, 2009).

법적 근거와 제도적 변화를 겪으면서 발전해 온 사이버대학은 2012년 현재 「고등교육법」상 사이버대학 19개교, 「평생교육법」상 원격대학 형태의 평생교육 시설 2개 등 총 21개가 인가되어 설치 운영 중이다.

표 10-8 2011년 원격대학 형태의 평생교육 시설 현황

과정	대학명	개교	2010년 입학 정원	2009년 4월 재학생 수	동 법인학교
학사	영남사이버대학	2001	600	2,400	영남외국어대
전문학사	세계사이버대학	2001	1,300	2,600	한민학교
학사 1개교, 전문학사 1개교			1,900	5,000	

출처: 교육과학기술부, 한국교육학술정보원(2009).

Chapter

11

교육공학의 동향

이 장에서는 지금까지 논의한 교육방법과 교육공학의 개념 및 역사, 교수설계, 교수매체 등의 이론과 현황을 기반으로 교육공학의 동향을 파악하고자 한다. 요즈음처럼 급변하는 사회에서 현재 동향을 파악하고 미래를 예측한다는 것은 매우 조심스러운 일이다. 앞으로 교육공학과 교수매체, 학습이론은 어떠한 방향으로 변화할 것이며, 이와 같은 영향으로 학교교육은 어떻게 변해 갈 것인가를 소개하고자 한다.

학습 목표

1. 교육공학의 변화 과정을 설명할 수 있다.
2. 교수매체의 변화 과정을 설명할 수 있다.
3. 원격통신 매체의 보급으로 인하여 교육이 어떻게 변화할지 설명할 수 있다.
4. 학교교육의 변화를 예측하고 미래학교에 대해 구체적으로 진술할 수 있다.

1 교육공학의 경향

교육공학에서 중요한 영역으로 간주되고 있는 교수설계, 교수매체, 컴퓨터는 별개의 학문 영역에서 출발하였다. 그러나 교육공학이 계속 성장하고 발전하면서 교수설계, 교수매체, 컴퓨터에 대한 영역은 점차 교육공학이라는 하나의 영역으로 수렴되고 있다.

텍스트를 제시하는 데 그림이 어떤 영향을 주는가를 연구할 때 교수설계와 교수매체는 이미 통합되기 시작하였다. 이러한 통합은 제2차 세계대전 중 대집단 교수방법에 영화가 적용되면서 박차가 가해졌으며, 전쟁 후 교수매체는 교수설계의 중요한 요소가 되었다.

교육용 컴퓨터는 교수설계와 교수매체가 연결되는 발단이 되었으며, 결과적으로 PLATO와 같은 프로젝트를 산출하게 되었다. 오늘날 교수-학습에 대한 교수설계와 매체의 활용은 새롭게 변화하고 있다. 예를 들면, 원격교육 프로그램은 멀티미디어와 인터넷이 제공하는 새로운 기회에 의해 빠르게 확장되고 있다. 이와 같이 교수설계, 교수매체, 컴퓨터는 점차 가까워지고 있으며, 미래에는 보다 통합되어 가는 현상을 보일 것이다(Newby et al., 2000).

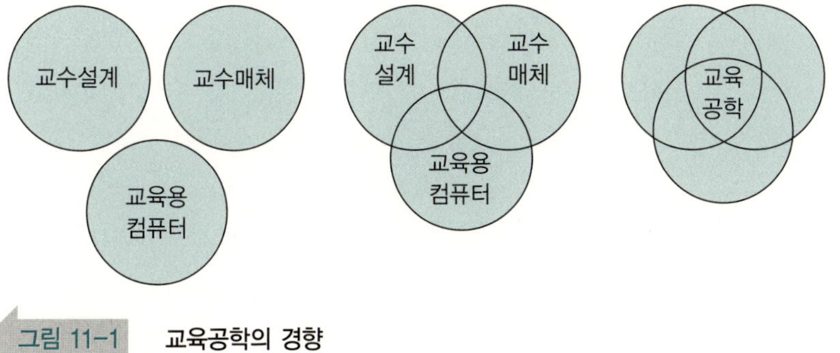

그림 11-1 교육공학의 경향

2 교수매체와 공학의 경향

1) 매체의 융합

현재 가장 중요한 변화는 매체를 중심으로 진행되고 있다. 한때 별개로 발달되었던 모든 유형의 매체는 오늘날 점차 컴퓨터를 중심으로 통합되고 있으며 디지털화되고 있다. 시각 자료, 음성, 전화 네트워크도 디지털화되고 비디오조차 디지털화되어 새로운 고화질 텔레비전(HDTV)이 개발되었다.

1950년대까지만 해도 교수매체는 영화, 레코드, 라디오 등 각각의 매체가 서로 분리되어 사용되었다([그림 11-2] 참조). 그러나 이러한 단일 매체는 조금씩 발전된 형태의 복합매체, 즉 슬라이드와 녹음테이프같이 동시에 사용하는 멀티미디어 키트(multi-media kits)나 실물 또는 모형으로 학습할 때 레코드와 매뉴얼을 동시에 사용하는 등 두 가지 이상의 개별

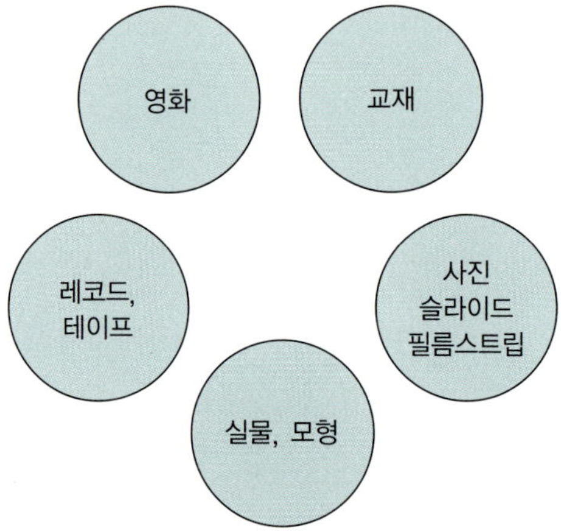

그림 11-2 1950년대의 분리된 교수매체

적인 매체를 조화시켜 사용하는 형태로 발전하게 되었고, 이를 멀티미디어라고 불렀다.

그러나 1980년대 이후부터는 컴퓨터가 급격히 발전하면서 컴퓨터를 중심으로 다양한 매체가 통합되기 시작했다([그림 11-3] 참조). 컴퓨터와 사진, 슬라이드가 통합되어 디지털 사진이 제작되고 레코드와 오디오테이프는 오디오 CD로 발전되었으며 가상현실이 등장하기 시작하였다. 정보의 디지털화(digitization) 기술이 발달되면서 정보의 저장, 검색, 전달의 기술이 급격히 발전하게 되었다. 디지털 매체의 장점은 내용의 손상 없이 자료의 재생이 가능하다는 것이다. 자료들은 디스켓, CD-ROM, DVD에 저장할 수 있으며, 인터넷을 통해 세계 곳곳으로 보낼 수도 있다. 또한 컴퓨터에 의해서 내용이 처리되고 변환되고 조작될 수 있다. 정보고속도로의 출현에 의해 세계는 점차 하나로 이어지고 있으며, 교수-학습의 기회도 전례 없이 확대되었다.

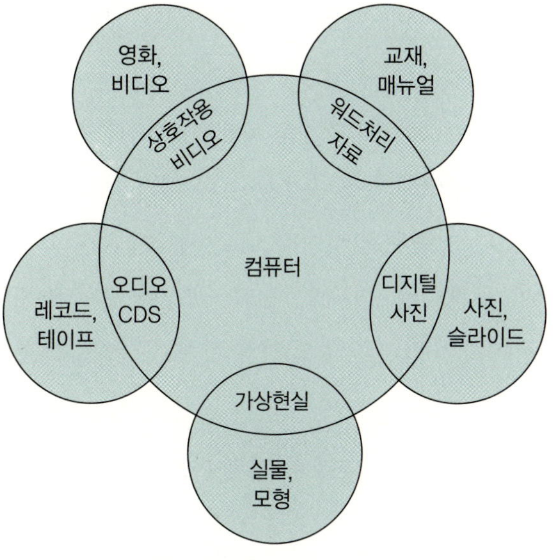

그림 11-3 1980년대 컴퓨터를 중심으로 통합된 교수매체

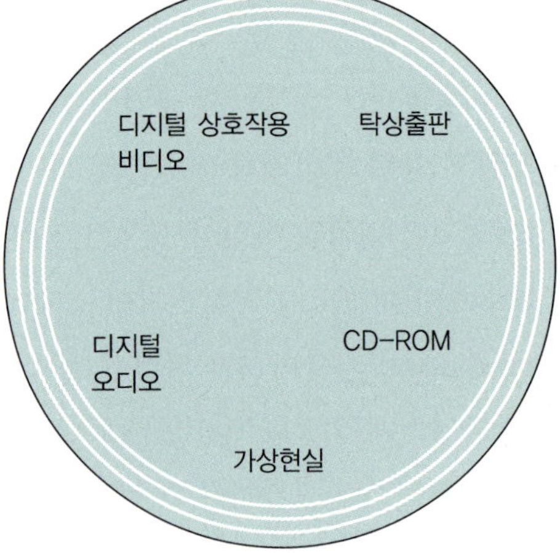

그림 11-4 21세기 통합된 형태의 교수매체

21세기에도 전통적인 매체가 여전히 교육 현장에서 사용되겠지만 교수매체는 [그림 11-4]와 같이 컴퓨터를 중심으로 통합될 것이다(Heinich et al., 1996). 즉, 모든 것을 통합하고 모든 것을 호환할 수 있는 하나의 플랫폼으로 변형되어 교육에 적극 이용될 것이다.

컴퓨터는 미래에도 여전히 중요한 자리를 차지할 것이다. 개인용 컴퓨터의 기능은 보다 강력해지고, 속도는 보다 빨라지고, 크기는 보다 작아지고, 가격은 보다 저렴해질 것이다. RAM과 하드디스크의 저장 용량은 비약할 것이다. 텔레비전, 라디오, 전화, 팩스와 같이 별개의 장치로 다루던 기능들도 하나의 다목적 정보 처리 기계인 컴퓨터로 통합될 것이다.

2) 원격통신 매체의 발전과 원격교육의 확산

제1차 교육정보화종합계획이 완료됨에 따라 모든 초·중등학교에 대한 컴퓨터 보급, 인터넷 연결 등 물적 기반 구축이 완료되었다. 도시는 물론 시골학교, 섬지역 학교까지 인터넷으로 연결되었고, 초고속 통신망을 이용하는 가정이 증가함에 따라 새로운 방식의 수업이 가능하게 되었다.

원격통신 매체는 학습자나 교사에게 교실의 벽을 허물고, 아이디어나 정보를 공유하고 협동적으로 학습하게 하는 잠재력을 제공한다. 세계 곳곳에 있는 사람들이 전자우편을 통해 서로 손쉽게 의사소통을 할 수 있게 하여 사람 간의 관계도 변화시키고 있으며, 지구촌의 형성을 가속화하고 있다.

원격통신 매체의 발달은 계속될 것이며, 점차 보다 상호작용적인 웹사이트가 출현할 것이다. 오디오와 비디오는 인터넷을 통해 사용자들의 요구에 의해 전송될 것이며, 스트리밍 오디오와 비디오는 점차 질이 향상될 것이다. 정보를 전송하는 능력인 대역폭(bandwidth)은 보다 강력해져서 인터넷상으로 복잡한 유형의 정보를 교환할 수 있을 것이다.

앞으로 인터넷과 초고속 통신망은 학교교육에도 커다란 영향을 미치게 될 것이고, 학교교육의 개념까지도 바꾸게 될 것이다. 이제까지는 교육을 원하는 모든 학습자가 학교에 모일 수밖에 없었지만 앞으로는 학습자가 언제 어디서든 원하는 교육을 받을 수 있도록 변화할 것이다. 엘리와 그의 동료(Ely et al., 1995)는 교육공학의 미래를 예견하면서, 원격교육은 거의 모든 분야에서 모든 교육적인 수준에서 사용될 것이며, 세계의 모든 교육과 연결할 수 있게 될 것이라고 전망하였다.

3) 인공지능과 가상현실

앞으로도 공학은 계속 발전할 것이며, 이러한 공학은 교수-학습에 점차 중요한 영향을 미칠 것이다. 그중 교육에 중요한 영향을 미칠 수 있는 영역은 인공지능(artificial intelligence: AI)과 가상현실(virtual reality: VR)

이다(Newby et al., 2000).

AI는 인간의 사고를 모방하는 방식으로 반응할 수 있는 컴퓨터와 소프트웨어 설계와 관련된 컴퓨터공학의 한 영역이다. 초기에 기대했던 바와 같이 사람처럼 사고하는 지능적인 기계는 실현되지 않았다. AI 연구에서 가장 성공적인 결과 중 하나는 전문가 시스템의 개발이다. 전문가 시스템은 특정한 분야에 종사하는 전문가의 지식과 기술을 구현한 프로그램으로 이미 오일 탐사나 의료 진단 등과 같은 분야에서 성공을 거두었다.

교육에서 전문가 시스템의 개념은 지능적인 교수 시스템의 개발을 이끌 것이다. 이 프로그램은 수학, 지리, 컴퓨터공학 등 몇몇 교과에 적용하여 개발되고 있다. 지능적인 교수 시스템은 특정 과목의 구체적인 정보, 학습자들의 공통적인 실수에 관한 데이터베이스와 학습 대상자의 이해 수준을 진단하기 위한 학습자의 성취행동모델과 통합하여 학습자들의 구체적인 요구에 부응하는 수업을 제공한다. 이러한 프로그램들은 특정한 내용 영역 안에서 튜터의 전문성을 구현할 것이며, 미래에는 보다 일상화될 것이다.

AI 연구 중 의미 있는 결과의 하나가 음성인식 시스템(speech recognition system)이다. 음성인식 시스템은 말을 컴퓨터 스크린에 텍스트로 변환시켜 주며 목소리로 컴퓨터 명령어를 지원하기도 한다.

컴퓨터 영역 중 관심을 갖고 있는 또 다른 영역은 VR이다. VR은 사용자가 그 안에서 행동으로 반응할 수 있는, 컴퓨터가 만들어 낸 3차원의 시각적 환경을 말한다. 오늘날 VR 시스템은 사용자가 착용하는 모자(headgear)와 의복 또는 장갑이 연결된 컴퓨터로 구성되어 있다. 모자는 사용자 앞에 3차원 세계의 이미지를 투사하고, 사용자의 머리에 동작이 감지되어 머리를 돌리면 사용자가 보는 이미지도 적절하게 바뀐다. 감각이 장착된 장갑은 사용자가 가상 환경에서 물체를 잡거나 만지거나 할 수 있다. 현재 VR 공학은 이미 많은 관심을 끌고 있으며 보다 발전되면 교육에 적용할 수도 있다. 학생들은 가상현장 견학이 가능하며, 역사적 사건의 재창조, 원거리 여행이나 인체 내부의 관람까지도 가능해질 것이다. 또한 고도의 현실성이 요구되는 시뮬레이터에 적용되어 실제적인 위험 없이 저렴한 비용으로 수행하는 가상 과제도 가능해질 것이다.

4) 스마트교육과 미래학교

스마트교육을 통해 학생들은 좀 더 쉽고 편리하게 학습하고, 원하는 교육을 원하는 방식으로 원하는 장소와 시간에 받을 수 있다. 또한 풍부한 자료와 다양한 학습방법을 통해 스스로 학습하고 지식을 생산하며 재가공하여, 지식생산자로서 세계 속에 경쟁력 있는 글로벌 민주시민으로 성장할 것이다. 스마트교육 추진 전략을 통해 변화된 학교의 모습을 가시화해 보면, 2015년에는 모든 학생이 디지털교과서로 공부하면서 음악, 사진, 동영상 등 생생한 멀티미디어 자료를 활용할 것이며, 다양한 평가를 통해 학생들의 적성과 수준에 맞는 맞춤교육을 받을 수 있을 것이다.

온라인 수업을 통해 교실 공간에서 벗어나 다양한 공간에서 학습활동을 할 수 있으며, 도서 지역에 선생님 없는 교실은 사라지게 될 것이다. 교사들은 지식의 전달자가 아닌 학습의 조력자이자 학습 디자이너로서의 역할을 하게 된다. 지식은 주어지는 것이 아니라 함께 찾아가는 것이며, 특정인의 것이 아니라 공유되고 활용될 때 더욱 가치를 가지게 될 것이다. 따라서 교사들은 과거와 같이 다양한 지식을 전달하는 역할에서 학생들의 수준과 적성에 맞는 학습을 컨설팅하는 역할을 하게 될 것이다.

2015년까지 모든 학교에는 무선 인터넷 환경이 구축되며, 클라우드 기반의 교육서비스를 받을 수 있게 된다. 학생들은 정보기기를 통해 교실은 물론 운동장과 생태학습장에서도 원하는 자료와 전문가를 만날 수 있는 환경이 조성될 것이다. 2015년의 학습은 무엇을 알고 있느냐의 학습이 아니라, 무엇을 할 수 있느냐의 학습이 될 것이다.

세계 각국에서는 변화하는 사회문화적 패러다임을 주도할 새로운 교육 체제를 준비하기 위해 중장기적인 프로젝트를 추진하고 있다. OECD에서는 Center for Educational Research and Innovation(CERI)이 주체가 되어 'Schooling for Tomorrow Project'를 수행하면서 미래를 대비하기 위해 학교교육이 어떻게 변화되고 발전되어야 하는지에 대해 연구하였다(교육과학기술부, 한국교육정보학술원, 2011).

국내에서도 한국교육학술정보원을 비롯하여 전문 연구기관을 중심으로 미래교육에 대한 연구가 [그림 11-5]와 같이 진행되고 있다.

한국교육학술정보원에서 기술한 미래학교는 [그림 11-6]과 같이 스마트하고 안전하고 즐겁고 생태지향적이면서 글로벌/지역사회와 연계되어야 한다.

미래학교는 스마트한 학교로 우리 일상생활에서의 사소한 경험들을 체계적이고 의미 있는 학습으로 연계해 주는 핵심적인 학습센터다. 테크놀로지는 사회와 학교의 벽을 허물어 주는 중요한 도구가 될 것이며, 미

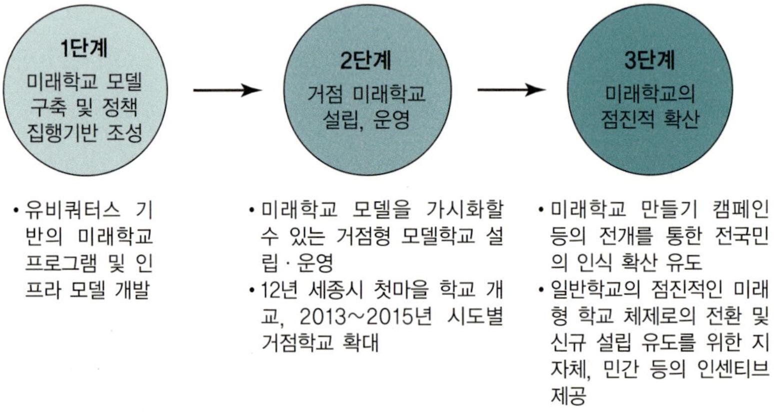

그림 11-5 미래학교 3단계 구축방안

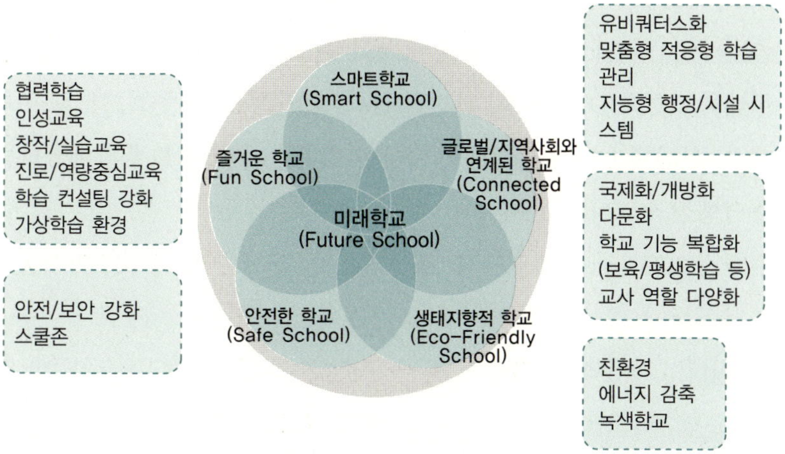

그림 11-6 **미래학교**

출처: http://www.keris.or.kr/know/kn_fuschool.jsp.

래학교에는 다양한 테크놀로지가 학교 곳곳에 통합되어 있어 자유로운 협력, 개별, 체험 학습을 지원해 주는 스마트한 학교다.

미래학교는 개방화된 학교 체제에 첨단기술 기반의 안전장치를 마련하여 외부와의 소통을 강조하는 동시에, 학교 안전상 제고를 위해 출입자 인식 및 학교 보안 강화를 위한 첨단 네트워크 시스템이 구축되어 있는 안전한 학교다.

미래학교는 창의적이고 협력적인 학습 문화에서 독창적이고 통합적으로 사고하고, 학습자 주도적으로 새로운 창작물을 창조해 내는 체험형 학습 환경을 제공하는 즐거운 학교다.

미래학교는 학교 안팎의 전문자원을 연계한 글로벌 학습이 자연스럽게 이루어지고, 자연친화적 환경이 구축되는 도심형 학교, 도심과 동등한 수준의 문화시설을 구축한 전원형 학교 등 지역사회의 특성을 살린 모습으로 설계된다. 또한 특화된 전문시설을 지역사회와 공동으로 활용

함으로써 학부모 및 지역 주민의 자연스러운 교육과정의 참여를 유도할 수 있는 글로벌/지역사회와 연계된 학교다.

미래학교는 LED, 태양광, 절전형 공조, 친환경 소재 등을 도입하여 자연채광 및 신재생 에너지 활용이 가능한 친환경적 학습 환경을 제공하는 생태지향적 학교다.

김현진(2011) 등은 미래학자, 정책전문가, 교육자가 예측한 미래학교

표 11-1 미래학교의 특징

구분	내용
Who (교사와 학생)	누가 가르치고 배우는가? 미래학교에서는 교사만이 아니라 학생, 지역사회 인사, 전문가, 학부모 모두가 교사가 될 수 있으며, 교사는 가르치는 역할 이상의 다양한 역할을 하게될 것임
Where (학습 공간)	소통과 학습의 장 미래학교의 건물은 학습을 유발하고 소통을 촉진하는 공간이며, 수업은 교실 안에서만 이루어지는 것이 아니라 세상 속에서 또는 가상의 공간에서 이루어지기도 함
When (수업시간)	나만의 시간표 미래학교의 수업시간표는 학생의 수준과 관심에 따라서 달라지며 모든 수업이 학교의 수업시간 안에서만 이루어지지 않음
What (교육과정, 교과서, 평가)	유연하고 다양한 교육 내용 미래학교에서의 교육과정은 유연하며, 교사의 재량이 많아져 통합교육이나 창의적 체험활동과 융합이 이루어질 것임 교과서는 교사와 학생이 자신의 수준과 관심에 맞추어 나만의 교과서를 만들 수 있음. 평가는 평가만을 위한 것이 아니며, 교사들은 e-포트폴리오를 통해 학생들을 이해하고 학생들은 자신의 학습을 성찰할 수 있음
How (교수-학습 활동과 상호작용)	테크놀로지를 활용한 의미 있는 활동 교수활동의 목적은 유의미한 학습 경험을 하는 것이며, 첨단기술은 학생들이 의미 있는 활동을 하는 데 기여하는 자원이나 도구가 될 것임

출처: 김현진(2011).

의 모습을 토대로 미래학교의 모습을 다섯 가지 요소인 4W1H(Who, When, Where, What, How)로 설명하였다.

3 학습이론의 경향

교육공학의 역사를 살펴보면 교육공학은 교육의 과정보다는 하드웨어에 지나치게 관심이 집중되었으며, 상대적으로 학습자의 인지과정에 대한 이해는 소홀히 다루어졌다. 인간의 감정, 동기, 기예, 가치에 대한 영역은 학습을 이해하기 위해 매우 중요한 부분이다. 따라서 교육공학에서는 이러한 간극을 채워 나가기 위해 꾸준한 연구가 필요하다(Saettler, 1990).

오늘날 교육공학에 많은 흥미 있는 변화가 일어나고 있는데, 그중 하나가 학습이론에 대한 새로운 변화다. 학습이론은 학습에 대한 행동적인 접근을 한 손다이크(Thorndike)나 스키너(Skinner)의 연구에 기초한다. 그러나 1960년과 1970년은 정보처리이론과 같은 인지이론이 지배하기 시작하였으며, 요즈음은 구성주의가 많은 연구의 중심이 되고 있다.

구성주의의 기본적인 개념은 지식은 학습자에게 전달될 수 없으며, 학습자는 사회적 맥락 안에서 자신의 지식을 스스로 구성해야 한다는 것이다. 구성주의적 교수 환경은 학습자에게 보다 많은 자율성을 주면서 학습자에게 문제 상황을 제공하고, 문제에 대해 탐구하면서 다양한 관점에 직면할 수 있도록 격려하는 것이다.

교육공학은 행동주의에 뿌리를 두고 시작하였지만, 오늘날 많은 교육공학자들은 인지적 관점을 수용하고 구성주의에 대한 연구를 하고 있다. 비록, 수업의 설계, 실행, 평가의 실천에 대한 구성주의 관점이 항상 명백한 것은 아니지만 전반적인 교육의 패러다임이 교수자 중심의 관점에서 학습자 중심의 관점으로 변화하고 있는 것은 주지해야 한다.

4 학교교육의 변화

우리는 오늘날 교육공학에서 일어나고 있는 몇 가지 경향에 대해서 이야기하였다. 매체는 통합되고 디지털화되고 있으며, 교육공학의 관심은 교사 중심의 관점에서 학습자 중심의 관점으로 바뀌고 있다. 결과적으로 컴퓨터는 직장이나 학교는 물론 삶에서 중요한 도구가 되었다.

1) 교수매체와 공학

그동안 극적인 변화를 기약하는 많은 교육적 변화가 있었지만 19세기와 현재의 교실은 크게 다르지 않다. 교육용 텔레비전이 그러한 경우인데, 교육 텔레비전 옹호자들은 이러한 변혁의 결과로 교육과 학교의 급격한 변화를 예상하였다. 비록 교육 텔레비전이 사라진 것은 아니지만 교육 텔레비전 옹호자들의 기대에는 크게 어긋났다.

오늘날 컴퓨터도 막대한 투자에 비하면 애초에 기대하였던 바에는 못 미치지만 학교나 직장에 의미 있는 변화를 가져오고 있고, 가정에서도 컴퓨터의 사용이 대중화되고 있다. 미래의 학교교육에서는 크기의 축소와 가격의 인하로 컴퓨터는 보다 이동이 용이하고 대중화될 것이며, 교육 현장에서도 가장 일반적이고 표준화된 교구가 될 것이며, 점차 교재, 종이, 연필을 대치할 것이다. 네트워크를 통해 허용된 멀티미디어 학습자원은 급증할 것이며, 이러한 학습자원이 교육의 중심이 될 것이다.

쌍방향 텔레비전으로 전달되는 원격교육 프로그램은 보편화될 것이며, 결과적으로 학교의 기본적인 조직과 힘의 구조는 점차적으로 바뀔 것이다. 위성, 인터넷, 상호작용적인 텔레비전에 의해 전달되는 수업은 시골이나 벽지의 학교에서 보다 많이 이용될 것이다.

인터넷의 발달은 빠른 속도로 진행되고 있으며, 미래에 보다 큰 영향을 기약하는 웹공학이 현재 개발 중에 있다. 웹페이지를 정의하는 새로운 방식인 DHTML과 XML이 개발되었고, 이 때문에 웹페이지가 보다 상호작용적이고 융통적이 될 것을 기약한다. 이러한 공학들이 성장하면 웹은 오늘날보다 더 흥미 있는 장소가 될 것이다. 강력한 컴퓨터 도구는 일상화될 것이고 일하고 즐기고 배우는 방식은 변화할 것이다.

피렐만(Perelman, 1992)은 장래 오늘날 우리가 생각하는 학교는 없어질 것이며, 학습과 전문성은 세계 도처로 분산될 것이라고 하였다. 나이나 사회적인 지위 고하를 막론하고 사람들은 원하는 시간에 학습을 하게 될 것이며, 결과적으로 학교교육은 더 이상 적절하지 않거나 쓸모 없게 될 것이라고 하였다(Heinich et al., 1996에서 재인용). 피렐만의 급진적인 생각은 다소 회의적인 면도 있으나, 옛날부터 해 오던 생각과 방식이 더 이상 유효하지 않을 수도 있다는 것은 자명하다.

2) 학습자 중심의 교육

오랜 동안 이어져 왔던 교사 중심의 전통적 방법은 점점 사라지고 학습자들의 다양한 요구를 수용할 수 있는 학습자 중심의 교육으로 변화할 것이다. 학습자들은 변화가 많은 사회에 적응하기 위해 새로운 학문을 요구할 것이며, 생업으로 인하여 정규 시간에 학교에 다닐 수 없는 학습자를 위해 그들의 스케줄과 요구에 맞춘 다양한 교육 전달 체제가 생겨날 것이다. 시간제 학생, 나이 든 학생, 부녀자, 장애자, 저소득층도 그들의 특별한 조건에 부응하는 교육을 요구할 것이다. 예를 들면, 원격교육 형태로 실시하는 영국의 개방대학 같은 제도나 호주의 시간제 교육 프로그램과 같이 교육 전달 체제는 다양한 학습자 집단에게 효과적으로 교육할 수 있는 방법을 제공해 줄 것이다.

학습자 중심의 교육은 수동적 형태가 아니라 학습자의 '경험적 학습'을 중시하고, 컴퓨터를 중심으로 다양한 매체를 활용한 학습 환경은 학습자들이 실제와 유사한 문제해결을 탐구하도록 지원한다. 대안적인 교수 전달 프로그램(alternative instructional delivery programs)도 교사나 훈련자 중심 체제보다는 학습자 중심 체제로 끊임없이 변화될 것이다(Ellington et al., 1993). 과거 학습자 중심 체제의 단점은 학습자가 학교에서 너무 멀리 떨어져 있어 일하는 시간을 제외한 나머지 시간에 수업을 받기가 어렵다는 것이었다. 그러나 앞으로는 학습하기를 원하는 사람이 일하는 중간중간이나 일을 마친 후에도 학습할 수 있는 기회가 제공될 것이다.

3) 학교 조직의 재구성

사회의 급격한 변화에도 불구하고 대부분의 학교는 여전히 전통적인 방식으로 운영되고 있다. 그러나 원격교육, 챠터스쿨, 대안학교, 홈스쿨링이 사람들의 관심을 모으는 가운데 학교교육도 변화해야 한다는 인식이 늘어나고 있다.

미국의 챠터스쿨(charter school)은 학교를 운영하는 개인이나 그룹(교사, 학부모 등)과 후원자(지역 학교위원회나 주위원회) 간의 계약을 기초로 주 학교 시스템 안에서 운영되는 자치제도다(Heinich et al., 1999). 홈스쿨링도 국내는 물론 세계적으로 가정에서 아이들을 교육하려는 사람이 늘어나면서 성장하는 추세다. 테크놀로지의 발전으로 다양한 교육환경에서 보다 작은 단위로 교육하는 것이 행정적으로나 경제적으로 가능해지고 있다(설양환 외, 2005). e-러닝과 컴퓨터 네트워크의 발전으로 공교육의 교육 분산화를 옹호하는 사람들은 힘을 얻게 되었다. 네트워크를 통해 전달할 수 있는 양질의 교육으로 지역 학교들은 보다 큰 규모의 학교들과 공존하면서 자신만의 프로그램을 운영할 수 있게 될 것이다.

교육공학은 학교 조직의 재구성에 중요한 역할을 할 것이며, 가까운 시일 내에 서로 상이하고 다양한 형태의 학교가 출현될 것이다. 원격교육이 보편화되면서 학습자는 세계 도처의 원하는 교육기관에서 교육을 받게 될 것이며, 자동번역장치로 언어의 장벽은 허물어지고 학습자들이 원하는 언어를 선택하면 원격통신 매체는 모든 것을 자동적으로 해결해 줄 것이다. 언어가 서로 다른 학습자들은 언어의 장벽 없이 모국어로 의미 있는 상호작용을 할 것이며, 서로의 삶과 지식을 공유하게 될 것이다.

학습자는 원격교육에서 보다 적극적인 역할을 담당하게 될 것이며, 교수자나 학습자료에 의해서 교육을 받기보다는 학습한다는 개념이 강조되면서 원격교육은 원격학습이라는 용어로 대치될 것이다. 교수자의 지도하에 학습자는 정보를 검색하고 자료를 분석하며 다른 지역에 있는 학습자와 상호작용을 하면서 학습하게 될 것이다.

교수자의 역할도 정보 제시자에서 학습자원의 조정자, 학습 촉진자, 상담자, 동기 유발자 등으로 변화할 것이다. 교수자들은 보다 자유롭게 학습자들을 개별적으로 또는 소그룹으로 지도하게 될 것이며, 직접 가르치기보다는 옆에서 안내하는 역할의 비중이 점차 커질 것이다. 교수자는 컴퓨터를 조작하고 소프트웨어를 다루는 것은 물론 공학을 이용하여 수업을 전달하고 지도하는 등 과거보다 다양한 능력을 필요로 할 것이다.

학교 내의 매체센터는 도서관의 기능뿐만 아니라 평생교육을 위한 자료와 정보센터의 역할을 할 것이다. 매체센터의 매체 전문가는 책을 구입하고 정리하는 것뿐만 아니라 새로운 디지털 정보를 받고 저장하고 색인하며 교실뿐만 아니라 학습자, 교사, 각 가정에 정보를 분배할 것이다.

매체센터에는 온라인 카탈로그 서비스, 케이블 뉴스 서비스, 팩스, 제시용 소프트웨어나 비디오 편집기 등을 포함한 다양한 매체가 갖춰져 있고 학습자가 언제든지 정보에 쉽게 접근할 수 있도록 24시간 내내 학습자들에게 개방될 것이다.

▪ 참고문헌 ▪

강숙희(1998). 디지털 교과서의 설계를 위한 교육공학적 접근: 유형과 기능을 중심으로. 교육공학연구, 14(1), 1-22.

강숙희(2001). 인터넷과 수업. 서울: 교육과학사.

강이철(2001). 교육공학의 이론과 실제. 서울: 학지사.

강인애(1997). 왜 구성주의인가?. 서울: 문음사.

강인애(1997). 컴퓨터 매개통신과 학습자 중심의 교육: 전자적 협동학습과 사회성의 효과를 중심으로. 삼성경제연구소 (편), 네트워크 트렌드: 정보기술혁명과 사회변화. 서울: 21세기북스.

강홍숙(2005). 협동학습의 효과에 관한 메타분석. 목표대학교 대학원 교육학과 박사학위논문.

곽병선, 이태욱, 강숙희, 최성희(1998). 전자교과서 개발 방안 연구(II). 서울: 한국교과서연구소.

교육개혁위원회(1996). 제4차 대통령보고서: 세계화, 정보화시대를 주도하는 신교육체제 수립을 위한 교육개혁방안(III). 서울: 교육개혁위원회.

교육과학기술부(2011). 인재대국으로 가는 길. 스마트교육 추진전략 실행계획. 서울: 교육과학기술부.

교육과학기술부(2012). 2012년도 디지털교과서 개발 및 적용 추진 계획안. 서울: 교육과학기술부.

교육과학기술부, 한국교육학술정보원(2009). 2009 교육정보화백서. 서울: 한국교육학술정보원.

교육과학기술부, 한국교육학술정보원(2011). 2011 교육정보화 백서. 서울: 한국교육학술정보원.

교육인적자원부(2001). 교육혁신과 인적 자원 개발을 위한 교육정보화 종합발전 방안. 서울: 교육인적자원부.

교육인적자원부(2004). 공교육 내실화를 위한 e-Learning 지원체제 종합발전방안. 서울: 교육인적자원부.

교육인적자원부(2006). 초 · 중등학교 정보통신기술 교육운영지침 개정안 해설서. 서울: 교육인적자원부.

교육인적자원부, 한국교육학술정보원(2004). 2004 교육정보화백서. 서울: 한국교육학술정보원.

교육인적자원부, 한국교육학술정보원(2005). 2005 교육정보화백서. 서울: 한국교육학술정보원.

권성호(1990). 교육공학원론. 서울: 양서원.

권성호(1998). 교육공학의 탐구. 서울: 양서원.

김대현, 왕경순, 이경화, 이은화(1999). 프로젝트 학습의 운영. 서울: 학지사.

김동식, 박인우 역(2003). 멀티미디어와 학습: 설계 및 개발. 서울: 피어슨 에듀케이션코리아.

김미량(1998). 웹 활용 수업 확산의 장애요인 탐색을 위한 사례연구: 학습자의 지각을 중심으로. 교육공학연구, 14(3), 55-79.

김민경, 노선숙, 이준엽(1998). 양방향 대화방식의 웹사이트를 통한 수학교육의 효율성에 관한 연구. 교육공학연구, 14(3), 81-104.

김영수 외 역(1995). 교수공학: 정의와 영역. 서울: 교육과학사.

김영수, 한정선, 강명희, 정재삼 역(1995). 교수공학. 서울: 교육과학사.

김영채 역(1991). 학습심리학. 서울: 박영사.

김현진, 정종원, 정세웅, 이동국(2011). 교실중심의 21세기 교수-학습활동. 연구자료 RM 2011-15. 서울: 한국교육학술정보원.

김현철(2011). 스마트교육 콘텐츠 품질관리 및 교수-학습 모형 개발 이슈. 연구자료 RM 2011-20. 서울: 한국교육학술정보원.

김호권(1970). 완전학습의 원리. 서울: 배영사.

김회수(1995). 멀티미디어 설계와 개발. 서울: 교육과학사.

김회수, 임병노, 임정훈, 김세리, 박인우, 김희배, 박선아, 정광훈, 김성궁, 김민재(2011). 디지털교과서 효과성 측정연구. 연구 보고 CR 2012-2. 한국교육학술정보원.

김희배(1993). 교육공학의 학문적 정체성 확립을 위한 '텔레시스' 탐색 I: 구성주의에 기초한 이론적 관점의 재구성. 교육공학연구, 8(1), 121-134.

나일주 편(1999). 웹기반교육. 서울: 교육과학사.

나일주, 정인성(1996). 교육공학의 이해. 서울: 학지사.

노경희, 이준, 염철현, 장시준, 정영식(2011). 스마트교육 체제 구현을 위한 온라인수업 활성화방안. 연구자료 RM 2011-27. 서울: 한국교육학술정보원.

노석준, 오선아, 오정은, 이순덕 역(2008). 교수 · 학습을 위한 교육공학. 서울: 학지사.

류완영(1999). 웹기반 교육에서의 평가. 나일주 (편), 웹기반교육. 서울: 교육과학사.

박명자(1998). 방송대학 원격교육학습자의 배경변인과 참여동기가 자기주도학습 준비도에 미치는 영향. 이화여자대학교 사회복지대학원 석사학위논문.

박성익(1997). 교수 · 학습 방법의 이론과 실제(II). 서울: 교육과학사.

박성익, 왕경수, 임철일, 박인우, 이재경, 김미량, 임정훈, 정현미(2001). 교육공학 탐구의 새지평. 서울: 교육과학사.

박성익, 임철일, 이재경, 최정임(2010). 교육방법의 교육공학적 이해(제3판). 서울: 교육과학사.

박숙희, 염명숙, 이경희(1997). 교육방법 및 교육공학. 서울: 학지사.

박인우(1996). 학교교육에 있어서 구성주의 교수원리의 실현매체로서의 인터넷 고찰. 교육공학연구, 12(2), 81-103.

박인우(1998a). 대학교육에서 인터넷 가상토론의 비동시성과 토론자의 내향성/외향성간의 상호작용효과 연구. 교육공학연구, 14(2), 25-49.

박인우(1998b). 대학교육에서 학습자 간 가상토론을 활용한 가상조언 사례 연구. 한국교육공학회 1998년도 하계 학술세미나 자료집 (pp. 15-35).

백영균(1999). 웹기반 학습의 설계. 서울: 양서원.

백영균, 박주성, 한승록, 김정겸, 최명숙, 변호승, 박정환, 강신천(2006). 교육방법 및 교육 공학(2판). 서울: 학지사.

백영균, 설양환(1997). 인터넷과 교육. 서울: 양서원.

변영계(1984). 학습지도. 서울: 배영사.

변영계(1999). 교수 · 학습 이론의 이해. 서울: 학지사.

변영계(2005). 교수 · 학습이론의 이해(개정판). 서울: 학지사.

변영계, 김영환(1996). 교육방법 및 교육공학. 서울: 학지사.

설양환, 권혁일, 박인우, 손미, 송상호, 이미자, 최욱, 홍기칠 역(2005). 교육공학과 교수매체(8판). 서울: 아카데미프레스.

손미(2002). 초등학교에서의 인터넷 자원기반 탐구학습 설계모형의 개발에 관한 연구, 교육정보미디어연구, 8(2), 63, 57-91.

신나민(2007). 원격교육입문. 경기: 서현사.

신종호, 김동민, 김정섭, 김종백, 도승이, 김지현, 서영석 역(2006). 교육심리학: 교육 실제를 보는 창. 서울: 학지사.

심미자 역(2006). e-러닝 게임: 디지털 학습을 위한 상호 작용 전략. 서울: 아카데미프레스.

양명희(2000). 자기조절학습 모형 탐색과 타당화 연구. 서울대학교 대학원 박사학위논문.

양영선, 조은순 역(1998). 원격교육의 이해와 적용. 서울: 예지각.

염명숙(1998). 수업의 질을 높이기 위한 컴퓨터 매개통신(CMC) 활용 방안에 관한 연구. 대전대학교 인문과학논문집, 25, 323-343.

염명숙(2009a). 교사의 학습자 특성에 따른 원격연수에 대한 인식 탐구, 인문학연구, 36, 429-455.

염명숙(2009b). 사회과 사이버가정학습이 사회과 학업성취도와 학습태도에 미치는 영향, 정보교육학회논문지, 13, 509-516.

염명숙, 조은순(2005). 원격교육활용론. 서울: 남두도서.

유영만(1994). 수업체제설계의 연구 동향과 발전방향: 패러다임 전환과 이론적 실천에의 시사점 논의를 중심으로. 교육공학연구, 10(1), 3-42.

유지연(2001). 지식기반사회에서의 e-러닝의 현황 및 전망. 정보통신정책, 13(16), 통권 285호, 28-50.

이명근 역(2005). 교육과 구성주의. 서울: 학지사.

이성은, 오은순, 성기옥(2002). 초 · 중등 교실을 위한 새 교수법. 서울: 교육과학사.

이성호(1999). 교수방법론. 서울: 학지사.

이성흠, 이준(2009). 교육방법 및 교육공학(제2판). 서울: 교육과학사

이인숙(1999). 대학 집합수업과 통합된 웹기반 온라인수업 학습자의 인식 및 학습유형 분석. 교육공학연구, 15(1), 197-218.

이종연(1998). 사이버교육체제 구축 모형. 교육공학연구, 14(3), 301-330.

이채연(1998). 사이버 강의실의 운용과 실천적 사례를 통한 효과검증. 교육과학연구, 3, 87-104.

이화여자대학교 교육공학과(1996). 교육방법 및 교육공학. 서울: 교육과학사.

임정훈(1998). 인터넷을 활용한 가상수업에서의 교수-학습 활동 및 교육 효과 연구. 교육공학연구, 14(2), 103-136.

임정훈, 임병노, 정문성, 임희, 심창용, 김세리(2008). 디지털교과서 활용 교수-학습 방법 연구(미간행). 한국교육학술정보원.

전성연, 송선희, 이옥주, 이용운, 김수동, 고영남, 허창범, 오만록, 이병석(2007). 현대 교수학습의 이해. 서울: 학지사.

전성연, 최병연, 이흔정, 고영남, 이영미 공저(2007). 협동학습 모형탐색. 서울: 학지사

전영국, 허희옥(2000). 교육공학에 적용된 컴퓨터과학의 영향. 교육공학연구, 16(3). 교육공학회.

정광훈(2012). 디지털교과서 현황 및 추진 방향. 제83회 교육정보화 수요포럼 자료집. 한국교육학술정보원.

정범모(1968). 교육과 교육학. 서울: 배영사.

정재삼, 김수진(1999). 네트워크 학습체제의 활용. 국내 기업교육 사례를 중심으로. 교육공학연구, 15(1), 151-175.

정지웅, 김지자(1995). 자기 주도 학습의 길잡이. 서울: 교육과학사.

정혜선(2005). 강사, 퍼실리테이터로 거듭나라! 서울: 시그마프레스.

조규락, 김선연(2006). 교육방법 및 교육공학. 서울: 학지사.

조미헌, 허희옥, 강의성, 류숙희, 김용대(2011). 통합적 경험을 위한 프로젝트 활동. 연구자료 RM 2011-16. 한국교육학술정보원.

조연순(2006). 문제중심학습의 이론과 실제. 서울: 학지사.

조은순, 염명숙, 김현진(2012). 원격교육론. 서울: 양서원

조일현, 서순식, 임병춘 역(2006). e-러닝과 교수 과학. 서울: 아카데미프레스.

주영주(1999). 미디어정보센터 경영. 서울: 남두도서.

주영주, 이광희(2001). 교사를 위한 인터넷. 서울: 남두도서.

주영주, 최성희(1999). 교수매체의 제작과 활용. 서울: 남두도서.

최동근, 양용칠, 박인우(1997). 교육방법의 공학적 접근. 서울: 교육과학사.

최성희, 전영국, 정혜선(2000). 통신망의 교육적 활용. 서울: 학지사.

최수영, 이태욱 역(1990). 교육과 컴퓨터. 서울: 대광문화사.

최정임, 장경원 공저(2010). PBL로 수업하기. 서울: 학지사.

추병완, 최근순 역(1999). 구성주의 교수-학습론. 서울: 백의.

켈러, 송상호(1999). 매력적인 수업설계. 서울: 교육과학사.

한국교육공학회(2005). 교육공학 용어사전. 서울: 교육과학사

한국교육학술정보원(2000). ICT 활용 교수-학습 과정안 자료집. 초등교원 연수용 교재. 서울: 한국교육학술정보원.

한국교육학술정보원(2005a). E-러닝을 통한 국가인적자원개발 추진전략 실행계획(시안). E-러닝 정책포럼 자료. 서울: 한국교육학술정보원.

한국교육학술정보원(2005b). U-러닝 시작하기. 교육자료 TM-2005-14. 서울: 한국교육학술정보원.

한국교육학술정보원(2006). 왜! 학교에서 ICT를 활용하지 않는가? 한국교육학술정보원 연구자료 RM 2006-1. 서울: 한국교육학술정보원.

한국교육학술정보원(2011). 스마트교육 추진전략. 교육정보화백서. 서울: 한국교육학술정보원

한정선, 김영수, 주영주, 강명희, 정재삼, 박성희(2008). 교육방법 및 교육공학. 서울: 교육과학사.

허희옥, 임규연, 서정희, 김영애(2011). 21세기 학습자 및 교수자 역량 모델링. 연구보고 KR 2011-2. 서울: 한국교육학술정보원.

황상민, 한규석 편(1999). 사이버공간의 심리. 서울: 박영사.

황승연(1997). 가상대학의 가능성과 문제점. 삼성경제연구소 (편), 네트워크 트렌드: 정보 기술혁명과 사회변화. 서울: 21세기북스.

황윤한(1999a). 교수-학습 이론으로서의 구성주의. 한국교원대학교 초등교육연구소.

황윤한(1999b). 구성주의와 교과교육. 서울: 문음사.

황정규, 이동희, 김신일(1998). 교육학개론. 서울: 교육과학사.

AECT (1997). *The definition of educational technology*. Washington D.C.: AECT

Akinson, P. C., & Shiffrin, R. M. (1968). Human memory: A proposed system and its control process. In K. Spence & J. Spence (Eds.), *The Psychology of learning and motivation* (Vol. 2). NY: Academic Press.

Alessi, S. M., & Trollip, S. R. (1985). *Computer-based instruction: methods & development*. Englewood Cliffs, NJ: Prentice-Hall Inc.

Ambron, S. (1990). A short history of hypermedia. In J. Baker & R. N. Tucker (Eds.), *The interactive learning revolution: multimedia in education and training* (pp. 17-21). London: Kogan Page.

Association for Educational Communications and Technology (1977). *Educational technology: A definition and a glossary of terms*. Washington D.C.: AECT.

Bagdonis, A. S., & Salisbury, D. F. (1994). Development and validation of models in instructional design. *Educational technology, 34*(4), 26-38.

Baker, B. O., Frisbie, A. G., & Patrick, K. R. (1993). Broadening the definition of distance education in light of the new telecommunications technologies. In K. Harry, M. John, & D. Keegan (Eds.), *Distance education: New perspective* (pp. 39-50). London and NY: Routledge.

Barnard, J. (1997). The World Wide Web and higher education: The promise of virtual universities and online libraries. *Educational Technology, 37*(3), 30-34.

Barrows, H. (1994). *Practice-based learning: Problem-based learning applied to medical education*. Springfield, IL: Southern Illinois University School of Medicine.

Barrows, H., & Myers, A. (1993). Problem-based learning in secondary schools. Unpublished monograph. Springfield, IL: Problem Based Learning Institute, Lanphier School, and Southern Illinois University Medical School.

Bates, A. W. (1995). *Technology, open learning and distance education.* London & New York: Routledge.

Bates, T. (1993). Theory and practice in the use of technology in distance education. In D. Keegan (Ed.), *Theoretical principles of distance education* (pp. 233-243). London: Routledge.

Berge, Z. L. (1995). Facilitating computer conferencing: Recommendations for the field. *Educational Technology, 35*(1), 22-30.

Berlo, D. K. (1960). *The process of communication: An introduction on to theory and practice.* NY: Holt, Reinhart & Winston Co.

Bigge, M. L., & Shermis, S. S. (1999). *Learning theories for teachers* (6th ed., pp. 55-58). Longman Inc.

Bonner, J. (1988). Implications of cognitive theory for instructional design revisited. *Educational communication and technology journal, 36*(1), 3-14.

Borich, G. D. (2000). *Effective teaching methods* (4th ed.). Merrill, Prentice-Hall.

Bostock, S. J. (1997). Designing Web-based instruction for active learning. In B. H. Khan (Ed.), *Web-based instruction.* Englewood Cliffs, NJ: Educational Technology Pub.

Bower, G. H., & Hilgard, E. R. (1981). *Theories of Learning* (5th ed.). Englwood Clifts, NJ: Prentice-Hall

Branch, R. C. (1994). Common instructional design practices employed by secondary school teachers. *Educational Technology, 34*(3), 25-34.

Bransford, J. D., Goin L. I., Hasselbring, T. S., Kinzer, C. Z., Sherwood, R. D., & Williams, S. M. (1988). Learning with technology: Theoretical and empirical perspectives. *Peabody Journal of Education, 64*(1), 5-26.

Branson, R. K., & Grow, G. (1987). Instructional system development. In R. M. Gagné (Ed.), *Instructional technology foundations* (pp. 397-428). Hillsdale, NJ: Lawrence Erlbaum Associates.

Briggs, L. J. (1977). *Instructional design: Principles and applications.* Englewood Cliffs, NJ: Educational Technology Publications.

Briggs, L. J., & Walter, W. W. (1981). *Handbook of procedures for the design of instruction* (2nd ed.). Englewood Cliffs, NJ: Educational Technology Publications.

Brock, P. A. (1994). *Educational technology in the classroom.* Englewood

Cliffs, NJ: Educational Technology Pubs.

Brown, J., Collins, A., & Duguid, P. (1989). Situated cognition and the culture of learning. *Educational Researcher, 18*(1), 32-34.

Brownfield, C. (1973). *Humanizing college learning: A taste of hemlock.* NY: Exposition Press

Bruning, R., Schraw, G., & Ronning, R. (1999). *Cognitive psychology and instruction* (3rd ed.). Upper Saddle River, NJ: Prentice Hall

Carrier, C. A., & Jonassen, D. H. (1988). Adapting courseware to accomodate individual differences. In D. H. Jonassen (Ed.), *Instructional designs for microcomputer courseware* (pp. 203-226). Hillsdale, NJ: Lawrence Erlbaum Associates.

Casey, C. (1996). Incorporating cognitive apprenticeship in multi-media. *Educational technology research and development, 44*(1), 71-84.

Chou, C., & Sun, C. (1996). Constructing a cooperative distance learning system: The CORAL experience. *Educational technology research and development, 44*(4), 63-85.

Coleman, J., Campbell, E., Hobson, D., McPartland, J., Mood, A., Weinfield, F., & York, R. (1966). *Equality of educational opportunity.* Washington D.C.: U.S. Department of Health, Education and Welfare.

Collis, B. (1996). *Tele-learning in a digital world: The future of distance learning.* London: International Thomson Computer Press.

Commission on Instructional technology (1970). *To improve learning: A report to the president and the congressof the United States.* Washington D.C.: U. S. Government Printing Office

Corey, S. M. (1967). The Nature of Instruction. In M. D. Merrill (Ed.), *Instructional Design: Readings.* Englewood Cliffs, N.J.: Prentice-Hall, Inc.

Corey, S. M. (1971). *The nature of instruction.* Englewood Cliffs, N.J.: Prentice-Hall.

Corno, L., & Snow, R. (1986). Adapting teaching to individual differences among learners. In M. C. Wittrock (Ed.), *Handbook of research on teaching* (3rd ed., pp. 605-629). Upper Saddle River, NJ: Merrill/ Prentice-Hall.

Cronbach, L., & Snow, R. (1977). *Aptitudes and instructional methods.* New York: Irvington/Naiburg.

CTGV (1992). The Jasper series as an example of Anchored Instruction: Theory, program description, and assessment data. *Educational Psychologist, 27*(3), 291-315.

Davis, R. H., Alexander, L. T., & Yelon, S. L. (1974). *Learning system design.* NY: McGraw-Hill.

Day, M., & Batson, T. (1995). The network-based writing classroom: The ENFI idea. In M. P. Collins & Z. L. Berge (Eds.), *Computer mediated communication* (pp. 25-46). NJ: Hampton Press Inc.

Dick, W. (1996). The Dick and Carey model: Will it survive the decade? *Educational technology research and development, 44*(3), 55-63.

Dick, W., & Carey, L. (1978). *The systematic design of instruction.* Glenview, Ill.: Scott, Foresman and Company.

Dick, W., & Carey, L. (1990). *The systematic design of instruction* (3rd ed.) Glenview, IL: Scott, Foresman.

Dick, W., & Carey, L. (1996). *The systematic design of instruction* (4th ed.). NY: Harper Collins.

Driscoll, M. P. (1994). *Psychology of learning for instruction*. Boston: Allyn & Bacon

Driscoll, M. P., Klein, J. D., & Sherman, G. P. (1994). Perspectives on instructional designers conceive of ISD planning practices? *Educational Technology, 34*(3), 34-42.

Earle, R. S. (1994). Instructional design and the classroom teacher: Looking back and moving ahead. *Educational technology, 34*(3), 6-10.

Edmond, S. G., Branch, R. C., & Mukherjee, P. (1994). A Conceptual framework for comparing instructional design models. *Educational technology research and development, 42*(4), 55-72

Eggen, P. D., & Kauchak, D. P. (2001a). *Educational Psychology: Windows on classrooms* (5th ed., pp. 201, 259, 262-263). Upper Saddle River, NJ: Merrill/Prentice-Hall.

Eggen, P. D., & Kauchak, D. P. (2001b). *Strategies for teachers: Teaching content and thinking skills* (4th ed.). Boston: Allyn and Bacon.

Ellington, H., Percival, F., & Race, P. (1993). *Handbook of educational technology* (3rd ed.). London: Kogan Page Ltd.

El-Tigi (1997). Designing for interaction, learner control, and feedback during web-based instruction. *Educational Technology, 37*(3), 23-29.

Ely, D. P. (1963). The Changing role of audiovisual process in education: A definition and a glossary of related terms. *AV Communication Review, 11*(1).

Ertmer, P. A., & Newby, T. J. (1993). Behaviorism, cognitivism, constructivism: Comparing critical features from an instructional design perspective. *Performance Improvement Quarterly, 6*(4), 50-72.

Finn, J. D. (1960). Technology and the instructional precess, In A. A. Lumsdaine & R. Glaser (Eds.), *Teaching machines and programmed learning: A source book.* Washington D.C.: Department of Audiovisual Instruction.

Fischer, M. J. (1996). Integrated learning systems: An application linking technology with human factors and pedagogical principles. *Educational technology research and development, 44*(3), 65-72.

Fletcher, T. M. (1992). The crisis management game of three mile island: Using multimedia simulation in management education. In E. Barrett (Ed.), *Sociomedia: Multimedia, hypermedia, and the social construction of knowledge* (pp. 297-318). Cambridge, MA: The MIT Press.

Gagné, R. M. (1970). *The conditions of learning* (2nd ed.). NY: Holt, Rinehart & Winstom.

Gagné, R. M. (1977). *The condition of learning* (3rd ed.). NY: Holt, Rinehart and Winston.

Gagné, R. M., & Briggs, L. J. (1979). *Principles of instructional design* (2nd ed.). New York: Holt, Rinehart and Winstone.

Gagné, R. M., Briggs, L. J., & Wager, W. (1992). *Principle of instructional design* (4th ed.). Fort Worth, TX: Jovanovich.

Gagné, R. M., & Glaser, R. (1987). Foundations in learning research. In R. M. Gagn (Ed.), *Instructional technology: Foudations* (pp. 49-84). Hillsdale, NJ: Lawrence Erlbaum Associates.

Gagné, R. M., & Merrill, M. D. (1990). Integrative goals for instructional design. *Educational technology research and development, 38*(1), 23-30.

Gagné, R. M., Wager, W., & Rojas, A. (1981). A Planning and authoring CAI lessons. *Educational technology, 21*(9), 17-21.

Galbrath, J. K. (1967). *The new industrial state.* Boston: Houghton Mifflin.

Garbosky, J. (1994). Revisiting the experiences of educational technologists in public education. *Educational technology, 34*(3), 43-49.

Garrison, D. R. (1993). Multifunction microcomputer enhanced audio teleconferencing: Moving into the third generation of distance education. In K. Harry, M. John, & D. Keegan (Eds.), *Distance education: new perspective* (pp. 200-208). London & NY: Routledge.

Garrison, D. R., & Anderson, T. (2003). *E-learning in the 21st century: A framework for research and practice.* NY: RoutledgeFalmer.

Gayeski, D. M. (1993). *Multimedia for learning: Development, application, evaluation*. Englewood Cliffs, NJ: Educational Technology Publications.

Good, T., & Brophy, J. (1986). School effects. In M. Wittrock (Ed.), *Third handbook of research on teaching* (pp. 570-604). New York: Macmillan.

Gredler, M. E. (1997) *Learning and Instruction: Theory into practice* (pp. 65-78). Upper Saddle River, NJ : Merrill/Prentice Hall.

Gredler, M. E. (1997). *Learning and instruction: Theory into practice.* Upper Saddle River. NJ: Merrill/Prentice Hall.

Griffiths, D. E. (1964). Administrative theory and change in organization. In M. B. Miles (Ed.), *Innovation in education.* NY: Teachers college Press.

Hackbarth, S. (1996). *The Educational technology handbook: A comprehensive guide*. Englewood Cliffs, NJ: Educational Technology Publications.

Hannafin, M. J., & Peck, K. L. (1988). *The design, development, and evaluation of instructional software.* NY: MacMillan Publishing Company.

Hannafin, M. J., & Rieber, L. P. (1989). Psychological foundations of instructional design for emerging computer-based instructional technologies: Part I. *Educational technology research and development, 37*, 91-101, 102-114.

Hartman, A., Diem, J. E., & Quagliana, M. (1992). The many faces of multimedia: how new technologies might change the nature of the academic endeavor. In E. Barrett (Ed.), *Sociomedia: Multimedia, hypermedia, and the social construction of knowledge* (pp. 175-194). Cambridge, MA: The MIT Press.

Hartman, K., Neuwirth, C. M., Kiesler, S., Sproull, L., Cochran, C., Palmquist, M., & Zubrow, D. (1995). Patterns of social interaction and learning to write: Some effects of network technologies. In M. P. Collins & Z. L. Berge (Eds.), *Computer mediated communication* (pp. 47-78). NJ: Hampton Press Inc.

Heinich, R. M. (1973). Educational technology as technology. *Introduction to Educational Technology*. Educational Technology Publications, Inc.

Heinich, R. M., Molenda, M., & Russell, J. D. (1989). *Instructional media and the new technologies of instruction*. NY : John Wiley & Son, Inc.

Heinich, R. M., Molenda, M., Russell, J. D., & Sharon, E. S. (1999). *Instructional media and technologies for learning* (6th ed.). Englewood Cliffs, NJ: Prentice Halll, Inc.

Heinich, R. M., Molenda, M., Russell, J. D., & Smaldino, S. E. (1993). *Instructional media and technologies for learning* (4th ed.). Upper Saddle River, NJ: Merill/Prentice Hall.

Henderson, L. (1996). Instructional design of interactive multimedia: A cultural critique. *Educational technology research and development, 44*(4), 85-104.

Hill, J. R., & Hannafin, M. J. (2001). Teaching and learning in digital environments: The resurgence of resource-based learning. *Educational Technology Research and Development, 49*(3), 37-52.

Hiltz, S. R. (1992). The virtual classroom: Software for collaborative learning. In E. Barrett (Ed.), *Sociomedia: multimedia, hypermedia, and the social construction of knowledge* (pp. 347-365). Cambridge, MA: The MIT Press.

Holliday, D. C. (2002). *Jigsaw* Ⅳ*: Using student/ teacher concerns to improve jigsaw*Ⅲ. ERIC document reproduction service NO. ed 465687.

Homberg, B. (1986). *Growth and structure of distance education*. London: Croom Helm.

Hwang, A. S. (1995). Two traditions of systems thinking in instructional development. *Educational Technology, 35*(2), 40-42.

Johnson, D. W., & Johnson, R. T. (1987). *Learning together and alone: Cooperative, competitive, and individualistic learning*. Englewood Cliffs, NJ: Prentice-Hall.

Johnson, D. W., & Johnson, R. T. (1991). *Learning together and alone: Cooperative, competitive, and individualistic learning* (3rd ed.). Upper Saddle River, NJ: Prentice-Hall.

Jonassen D. H., & Grabowski, B. L. (1993). *Handbook of individual differences, learning,and instruction*. Hillsdale, New Jersey: Lawrence Erlbaum Association, Publishers.

Jonassen, H. (1995). Supporting communities of learner with technology: A vision for integrating technology with learning in schools. *Educational technology, 35*(3), 60-63.

Keegan, D. (1996). *Foundations of distance education* (3rd ed.). London: Routledge.

Keller, F. S. (1968). Goodbye Teacher. *Journal of applied behavior analysis, I*, 79-89.

Keller, J. M. (1999). Motivation in cyber learning environments. Paper presented at the Korean Society for Educational Technology, Seoul, Korea.

Keller, J. M., & Suzuki, K. (1988). Use of the ARCS motivation model in courseware design. In D. H. Jonassen (Ed.), *Instructional designs for microcomputer courseware* (pp. 401-434). Hillsdale, NJ: Lawrence Erlbaum Associates.

Keller, J., & Kopp, T. (1987). An application of the ARCS model of motivational design. In C. Reigeluth (Ed.), *Instructional theories in action: lessons illustrating selected theories and models* (pp. 289-320). Hillsdale, NJ: Erlbaum.

Kemp, J. E., & McBeath, R. J. (1994). Higher education: The time for systemic and systematic changes. *Educational Technology, 34*(5), 14-20.

Kennedy, M. F. (1994). Instructional design or personal heuristics in classroom instructional planning. *Educational Technology, 34*(3), 17-25.

Khan, B. H. (1997). Web-based instruction(WBI): What is it and why is it? In B. H. Khan (Ed.), *Web-based instruction*. Englewood Cliffs, NJ: Educational Technology Pub.

Knowles, M. B. (1975). *Self-directed learning: A guide for learners and teachers*. Chicago, IL: Follett Publishing Co.

Knowles, M. B. (1980). *The modern practice of adult education: Andragogy versus pedagogy*. New York, NY: Association Press.

Kulik, J. A. (1985). Keller plan: A personalized system of instruction. In T. Husen & T. N. Postlethwait (Eds.), *The international encyclopedia of Education*. Oxford: Pergamon Press

Lambert, N., & McCombs, B. (1998). Introduction. In N. Lambert & B. McCombs (Eds.), *How students learn: Reforming schools through learner-centered education* (pp. 1-22). Washington D.C.: American Psychological Association.

Land, S. M., & Hannafin, M. J. (1996). A conceptual framework for the development of theories-in-action with open-ended learning environments. *Educational Technology Research and Development, 44*(3), 37-53.

Lang, H. R., & Evans, D. N. (2006). *Models, strategies, and methods.* MA: Pearson Education, Inc.

Laszlo, A., & Castro, K. (1995). Technology and values: interactive learning environments for future generations. *Educational Technology, 35*(2), 7-12.

Leader, L. F., & Klein, J. D. (1996). The effects of search tool type and cognitive style on performance during hypermedia *database searches. Educational Technology Research and Development, 44*(2), 5-15.

Lou, Y., Abrami, P. C., Spence, J. C., Poulsen, C., Chambers, B., & Apollonia, S. (1996), Within-class grouping: A meta analysis. *Review of Educational Research, 66*(4), 423-458

Maddux, C. D. (1998). The World Wide Web: Some simple solutions to common design problems. *Educational Technology, 38*(5), 24-28.

Mager, R. F. (1962). *Preparing instructional objectives.* Calif: Fearnon Publishers.

Mager, R. F. (1984). *Preparing instructional objectives* (2nd ed.). Belmont, CA: Lake.

Martin, B. (1994). Using distance education to teach instructional design to preservice teacher. *Educational Technology, 34*(3), 49-55.

Martin, M., & Taylor, S. A. (1997). The virtual classroom: The next steps. *Educational Technology, 37*(5), 51-55.

Mason, R. (1994). *Using communications media in open and flexible learning*. London: Kogan Page.

Merrill, M. D. (1983). Component Display Theory. In C. M. Reigeluth (Ed.), *Instuctional design theories and models.* Hillsdale, NJ: Lawrence Erlbaum Associates.

Moore, D. M., & Dwyer, F. M. (Eds.). (1994). *Visual literacy: A spectrum of visual learning*. Englewood Cliffs, NJ: Educational Technology Publications.

Moore, M. G. (1993). Three types of interaction. In K. Harry, M. John, & D. Keegan (Eds.), *Distance education: New perspective* (pp. 19-24). London and New York: Routledge.

Newby, T. J., Stepich, D. A., Lehman, J. D., & Russell, J. D. (2000). *Instructional Technology for Teaching and Learning* (second ed., pp. 10-13). Prentice. Hall Co.

Oliver, R., & Reeves, T. C. (1996). Dimensions of effective interactive learning with telematics for distance education. *Educational Technology Research and Development, 44*(4), 45-56.

Papert, S. (1980). *Mindstorms: Children, computers and powerful ideas*. NY: Basic Books.

Park, I., & Hannafin, M. J. (1993). Empirically-based guildlines for the design of interactive multimedia. *Educational Technology Research and Development, 41*(3), 63-85.

Peters, O. (1993) Understanding distance education. In K. Harry, M. John, & D. Keegan (Eds.), *Distance education: new perspective* (pp. 10-18). London and New York: Routledge.

Poling, D. J. (1994). E-mail as an effective teaching supplement. *Educational Technology, 34*(5), 53-55.

Putt, I., Henderson, L., & Patching W. (1996). Teachers' thinking elicited from interactive multimedia professional development courseware. *Educational Technology Research and Development, 44*(4), 63-85.

Reigeluth, C. M. (1983a). Current trends in task analysis. *Journal of Instructional Design, 6*(4), 24-30.

Reigeluth, C. M. (1983b). Instructional Design: What is it and why is it? In C. M. Reigeluth (Ed.), *Instructional design theories and models: An overview of their current status* (pp. 3-36). NJ: Hillsdale, Lawrence Erlbaum Associates.

Reigeluth, C. M. (1995). Educational systems development and its relationship to ISD. In G. J. Anglin (Ed.), *Instructional technology: Past, present, and future* (pp. 84-93). Englewood, CO: Libraries Unlimited, Inc.

Reigeluth, C. M., & Joseph, R. (2002) Beyond technology integration: The case for technology transformation. *Educational Technology*, July/August,

9-13.

Reigeluth, C. M., & Merrill, M. D. (1979). Classes of Instructional Variables. *Educational Technology*, March, 5-24.

Reiser, R. A. (1987). Instructional technology: A history. In R. M. Gagné (Ed.), *Instructional technology: Foundations* (pp. 11-48). Hillsdale, NY: Lawrence Erlbaum Associates.

Reiser, R. A. (1994). Examining the planning of teachers: Reflections on three years of research. *Educational Technology,* March, 11-16.

Roblyer, M. D. (1988). Fundamental problems and principles of designing effective courseware. In D. H. Jonassen. (Ed.), *Instructional designs for microcomputer courseware* (pp. 7-34). Hillsdale, NJ: Lawrence Erlbaum Associates.

Roblyer, M. D., & Edwards, J. (2000). *Integrating educational technology into teaching* (Second ed., p. 35). Upper Saddle River, NJ: Merrill/prentice Hall.

Romiszowski, A. J. (1997). Web-based distance learning and teaching: Revolutionary invention or reaction to necessity? In B. H. Khan (Ed.), *Web-based instruction*. Englewood Cliffs, NJ: Educational Technology Pub.

Rowland, G., Parra, M. L., & Basnet, K. (1994). Educating instructional designer: Different methods for different outcomes. *Educational Technology, 34*(6), 5-11.

Saettler, P. (1990). *The evolution of american educational technology* (pp. 305-538). Englewood, Colorado: Libraries Unlimited, Inc.

Scarr, S. (1981). Testing for children: Assessment and the many determinants of intellectual competence. *American Psychologist, 36*(10), 1159-1166.

Schannon, C. E., & Schramm, W. (1964). *The mathematical theory of communication*. Urbana: The University of Illinois Press.

Schimmel, B. J. (1988). Providing meaningful feedback in courseware. In D. H. Jonassen (Ed.), *Instructional designs for microcomputer courseware* (pp. 183-196). Hillsdale, NJ: Lawrence Erlbaum Associates.

Schlusseberg, E., & Harward, V. J. (1992). Multimedia: informational alchemy or conceptual typography? In E. Barrett (Ed.), *Sociomedia: multimedia, hypermedia, and the social construction of knowledge* (pp. 95-106). Cambridge. MA: The MIT Press.

Schraw, G., & Moshman, D. (1995). Metacognitive theories. *Educational Psychology Review, 7*, 351-371.

Schwortz, H. (1995). Computers and urban commuters in an introductory literature class. In M. P. Collins & Z. L. Berge (Eds.), *Computer mediated communication* (pp. 79-92). NJ: Hampton Press Inc.

Seattler, P. C. (1990). *The evolution of american educational technology.* Englewood, CO.: Libraries unlimited.

Seels, B. B., & Richey, R. C. (1994). *Instructional technology: The definition and domains of the field.* Washington D.C.: AECT.

Shrock, S. A. (1995). A brief history of instructional development. In G. J. Anglin (Ed.), *Instructional technology: Past, present, and future* (2nd ed., pp. 11-19). Englewood, CO: Libraries Unlimited.

Simonson, M., Smaldino, S., Albright, M., & Zvacek, S. (2003). *Teaching and learning at a distance: Foundations of distance education* (2nd ed). Upper Saddle River, NJ: Prentice-hall.

Skinner, B. F. (1968). *The technology of teaching.* New York: Appleton

Slavin, R. E. (1980). *Using student team learnong.* Baltimore: Center for Social Organization of Schools, Johns Hopkins Univ.

Slavin, R. E. (1990). *Cooperative learning: Theory, research, and practice.* Boston: Allyn and Bacon

Slavin, R. E. (1995). *Cooperative learning: Theory, research, and practice* (2nd ed.). A Simon & Schuster Company, Massachusetts.

Smaldino, S. E., Russell, J. D., Heinich, R., & Molenda, M. (2005). *Tnstructional media and technologies for learning* (8th ed.). Upper Saddle River, NJ: Merrill.

Snowman, J., & Biehler, R. (2000). *Psychology applied to teaching* (9th ed.). New York: Houghton Mifflin Company.

Spitzer, D. R. (1998). Rediscovering the social context of distance learning. *Educational Technology, 38*(2), 52-56.

Starr, R. M. (1997). Delibering instruction on the World Wide Web: Overview and basic design principles. *Educational Technology, 37*(3), 7-14.

Thach, E. C., & Murphy, K. L. (1995). Competencies for distance education professionals. *Educational Technology Research and Development, 43*(1), 57-79.

Thach, L. (1995). Using electronic mail to conduct survey research.

Educational Technology, 35(1), 27-31.

Thompson. M. E. (1994). Design considerations of visuals. In D. M. Moore & F. M. Dwyer (Eds.), *Visual literacy: A spectrum of visual learning.* Englewood Cliffs, NJ: Educational Technology Publications.

Tobias, S. (1987). Learner characteristics. In R. M. Gagn (Ed.), *Instructional technology: Foudations.* Hillsdale, NJ: Lawrence Erlbaum Associates.

Velayo, R. S. (1994). Supplementary classroom instruction via computer conferencing. *Educational Technology, 34*(5), 20-26.

Wager, W., & Gagné, R. M. (1988). Designing computer-aided instruction. In D. H. Jonassen (Ed.), *Instructional designs for microcomputer courseware* (pp. 35-60). Hillsdale, NJ: Lawrence Erlbaum Associates.

Wagner, E. D., & Grabowski, B. L. (1995). Learner centered psychological principles in practice: Designs for distance education. *Educational Technology, 35*(1), 32-35.

Whetzel, D. L., Felker, D. B., & Williams, K. M. (1996). A Real world comparison of the effectiveness of satellite training and classroom training. *Educational Technology Research and Development, 44*(3), 5-18.

Willman, R. E. (1993). *Visual communicating*. Englewood Cliffs, NJ: Educational Technology Pubs.

Wolcott, L. L. (1995). The distance teacher as reflective practitioner. *Educational Technology, 35*(1), 39-43.

〈웹사이트〉

교육과학기술부 교육기반통계국 www.mest.go.kr

미래학교 http://www.keris.or.kr/know/kn_fuschool.jsp

방송통신고등학교의 초기화면 http://cyber.hs.kr

사이버가정학습 중앙센터 http://cyber.edunet.net

서울시 사이버가정학습 꿀맛닷컴 http://www.kkulmat.com

스마트교육 홈페이지 http://smart.edunet.net/main.jsp

한국인터넷진흥원 인터넷통계 정보검색시스템 http://isis.kisa.or.kr/ board/ index.jsp

EBS 수능방송 http://www.ebs.co.kr/main)

디지털교과서 홈페이지 http://dtbook.kr

▪ 찾아보기 ▪

인 명

내 용

■ 저자 소개 ■

박숙희

이화여자대학교 사범대학 교육공학과 졸업
이화여자대학교 대학원 교육공학 전공(석사)
성신여자대학교 대학원 교육학 전공(박사)
현 우석대학교 교육학과 명예교수

〈논문〉 교육공학 발전에 배경이 된 교수이론에 관한 연구
미디어 교육을 위한 교수이론 연구
통합교육과정에서의 미디어 교육
뇌의 기능분화와 창의성, 학업성취의 관련연구
뇌의 기능분화에 있어서 통합뇌와 비통합뇌의 차이에 관한 연구
뇌의 기능분화와 성격특성과의 관계 연구 외 다수

염명숙

이화여자대학교 사범대학 교육공학과 졸업
미국 텍사스 주립대학교 대학원 교육공학 전공(석사)
이화여자대학교 대학원 교육공학 전공(박사)
현 대전대학교 중등특수교육과 교수

〈저서〉 원격교육활용론, 원격교육론
〈논문〉 학습부진아를 위한 CAI 코스웨어 개발 및 효과 연구
통합학교 중등 일반교사의 보편적 학습설계에 대한 인식과 실천 수준 비교
사회과 사이버가정학습이 사회과 학업성취도와 학습태도에 미치는 영향
교사의 학습자 특성에 따른 원격연수에 대한 인식 탐구
동구 교육환경 개선을 위한 제언 외 다수

[3판]

교수-학습과 교육공학

2001년 6월 30일 1판 1쇄 발행
2007년 4월 20일 1판 9쇄 발행
2007년 7월 30일 2판 1쇄 발행
2013년 4월 20일 2판 7쇄 발행
2013년 8월 30일 3판 1쇄 발행
2017년 4월 20일 3판 3쇄 발행

지은이 • 박숙희 · 염명숙
펴낸이 • 김 진 환
펴낸곳 • (주) 학지사
04031 서울특별시 마포구 양화로 15길 20 마인드월드빌딩 5층
대표전화 • 02) 330-5114　　팩스 • 02) 324-2345
등록번호 • 제313-2006-000265호
홈페이지 • http://www.hakjisa.co.kr
페이스북 • https://www.facebook.com/hakjisabook

ISBN 978-89-997-0194-8 93370

정가 **19,000**원

이 도서의 국립중앙도서관 출판시도서목록(CIP)은 서지정보유통지원시스템 홈페이지(http://seoji.nl.go.kr)와 국가자료공동목록시스템(http://www.nl.go.kr/kolisnet)에서 이용하실 수 있습니다.
(CIP제어번호: CIP2013015001)